대한민국게임총서 4

콘텐츠 메가트렌드

디지털미디어와 콘텐츠산업의 이해

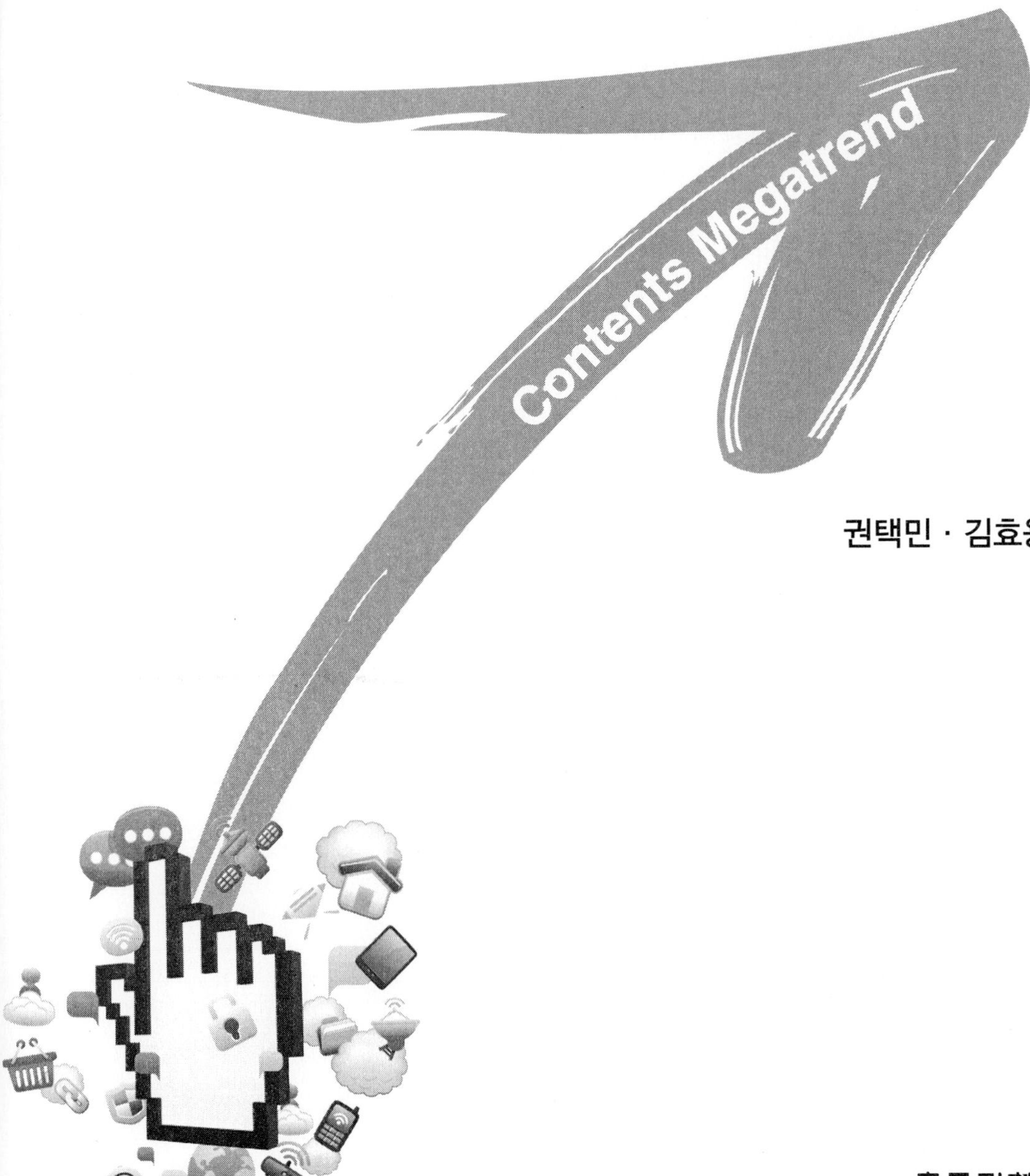

권택민 · 김효용 공저

홍릉과학출판사

'변하지 않으면 사라진다. 다시 말해 새로운 문을 열어라 그렇지 않으면 현재의 상황에서 벗어날 수 없고, 또 현재와 같이 존재해 나갈 수도 없다.' '사람은 태어나면서부터 죽을 때까지 모방한다. 그렇듯 모든 것은 모방을 통해 만들어지고, 모방은 성장의 토대가 된다.' 2015년 8월 들어서면서 구글의 레리 페이지는 '알파벳'(Alphabet)이라는 이름의 지주회사 체제로 개편하면서 "혁명적인 아이디어가 차세대 성장을 주도하는 첨단기술 산업에서는 적당히 머무르는 것에 대해 불편해해야 한다"며 끊임없는 혁신의 필요성을 강조했다.

1980년대 통신사업이 소위 '황금 알을 낳는 거위'라 인식될 때 통신사업체에서 다양한 경험을 하였고, 이후 새로이 삶을 구상하면서 운명적으로 만나게 된 것이 미디어와 콘텐츠 산업이다. 급속한 경제 성장과 더불어 혁명적 변화를 가져오던 통신 산업, 미디어산업, 콘텐츠 산업을 접하면서, 제일 먼저 든 생각은 "내가 무엇을 하든, 어디에 있던, 하고 있는 일이나 해야겠다고 생각하는 일이 있으면 반드시 미래의 혁명적 변화를 준비해야 한다."는 것이었다.

시장에서는 제품(서비스)들이 홍수를 이루고, 경쟁의 글로벌화가 급속히 진전되다보니 이제는 기업의 입장에서도 고객이 진정 무엇을 원하는가를 읽고, 개별 고객의 욕구를 충족시켜주는 차별화된 제품(서비스), 나아가 '잇 아이템'(It Item)을 창출하고, 제공할 수 없으면 그 존재를 장담할 수 없는 시대가 됐다. 소비자들은 온·오프라인의 다양한 미디어 채널을 활용하며, 제품(서비스)에 대해 기업보다 훨씬 많은 정보를 갖게 되었고, 소비 욕구 또한 다양화, 개성화, 능동적 요구라는 기조 아래 급속한 변화를 보이고 있기 때문에 더욱 그러하다. 이러다 보니 현대의 소비자를 그리스 신화에 나오는 반인반마(半人半馬) 종족인 켄타우로스(Kentauros)와 비견해 이야기하기도 한다.

최근 글로벌 시장에서는 Wearable, IoT 혹은 M2M, VR/AR, Six Sense Recognition UI, OTT, Social Media, Mobile Instant Message 등 다양한 신조어들이 등장하고, 이러한 현상들이 다양한 분야에 걸쳐 혁명적 변화를 예고하고 있다. 특히 2014년 미디어 업계에서 최대 화제가 된 '뉴욕타임스 혁신보고서'는 미디어 업계의 위기 의식을 보여준 사례이다. 세계적으로 가장 명성이 높은 신문사 중의 하나인 뉴욕타임스가 '디지털 퍼스트 혁신'을 선언했는데, 그 핵심은 뉴욕타임스가 세계 정상급 수준의 콘텐츠의 품질을 유지하고 있지만, 산업의 환경이 스마트 화로 변화되어 가고 있고 이러한 환경의 변화에서 능동적 적극적 대처가 뒤따라 주지 않았음으로 인하여 독자를 찾아내고 유지하는데 있어서는 경쟁자들에 비해 뒤쳐졌다는 것에 대한 위기의식을 반영하여 새로운 방안들을 모색한 것이다. 이 방안들이 완전히 새로운 아이디어는 아니지만, 국내에서도 미디어 기업들 특히 언론기업들이 스마트 미디어 환경에서 생존하기 위해 무엇을 해야 할 것인가에 대한 화두를 던지는 제안으로 받아들여지고 있다.

이처럼 정보통신(ICT) 산업 곳곳에서 포착되는 파괴적 혁신은 어느 정도 예측이 가능하다. 새로운 기술이나 사업 모델이 등장하면 누구보다 빠르게 이를 포용해 혁신을 추구하려는 기업들의 행보가 이어지기 때문이다. 더불어 주요 시장조사기관이나 미디어에서 매년 미래의 혁신 기술이라는 간판을 달고 트랜드로 부상한 혁신기술을 소개하면서 다양한 활용 방안, 도입에 따른 효과나 부작용, 도입 사례 등을 광범위하게 다루고 있다. 이렇다보니 일반 소비자나 산업에 종사하는 사람이나 심지어 학계에 있는 사람들조차도 경쟁을 이해하고, 선제적으로 대응하는 것이 더욱 어려워짐을 느끼게 된다.

산업계에 종사하면서, 더불어 후배들을 위해 나의 조그만 앎을 나누고자 학교에서 강의를 시작한지도 어느 듯 10년이라는 세월이 흘렀다. 일초신우일초신(一秒新又一秒新), 내가 강의를 시작하면서 가장 먼저 소개하는 말이다. 산업의 이해나 정책론을 이야기 할 때, 시장조사 무용론을 주장하고 싶을 때, 머물지 않는 세월과 같이 산업의 메타모포시스(Metamorphosis)나 혁신적 변화를 이야기해야 할 때 이 말을 쓴다.

콘텐츠, 미디어, 나아가 정보통신산업 분야에 종사하는 많은 이들을 위해, 나아가 이들 산업에 대해 공부하는 후학들을 위해 그간 변화되어가는 산업의 생태계를 5년 만에 다시 정리해 내어 놓는다. 반드시 미래의 변화를 준비하자. 현재의 조그만 부(富)에 만족하지 말자. 인류의 미래를 위해 최선을 다하자.

2015년 가을 문턱에
판교의 한 구석에서

CHAPTER 01

사회의 변화와 기초 이론 고찰

제1절 산업 이해를 위한 이론 고찰 / 1
1. 네트워크 경제 / 2
2. 가치사슬, 가치네트워크 및 생태계 이론 / 11
3. 비즈니스 모델 개발 방법론 / 27
❑ 정리하기 / 31
❑ 확인하기 / 32
제2절 사회의 변화 / 35
1. 인터넷의 등장과 사회의 변화 / 35
2. 체험 경제와 관심 경제 / 36
3. 공유경제(Sharing Economy) / 39
4. 창조경제(Creative Economy) / 45
❑ 정리하기 / 48
❑ 확인하기 / 49

CHAPTER 02

콘텐츠와 콘텐츠 산업의 이해

제1절 콘텐츠와 문화 콘텐츠 / 53
1. 콘텐츠의 정의 / 53
2. 콘텐츠 산업의 정의 / 54
3. 문화와 문화 콘텐츠 / 55
❑ 정리하기 / 59
❑ 확인하기 / 60
제2절 콘텐츠 산업의 특징 / 63
1. 전후방 산업 연관효과와 창구효과가 큰 산업 / 63
2. 표준화의 중요성이 큰 반면, 비표준적 속성을 보유한 산업 / 66
3. 서비스의 라이프사이클이 짧으며, 반복구매가 어려운 산업 / 66
4. 고 위험 고수익(High Risk, High Return) 산업 / 67
5. 망 외부성(Network Externality) 효과가 큰 산업 / 69
6. 규모의 경제와 다양성의 경제가 작용하는 산업 / 70
7. 문화적 할인(Cultural Discount)이 작용하는 산업 / 71
8. 경험재(Experience Goods)적 특성을 갖는 산업 / 72
9. 한계비용(Marginal Cost)이 거의 발생하지 않는 산업 / 72

10. 불공정 거래 가능성이 높은 산업 / 73
11. 긴 꼬리 사업(Long Tail Business)의 특성을 갖는 산업 / 74
❑ 정리하기 / 75
❑ 확인하기 / 76
제3절 콘텐츠 산업의 범주 / 78
1. 산업의 분류 / 78
2. 산업의 범주 획정 방법 및 이유 / 81
3. 표준산업 분류체계 기본 개념 및 각 국별 표준산업 분류 현황 / 83
4. 각 국의 표준산업분류체계 현황 / 84
5. 콘텐츠 산업 분류 및 각국별 유사 산업 범주 / 96
❑ 정리하기 / 102
❑ 확인하기 / 102

CHAPTER 03 콘텐츠 산업 가치사슬 영역별 주요 동향

제1절 소비자 변화 / 110
1. 소비자 구매 행동의 변화 / 113
2. 소비자 변화를 나타내는 새로운 용어의 등장 / 115
3. 소비자의 동영상 콘텐츠 소비 행태의 변화 / 120
❑ 정리하기 / 129
❑ 확인하기 / 130
제2절 미디어 산업의 변화 / 132
1. 미디어의 변형 및 선택 관련 이론 / 134
2. 인터넷의 등장과 이용 현황 / 143
3. 미디어 이용행태의 변화 / 148
4. 스마트 미디어 생태계의 등장 / 149
5. 기존 미디어 권력의 약화 / 177
6. 새로운 미디어 생태계 조성 경쟁 / 180
7. 새로운 미디어 강자들의 전쟁 - 동영상 서비스(OTT 및 스트리밍) / 186
8. 새로운 미디어 강자들의 전쟁터 - 모바일 및 광고 플랫폼 / 194
❑ 정리하기 / 198
❑ 확인하기 / 199

제3절 콘텐츠의 변화 / 202
1. 콘텐츠 서비스의 변화 / 202
2. 차별적 콘텐츠 서비스를 위해 고려해야 할 요소 / 203
3. 스마트 미디어의 등장에 따른 콘텐츠 소비 선호도 / 212
❑ 정리하기 / 213
❑ 확인하기 / 214
제4절 단말기기 산업의 변화 / 216
1. 스마트 단말기기의 등장 / 216
2. TV 단말기기의 스마트 화와 인터넷의 만남 / 218
3. 모바일 기기의 확산 - 스마트 폰(Smart Phone) / 227
4. 웨어러블(Wearable) 기기의 부상 / 233
5. 가상 현실(Virtual Reality)용 단말기기의 확산 / 242
❑ 정리하기 / 248
❑ 확인하기 / 248
제5절 웹(Web)과 브라우저(Browser), 플랫폼(Platform) 영역에서의 변화 / 250
1. 웹(Web), 웹 브라우저(Web Browser) 그리고 모바일 브라우저 (Mobile Browser) / 250
2. 플랫폼(Platform) / 261
❑ 정리하기 / 269
❑ 확인하기 / 270
제6절 앱 스토어(App Store)의 변화 / 272
1. 앱 스토어의 등장과 앱 생태계 경쟁 전략 / 272
2. 모바일 앱의 유형 / 276
3. 앱 스토어 시장 현황 / 278
4. 앱의 장르별 현황 / 284
5. 플랫폼(모바일 운영체계)별 앱 개발 현황 / 288
6. 앱 스토어 시장의 미래 / 290
❑ 정리하기 / 292
❑ 확인하기 / 292

❑ 찾아보기 / 294

표차례

〈표 1-1〉 네트워크 경제 하에서 시장의 경쟁적 지위에 따른 혁신 유형과 경쟁전략 / 7
〈표 1-2〉 Peltoniemi의 클러스터, 가치네트워크, 비즈니스 생태계 비교 / 23
〈표 1-3〉 Fransman의 4계층 생태계 모델 / 24
〈표 1-4〉 Fransman의 6계층 생태계 모델 / 25
〈표 1-5〉 비즈니스 모델 이론의 주요 키워드(Key Word) / 28
〈표 1-6〉 Osterwalder의 9 Building Block / 29
〈표 1-7〉 해외 공유경제 서비스 종류 / 43
〈표 1-8〉 국내 공유경제 서비스 사례 / 44
〈표 2-1〉 한류를 이용한 기업 마케팅 사례 / 66
〈표 2-2〉 NAICS 정보산업(2002년 개정안) / 86
〈표 2-3〉 미국의 정보통신산업분류(NAICS 2007) / 88
〈표 2-4〉 JSIC Rev.11의 정보 커뮤니케이션 산업의 하위분류 / 90
〈표 2-5〉 ISIC표준산업분류체계 / 92
〈표 2-6〉 ISIC표준산업분류체계 - J섹터 세부분류 / 93
〈표 2-7〉 NAICS, ISIC, JSIC의 비교 / 94
〈표 2-8〉 한국표준산업분류체계(KSIC)의 대분류 구성 / 96
〈표 2-9〉 콘텐츠 산업 생태계 구성요소 / 97
〈표 2-10〉 콘텐츠 산업 가치사슬 / 97
〈표 3-1〉 전략적 미래예측 방법론 Category 분류 / 106
〈표 3-2〉 각 국별 인터넷 이용자 수(1위부터 15위까지, 2014년 현재) / 145
〈표 3-3〉 뉴욕타임즈와 허핑턴 포스트 비교 / 154
〈표 3-4〉 글로벌 엔터테인먼트 & 미디어 시장 영역별 규모 및 전망 / 156
〈표 3-5〉 전 세계 주요 모바일 메신저서비스 현황(2014년 5월 현재) / 157
〈표 3-6〉 전 세계 주요 모바일 메신저의 주요 서비스(2014년 7월 현재) / 158
〈표 3-7〉 소셜 미디어의 범주 및 종류 / 162
〈표 3-8〉 주요 소셜 미디어 전망 / 171
〈표 3-9〉 소셜 미디어 광고 구성요소 / 172
〈표 3-10〉 소셜 미디어 광고와 포털 배너 광고의 비교 / 173
〈표 3-11〉 주요 소셜 TV 애플리케이션 / 176

〈표 3-12〉 구글의 알파벳 지주회사 구성 내역 / 183
〈표 3-13〉 생태계 장악을 위한 모바일 운영체계 확보 경쟁 / 184
〈표 3-14〉 이용자의 동영상 이용행태 변화 / 187
〈표 3-15〉 국내 주요 스트리밍 OTT(일명 N스크린) 기업들의 서비스 현황 / 189
〈표 3-16〉 넷플릭스, 아마존, 훌루의 경쟁력 비교 / 194
〈표 3-17〉 주요 뉴미디어 4사의 사업 참여 현황 / 197
〈표 3-18〉 복합 미디어 기업과 IT 뉴미디어 기업 간 주요 이슈 비교 / 198
〈표 3-19〉 스마트 미디어 이용 시 선호하는 콘텐츠 유형(%) / 213
〈표 3-20〉 웹 OS와 타이젠 비교 / 224
〈표 3-21〉 스마트 폰 세계 10대 제조사별 시장 점유율 / 231
〈표 3-22〉 HTML 5 주요 특징과 세부내용 / 253
〈표 3-23〉 안드로이드와 iOS의 비교 / 257
〈표 3-24〉 주요 모바일 메신저 서비스 내용 / 268
〈표 3-25〉 운영 주체별 앱스토어 분류 / 274
〈표 3-26〉 주요 사업자의 앱 스토어 경쟁전략 비교 / 275
〈표 3-27〉 모바일 앱의 유형 및 장단점 / 277
〈표 3-28〉 전 세계 앱 스토어 시장 매출 및 다운로드 건수 변화 추이 / 281

그림차례

〈그림 1-1〉 콘텐츠 산업의 이해를 위한 프레임워크(Framework) / 2
〈그림 1-2〉 파괴주기(Disruptive Cycle) / 9
〈그림 1-3〉 2015년 Gartner Hype Cycle / 10
〈그림 1-4〉 가치사슬에 의한 기업 활동 분야(Category) / 12
〈그림 1-5〉 컨버전스 시대의 가치사슬(IT, 미디어, 전자상거래 등) / 13
〈그림 1-6〉 가치 체계(Value System) / 14
〈그림 1-7〉 모바일 포털의 가치네트워크 예시 / 17
〈그림 1-8〉 Moore의 비즈니스 생태계 생애주기(Life cycle) / 20
〈그림 1-9〉 생태계 관점의 가치창출 개념 변화 / 20
〈그림 1-10〉 애플의 iPod/iTunes 개발 사례 예시 / 31
〈그림 1-11〉 사회의 변화 / 36

〈그림 1-12〉 경제적 가치의 진화 / 37
〈그림 1-13〉 매슬로의 욕구 계위 / 45
〈그림 1-14〉 창조경제를 구성하는 요소 / 47
〈그림 2-1〉 콘텐츠 산업의 부가가치 및 파급효과 사례 / 64
〈그림 2-2〉 영화의 라이프 사이클 예시 / 67
〈그림 2-3〉 콘텐츠 vs. 타 산업의 부가가치 관련 비교 / 68
〈그림 2-4〉 문화서비스 vs. 타 산업의 고용유발계수 비교[명/10억원당] / 69
〈그림 2-5〉 단말기 보급율과 콘텐츠 이용률 / 70
〈그림 2-6〉 생산단위와 부가가치 원천 / 71
〈그림 2-7〉 매출액 대비 영업이익률 비교 / 73
〈그림 2-8〉 긴꼬리 사업(Longtail Business) 도표 / 75
〈그림 2-9〉 산업 분류체계 기준 / 81
〈그림 2-10〉 NAICS 정보산업 / 99
〈그림 2-11〉 중국 문화산업 분류 / 99
〈그림 2-12〉 각 국의 콘텐츠 산업 명칭과 분류 / 101
〈그림 3-1〉 Fransman의 4계층 모델과 콘텐츠 산업 분석 계층 / 108
〈그림 3-2〉 콘텐츠 산업의 가치체계도 / 109
〈그림 3-3〉 스타트 업이 망하는 20가지 이유 / 111
〈그림 3-4〉 고객의 5가지 핵심 요구 / 112
〈그림 3-5〉 소비자 구매 행동의 변화 / 115
〈그림 3-6〉 주문형 비디오(VoD) 서비스의 주이용 이유 / 122
〈그림 3-7〉 제로 TV 가구의 콘텐츠 소비 단말기기 비율 / 124
〈그림 3-8〉 스마트 폰을 통한 행위 표현의 관심(변화) 정도 / 124
〈그림 3-9〉 미디어의 변화 / 133
〈그림 3-10〉 혁신 확산 곡선 / 139
〈그림 3-11〉 합리적 행위 이론 / 141
〈그림 3-12〉 계획된 행동이론 / 142
〈그림 3-13〉 시시각각 변화하는 인터넷 이용 현황 / 143
〈그림 3-14〉 전 세계 인터넷 이용자수 추이 / 144
〈그림 3-15〉 국내 인터넷 이용률 및 이용자 수 변화 추이 / 146
〈그림 3-16〉 인터넷 이용용도(복수 응답, %) - 만3세 이상 이용자 대상 / 146
〈그림 3-17〉 인스턴트 메신저 이용기기(복수응답, %) / 147
〈그림 3-18〉 TV 시청과 소셜(Social) 미디어의 이용 행태 / 147
〈그림 3-19〉 소비자의 미디어 이용행태 변화 / 149
〈그림 3-20〉 국내 인스턴트 메신저 이용률(복수응답, %) / 159

〈그림 3-21〉 소셜 미디어의 핵심 가치 / 166
〈그림 3-22〉 SNS 이용행동 및 인식 조사 결과 / 167
〈그림 3-23〉 소셜 미디어를 찾는 이유 / 170
〈그림 3-24〉 Best Global Brand Ranking / 180
〈그림 3-25〉 이용 중인 온라인 동영상 서비스의 주 시청 단말기기 / 190
〈그림 3-26〉 만화 콘텐츠의 고도화 사례 / 207
〈그림 3-27〉 웹 드라마의 정의 및 시청률 증가 현상 / 210
〈그림 3-28〉 개인용 클라우드 개념도 / 216
〈그림 3-29〉 소비자의 소비행태 변화 / 217
〈그림 3-30〉 다양한 유형의 스마트 TV 기기들 / 221
〈그림 3-31〉 스마트 홈 서비스 진화 단계 / 227
〈그림 3-32〉 글로벌 인터넷 및 단말기기 인구 당 보급률 추이 / 229
〈그림 3-33〉 글로벌 단말기기 출하량 / 229
〈그림 3-34〉 웨어러블 디바이스 시장전망 / 233
〈그림 3-35〉 웨어러블 디바이스의 라이프사이클 / 235
〈그림 3-36〉 웨어러블 기기를 구매하지 않는 이유 / 236
〈그림 3-37〉 2014년도 웨어러블 시장의 주요 동향 / 238
〈그림 3-38〉 2014년 모바일 헬스케어 시장의 경쟁 / 240
〈그림 3-39〉 웨어러블 디바이스의 파레토 법칙 / 241
〈그림 3-40〉 주요 업체의 HMD 기반 가상현실 단말기기 / 244
〈그림 3-41〉 주요 업체의 2014년도 가상현실(VR)과 증강현실(AR) 분야 추진 내용 / 245
〈그림 3-42〉 인터넷 브라우저 및 모바일 브라우저 점유율 현황 / 251
〈그림 3-43〉 데스크 탑 vs. 모바일 웹 브라우저 비율 / 254
〈그림 3-44〉 모바일 운영체제의 그 간의 현황 / 255
〈그림 3-45〉 전 세계 모바일 운영체제 시장점유율 추이 및 전망 / 256
〈그림 3-46〉 플랫폼의 개념 / 263
〈그림 3-47〉 주요 모바일 메시징 앱 월별 액티브 이용자 수 및 지난 6개월 간 성장률 / 267
〈그림 3-48〉 인스턴트 메신저의 탄생과 몰락 / 267
〈그림 3-49〉 주요 글로벌 메신저 앱 비교분석 / 269
〈그림 3-50〉 앱 스토어의 생태시스템 선순환 구조 / 273
〈그림 3-51〉 앱 스토어 경쟁전략 변화 / 275
〈그림 3-52〉 앱 스토어별 출시 일정과 앱 증가 추이 / 279
〈그림 3-53〉 전 세계 모바일 앱 이용자 수 증가 추이 / 280

〈그림 3-54〉 전 세계 앱 개발자의 수익모델별 활용률 및 평균 매출 / 282
〈그림 3-55〉 전 세계 앱 스토어 다운로드 추이 / 283
〈그림 3-56〉 웹과 앱의 콘텐츠 이용행태 비교 / 285
〈그림 3-57〉 2012년 대비 2013년도 모바일 앱 장르별 이용률 증가 추이 / 285
〈그림 3-58〉 모바일 앱 개발자들의 장르별 개발 경험 / 286
〈그림 3-59〉 앱 사용자 동향 / 287
〈그림 3-60〉 중국 게이머의 스마트 폰 및 태블릿 게임이용행태조사 결과 / 288
〈그림 3-61〉 권역별 앱 개발자들의 플랫폼 선호도 / 290
〈그림 3-62〉 애플 앱 스토어 내 수익모델별 매출차지 비중(2013년 현재) / 291

CHAPTER 01 사회의 변화와 기초 이론 고찰

제 1 절 산업 이해를 위한 이론 고찰

콘텐츠 산업을 이해하기 위해서는 먼저 산업의 등장 배경과 더불어 콘텐츠 산업을 둘러싸고 있는 전후방 및 관련 산업의 다양한 구성 요소들에 대해 생태계적 관점에서의 이해가 선행될 필요가 있다. 사회적 변화, 미디어 변화, 소비자 변화, 연관 산업의 구조 변화, 시장과 기술 동향 등 생태계를 구성하고 있는 다양한 구성 요인들에 대한 이해와 더불어 경영학, 경제학, 예술학, 소프트웨어 및 컴퓨터 공학 등의 공학적 관점 그리고 문학 및 관련 산업에 대한 응용 학문 등 다양한 분야의 학문들, 즉 다(多)학문적 관점에서 콘텐츠 및 미디어 산업에 대한 이해와 이론적 고찰을 진행하는 것이 타당할 것이다.

일반적으로 전방산업은 고객(이용자) 측면에 가까운 산업 군을 말하며, 후방산업은 제공자, 즉 공급자 쪽에 가까운 산업을 의미한다. 이러한 관점에서 볼 때, 콘텐츠 산업의 전방 산업은 단말기기, 서비스 플랫폼(운영체계, 서비스 등) 그리고 네트워크(Network) 등으로 구성되어 있고, 후방 산업은 콘텐츠의 제작 및 생산과 관련된 기획, 스토리, 저작툴/그래픽/보안 등의 소프트웨어(Software)등과 관련된 산업 및 소비자(이용자)로 구성되어 있다.[1)] 이러한 전후방 산업들은 콘텐츠 산업 전반의 생태계를 구성하고, 서로 밀접한 관계를 형성하면서 발전해 가고 있다. 다시 말해 디지털 컨버전스(Convergence)라는 새로운 형태의 산업 패러다임 변화는 개별 산업의 부가가치를 증대시키고, 새로운 융합형 산업을 지속적으로 창출시키고 있다. 특

1) 산업 생태계 이론 측면에서 학자에 따라 더 세분화된 산업 생태계 구성을 주장하는 이도 있으나, 여기서는 상기 구성 요소를 중심으로 생태계 변화를 살펴볼 것이다.

히 서비스나 산업 간 경계가 사라지고, 산업 내 혹은 산업 간 발생되고 있는 다양한 형태의 산업 구조 변화 현상을 고려할 때, 이에 직면한 기업 혹은 서비스 제공자들을 둘러싼 경영 환경의 복잡성이나 생존과 성장을 위한 서비스, 기업, 산업 내에서의 전략적 포지셔닝(Positioning) 등 다양한 전략의 중요성은 점차 커져가고 있다.

이러한 관점에서 산업의 이해를 돕기 위해 본 서에서는 경제, 경영학점 관점에서 미디어 및 콘텐츠 산업에 대한 고찰을 중심으로 이해를 넓혀나가고자 네트워크 경제, 가치사슬 및 생태계 이론, 비즈니스 모델 개발 방법론 등 다양한 기초 이론에 대해 선제적으로 고찰해 보고자 한다.

그림 1-1 콘텐츠 산업의 이해를 위한 프레임워크(Framework)

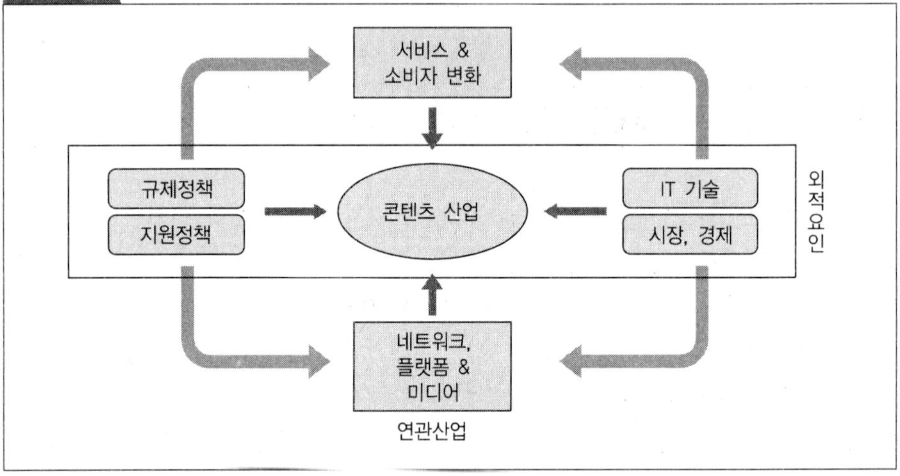

1 네트워크 경제

네트워크 경제(networked economy, economy of network)란 특정 산업이나 서비스 네트워크에 이용자가 추가로 참여할 때, 비용은 추가되지 않으면서도 한계 이익(marginal profit)[2]이 더 커질 수 있는 경제 현상을 일컫는 용어이다. 네트워크 경

2) 한계 이익 : 매출액에서 변동비를 차감한 것을 일컫는 것으로, 한계 이익에서 고정비를 차감하면 이익이 된다. 즉, 고정비는 항시 고정되어 있어 통제 불가능한 경비로, 고정비가 단가 5,000원인 제품의 경우, 10개를 판매할 때나 100개를 판매할 때나 400,000원으로 일정하다고 가정할 때 판매 수량이 10개 정도로 저조할 때는 350,000원의 적자가 발생하게 된다. 이것이 판매 수량이 증가함에 따라 점점 적자 폭이 줄어들다가 판매량이 80개가 되는 시점에서는 수지가 균형을 이뤄 손익은 0이 된다. 그리고 그 이후에는 판매 수량에 비례해서 이익이 발생하여 점차 증가하는 구조가 되는 것이나, 변동비는 100개 판매 시와 101개 판매 시 서로 상이해지는 구조로, 다시 말해 1단위 증가할 때마다 추가적으로 발생되는 비용 구조를 말한다.

제 하에서는 사용자 수가 늘어나면 날수록 시장의 가치가 기하급수적으로 증가하는 특성을 가진다. 다시 말해 네트워크 경제 현상 하에서는 네트워크의 규모가 커질수록, 즉 특정 서비스나 상품을 소비하는 소비자나 이용자의 규모가 거지면 커질수록 네트워크의 가치가 증가하는 네트워크 효과(Network Effects)가 작용하게 된다. 이와 더불어 망 외부성(Network Externality)과 메칼프의 법칙(Metcalfe's law), 수확체증의 법칙(Increasing Returns of Scale) 등의 현상을 보인다. 따라서 초기에 시장을 선점하기 위해 치열하게 경쟁해야 하는 상황이 되는 반면 일단 경쟁에서 우위가 결정되면, 경쟁에서 우위를 점한 일부 기업이 대부분의 이익을 독과점적으로 향유하게 되는 특성을 갖는다.[3]

네트워크 효과를 비롯하여 망 외부성, 메칼프의 법칙, 수확체증의 법칙 등에 대해 살펴보자. 먼저 네트워크 효과는 미국 경제학자 하비 라이벤스타인(Harvey Leivenstein)이 소개한 개념이다. 특정 서비스나 상품에 대해 어떤 소비자의 수요가 다른 소비자들의 수요에 의해 영향을 받는 것을 설명하는 이론으로, 일단 어떤 상품 혹은 서비스에 대한 수요가 형성되면 이것이 다른 사람들의 상품 혹은 서비스의 선택에 큰 영향을 미치는 현상이 나타나게 되는 것을 의미한다. 즉, 특정 제품을 사용하는 소비자가 많아질수록 더 많은 소비자를 유인하게 되고, 이에 따라 해당 상품의 가치가 더욱 높아지는 현상인 '망 외부성'(network externality)과 유사한 의미로 사용되는 경제학적 개념이다. 예를 들면 현재 국내에서 이동통신서비스를 제공하는 사업자가 3개사(단, 알뜰폰 혹은 이동통신재판매사업자(MVNO(Mobile Virtual network Operator) 제외)가 서비스를 제공 중에 있다. 만일 이들 사업자 망(Network) 간 상호접속[4]이 이루어지지 않아 서로 상대편 가입자와 통화나 데이터 연결이 되지 않는다고 가정할 경우, 새로이 이동통신을 이용하고자 하는 가입자(이용자)는 자신과 많은 통화를 필요로 하는 사람이 사용하는 통신사업자의 망에 가입할 수밖에 없을 것이다. 이 경우 망 외부성 효과가 나타날 수 밖에 없게 되는 것이다. 네트워크 효과(외부성)는 직접적인 효과와 간접적 효과로 구분할 수 있다.[5] 직접적인 효과는 네트워크 자체 크기에 의해 고객의 효율성과 이익이 결정되는 효과를 말한다. 간접 효과는 보완재(complementary goods) 또는 보완자산(complementary assets)에 의해 발생하게 되는 효과로, 보완재를 제공하는 업체의 경우 보다 큰 고객 네트워크 구조를 지닌 기업 혹은 서비스 위주로 보완재를 제공하고자

3) 출처: Laudon, Kenneth C, Jane P. ≪Management Information Systems 12/E: Managing the Digital Firm P.138≫. Pearson Education Asia.

4) 상호접속 : 개방형 시스템에서 망이 서로 다른 경로에서 데이터가 이동하는 곳이 어느 곳이든, 보내는 사람이 누구이든, 누구에게 필요하며, 어떤 물리적 매체가 사용되든 상관없이 데이터가 이동할 수 있게 망(Network) 간에 서로 연결하는 것

5) 출처: Katz & Shapiro, 1985.

하는 동기요인이 커지고, 고객의 입장에서는 양질의 보완재를 선호하게 되어 정(正)의 피드백 효과로 네트워크 크기가 확장하는 선순환구조를 갖게 되는 경우를 말한다. 애플이 아이포드(iPod)라는 기기의 성공을 이끌 수 있었던 것은 간접 네트워크 효과를 극대화하기 위해 아이튠즈(iTunes)를 통한 저가 MP3파일을 제공하는 보완재 역할이 주효했기 때문이다. 또한 생산자 입장에서는 '네트워크 효과'로 인해 생산 규모가 커질수록 비용이 줄어드는 효과를 누릴 수 있다. 즉, 이용자의 수가 증가하면 할수록 규모의 경제에 의해 생산비는 낮아지고, 사용자 수는 더 많이 증가한다.

기술 발전이 '네트워크 효과'를 발생시게 되는 특성을 갖는데, 기술 발전이 이루어지면 생산비용이 절감되어 재화의 시장가격을 인하하는 효과를 가져올 수 있다. 즉, 기존에 제공하던 서비스나 제품보다 가격은 싸지만 재화의 성능은 향상되게 됨에 따라 더 많은 소비자들을 시장으로 끌어들이고, 재화의 유용성도 높여 '네트워크 효과'를 발생시키게 된다.

반면 특정 제품과 서비스를 이용하는 사람이 많을수록 그 사용가치는 더욱 높아지지만 동일 종류의 소비를 하는 사용자들이 많아지면 도리어 사용가치가 저하되는 역 현상이 발생할 수 있는데, 개인이 필요로 하는 소비에 부하(負荷, load)를 증대시키기 때문이다. 즉, 개인의 소비에 부하를 증대시키는 다른 사용자보다는 개인의 소비에서의 부하를 줄여주는 다른 사용자들이 많을수록 '네트워크 효과'는 증대된다. 이는 네트워크 경제 하에서는 편승 효과(bandwagon effect)와 속물 효과(snob effect)가 나타난다는 것을 의미하는 것이다. 편승 효과는 많은 사람들이 사는 물건이라고 하면 필요 여부에 상관없이 따라 사는 소비심리를 이용하는 것이고, 속물 효과는 남들이 많이 사는 것은 구입하기 싫어하는 소비심리를 이용한 것인데, 예를 들어 여성복의 경우 동일한 디자인의 옷을 입은 사람이 많을수록 해당 디자인의 옷에 대한 수요가 감소하게 되는 등의 소비자 부하가 부(負, Negative Feedback Effect)의 피드백 효과로 나타나기도 한다.

메칼프의 법칙은 통신망 사용자 혹은 가입자에 대한 효용성을 나타내는 망의 가치는 대체로 사용자(가입자) 수의 제곱에 비례한다는 이론이다. 즉 사용자는 산술적으로 증가하는데 비해 네트워크의 가치는 기하급수적으로 증가하는데(Arthur, 1996), 이는 수확체증의 법칙과 유사한 의미를 갖는다. 메칼프의 법칙에서 설명하는 것은 투입된 생산요소가 늘어나면 늘어날수록 산출량이 기하급수적으로 증가하는 현상으로, 특정 기업이나 기술이 고객 네트워크에서 임계수준을 넘어가게 되면 초기의 승자가 오랜 기간 그 시장을 장악하면서 높은 이윤을 향유하게 되고, 나머지 기업은 생존조차 힘들어지는 현상을 나타내게 된다고 주장한다. 이와 같이 수확체증의 법칙 하에서는 초기의 승자가 경쟁의 주도권을 쥐게 되고, 시장 선점 우위를 향유함으로써 후발 사업자와 신규 진입 경쟁자에 대한 진입 장벽을 높이고 지배적 사업자가 이윤을 독식하는 승자 독식 현상(Winner takes all)이 나타나게 된다.[6)]

대표적으로 네트워크 경제의 특성이 가장 잘 나타나는 산업분야가 소프트웨어나 콘텐츠 서비스 등의 산업이다. 예를 들어 애니메이션이 만들어져 A방송국에서 방영될 때 이를 B, C, D, E 방송국 등 더 많은 다양한 방송채널에 방영을 하기 위해서 추가적으로 소요되는 비용, 즉 한계 비용이 거의 0에 가깝게 된다. 또한 온라인게임 산업에서 2015년 들어 지속적으로 PC방 점유율을 30%이상 유지하고 있는 라이옷게임즈(Riot Games)에서 개발한 다중역할수행게임(MMORPG)[7)]인 리그오브레전드(LoL, League of Legend)의 경우를 살펴보자. LoL 게임이 시장을 선점할 경우 동일한 게임을 통하여 경쟁하고자 하는 다른 사용자를 끌어들이게 되고, 게임에 투자한 시간에 비례하여 획득하게 되는 아이템들이 쌓여가게 됨에 따라 사용자들이 그 게임을 쉽게 떠날 수 없게 되는(Lock-in Effect) 등 해당 게임의 사용자의 수가 기하급수적으로 증가하게 되는 반면, 후속적으로 등장하는 동일 유형의 게임의 경우 사용자들을 이전(Churn out)시키기 위해서 더 많은 자원과 마케팅 노력을 경주하여야 하고, 설사 자원을 더 많이 투여한다하더라도 경쟁 게임을 이길 수 없는 상황이 벌어지게 된다. 이렇듯 시장에서 성공한 기업이나 서비스는 지속적으로 성장하는 반면 실패한 서비스나 기업이 동일한 산업 혹은 경쟁 관계에서 동일한 서비스로는 성공하기가 어렵게 된다. 이는 앞서 기술한 바와 같이, 선두위치에 놓인 기업이 경쟁기업에 비해 경쟁우위를 더욱 강화시키는 정(正)의 피드백 효과(Positive Feedback Effect)와도 연계된다.

따라서 네트워크 경제 하에서는 지배적 사업자와 후발 사업자 간에는 서로 다른 경쟁 전략이 요구된다. 새로이 특정 시장이나 특정 산업에 참여하고자 하는 비지배적 혹은 후발 사업자의 경우, 기존에 구축되어 있는 시장 지배적 사업자의 간접적인 네트워크의 영향력을 줄이고, 파괴적 혁신으로 자신의 직접적인 네트워크 효과 영향력을 확대하여 경쟁적 환경을 조성함으로써 지배력을 확보하고자 하는 전략을 추구한다. 반면 기존에 특정 시장이나 산업에서 지배적 지위를 누리고 있는 지배적 사업자의 경우 기존의 지배적 지위를 가져 오게 한 역량을 강화하고, 그 역

---

6) 출처: Shapiro & Varian, 1999.

7) MMORPG(Massive Multiplayer Online Role Playing Game : 게임 속 등장인물의 역할을 수행하는 형식의 게임인 RPG(Role Playing Game)의 일종으로, 온라인으로 연결된 다수의 사용자가 같은 공간에서 동시에 즐길 수 있는 게임 장르

량을 활용하여 이미 구축한 자산으로 간접 네트워크 효과를 확대하는 점진적 혁신 전략을 수립, 시장 지배력을 가속화시키는 전략으로 나가고자 한다.

트립사스(Mary Tripsas) 하버드대 교수는 네트워크 경제 하의 경쟁 환경에서 승리하기 위해서는 첫째, 투자행위, 둘째, 기술적 역량, 셋째, 보완자산을 통한 전유성(appropriability) 측면에서의 다양한 고려를 선행해야 할 필요성을 이야기하고 있다. 투자행위나 기술적 역량 측면에서 기존 지배적 사업자가 선점하고 있는 산업의 경우 신규 사업에 투자할 동인이 부족하게 되고, 기술적 역량 측면에서는 의사결정 및 자원 배분에 있어 경로 의존성(Path-dependency)[8]으로 인하여 새로운 기술이나 제품, 서비스를 창출하는 역량인 자원과 능력(R&C, Resources and Capability) 측면에서 장애물로 작용할 수 있다(Nelson & Winter, 1982). 지배적 사업자의 투자동인의 부족 및 경로의존적인 전략으로 인한 자원과 능력의 투입 부족 현상은 경쟁 환경에서 급진적인 변화를 가져올 수 있는 기술, 즉 파괴적 기술의 등장으로 지배적 사업자에게 있어 위협으로 작용하게 되는 원인이 된다.

표 1-1에서 보는 바와 같이, 후발 사업자의 경우 간접 네트워크를 활용하는 전략에서는 역전 가능성이 희박함으로 직접 네트워크 효과를 통한 전세의 역전을 추구하는 전략을 추진하는 바, 이를 위해 우선적으로 지인이나 주변의 가까운 친지 혹은 협력자들을 우선적으로 자사의 네트워크로 유입하고, 파괴적 혁신 기술을 통한 차별적 서비스를 통해 점진적으로 확산을 추구하는 전략을 채택하는 것이 일반적이고, 기존 사업자의 경우는 이러한 후발 사업자의 파괴적 혁신 기술을 통한 점진적 시장 진입에 대해 기존의 자사가 확보한 네트워크를 충분히 활용하고, 직접 네트워크 효과를 창출하는 서비스에 더하여 간접적 효과를 유발하는 다양한 서비스를 개발 제공하고, 이로 정의 피드백 효과를 가져 오게하는 전략을 통해 지속적으로 시장을 유지하고자 하는 전략을 택하게 된다.

---

8) 경로의존성 : 법률이나 제도, 관습이나 문화 그리고 과학적 지식이나 기술에 이르기까지 인간사회는 한번 형성되어 버리면 그 후 외부로부터의 다양한 쇼크에 의해 형성될 당시에 존재한 환경이나 여러 조건이 변경되었음에도 불구하고 종래부터의 내용이나 형태가 그대로 존속할 가능성이 있다. 이와 같이 과거의 하나의 선택이 관성(inertia) 때문에 쉽게 변화되지 않는 현상(출처: 21세기 정치학 대사전)을 말한다.

표 1-1 네트워크 경제 하에서 시장의 경쟁적 지위에 따른 혁신 유형과 경쟁전략[9]

네트워크 효과 유형	직접	친지 네트워크 활용으로 인한 차별화 전략 추구로 전세 역전 가능성 → 파괴적 혁신과 점진적 혁신의 경쟁 구도 형성	기존의 네트워크를 활용한 고객의 충성도 확보 → 파괴적 혁신과 점진적 혁신의 경쟁 구도 형성	후발 사업자는 파괴적 혁신과 함께 신속한 시장 진입을 추구하여 직접 네트워크 효과를 활용한 초기 선점 효과를 누림.
	간접	역전 가능성 희박 → 파괴적 혁신 ≪ 점진적 혁신	정의 피드백 효과로 인한 수확체증이 발생하여 지속적 우위 향유 → 파괴적 혁신 ≪ 점진적 혁신	지배적 사업자는 간접 네트워크를 활용한 점진적인 혁신으로 소비자의 혜택이 네트워크 전체로 발현되도록 하고, 이는 선순환 구조로 인한 수확체증이 발생, 지속적인 시장 지배력을 확보하게 됨.
		후발사업자	지배적 사업자	경쟁 구도의 결과
		시장의 경쟁적 지위		

기술 혁신이라 함은 동일한 생산 요소의 투입량으로 보다 많은 생산물의 산출을 가능하게 하거나, 신종 재화나 서비스를 생산 가능하게 하는 생산 기술의 개량을 말한다. 기술과 관련된 경영과 경제학적 문제를 다루는 학문인 기술경영경제학의 창시자라 할 수 있는 슘페터(Schumpeter, J. A.)는 미래 성장을 위한 기술 혁신의 중요성을 강조하였는데, "혁신가들은 미래를 보는 눈을 가지며, 변화에 대한 장애를 극복하는 용기와 능력을 지님으로써 혁신을 성취하여 경제 성장의 원동력을 이룬다."고 하였다. 기술혁신은 기술의 발전뿐만 아니라 새로운 시장의 개척, 상품 공급방식의 변경 등 경제에 충격을 주어 변동을 야기시키고, 이것에 의해 끊임없는 이윤 동기를 낳게 한다. 일반적으로 기술혁신은 설비 투자의 확대를 수반하여 호황을 가져오고, 노동 생산성을 향상시키며, 새로운 제품이 보다 질 좋고 값싸게 생산되어 새로운 산업의 성립과 기존 산업에 변혁을 일으키게 함으로써 수요 구조와 패턴을 변화시킨다. 그러므로 기술혁신은 자본주의 경제 발전의 원동력이라 할 수 있다.[10]

2000년대 들어오면서 기업 경영과 기술 혁신과 관련된 수많은 연구 중에서 파괴적 혁신 기술(Disruptive Innovation Technology)이란 개념이 세계적 경영학자인 크리스텐센(Clayton M. Christensen) 교수에 의해 1997년에 쓴 저서 "혁신 기업의 딜레마(The Innovator's Dilemma)"를 통해 처음 소개되었는데, 그는 기업이 추구하는 혁신을 크게 존속적 혁신(sustaining innovation)과 파괴적 혁신(disruprive innovation)으

9) 출처: 네트워크 경제하에서의 혁신과 경쟁 전략에 대한 기반 연구, 안광준 외, 기술혁신학회지 제11권 2호, 2008.6.

10) 출처: 네이버 지식백과, Basic 고교생을 위한 정치경제 용어사전, 2002.9.25, 신원문화사

로 구분하고, 독창적인 아이디어와 기존에 없던 새로운 개념을 제시할 수 있는 파괴적 혁신의 중요성을 강조한 바 있다. 또 시장을 주도하는 회사일수록 게임을 바꾸는 변화를 끌어낼 수 없다고 주장하였는데, 실제로 컴퓨터 산업(메인프레임에서 PC로), 통신회사(유선에서 무선으로), 사진(필름에서 디지털로) 등의 변화와 기존 산업에서의 주도적 기업들의 몰락은 경영을 잘못해서가 아니라 새로운 고객들과 시장을 통해 커지는 가장 파괴적인 혁신(disruptive innovation)을 외면하였던 것이 패착으로 작용하였다고 주장하였다.

이러한 의미에서 파괴적 혁신 기술이라 함은 기존 산업 뿐 아니라 다른 산업 심지어 소비자에 이르기까지 시장 참여자 모두에게 영향을 미치는 파급 효과가 큰 기술이다. 파괴적 혁신 기술을 설명할 때 첫째, 기존 산업의 경쟁 질서를 변경하거나 생태계의 변화를 유발시키고, 둘째, 타 산업에 영향을 주어 산업 간 경계가 모호해지고 산업 간 융·복합 현상을 발생시켜 새로운 서비스나 산업을 형성시키고, 셋째, 소비자 행동이나 사고를 변화시켜 새로운 시장, 새로운 사업을 창출하여 일반 소비자는 물론 정부나 기업의 정책, 규제, 행태 모두에 변화를 유발시키게 되는 기술적 특성을 갖는 현상을 일으키는 기술을 말한다.

2000년대 들어 가장 큰 변화 중의 하나로 애플에 의한 파괴적 혁신 사례를 들 수 있다. 2007년 애플사의 iPhone이 등장한 이후 본격적으로 시장이 형성된 스마트폰의 경우, 2013년 일반 휴대폰 수요를 추월(스마트 폰 9.2억대, 비중 50.1%)하게 되었으며, 이동통신사(Mobile Carrier) 중심의 가두리(Walled Garden) 시장을 형성해 왔던 콘텐츠 서비스 시장을 단말기기 제조사(애플) 주도의 개방형 시장으로 만듦으로써 시장 개방화, 산업의 패러다임 변화, 새로운 형태의 서비스(앱과 앱 마켓), 정부의 규제 제도 등을 변화시켜 콘텐츠로부터 소비자에 이르는 전체 생태계에 혁신적 변화를 유발하였다.

지배적 사업자의 입장에서는 시장에 새로운 기술로 파괴적 혁신을 이끌어 경쟁구도를 뒤집으려는 후발 사업자의 시도에 맞서, 이미 구축하고 있는 고객 네트워크를 통해 발생되는 직·간접 네트워크 외부성 효과를 최대한 활용하기 위해 파괴적 혁신이 아닌 점진적 혁신을 추구하게 되고, 더불어 보완 자산을 구축하는 것이 중요한 과제로 자리매김하게 된다(Teece, 1986). 다시 말해 네트워크 간의 경쟁이 일어나는 시장 초기에는 네트워크 간의 경쟁이 발생하는 직접 네트워크 효과가 중요하지만, 일단 시장이 형성된 다음에는 네트워크의 지배력을 강화시키는 간접 네트워크 효과가 중요한 영향력을 발휘하게 되는 것이다.[11] 이처럼 지배적 사업자가

---

11) 출처: 네트워크 경제 하에서 혁신과 경쟁전략에 대한 기반 연구. 안광준, 신동형. 2008.6.

추구하는 존속적 혁신은 기존에 제공하고 있던 제품이나 서비스를 지속적으로 개선해 나가는 것인 반면, 파괴적 혁신은 기존 주류 시장의 제품 및 서비스보다 성능은 떨어지지만 전혀 다른 관점에서 사업을 전개함으로써 기존 시장을 파괴하는 것을 뜻한다. 파괴적 혁신은 단순히 강력한 사업적 역량을 갖추고 힘(자본 등)으로 시장을 공략하는 것이 아니라, 보다 유연한 사고방식으로 기존 전통 시장이 간과하고 있는 틈새를 공략하는 것이다. 따라서 단순히 우수한 기술력이나 풍부한 자본을 바탕으로 시장에 큰 변화를 야기하는 것을 파괴적 혁신이라 부르지 않는다. 애플이나 구글이 TV 시장에 진출하는 것은 분명 그 시장에 상당한 파급력을 미치는 사건이 되겠지만, 이들이 단순히 기존 제품 및 서비스와 크게 다르지 않은 것을 가지고 나오면 이는 파괴적 혁신이라 할 수 없다. 그러나 비슷한 경우라도 아마존이 킨들(Kindle) 출시와 더불어 기존에 보유하고 있는 양질의 콘텐츠 자원을 최대한 활용하여 단말기기는 원가 이하로 제공하고 콘텐츠를 주요 수익으로 삼는 전략을 통해 기존의 경쟁사들을 제치고 상당한 점유율을 확보한 것은 태블릿 PC 시장에서의 파괴적 혁신이라 할 수 있다.

그림 1-2 파괴주기(Disruptive Cycle)[12)]

1. 기존의 사업자들은 혁신을 일련의 점진적 개선으로 취급한다. 그들은 현재의 사업 모델을 유지하기 위해 자신들이 가진 고급상품의 질을 개선하는데 초점을 맞춘다.

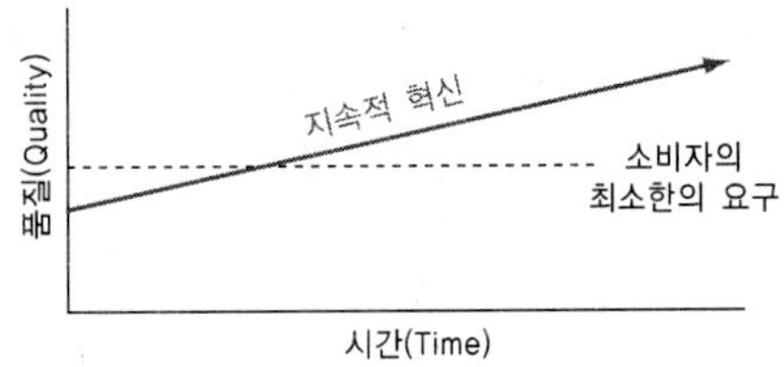

2. 파괴자들은 처음에는 그다지 위협적으로 보이지 않는 상품을 출시한다. 이들 상품들은 언뜻 보기에 싸고 조악하다.

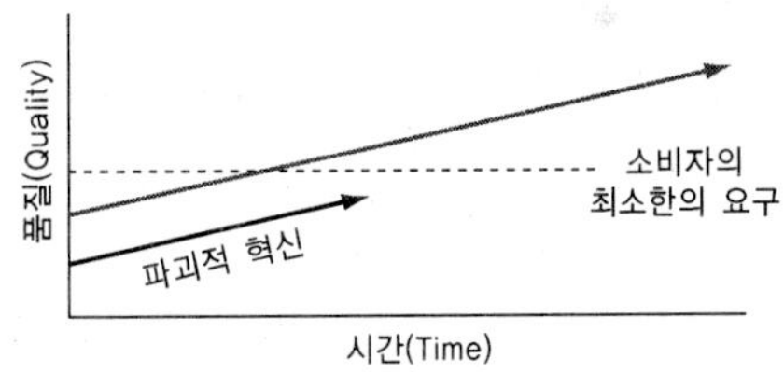

3. 시간이 지나면서 파괴자들은 자신의 상품을 개선하는데, 대개는 새로운 기술의 도입을 통해 개선이 이루어진다. 그들 제품의 인화점(引火點 ; flashpoint)은 대부분의 고객들이 그 제품을 '그 정도면 충분히 괜찮다'고 생각하는 순간이다. 이 때부터 이들은 기존 사업자들의 시장 점유율을 빼앗아 오면서 성장하기 시작한다.

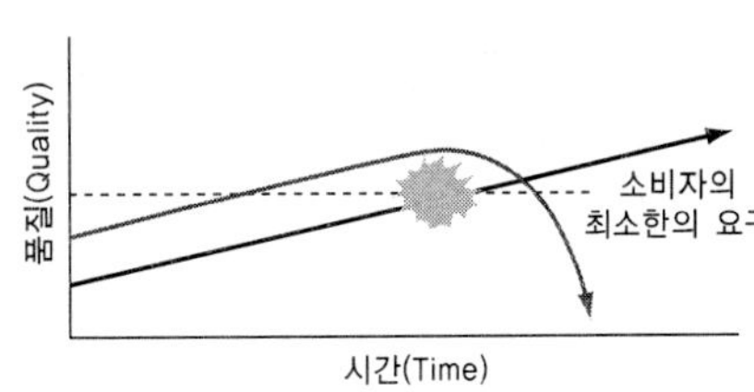

12) 출처: 뉴욕타임즈 혁신보고서. 2014.

IT 업계 곳곳에서 포착되는 파괴적 혁신은 어느 정도 예측이 가능한데, 이는 새로운 기술이나 사업 모델이 등장하면 누구보다 빠르게 이를 포용해 혁신을 추구하려는 업체들의 행보가 이어지기 때문이다. 더불어 주요 시장조사기관이나 연구기관 등에서 미래의 혁신 기술을 소개하고 있는데, 이는 최근 트렌드로 부상한 혁신 기술들로써, 이들을 소개하면서 다양한 활용 방안, 도입에 따른 효과나 부작용, 도입 사례 등을 광범위하게 다루고 있는 것도 파괴적 혁신을 예측하는데 일조하고 있다. 이들 중 대표적인 IT 기술의 발전과 대중 시장으로의 보급 양상을 파악할 수 있는 것이 가트너(Gartner)의 'Hype Cycle'이다. 이는 신기술의 등장, 기술에 대한 기대감의 상승과 하락, 실제 기술의 도입 과정 등을 하나의 발전 양상으로 그래프화한 것으로 어떤 기술이 현재 가장 화제가 되는지, 수년 내에 가장 유망할 기술은 무엇인지 파악하는데 유용한 지표로 활용되고 있다.[13)]

그림 1-3 2015년 Gartner Hype Cycle[14)]

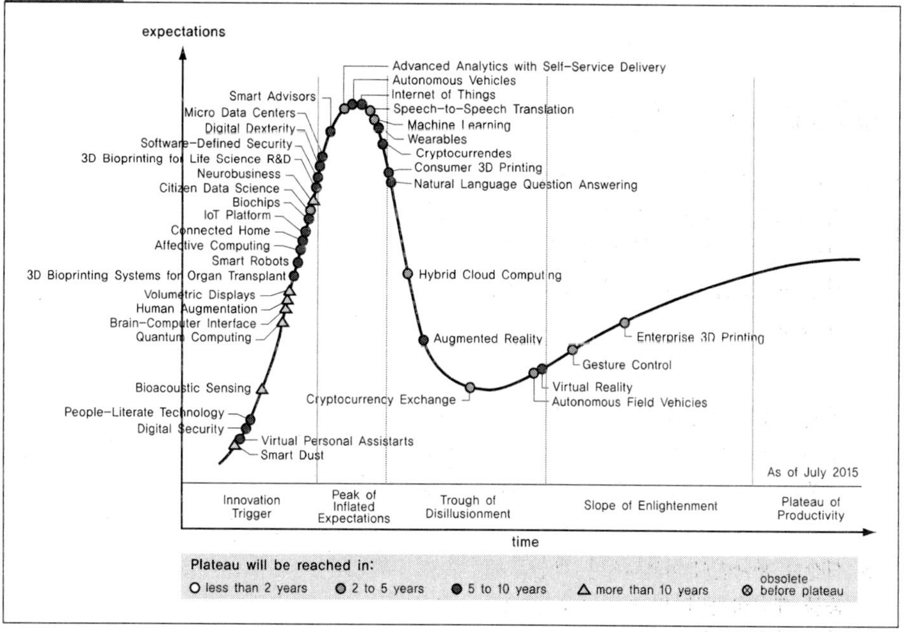

13) 출처: IT 업계 곳곳에서 포착되는 '파괴적 혁신' 사례, 스트라베이스. 2013.10.21
14) 출처: http://www.acrofan.com/ko-kr/view.ksp?mode=view&cate=0105&wd=20150827&ucode=0001050201&page=1&keyfield=message&=

2 가치사슬, 가치네트워크 및 생태계 이론

가 가치사슬(Value Chain)의 개념 및 정의

가치사슬이란 개념은 특정 기업이 수행하는 모든 기업 활동들, 즉 생산, 유통, 영업, 마케팅, 연구 개발 등 기업의 다양한 활동들이 어떻게 상호작용하는지를 조사하기 위한 체계적인 방법으로 마이클 포터(M. Porter) 교수가 저서 'Competitive Advantage : Creating and Sustaining Superior Performance(1985)'에서 처음으로 소개하였다. 그는 가치사슬을 기업의 세분화된 개별 활동의 집합으로 정의하고, 이들 각각의 활동이 경쟁기업들로부터 해당 기업을 차별화시키는 원천이 된다고 보았다. 예를 들면 기업의 가격경쟁력을 결정짓는 비용우위(cost advantage)는 서로 완전히 다른 원천들, 이를테면 저비용의 배분 시스템, 효율적인 조립 프로세스 또는 우월한 판매시스템, 양질의 재료 조달, 주문접수 시스템 또는 제품설계 등 차별화를 결정짓는 다양한 요소들에 의해 결정되어 진다. 따라서 한 기업을 평가할 때에는 기업 전체를 하나의 단위로 보아서는 그 기업의 활동을 이해할 수 없으며, 기업의 부가가치 창출을 위한 활동에 직접 또는 간접적으로 관련된 일련의 활동 · 기능 · 프로세스 등 세분화된 다양한 활동들로 나누어 분석해야 하는데, 이때 기업의 개별 활동을 체계화시켜 분석하기 위한 도구로 가치사슬(value chain)이란 개념이 제안된 것이다.

기업의 활동은 주 활동(primary activities) 혹은 1차 활동과 지원활동(support activities) 혹은 2차 활동으로 나눠볼 수 있다. 주 활동은 제품 혹은 서비스의 생산 · 운송 · 마케팅 · 판매 · 물류 · 소비 등과 같은 활동으로 기업의 매출을 통한 부가가치 창출에 직접적으로 관련된 활동들을 의미하며, 원 재료의 매입 및 재고 관리 등 유입(inbound logistics), 서비스나 상품의 제조(operation), 그리고 완제품은 서비스의 제공이나 유출(outbound logistics), 마케팅과 판매(marketing & sales) 등의 활동으로 이루어진다. 지원활동 혹은 2차 활동은 구매조달 · 기술개발 · 인사 · 재무 · 기획 등 주 활동을 통한 부가가치 창출에 간접적으로 지원하는 제반 업무를 의미하며, 구매조달(procurement), 기술개발(technology development), 인사노무 관리(human resource management) 및 기업 하부구조(firm infrastructure)로 구성된다.

이처럼 기업의 활동을 주 활동과 지원 활동 등 일련의 기능이나 프로세스 등으로 구분함으로써, 가치 활동 각 단계에 있어서 부가가치 창출과 관련된 핵심활동이 무엇인가를 규명할 수 있으며, 각 단계 및 핵심 활동들의 강점이나 약점 및 차별화 요인을 분석하고, 나아가 각 활동단계별 원가동인을 분석하여 경쟁우위 구축을 위한 도구로 활용할 수 있다. 이렇듯 포터의 가치사슬 개념은 정적 특성을 지닌 기업 활동 집합의 개념에 해당된다.

그림 1-4 가치사슬에 의한 기업 활동 분야(Category)[15)]

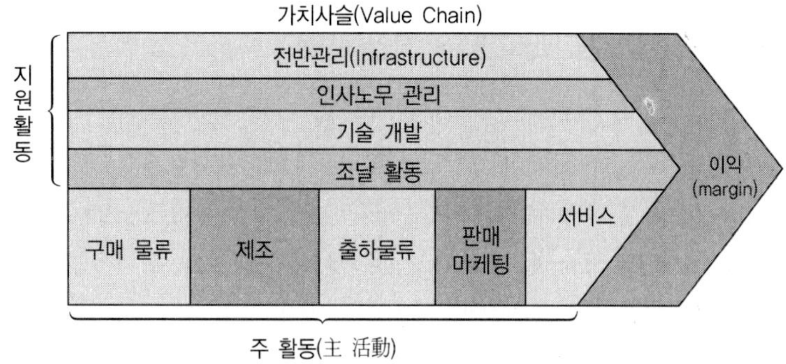

기업의 가치사슬은 경쟁이 발생하는 산업이나 활동 영역의 범위에 따라 다르게 정의될 수 있다. 가치사슬을 결정하는 범위(scope)는 4가지 차원에서 볼 수 있는데, 첫째, 세그먼트(Segment) 범위는 최종 생산물의 종류에 따라 구분하고, 둘째, 통합의 정도(degree of integration)는 개별 기업이 독립적인 대신 다른 부문 또는 기업과 얼마나 통합해서 활동을 수행하느냐에 대한 기준이다. 셋째, 지리적 범위(geographic scope)는 지역, 국가, 대륙 등 한 기업이 전략의 대상으로 삼아 경쟁하는 영역의 크기를 말한다. 넷째, 산업범위(industry scope)는 기업이 활동하는데 연관되어 있는 산업의 범위를 말한다. 기업은 이 4가지 차원을 고려하여 기업 활동의 경쟁력을 보장할 수 있는 경쟁범위를 설정하고, 다른 기업과 협력하기 위해 기술 라이선스, 공급 협약, 마케팅 협약 또는 조인트 벤처의 설립 등 수평적인 동맹을 체결하기도 하고, 경우에 따라서는 수직적인 동맹이나 기업 결합 등을 통해 기업 활동의 경쟁력을 확보하기도 한다.

예를 들어 그림 1-5에서 보는 바와 같이, 모바일 산업의 가치사슬 측면에서는 하드웨어, 네트워크, 접속, 서비스 그리고 다양한 인터페이스 산업 등으로 구성되었던 모바일 산업이 콘텐츠를 비롯하여 다양한 부가서비스들이 추가되어 있음을 알 수 있다. 즉, 미디어 산업 및 전자상거래, 금융 산업(Banking) 등 다양한 산업이나 서비스들과 융합하는 형태로 통합의 정도나 산업의 범위 그리고 세그먼트의 종류 측면에서 다양화되고 지속적인 발전을 진행하고 있다. 더불어 인터페이스 측면에서도 다양한 서비스들을 소화해 낼 수 있게 높은 사양의 다양한 기능을 제공하는 모바일 단말기기의 발전, 즉 스마트 화는 전통적으로 모바일 전화나 단순한 모바일 WAP(Wireless Application Protocol)이나 Widget 형태의 서비스를 제공해 오던 모바일

15) 출처: Competitive Advantage : Creating and Sustaining Superior Performance, M. Porter(1985)를 재구성

단말기기의 성능 제약을 상당 부분 극복하였다. 뿐만 아니라 산업 범위 측면에서도 아이폰(iPhone)과 앱 스토어(App Store)라는 새로운 형태의 사업 모델에 의해 촉발된 시장의 개방화는 기존에 가두리 형태의 사업 모델로 인한 서비스 이용에 있어서의 제약으로 발생한 이동통신사업자의 지배력을 약화시키는데 기여하였다. 그 결과, 콘텐츠, 플랫폼, 인터페이스가 네트워크 사업자로부터 독립성을 가지게 되었으며, 모바일 데이터에 대한 수요가 증가하고 플랫폼의 영향력이 증가하게 됨에 따라 산업의 가치사슬은 유무선 통합 및 개방형 플랫폼 등의 가치사슬 구조로 진화해 나가고 있다.

그림 1-5 컨버전스 시대의 가치사슬(IT, 미디어, 전자상거래 등)[16)]

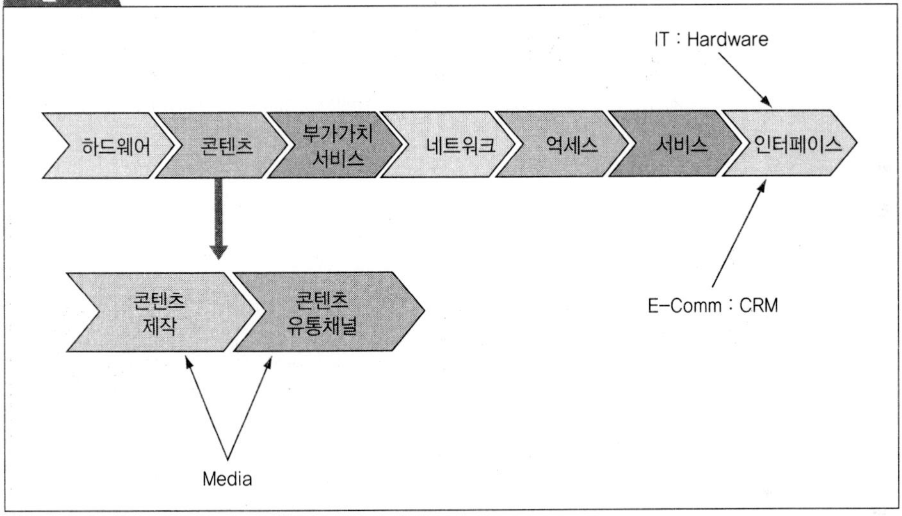

마이클 포터 교수는 기존의 가치사슬 개념이 개별 기업의 범위 내에서 세분화된 기업 활동의 연결 구조를 설명한 개념인데 반해, 한 기업의 범위를 넘어서는 가치사슬을 설명하는 것으로 가치 체계(value system)라는 개념을 제시하고 있다. 일반적으로 가치 체계라 함은 여러 가지의 가치가 상호의존 관계를 유지하며, 특정한 유형으로 배열되어 있는 상태의 가치질서를 의미하는 개념으로 문화인류학 등 다양한 분야에서 정의되고 있기도 하다. 그림 1-6에서 보는 바와 같이, 마이클 포터 교수에 의해 설명된 경영학적 관점에서의 가치체계는 한 분야의 산업에 종사하는 기업의 경우, 해당 기업의 가치사슬(Firm Value Chain)과 공급자의 가치사슬, 채널의 가치사슬 그리고 구매자의 가치사슬로 가치체계가 구성되어진다. 그러나 여러 산업 혹은 여러 연관된 사업을 전개하는 기업(Diversified Firm)의 경우, 해당 기업의 가치

16) 출처: 통신시장 구조변화에 따른 가치사슬 및 가치네트워크에 관한 동태적 분석, 주재욱/윤두영/이주영/이경현. 2010.12.

사슬은 개별 사업부문(business unit)별 가치사슬로 각각 구분되어 질 수 있고, 이러한 개별 사업 부문별 가치 사슬이 공급자, 채널, 구매자 별 가치 사슬로 다시 구성되어진다. 이렇게 복잡하게 분화되는 가치 사슬 간의 상호 의존성을 고려한 연결구조, 즉 가치 체계를 분석하기 위해서는 앞 서 언급한 대로 크게 4가지 차원에서 고려해야 한다. 즉, 최종생산물, 개별 기업 간의 통합의 정도, 지리적 범위, 산업의 범위 등이다. 이에 따라 기업의 경쟁이 발생하는 산업이나 활동 영역의 범위를 고려하여 기업 활동의 경쟁력을 보장할 수 있는 경쟁범위 및 전략을 설정해야 한다.

그림 1-6 가치 체계(Value System)

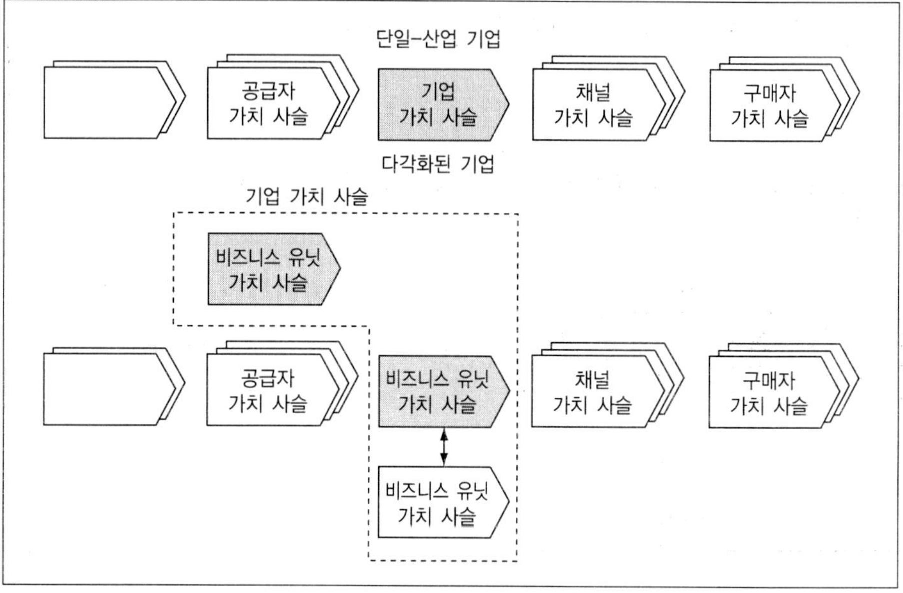

나 가치 네트워크 개념

카플린스키(Kaplinsky), 제레피(Gereffi) 등 다양한 학자들에 의해 제시된 상품사슬(Commodity Chain) 혹은 글로벌 상품 사슬이란 용어와 유사한 의미를 갖는 용어로 제임스 무어와 마이클 포터에 의해 제시된 가치사슬 이론은 효율적 비용구조의 달성이 중요한 경영 과제로 대두되던 전통적인 제조업 분야 기업에 대한 기업평가 및 전략수립 방법을 위한 경영학 이론으로 폭 넓게 활용되어져 왔다.

그러나 2000년대로 접어들면서 유무선 망 등 인터넷을 활용하기 위한 네트워크 환경과 정보기술의 혁신적 발달, 나아가 인터넷의 활용이 보편화되기 시작하게 됨에 따라 산업이나 경제 구조가 급격한 변화를 맞이하고 있다. 기술의 발전과 인터넷 이용의 보편화는 1980년 당시의 산업 구조 하에서 가장 중요한 요소 중의 하나였던 단일 기업의 비용 경쟁력이 더 이상 가치창출에 결정적으로 기여하는 요소가 될 수 없는 상황에 이르게 하였다. 개별 기업은 종사하는 산업의 생태계 안에서 자사가 갖는 경쟁우위에 기반 한 전략적 포지셔닝(Positioning)을 통해 다양한 기업들과 협력 체제를 구축하는 현상을 보이고, 또한 기술과 산업, 이용자 간 일방적 흐름을 통한 서비스나 제품이 양산되는 산업 구조로부터 이들 간에 상호 영향을 미쳐가면서 산업의 형태나 범주가 변형, 발전되어 가는 현상을 보이면서 가치사슬이나 가치 체계라는 개념만으로는 이러한 현상을 설명하는데 있어 한계에 직면하였다.

일반적으로 시장이 변화하면 기업의 활동도 시장의 변화에 맞추어 변화하여야만 하고, 기존의 가치사슬에 새로운 요소가 등장하거나, 기존의 요소가 사라지거나 또는 요소들 간의 연결 관계 및 연결 순서가 바뀌는 등 가치 사슬의 구조나 내용도 시장의 변화와 함께 변화해 나가는 현상을 보이게 되는 것은 자연스러운 것이다. 앞서 설명한 바와 같이 가치사슬 이론의 분석 목적은 개별 산업에 종사하는 기업의 상품이나 서비스 생산 및 판매 등 기업의 제반 활동과 관련된 근본적인 가치창출 과정을 규명하기 위한 것이었다. 그러나 가치사슬 분석 방법은 개별 기업에 대한 것으로 시장의 변화나 그에 따른 가치 사슬의 요소나 구조, 내용의 변화 그리고 그에 따른 기업과 다른 기업 간의 관계를 반영하는 수평적인 측면의 중요성을 반영하지 못하며, 제품 생산과 서비스의 발전을 일 방향적 흐름을 갖는 순차적인 과정으로만 보고 있다는 한계를 지닌다. 다시 말해 현재와 같이 산업 간 혹은 산업 내 상호 융·복합화로 인해 산업이 복잡 다기화 되어 가고, 고도화되어 가는 산업구조의 변화가 진행되는 현상에서 기업 활동을 설명하고, 전략을 수립하기 위해 활용하기에는 상호 영향을 미치면서 공진화해가는 과정을 설명하는데는 한계에 봉착하게 된 것이다.

가치 네트워크(value network)는 한 기업이 제공하는 서비스나 제품을 조달하고, 제공하고, 확장시키기 위해 만들어가는 체계로서 파트너 쉽이나 제휴, 조인트 벤처, 협약 등을 통해 하나 이상의 가치 사슬이나 가치 체계에 동시적으로 관련되어 복잡하게 얽혀져 구성되는 가치창출 네트워크(value creating network)를 설명하는 개념, 다시 말해 지식, 제품, 서비스 등의 형태로 가치를 창출하기 위해 작동되는 사회 및 기술적 자원의 복잡한 구성체를 일컫는 용어이다. Christensen & Rosenbloom(1995)은 가치네트워크를 '그 범위와 경계가 더 높은 수준의 네트워크에 이용할 수 있는 지배적인 기술 패러다임에 따라 결정되는 상업적 시스템'으로 정의했다. 즉 지배적인 기술 패러다임 변화로 인해 가치네트워크 내에서 새로운 차원(measurement)의 가치 사슬을 구성하게 되며, 새로운 차원의 가치 네트워크로의 진입은 현재의 가치 사슬 내에서 얼마나, 또 어떻게, 어디에 가치를 추가할 수 있는가 하는 능력에 기반 한다고 설명하고 있다.

가치네트워크의 개념에 따르면, 구성원 간의 복잡하고 동적인 교류를 통해 유형과 무형의 가치가 창출되며, 기업들에 의해 구성되는 방식은 그들이 산업 내 어느 부분에 위치하느냐에 따라 다르게 나타나며, 시장이나 산업에서의 복잡성이 증가하면 할수록 성공적인 전략을 실행하기 위해서는 서로 다르지만 보완적인 기술을 가진 기업들과의 네트워크를 구성하고 운영하는 것, 즉 협력, 협업, 연계, 전략적 제휴, 합병 등의 방법을 통해 새로운 가치를 창출해 나가는 것이 필수적인 요소가 된다는 것이다. Kothandaraman과 Wilson(2001)에 따르면, 협력, 협업 등을 통해 새로운 가치를 창출하기 위해서는 잠재적인 파트너들이 상호간에 낮은 위험과 우수한 경영 성과를 보여주면서, 스스로들이 얼마나 크게 시장에 중요한 가치를 부가할 수 있는가 하는 능력에 대해 상호 평가되어지는 것에 기반 하여 네트워크가 형성하는 것이 필요하다고 주장하였다.

앞서 설명한 바와 같이 가치사슬이나 가치 체계의 개념으로 현재의 산업 현상이 설명될 수 없게 된 것은 결국 기술의 발전에 따라 전통적인 가치사슬 구조는 점점 해체되어 가고 있으며, 급격하고 복잡하게 가치 네트워크 형태로 진화되어 가고 있기 때문이다. 가치 사슬을 구성하는 구성원 혹은 참여자의 관계가 다양해지고 복잡해졌으며, 구성 요소들도 변화하였다. 또한 가치 사슬 내에서의 서로의 역할이 모호해지고, 서로 주도권을 확보하려는 경쟁이 치열해지고 있다. 이러한 새로운 환경에서 기업들이 살아남기 위해서는 기존에 가지고 있던 가치 사슬 내의 역할이나 포지션이 아닌 가치 네트워크 전체의 구성 내에서의 자사의 포지션을 이해하고, 전략과 비즈니스 모델을 재정립해야 할 필요가 있음을 이해해야 하는 것이다. 따라서 '주주 가치사슬(stakeholder value chain)'[17] 혹은 '가치 네트워크(value network)'[18]라는 개념을 이해할 필요성이 대두된 것이다.

최근 미디어나 콘텐츠 서비스 시장에서 일어나고 있는 현상 중의 하나인 모바일 포털 사례를 중심으로 가치 네트워크로의 진화에 대해 살펴보자. 전송망인 네트워크를 제공하는 이동통신사업자의 경우 전송망이 점차 고속화되고, LTE를 지나 최대 20Gbps의 전송속도를 제공할 수 있는 5G(5Generation)로 이동통신기술이 진화해감에 따라 이동통신사업자들은 전통적인 통신 서비스 제공으로는 더 이상 부가가치를 향유할 수 없다는 판단에 따라 더 많은 수익성과 부가가치가 확보될 수 있는 새로운 영역을 모색할 필요성을 가지기 시작하였다. 즉, 모바일 포털이나 콘텐츠서비스, 다양한 응용서비스 등 미디어나 콘텐츠 서비스 산업으로의 진출을 위한 다양한 노력을 경주해야 할 필요성이 생긴 것이다. 그 간에는 통신망을 보유한 이동통신사업자들이 네트워크 인프라에 대한 소유권을 갖고 가두리 형태로 독과점적

17) 출처: Freeman & Liedtka, 1997.
18) 출처: Kothandaraman & Wilson, 2001.

제공이 가능하였고, 또한 이들 서비스 제공에 있어 그들의 망을 이용하는 다른 사업자들보다 콘텐츠나 응용 서비스로의 접근을 보다 용이하게 하는 이점을 가질 수 있었다. 다만, 현실적으로는 법적으로 망 중립성(Network Neutrality)[19]의 의무가 있어 자사 서비스와 다른 사업자들의 서비스를 차별적으로 제공할 수 없었다.

그러나 가두리 형태의 산업 형태로부터 개방형으로 변화됨에 따라 다른 산업 영역에 있던 기업들도 모바일 산업으로 침투하기 시작하였다. 네이버나 다음, 구글 등 유선 포털 산업에서의 강자들 뿐 아니라 기존 신문이나 지상파 방송, 잡지 등 전통적 미디어 업체, 심지어는 금융시비스를 제공하는 기업 및 새로이 탄생되는 소셜 네트워크 서비스 기업, 동영상 서비스 기업 등 다양한 형태의 새로운 기업들도 모바일 산업으로 진출하기 시작하였다. 특히 전통적 미디어 기업들은 그들의 강점인 패키징(packaging), 브랜딩(branding), 독자적 생산 콘텐츠의 판매를 통해 가입자를 끌어들이고 서비스를 확대하려 노력하고 있으며, 소위 핀테크(Fintech) 기업 등 금융 서비스 업체들도 모바일을 통해 포털이나 SNS 등의 미디어를 기반으로 편리하고 안전한 모바일 거래를 보장하며 미래 모바일 시대의 지평을 넓혀 가는 등 산업 간의 융합을 통해 다양한 가치사슬 구조 간에 복잡하게 연결되는 가치 네트워크가 형성되어 가고 있다.

그림 1-7 모바일 포털의 가치네트워크 예시[20]

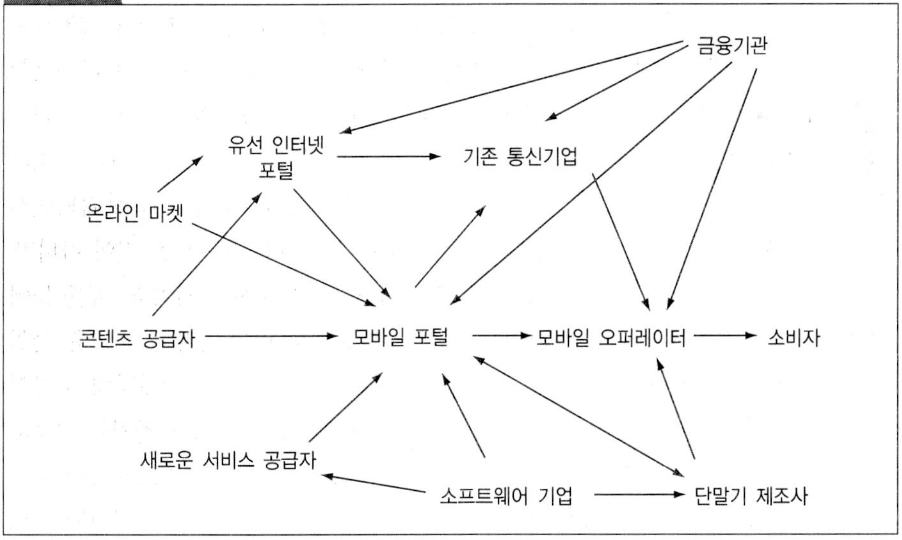

19) 망 중립성 : 인터넷 망을 이용하여 전달되는 인터넷 트래픽에 대해 데이터의 내용이나 유형을 따지지 않고, 이를 생성하거나 소비하는 주체에게 차별 없이 동일하게 취급해야 한다는 것을 의미(시사상식사전, 박문각)

20) 출처: 통신시장 구조변화에 따른 가치사슬 및 가치네트워크에 관한 동태적 분석. 주재욱/윤두영/이주영/이경현. 2010.12.

다 생태계(Ecosystem) 이론

가치사슬 이론은 개별 기업 혹은 개별 산업에서의 부가가치 창출을 위한 다양한 가치 네트워크를 분석하는 이론인 반면, '생태계 이론'은 가치사슬 이론이 갖는 한계를 극복하고, 정보통신기술의 발전과 인터넷의 등장과 함께 복잡하고, 세분화되고, 기술, 산업, 서비스, 사업자, 네트워크 간 구분이 모호해지고, 빠르게 전개되는 산업 환경의 변화 등 다양한 산업 현상을 설명하기 위한 이론으로 자리매김하고 있다.

1996년 제임스 무어(James F. Moore)는 그의 저서인 '경쟁의 종말(The Death of Competition : Leadership and Strategy in the Age of Business Ecosystem)'에서 '가치 네트워크(value network), 비즈니스 생태계(business ecosystem)' 개념을 제시하였다. 제임스 무어는 '비즈니스 생태계(Ecosystem)'를 '비즈니스 세계를 구성하는 유기체 사이의 상호작용 원리에 기본을 두는 경제적 공동체(Community)'로 정의하고, 기업들이 영위할 수 있는 모든 사업이 가능한 공간 혹은 산업 군(群)내에서 혁신적인 아이디어를 통합하여 기업들이 자사의 핵심 사업을 중심으로 이해관계자들과의 강력한 공진화(共進化, Co-Evolution)를 꾀하는 일종의 경제적 공동체 형성이 필요하다고 주장하였다.

기업 생태계에서는 전통적인 경쟁관계보다는 기업 상호 간의 협력을 강조하는 세계로 변화되었으며, 개별 기업 간의 단순한 경쟁관계는 급변하는 환경 하에서는 의미가 없으며, 기업 간 단순한 경쟁보다는 협력을 통한 공진화가 필요하고, 비즈니스 생태계에서 가장 중요한 구성인자는 선도 기업임을 역설하였다. 이는 2000년대 들어서면서 정보통신 기술의 발전과 인터넷이 등장함에 따라 산업 간 경계가 붕괴되면서 유일하게 실행할 수 있는 경쟁방법은 경쟁자보다 우수한 제품을 만드는 것이 아니라, 보다 새로운 생태계를 형성하는 것이 중요하게 되었음을 의미하는 것이다. 예를 들어 미디어 산업에서도 새로운 강자로 등장했던 유선 포털(portal) 이라는 새로운 산업군에서 상호 경쟁관계에 있던 네이버나 다음 혹은 구글 등도 경쟁 상대와의 차별적 요소로 보다 나은 검색서비스나 뉴스 제공 등 새로운 서비스를 만들어 가치를 제공해 주는 것도 중요하지만, 산업의 흐름이 모바일 생태계로의 변화, 즉 새로운 생태계가 만들어 지고 있는 상황에서는 혁신적인 변화를 가지는 새로운 생태계에서의 가치네트워크를 형성하고, 공진화해 나가는 것이 더 중요하다는 것이다.

가치 네트워크 모델에서 가치를 창출하기 위한 핵심 가치로 '우수한 고객가치, 가치 네트워크에 참여하는 기업들의 핵심 역량 및 기업들 상호 간의 관계'라는 세

가지 개념이 중요하다. 즉, 특정 산업에서의 네트워크에 의한 가치 창출은 해당 가치네트워크 상에 참여하는 기업들의 핵심역량에 의해 영향을 받고, 가치네트워크에 있는 기업들의 핵심 역량이 함께 결합되어 우수한 고객 가치가 창조된다는 것이다. 더불어 네트워크상에서 기업이 이러한 가치를 창출하는 방법은 기업들 간 가지고 있는 상호 관계의 본질에 의해 영향을 받으며, 관계의 질은 가치 창출을 용이하게 만든다. 관계는 가치 네트워크상에서 기업들을 현재의 위치에 있도록 붙잡아주고, 기업들의 핵심 역량을 유지하고 향상시키기 위해 투자하는 것을 도와주게 된다. 따라서 기업들은 기존의 경쟁체계에서 자사의 위치를 찾는 수동적 자세에서 탈피하여 일련의 가치창조 시스템을 이끌어갈 수 있는 능동적 자세를 갖추어야하며, 기업의 전략분석의 초점은 기업이나 기업이 속한 산업이 아니라 가치가 창조되는 전체 시스템 상에서 생태계를 형성하고 있는 집합체에 맞추어져야 함을 의미한다. 이러한 기업 생태계를 형성하기 위해서는 기업 자체의 핵심역량 확보를 위한 재투자는 물론 기업생태계의 유지, 발전을 위한 재투자를 병행함으로써 지속적인 선순환(virtuous cycle)의 고리를 형성해야 하는 것이다.

무어에 의하면, 기업의 생태계는 혁신적인 아이디어를 가지고 새로운 사업 기회를 마련하는 탄생(개척)단계(pioneering), 기업 생태계가 범위를 확대하고 모든 유형의 자원을 집중하여 규모 및 범위를 확장하는 확장단계(expansion), 기업 생태계의 구조가 안정되고, 생태계 내부에서 리더십과 이익을 둘러싼 경쟁이 치열해지는 성장(권위)단계(authority), 그리고 기업 생태계는 성숙단계를 지나 새로운 산업 생태계 등장 등에 따른 기존 생태계의 쇠퇴와 이를 탈피하기 위한 새로운 생태계에의 적응 등의 단계를 지나 지속적인 혁신이 요구되는 시기인 재생성 단계(renewal) 등 4단계를 거치면서 끊임없는 도전과 발전을 경험하게 된다고 정의하고 있다. 즉, 산업 생태계는 정체되어 있는 것이 아니라 생물학적 생태계와 마찬가지로 탄생－확장－성장－쇠퇴－적응－혁신에 의한 재탄생 등의 과정을 거치게 되며, 탄생부터 재생성에 걸쳐 생태계 구성 사업자들은 경쟁과 협력간의 정도를 지속적으로 조정할 수 있어야 한다는 것이다. 가치가 제품에만 내재된 것이 아니라 전체 네트워크 가치가 중요하며, 환경적 변수를 포괄하고 진화의 개념을 내포하고 있다. 생태계 개념에서는 네트워크/웹(network/web) 형태의 관계를 강조하고, 정적 선형 관점이 아닌 종합적인 동태적 시각(holistic dynamic view)을 제공한다.

그림 1-8 Moore의 비즈니스 생태계 생애주기(Life cycle)

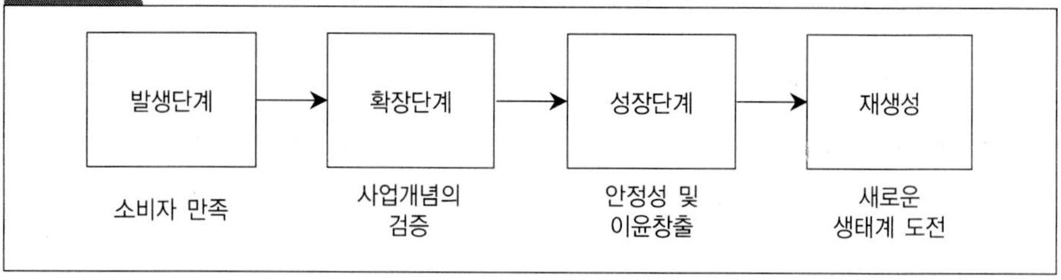

특히 2000년대 들어서면서 산업 생태계는 전통적 경제/경영 이론으로 설명이 불가능한 공진화, 협력적 경쟁과 같은 새로운 현상이 가시화되고 있으며, 이를 반영하기 위한 새로운 이론적 틀로서 디지털 생태계 개념이 주목을 받게 되었다. 디지털 생태계에서는 현재 전개되고 있는 산업의 변화는 전통적인 경제/경영 이론상에서의 기업경쟁과 가치창출 흐름이 생태계 관점에서 디지털 컨버전스(Digital Convergence) 등의 변화 동인(動因, Driver)에 의해, 기업 생태계에서의 경영/경제학적 함의(含意)가 '공진화, 협력적 경쟁, 동반자' 등의 개념으로 변화하고, 기술의 발전 뿐 아니라 산업, 소비자가 일방적인 흐름이 아닌 서로에게 긴밀한 영향을 주고 받으며 진화 발전되어 가는 현상을 보이고 있다. 즉, 과거 기업의 생태 환경하에서는 기술의 발전이 산업의 변화를 견인하고 소비자는 기술 발전에 의해 제공되어지는 제품이나 서비스를 소비하는 일방적 가치 흐름의 형태로부터 기술의 발전과 산업의 변화 그리고 소비자의 소비 행태 변화나 소비자가 생산에 직접적인 영향을 미치는 등 상호 간 밀접한 영향을 주고 받으며 공진화해 나가고 있는 것이다.

그림 1-9 생태계 관점의 가치창출 개념 변화[21)]

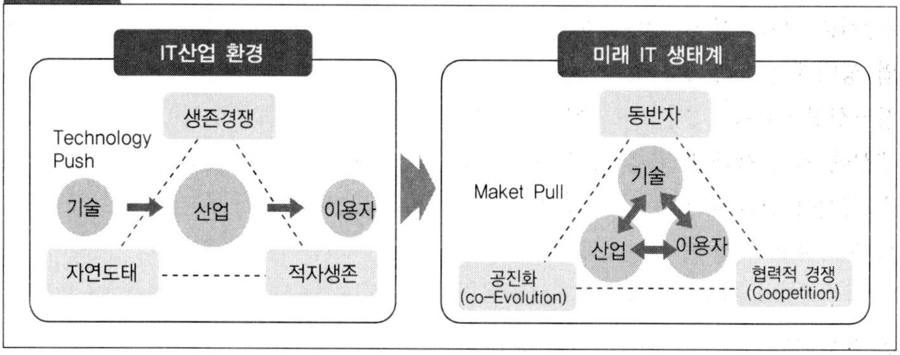

21) 출처: 디지털 컨버전스 생태계의 특징과 발전 전망. 정보통신정책연구원. 2007.12.

이처럼 디지털 생태계는 가치창출 개념의 변화를 반영하고 있다. 고객은 공동 창조자(co-creator), 프로슈머(prosumer)로, 가치 사슬(value chain)을 가치 네트워크(value network)로, 제품가치(product value)는 네트워크 가치(network value)로, 단순 협력/경쟁은 복잡한 협력적 경쟁(coopetition)과 공진화(co-evolution)로, 개별 기업 전략은 전체적인 가치 생태계(value ecology)를 고려한 전략으로의 변화를 요구하게 되었다.

라 정보통신기술과 디지털 융·복합(Digital Convergence)

디지털 컨버전스, 즉 디지털 융·복합이라 함은 정보통신기술의 발전을 기반으로 기기 간 혹은 기기와 서비스 간에 상호 영향을 주고받고, 융합·복합되어 가면서 새로운 형태의 산업과 가치사슬 더 나아가 가치 네트워크가 창출되는 현상을 일컫는 용어로, 미국의 미디어학자인 니콜러스 네그로폰테(Nicholas Negroponte) 가 '디지털 기술과 컴퓨터 산업의 발달을 위하여 커뮤니케이션 산업이 일정 수준까지 함께 접근하여야 한다'고 주장하면서 1970년대 후반부터 주목받기 시작하였다. 유선과 무선의 통합, 방송과 통신의 융합, 온라인과 오프라인의 결합 등 기존의 기술·산업·서비스·네트워크 등의 측면에서 새로운 형태의 융합 산업과 서비스가 등장하는 산업 현상을 발생시키고 있는 것은 바로 디지털 컨버전스 현상으로 인해서이다.

이러한 디지털 컨버전스 현상은 정보통신서비스 분야는 물론 경제사회의 모든 분야에 걸쳐 일어나고 있는데, 산업 전반의 디지털 컨버전스(Digital Convergence, 융복합) 진행은 또 다른 측면에서 기업의 사회적 관계를 확대시키고, 복잡성을 증대시키고 있다. 이는 산업이나 기업 경영에서의 리스크 증가를 가져오고, 경영환경 및 기업의 생존조건에 대한 근본적 재인식을 필요하게 만들고 있다. 따라서 기업들은 소비자들의 니즈를 충족시키고, 기술적 혁신의 가능성을 효과적으로 활용하기 위해 다양한 유형의 컨버전스를 시도해야하며, 궁극적으로 디지털 컨버전스 생태계 속에서는 비용분배, 위험 분산, 자원 분배, 역할의 분산, 가치의 교환, 가치 창출 등의 개념을 같이 고려해야 한다.

디지털 컨버전스 생태계 구축의 자연발생적 동인으로는 시장견인(market-pull) 동인과 기술주도(technology-push) 동인 등 크게 2가지로 나누어 볼 수 있다. 시장견인 동인은 소비자 니즈의 다양화 및 고도화, 새로운 제품/서비스에 대한 소비자들의 욕구 증대에 의해 새로운 시장의 필요성이 확대되었음을 의미한다. 기술주도 동인은 각 산업에서 이미 검증된 기술이나 서비스들을 재조합하여 혁신적 컨버전스 기술 및 서비스들의 제공이 가능해졌고, 특히 모든 서비스의 유통을 지원하는 네트워크 측면에서 All-IP[22]로의 진화는 디지털 컨버전스를 더욱 가속화시킨 동인이 되었다는 것을 말한다.

디지털 컨버전스 생태계의 또 다른 특징은 생태계 내에 존재하는 기업들 간의 협력적 관계에 있어 주도적 역할을 하는 기업과 대다수의 구성원으로 이루어지는 틈새시장이나 서비스를 제공하는 기업들 간 상호보완적 협력관계를 형성하고 각각 진화하면서 협력적 경쟁의 관계를 가져가게 된다는 것이다. 다시 말해 주도적 기업은 자신이 속한 생태계의 방향을 이끌어 나가는 핵심종의 역할을 수행하며, 생태계의 나머지 구성원인 니치 플레이어들이 자신만의 특화된 역량을 발휘한다.

디지털 컨버전스로 인해 변화하는 생태계 내에서의 산업간 성장을 위한 중요한 요인은 신규 사업모델 개발을 개발하거나 새로운 시장을 창출하는 것이며, 궁극적으로 다양한 역할 혹은 가치를 제공하는 기업들과의 경쟁과 협력을 통해 동반성장하는 것이다. 동반 성장은 결국 각 산업 혹은 기업들의 경쟁력이 더욱 증대되어지는 결과로 이어지게 된다. 또한 생태계 내에서 실현된 이익은 생태계 자체발전을 위해 재투자되는 것이 바람직하며, 자체 발전을 위해 재투자되는 생태계 순환구조를 통해 협력기업들 간에 신뢰를 구축할 수 있고, 이러한 신뢰를 기반으로 건강한 생태계를 지속적으로 유지하는 것이 가능하게 되는 것이다. 이러한 선순환의 상생구도를 성공적으로 구축하지 못하는 생태계는 결국 도태되어진다. 따라서 디지털 컨버전스 환경 하에서는 단일 기업 뿐 아니라 생태계를 구성하는 산업 전체는 결국 협력적 경쟁을 통한 동반성장과 공진화를 통한 환경 변화에의 적극적 대응 그리고 창출되는 이익의 생태계 내에서의 재투자 등의 선순환 구조를 가져가는 것이 중요하다 할 것이다.

디지털 컨버전스 생태계에서의 비즈니스 모델 개발을 위해 기업은 다양한 측면에서의 고려가 필요한데, 디지털 컨버전스가 발생하는 영역, 즉, 플랫폼, 제품과 서비스, 그리고 기업 조직 차원 등의 영역별로 서로 다른 특징과 비즈니스 동인을 내포하고 있으며, 디지털 컨버전스를 통해 만들어지는 서비스나 제품 혹은 비즈니스 모델을 통해 소비자는 보다 다양한 서비스를 경험하게 된다. 이러한 소비자들의 서비스 경험은 보다 다양한 욕구를 가지게 하는 원동력이 되고, 새로운 욕구를 만들어 내게 된다. 기업은 경쟁우위 확보를 위해 소비자의 다양한 욕구를 만족시킬

---

22) ALL-IP : 인터넷 프로토콜(IP)을 기반으로 서로 다른 망이 통합된 구조를 갖는 망. ALL-IP망에서는 일반 전화 교환망(PSTN)과 같은 유선 전화망과 국제 이동 통신-2000(IMT-2000)망, 무선망, 패킷 데이터망과 같은 기존의 통신망 모두가 하나의 IP 기반망으로 통합되어 음성, 데이터, 멀티미디어 등을 처리하는 패킷망과 인터넷 전화 방식(IP Telephony)을 기반으로 하는 망 구조를 갖게 된다(출처: IT 용어사전).

수 있는 방법을 찾으려고 노력하게 되는데, 이 과정에서 특정 기업이 가진 자원만으로는 소비자가 충족되기를 원하는 모든 욕구에 반응할 수 없음을 알게 되면서, 타 산업 그리고 타 기업과의 연계나 협업 혹은 전략적 제휴 등 동반 성장을 위한 다양한 방안의 협력을 통한 비즈니스 모델 구축을 시도하게 된다.

Peltoniemi(2004)는 비즈니스 생태계(business ecosystem)는 정보통신 기술의 발전과 인터넷의 등장 등으로 인하여 지역적 한계가 없어지고, 경쟁과 협력 메커니즘을 동시에 가지면서 상호 연결되어 운명을 공유하도록 자생적으로 연결된 비즈니스 커뮤니티라 정의하고, 비즈니스 생태계를 규정하는 데 가장 중요한 개념은 분권화된 자율통제 구조이며, 생태계는 복잡성(complexity), 자기조직화(self-organization), 출현(emergence), 공진화(coevolution), 적응(adaptation)의 다섯 가지 특성으로 규정될 수 있다고 주장하였다.

표 1-2 Peltoniemi의 클러스터, 가치네트워크, 비즈니스 생태계 비교[23)]

비 교	클러스터	가치 네트워크	비즈니스 생태계
지역의 중요성	특정 지역에 모여 있어야 함	특정 지역에 한정될 수도 있고, 전 세계로 퍼져 있을 수도 있음	지역적 한계를 전적으로 부정하거나 배제함
경쟁과 협력의 역할	클러스터 내 기업 간 경쟁	기본적으로는 상호 협력적 관계로 구성	경쟁 메커니즘과 협력 메커니즘을 동시에 공유
지식의 창출과 이전	지식공유는 경쟁관계로 인해 잘 안되나 경쟁기업의 동향은 주시	지식공유가 일어나나 주로 운용 관련 정보에 한정	상호 연결되어 있고 운명을 공유하는 관계로 지식공유와 이전이 활발함
지배구조	클러스터 내 기업 간 시장거래상의 관계만 존재	주도적 기업과 부속기업이 존재하며 주도적 기업이 통제력을 행사	분권화된 자율통제 구조이나, 키스톤(keystone)*이 모범적 지위를 가짐

주 : 키스톤(keystone)은 비즈니스 생태계 환경에서 자사가 속한 생태계의 진화방향을 이끌어 나감으로써 종(種) 전체의 성장을 추구하는 핵심 종을 의미

디지털 컨버전스 생태계 성공의 핵심 요인은 디지털 컨버전스 환경 하에서 정보통신기술과 네트워크 사업자 그리고 미디어와 엔터테인먼트(M&E : Media & Entertainment) 산업 간 선순환의 상생구도 구축이 핵심으로 인식되고 있다. 마틴 프란스만(Martin Fransman) 교수는 2011년 '현재의 경제위기 속 ICT 생태계의 중요성(The Importance of the ICT Ecosystem in the Current Economic Crisis)'이라는 연구를 통해 정보통신기술 생태계 계층 모델[24)]을 발표하였는데, 여기서 정부 · 금융기관 ·

23) 출처: Poltoniemi(2004), 정석권, 김진기(2010)

개인의 부채문제 해결을 위해서는 새로운 경제의 성장이 필수적이라고 지적하면서, 그 해결책으로 '성장은 소비, 투자, 그리고 생산성의 증대에 있으며, 이를 견인할 열쇠는 혁신이고, 이러한 혁신을 위해서는 정보통신기술 생태계가 경제 성장의 가장 큰 동력이자 혁신의 발상지이며 경제성장의 불씨를 지필 중대한 역할을 맡고 있다'고 했다.

그는 ICT 생태계의 기본적인 계층 모델로 6 계층으로 구분된 생태계 계층 모델(Ecosystem Layer Model)을 제시하였다. 이후 그의 저서 'The New ICT Ecosystem Implications for Policy and Regulation(2010)'를 통해 수정한 4개의 계층 모델을 선보였다.

표 1-3 Fransman의 4계층 생태계 모델

구분	기능
계층 4	최종 소비
계층 3	콘텐츠, 애플리케이션, 혁신적 플랫폼, 검색, 네비게이션, 미들웨어
계층 2	네트워크 운영
계층 1	네트워크 요소 : 단말기기, 통신장비, 컴퓨터 하드웨어 및 소프트웨어 등

Fransman은 정보통신기술 산업 생태계 계층 모형을 내부적 연관 관계가 여섯 가지의 복잡한 관계로 설정되는데, 첫째, 네트워크 요소(Network Device) 제공자와 네트워크 운영(Operator) 사업자의 내적 관계가 설정되고, 둘째, 네트워크 운영사업자, 즉 통신사업자와 플랫폼 및 콘텐츠 제공자의 관계가 설정되고, 셋째, 최종 사용자와 플랫폼 및 콘텐츠 제공자의 관계가 설정되며, 넷째, 최종 사용자와 네트워크 요소 제공자의 내적 관계가 설정되며, 다섯째, 네트워크 요소 제공자와 플랫폼 및 콘텐츠 제공자 간에 내적 관계가 설정되고, 마지막으로 네트워크 운영사업자와 최종 사용자 간에 관계가 설정된다고 역설하였다. 또한 Fransman은 ICT 산업생태계의 구성인자 즉, 계층들은 서로 다른 역할을 수행하고 있고, 그 역할이 독립적이라기보다는 상호 연결된 생태계를 구성하고 있으며, 또한 ICT 산업을 수직적 구조 또는 단순한 수평적 구조로 인식하기보다는 네트워크 구조로 인식해야 한다고 주장하였다.

24) 출처: 'A New Frontier of ICT ecosystem : Cloud Computing & Smart Device', Martin Fransman, KISDI 글로벌 컨퍼런스(2011.11.18)

표 1-4 Fransman의 6계층 생태계 모델

구분	기능	포함 산업
계층 6	최종 소비	-
계층 5	콘텐츠, 애플리케이션, 서비스	음악, 영상 등 콘텐츠 응용 소프트웨어, 기타 서비스
계층 4	미들웨어	인터넷 브라우저, 검색, 보안 솔루션 등 미들웨어
계층 3	연결성	ISP 등 인터넷 접속 산업
계층 2	네트워크 운영	유무선 통신, CATV(HFC), 위성 등 방송산업
계층 1	네트워크 요소	통신장비, 컴퓨터, TV 등 소비자 가전, 반도체 등 부품, 시스템 소프트웨어

이처럼 기존의 정보통신 산업 환경에서의 비즈니스 모델이 각 계층(Layer)별로 분리되어 비즈니스 모델을 구성하였다면, 디지털 컨버전스 환경에서의 비즈니스 모델은 계층 간 구분 없이 서로 간 복잡하게 연계된 형태를 통해 다양한 비즈니스 모델이 만들어 지게 된다. 이러한 환경에서는 많은 기업들이 기존의 산업 영역에서뿐만 아니라 타 산업 영역을 넘나들면서 새로운 관계를 형성하고 생존과 발전을 위해 경쟁적인 가치 창출 활동을 도모하게 되며, 현재 미디어나 콘텐츠 산업을 둘러싼 환경의 변화에서 이러한 현상은 다양하게 접할 수 있다.

또한 디지털 컨버전스 생태계는 다른 산업들의 생태계에 비하여 매우 빠르게 변화되면서 보다 복잡하고 다양한 상황에 직면하고 있다. 따라서 디지털 컨버전스 생태계 비즈니스 모델 개발을 통한 전략적 위치 설정 시에 고려해야 할 중요한 항목 중 하나는 해당 기업이 가진 자사의 핵심 능력을 활용할 수 있는 사업자와 함께 생태계를 이루어 해당 기업이 생태계의 중심에 위치하는 기업 혹은 선도하는 기업이 될 것인지, 생태계에 참여한 타 사업자에게 자사의 핵심 능력을 사용하게 하는 지원적 성격을 갖게 할지 등의 전략 방향을 결정할 필요가 있다. 또 한편으로는 자사가 필요한 모든 기술과 기능을 획득 혹은 인수하여 자체 생태계를 형성하는 방법 등에 대해서도 다양한 고려의 필요가 있다.

이 과정에서 자신이 전략적으로 선택한 생태계에서 중심적 역할을 하게 되는 사업자는 자신이 속한 비즈니스 생태계의 지속가능성을 어떻게 유지할 것인가를 중요한 문제로 고려하여야 한다. 더불어 디지털 컨버전스 생태계에서 비즈니스 모델 구성 시 사업자들이 고려하여야 할 몇 가지 전략적 이슈들이 있다. 첫 번째로 구성된 생태계의 지속성이다. 생태계의 지속성 여부는 곧 생태계의 건강성과 관련되는데, 생태계의 건강성이란 생태계 구성 사업자들 각자가 속한 산업에서 새로운 기회를 발견할 수 있는 능력을 의미한다. 건강성을 측정하는 지표로는 새로운 기능 혹은 시장의 창출 능력이다. 이러한 능력은 새롭게 등장한 기술이 얼마나 다양한 비즈니스나 제품에 흡수되어 나타날 수 있느냐로 결정된다. 또 다른 지표로는 저항성(robustness)이 있다. 저항성은 생태계 구성 사업자들이 미래 예측력을 가지고 새로운 기술의 출현과 같은 외부 충격에도 생태계 비즈니스 모델을 유지할 수 있는 능력을 의미한다.

또 다른 전략적 이슈로는 특화와 다각화 사이의 문제이다. 생태계 구성에 따라 생태계 구성 사업자들은 자신의 비즈니스 모델을 다각화할 수 있다. 이 과정에서 등장하는 문제 중의 하나가 핵심 경쟁 능력을 무엇으로 할 것인가의 문제이다. 생태계 구성 사업자들이 생태계를 통한 다각화에 집중하고 자신만이 가져야 할 핵심 경쟁 능력을 상실할 경우 전체 생태계의 건강성에 문제가 발생할 수 있기 때문에 이에 대한 고려가 필요하다.

Fansman이 제시한 ICT 생태계의 계층 모델을 기반으로 우리나라의 산업 발전 역사를 대입해 보면, 지난 1980년대부터 시작된 국내의 산업 진흥 정책의 수요 초점은 ICT 산업에 집중되었고, 따라서 정책적 중요 계층은 통신사업 측면이었다. 이를 위해 정부의 규제 정책을 통한 사업자 인가정책과 그에 따른 통신 시장의 장비가 산업 정책의 중심에 있었다. 다시 말해 네트워크 운영 및 연결성을 제공해온 통신사업자 영역이 과거의 중요한 정책적 규제 영역이었던 것에 반해 2000년대 들어오면서 국내에서 하나로통신 등에 의한 초고속 인터넷 서비스의 제공으로 ICT 산업 생태계에서 플랫폼과 콘텐츠 계층이 차지하는 중요성과 비중이 빠르게 증가함에 따라 정책 중심 영역이 플랫폼과 콘텐츠 중심의 정책 영역으로 이동하게 되었다. 즉, 초고속인터넷 서비스의 제공으로 통신서비스의 제공 속도가 기하급수적으로 고속화되고, 이러한 초고속 망을 통해 제공하는 콘텐츠나 응용 서비스들도 변화하게 되었다. 단순 텍스트 형태로 제공되던 온라인 게임이나 포털 등 새로운 서비스들이 당시 멀티미디어라 불리우는 그래픽과 텍스트로 구성된 서비스로 변화하게 되었고 그 이외에도 다양한 응용 서비스들이 개발되게 되었으며, 현재의 디지털 컨버전스 생태계가 구성되게 된 것이다.

더불어 ICT 산업생태계는 계층과 계층 간의 상호 연관관계로 구성되어 있어, 네트워크 구조로 이루어져 있다는 전제 하에 본서에서는 콘텐츠 산업의 생태계 분석의 구조로서 소비자, 미디어, 네트워크, 단말기기, 웹과 플랫폼 등 5계층의 계층 구조로 나누어 각 분야의 변화 양상을 조망하고자 한다. 다시 말해 Fransman이 주장하는 계층 모델에서 네트워크의 요소부문은 콘텐츠나 미디어 산업의 생태계를 분석함에 있어 다른 계층보다 상대적으로 그 중요성을 고려하기가 크지 않다고 판단되고, 네트워크 운영이나 연결성은 네트워크로 하나로 분석하는 대신 콘텐츠·애플리케이션 ·서비스 부분을 웹과 플랫폼 계층으로 하여 살펴보고자 한다. 더불어 콘텐츠 산업 자체가 갖는 가치체계 역시 다양한 산업 간의 가치체계가 상호 영향을 미치면서 새로운 산업의 구조를 형성하고 있음도 살펴보고자 한다.

3 비즈니스 모델 개발 방법론

1990년대 이후 디지털 컨버전스 생태계가 조성되기 시작하고, 인터넷이 온라인 유통망으로서 등장하고, 초고속 화됨에 따라 이를 근간으로 다양한 새로운 사업모형이 탄생되기 시작하였다. 이에 따라 기존의 사업모형을 채용하고 있는 기업들에게 도전을 주고 있고, 새로운 사업 기회를 창출하게 되었고, 이러한 상황에서 탄생된 개념이 바로 비즈니스 모델이라는 개념이다. 1998년 Timmers가 비즈니스 모델의 정의를 제시한 이래, Mahadevan(2000), Amit & Zott(2001), Chesbrough & Rosenbloom (2001) 등 다양한 학자들에 의해 비즈니스 모델이 정의되고 있다.

Timmers(1998)에 따르면 '비즈니스 모델(또는 사업모형)이란 영리 또는 비영리 조직이 그 조직의 목표를 달성하기 위하여 행하는 사업을 지속, 발전하기 위한 활동방식에 대한 설명으로, 다양한 비즈니스 수행자와 그들의 역할을 포함하는 상품, 서비스, 정보 흐름의 구조이고, 이는 다양한 비즈니스 수행자에게 돌아가는 잠재적 혜택(benefits)과 수익원천(profits)에 대한 서술을 포함하는 것'이라 정의되고 있다.

Mahadevan(2000)은 사업의 수행에 있어 ① Value Stream(가치의 흐름), 즉 구매자, 판매자, 시장조성자 사이의 가치 전달 흐름, ② Revenue Stream(매출의 흐름)으로 사업에서의 매출 창출을 보장하는 계획 ③ Logistical Stream(유통의 흐름)은 사업을 위한 유통구조의 디자인 등 크리티컬(Critical)한 3가지 요소가 독창적으로 혼합된 것이라 정의하고 있다.

Amit & Zott(2001)이 정의한 바에 따르면, 잠재적 비즈니스 기회의 확대를 통한 새로운 가치(Value)를 창출하기 위해 디자인된 콘텐츠(Content), 구조(Structure),지배구조(Governance) 간의 거래 관계로 콘텐츠는 목표 고객을 위해 제공되는 모든 상품·서비스 등을 포함하는 의미를 가지며, 구조(Structure)는 유통으로 Mahadevan에 의해 정의된 유통(Logistical)과 동일한 의미를 가지며, 지배구조는 유통(Structure)에 참여하는 이해 관계자(주주, Stakeholder) 사이에 합의된 지분 구조나 제휴 관계를 포괄하는 의미로 이해하면 된다. 더불어 Headman과 Kalling(2011)에 따르면, 비즈니스 모델에 관한 학술적인 연구의 대부분은 정보기술(IT)을 활용하는 전자상거래(e-Business)에 관한 것이고, e-Business 모델 연구는 비즈니스 모델의 전체적인 모습과 비즈니스 모델을 구성하는 요소들을 정의하는 것에 초점을 두고 있다고 한다.

Mahadevan(2000)은 비즈니스 모델은 구매자와 파트너에 대한 가치흐름, 수익흐름, 공급 망의 논리적 흐름 등을 합쳐놓은 것이라 정의했으며, Osterwalder & Yves Pigneu는"조직이 어떻게 가치를 창출하고, 전달하며, 차지하는가에 대한 이유를 설명하는 것"이라 정의하였다. 이들의 정의를 정리해 보면, 아래 표와 같다.

표 1-5 비즈니스 모델 이론의 주요 키워드(Key Word)

구분	핵심 키워드
Timmers	정보 흐름의 구조, 잠재적혜택(Benefits), 수익원천(Profits)
Mahadevan	가치(Value), 흐름(Flow), 공급망(Supply Chain)
Rappa	수익창출(Profits), 가치창출(Benefits)
Osterwalder	수익창출(Profits), 가치(Value)
Amit, Zott	창의적 기치(Creative Value)

Chesbrough(2002)는 비즈니스 모델이 갖는 어떠한 유용성에 대해 첫째, 고객에 대한 가치제안을 분명히 나타나게 해주며, 둘째, 어떤 고객을 대상으로 하는지에 대한 세분 시장을 발견하게 해 주고, 셋째, 가치사슬 구조를 분명히 하며, 넷째, 비용 구소와 잠재적 이익을 추정할 수 있게 하며, 다섯째, 가치네트워크 내에서의 위치를 알려주는 역할을 하며, 마지막으로 경쟁전략을 나타내 보여주는 등의 측면에서 그 유용성이 있다고 하였다.

Alexander Osterwalder(2005)은 비즈니스 로직에 대한 개념 확립에 도움이 되며, 시각화를 통한 복잡한 정보를 처리하거나 이해하고 소통하는데 유용하게 활용될 수 있으며, 분석, 즉 비즈니스 로직을 측정하고 관찰하고 타 산업 혹은 경쟁자와 비교하는데 도움을 준다고 말한다.

이를 종합해 보면, 결국 비즈니스 모델은 고객과 어떠한 관계를 맺고, 고객에게 제공할 가치를 어떻게 창출할 것이며, 이에 따르는 비용 구조를 이해하고 통제하며, 기업의 생존 원천인 이익을 어디서 어떻게 얻어야 할 것인지를 찾아내기 위한 다양한 방법론을 강구하는 것으로 이해할 수 있을 것이다.

표 1-6 Osterwalder의 9 Building Block

<table>
<tr><td rowspan="2">주요 파트너</td><td>주요 활동</td><td rowspan="2">가치 제안</td><td>고객 관계</td><td rowspan="2">고객 세그먼트</td></tr>
<tr><td>주요 자원</td><td>채널</td></tr>
<tr><td colspan="3">비용 구조</td><td colspan="2">매출 흐름</td></tr>
</table>

Osterwalder의 9 Building Block에 대해 각 요소들의 의미를 살펴보면, 첫째, 고객 세분화는 비즈니스 모델의 주요 고객 군을 분류하고 정의하는 것으로 매스마켓인가 아님 니치 마켓인가? 그리고 통상 통계학적으로 활용되는 연령별, 인종별, 소득수준별, 지역별 등등의 다양한 분류체제 하에서 고객을 분류하는 것이다. 이는 대상 시장을 결정하기 위한 아주 중요한 것으로 가장 먼저 그리고 가장 많은 고려하에 진행되어야 한다. 둘째로, 가치를 정의하는 것으로 고객에게 어떠한 가치를 제공할 것인가를 결정하는 것이다. 기업이 세분화된 고객에게 전달하는 서비스와 제품의 가치(정성적, 정량적)를 정의하고, 정의된 가치에 따라 고객의 움직임을 유인할 수 있어야 한다. 이때 가장 중요하게 고려해야 할 요소로는 규모의 경제성 측면이다.

셋째, 유통구조를 정의하는 것으로 고객 접점으로 고객에게 가치를 제공하기 위해 어떻게 커뮤니케이션하고 어떤 방법으로 제품과 서비스를 제공할 것인가를 정의하는 것인데, 크게 유통 구조의 형태는 직접 유통과 파트너를 통한 간접 유통으로 나누어지며, 직접 유통의 형태로는 영업 사원을 통하거나 웹이나 모바일 앱등을 통하는 방법이 있고, 간접 유통으로는 자체 상점을 갖거나 파트너의 상점 그리고 도매를 통한 유통 등으로 나누어질 수 있다.

통상의 유통 단계를 살펴보면, 특정 기업의 상품이나 서비스에 대해 인지도를 높이는 활동을 전개함으로써 고객들에게 해당 회사의 상품이나 서비스를 인지시킨 후, 그 기업이 제품이나 서비스를 통해 제공하고자 정의한 가치에 대해 서비스나 상품을 통해 고객들의 평가를 유도하고, 이를 고객들이 유용한 가치로 인식할 수 있게 함으로써 고객으로 하여금 제품이나 서비스를 구매할 수 있게 유통을 통해 제공해 주고, 고객이 제품이나 서비스를 구매하게 함으로써 고객에게 전달하고자 하는 가치를 전달하고, 구매 후 다양한 지원 등을 통해 마케팅을 전개하는 것이 마케팅이론에서 이야기하는 일반적 마케팅 프로세스라 할 수 있다.

넷째, 고객 관계는 고객과 관계를 형성하는 방법을 정의하는 것으로, 자사의 제품이나 서비스의 제공을 위해 특정한 고객과의 소통 방법을 결정하고, 즉, 고객 지정 전담자를 통해 소통할 것인지, 셀프 서비스나 자동화된 서비스 등을 통해 제공할 것인지 등 고객과 기업 혹은 해당 서비스나 제품과의 다양한 상호작용의 관계를 어떻게 할 것인지를 결정하는 것이다. 다섯째, 매출전략은 고객에게 비용을 어떻게 받을 것인지를 정의하는 것으로 비즈니스 모델 구성 요소 중 가장 중요한 요소이다. 이는 수익모델과는 전혀 다른 의미를 가진다. 여섯째, 핵심자원을 결정하는 것으로 제공되는 가치를 만들 수 있는 자원으로 시장 진입, 고객관계, 매출 등 기업의 자산 또는 자원(인적, 물적, 특허, 브랜드, 재무적 자원 등) 중 해당 사업에 가장 필요한 것은 무엇이고 어떻게 조달할 것인가를 결정하는 것이다.

일곱 번째, 핵심 활동은 수익 창출을 위한 기업의 주요 활동으로 기업의 업(業)에 대한 이해가 바탕이 되어야 한다. 즉 제공할 가치를 정의하고, 시장에 진입하거나 고객 관계 유지 등 기업의 다양한 활동 중 가장 중요한 활동이 무엇인가를 결정하는 것이다. 예를 들어 마이크로소프트사는 소프트웨어 개발이 핵심활동이 될 것이고, 맥킨지는 문제해결이 핵심 활동이 되는 것과 같이 해당 기업이 수익을 창출하기 위해 해야 하는 가장 중요한 활동인 업(業)을 정확히 정의하는 것이다. 여덟 번째로 누구를 또는 어떤 형태로 핵심 파트너를 결정할 것인가 인데, 파트너는 비경쟁자 간의 전략적 제휴나 지분참여, 경쟁자 간의 전략적 파트너 십(Partnership), 새로운 사업 개발을 위한 조인트 벤처(Joint Venture), 안정적 공급을 보장하기 위한 바이어와 제공자(Supplier) 관계 등 4가지 유형으로 나누어 질 수 있다. 마지막으로 비용 구조를 결정하는 것으로, 고정비, 변동비, 규모의 경제 및 범위의 경제 등 비용의 성격을 정의하여 사업을 지속하기 위해 발생되는 비용 구조를 명확히 하는 것이다.

그림 1-10 애플의 iPod/iTunes 개발 사례 예시

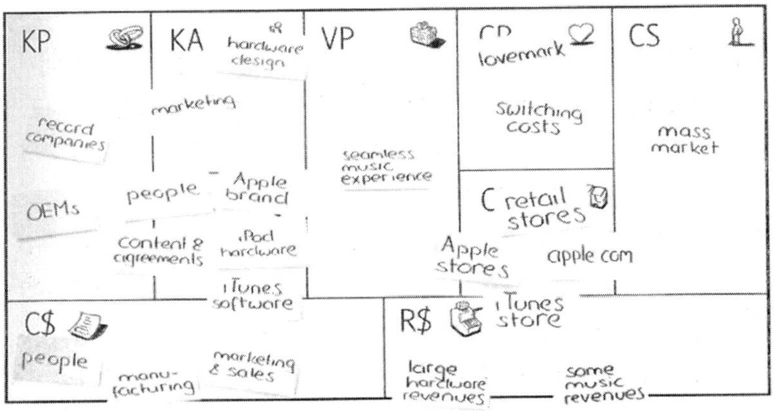

정리하기

1 네트워크 경제란 무엇이며, 네트워크 경제 하에서 발생하는 망 외부성(Network Externality)과 메칼프의 법칙(Metcalfe's law), 수확체증의 법칙(Increasing Returns of Scale)에 대하여 설명하시오.(P4)

2 파괴적 혁신 기술(Disruptive Innovation Technology)이란 무엇이며, 어떤 기술이 파괴적 혁신 기술로 정의될 수 있는가 하는 3가지 특성을 설명하고, 애플의 iphone을 중심으로 파괴적 혁신 사례에 대해 설명하시오.(P8)

3 가치사슬(Value Chain)이란 무엇인가?(P10)

4 디지털 컨버전스 생태계란 무엇이며, 핵심 요인을 설명하고, 디지털 컨버전스에 따라 발생되는 산업 현상에 대해 설명하시오.(P20)

5 Fransman이 주장하는 ICT 생태계에서의 6계층 모델에 대해 설명하시오.(P24)

확인하기

1 네트워크 경제(networked economy, economy of network)란 특정 산업이나 서비스 네트워크에 이용자가 추가로 참여할 때, 비용은 추가되지 않으면서도 한계 이익(marginal profit)이 더 커질 수 있는 경제 현상을 말하며, 네트워크 경제 하에서는 사용자 수가 늘어나면 날수록 시장의 가치가 기하급수적으로 증가하는 특성을 가진다. 다시 말해 네트워크 경제 현상 하에서는 네트워크의 규모가 커질수록, 즉 특정 서비스나 상품을 소비하는 소비자나 이용자의 규모가 커지면 커질수록 네트워크의 가치가 증가하는 것을 네트워크 효과(Network Effects)라 한다.

망 외부성 효과란 특정 제품을 사용하는 소비자가 많아질수록 더 많은 소비자를 유인하게 되고, 이에 따라 해당 상품의 가치가 더욱 높아지는 현상을 말한다. 메칼프의 법칙은 통신망 사용자 혹은 가입자에 대한 효용성을 나타내는 망의 가치는 대체로 사용자(가입자) 수의 제곱에 비례한다는 이론이다. 즉 사용자는 산술적으로 증가하는데 비해 네트워크의 가치는 기하급수적으로 증가하는 현상을 일컫는 용어로 수확체증의 법칙과 유사한 의미를 갖는다.

2 파괴적 혁신 기술이라 함은 기존 산업 뿐 아니라 다른 산업 심지어 소비자에 이르기까지 시장 참여자 모두에게 영향을 미치는 파급 효과가 큰 기술이다. 특히 특정 기술이 파괴적 혁신 기술로 정의되기 위해서는 첫째, 기존 산업의 경쟁 질서를 변경하거나 생태계의 변화를 유발시키고, 둘째, 타 산업에 영향을 주어 산업 간 경계가 모호해지고 산업 간 융・복합 현상을 발생시켜 새로운 시비스나 신업을 형성시키고, 셋째, 소비자 행동이나 사고를 변화시켜 새로운 시장, 새로운 사업을 창출하여 일반 소비자는 물론 정부나 기업의 정책, 규제, 행태 모두에 변화를 유발시키게 되는 기술적 특성을 갖는 현상을 일으키는 기술을 말한다.

2007년 애플사의 iPhone이 등장한 이후 본격적으로 시장이 형성된 스마트 폰의 경우, 2013년 일반 휴대폰 수요를 추월하게 되었으며, 이동통신사(Mobile Carrier) 중심의 가두리(Walled Garden) 시장을 형성해 왔던 콘텐츠 서비스 시장을 단말기기 제조사(애플) 주도의 개방형 시장을 만듦으로써 시장 개방화, 산업의 패러다임 변화, 새로운 형태의 서비스(앱과 앱 마켓), 정부의 규제 제도 등을 변화시켜 콘텐츠로부터 소비자에 이르는 전체 생태계에 혁신적 변화를 유발하였다.

3 가치사슬이란 개념은 특정 기업이 수행하는 모든 기업 활동들과 생산, 유통, 영업, 마케팅, 연구 개발 등 기업의 다양한 활동들이 어떻게 상호작용하는지를 조사하기 위한 체계적인 방법

4 디지털 컨버전스 생태계라 함은 인터넷의 등장과 정보통신기술의 발전을 기반으로 기기 간 혹은 기기와 서비스 간 등 산업의 가치사슬 상호간에 영향을 주고받으며, 융 · 복합되어 가면서 새로운 형태의 산업과 가치사슬 더 나아가 가치 네트워크가 창출되어 지는 새로운 생태계 현상을 일컫는 용어로,

가. 기업의 사회적 관계를 확대시키고, 복잡성을 증대시키며, 산업이나 기업 경영에서의 리스크 증가를 가져오고 있고,

나. 생태계 내에 존재하는 기업들 간의 협력적 관계에 있어 주도적 역할을 하는 기업과 대다수의 구성원으로 이루어지는 틈새시장이나 서비스를 제공하는 기업들 간 상호보완적 협력관계를 형성하고 각각 진화하면서 협력적 경쟁의 관계를 가져가게 되며,

다. 생태계 내에서의 산업간 성장을 위한 중요한 요인은 신규 사업모델 개발을 개발하거나 새로운 시장을 창출하는 것이며, 궁극적으로 다양한 역할 혹은 가치를 제공하는 기업들과의 경쟁과 협력을 통해 동반성장하는 것이며,

라. 특정 기업이 가진 자원만으로는 소비자가 충족되기를 원하는 모든 욕구에 반응할 수 없으므로 타 산업 그리고 타 기업과의 연계나 협업 혹은 전략적 제휴 등 동반성장을 위한 다양한 방안의 협력을 통한 비즈니스 모델 구축을 시도해야 하며,

마. 디지털 컨버전스 생태계에서의 성공을 위한 가장 중요한 핵심요인은 정보통신기술과 네트워크 그리고 미디어와 엔터테인먼트(M&E : Media & Entertainment) 혹은 콘텐츠 산업 간 선순환의 상생구도 구축 등 전통적 산업 가치사슬을 형상하는 요소인 기술 · 산업 · 서비스 · 네트워크 등의 측면에서 새로운 형태의 융합 산업과 서비스가 등장하는 산업 현상을 발생시켜 나가는 것이다.

5 Fransman은 정보통신기술 산업 생태계 계층 모형을 내부적 연관 관계가 여섯 가지의 복잡한 관계로 설정되는데, 첫째, 네트워크 요소(Network Device) 제공자와 네트워크 운영(Operator) 사업자의 내적 관계가 설정되고, 둘째, 네트워크 운영사업자, 즉 통신 사업자와 플랫폼 및 콘텐츠 제공자의 관계가 설정되고, 셋째, 최종 사용자와 플랫폼 및 콘텐츠 제공자의 관계가 설정되며, 넷째, 최종 사용자와 네트워크 요소 제공자의 내적 관계가 설정되며, 다섯째, 네트워크 요소 제공자와 플랫폼 및 콘텐츠 제공자 간에 내적 관계가 설정되고, 마지막으로 네트워크 운영사업자와 최종 사용자 간에 관계가 설정된다고 역설하였다.

구 분	기 능	포함 산업
계층 6	최종 소비	–
계층 5	콘텐츠, 애플리케이션, 서비스	음악, 영상 등 콘텐츠 응용 소프트웨어, 기타 서비스
계층 4	미들웨어	인터넷 브라우저, 검색, 보안 솔루션 등 미들웨어
계층 3	연결성	ISP 등 인터넷 접속 산업
계층 2	네트워크 운영	유무선 통신, CATV(HFC), 위성 등 방송산업
계층 1	네트워크 요소	통신장비, 컴퓨터, TV 등 소비자 가전, 반도체 등 부품, 시스템 소프트웨어

제2절 사회의 변화

1 인터넷의 등장과 사회의 변화

인류가 탄생된 이후 원시사회가 시작되었고, 이러한 원시사회로부터의 탈피는 바로 농업혁명이 주도하였다. 즉 농업기술이 발달됨에 따라 유랑(Nomad)의 시대로부터 정착과 풍요의 시대로 변화되었다. 농업 사회로부터 산업 사회로의 변화는 바로 기계의 발명으로 대변되는 산업 혁명이 주도하였다. 그러나 공장제 기계 공업도 폭발적 수요의 증가에 따른 공급 부족을 유발하게 되었고, 20세기 들어서면서 대량생산 대량 소비의 시대로부터 다품종 소량 생산의 시대, 즉 공급자 중심의 시장으로부터 소비자 중심의 시대로 변화됨에 따라 한계에 봉착하게 되었다. 과거 만들면 팔리던 시대에서 고객은 값싸고 품질 좋고 서비스 좋은 제품을 선택하는 방향으로 진행됨에 따라 최초로 '고객'이라는 용어의 등장을 가져오게 되었다.

이 후 1969년에 알파넷(ARPANET)으로 시작되어 TCP/IP(Transmission Control Protocol/Internet Protocol)[25]라는 고유한 프로토콜을 기반으로 구축된 세계 최대 규모의 컴퓨터 통신망인 인터넷이 등장함으로써, 기존 산업의 전통적 가치사슬(Value Chain)의 역류나 붕괴를 촉발하여 사회 및 산업의 정보화를 통한 정보사회로의 변화를 가져오게 되었다. 인터넷은 통신망과 통신망을 연동해 놓은 망의 집합을 의미하며, 랜(LAN) 등 소규모 통신망을 상호 접속하는 형태에서 점차 발전하여 전 세계를 망라하는 거대한 통신망의 집합체가 되었다.

인터넷의 등장으로 인해 인류 사회는 가히 혁명적 변화를 경험하기 시작하고 있다. 정보통신기술(Information & Communication Technology)이라 불리는 기술의 변화는 기존의 다양한 산업들에 영향을 미치고, 정보통신 기술이 다른 산업과 융·복합되면서 모든 산업에서의 디지털 화를 촉발하고, 디지털 화는 산업 가치사슬의 붕괴 및 혁신을 가져오게 되었다. 특히 미디어의 변화는 다양한 콘텐츠 수요의 확산을 요구하게 되었으며, 나아가 사이버 세상을 통해 시간과 공간의 제약을 없애면서 인간의 감성과 창의력이 산업 및 경제의 중심이 되는 창조산업, 창조경제라는 새로운 패러다임의 변화가 생겨나고 있다.

---

25) TCP/IP : 인터넷 표준 프로토콜(Protocol, 규약/약속)로 컴퓨터의 데이터 통신을 행하기 위해서 만들어진 프로토콜 체계. 컴퓨터 간의 주고받는 메시지를 전송할 때 에러가 발생하지 않도록 알맞은 크기로 나누어져 전송하고 이를 받아서 다시 원래의 정보로 변환하는 것을 약속해 놓은 것이다. 보통 IP는 데이터를 한 장소에서 다른 장소로 정확하게 옮겨주는 역할을 하며, TCP는 전체 데이터가 잘 전송될 수 있도록 데이터의 흐름을 조절하고 성공적으로 상대편 컴퓨터에 도착할 수 있도록 보장해주는 역할을 한다(출처: 네이버 백과사전).

그림 1-11 사회의 변화

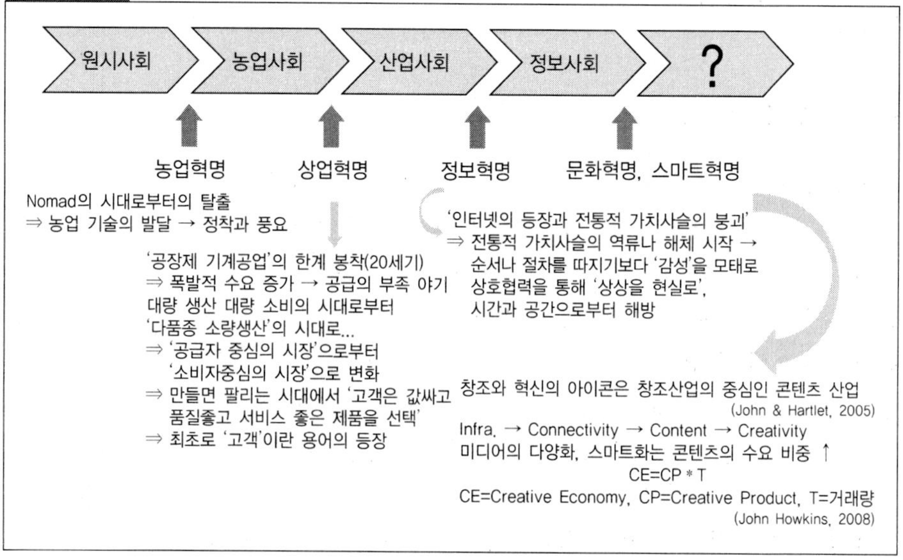

다시 말해 21세기에 들어서면서 경제활동에 필요한 투입과 산출의 주된 요소가 토지나 자본이 아닌 창의적 아이디어가 되고, 새로운 아이디어, 즉 창의력을 통해 제조업, 서비스 업, 유통업 및 엔터테인먼트 산업 등 산업 전반의 활력으로 자리매김하는 창조사회(존 홉킨스, 2001)로의 변화가 진행되고 있다.

2 체험 경제와 관심 경제

사회가 점차 발전해 나감에 따라 재화와 서비스는 넘쳐나고, 풍요로워져 가는데 반해 이를 향유할 시간이 한정되어 짐에 따라 모든 산업의 재화나 서비스가 단순히 소비되는 차원을 넘어 인상 깊은 체험을 연출하는 방향으로 새롭게 진화해 나가고 있다. 다시 말해 사회의 발전 과정을 통해 살펴보면, 농업사회의 농업 경제 하에서는 생필품이 가장 중요한 자원이었고, 산업 사회에서는 공업 경제, 즉 공산품의 생산이 주요한 산업의 이슈로 등장하였으며, '인터넷의 등장과 정보통신 기술의 발전은 서비스 경제로의 이행을 촉진'[26]하게 된 것처럼 사회가 발전할수록 고객의 관심이 정보, 자본, 기술, 노동력보다 더 희소한 자원이 되는 경제, 즉 체험 경제의 시대로의 이행이 필연적으로 뒤따를 수밖에 없게 되었다.

26) 출처: Pine II & Gilmore, Welcome to the Experience Economy, 1998.

사회학자인 허버트 사이먼(Herbert Simon) 교수는 '정보는 점점 흔해지고, 관심은 점점 귀해진다.'고 하였다. 즉, 인터넷의 발달과 정보기술의 발전으로 미디어는 다양해지고, 소비자, 즉 수용자가 정보의 수용자로써만 남아 있지 않고 새로운 정보의 생산자로 등장하게 됨에 따라 생산되는 정보는 기하급수적으로 증가할 수밖에 없는 시대를 맞이하게 된 것이다. 이처럼 정보가 과잉생산 됨에 따라 정보 사회에서의 희소자원이 '정보'였고, 경제 권력이 정보를 제공하는 것이었던 것으로부터 점차 희소자원이 한정된 소비자의 관심(attention)으로 변화되기 시작하고, 경제 권력도 관심을 제공해주는 것, 즉 관심을 얻을 수 있는(getting attention) 경험의 매매로 변화되고 있다는 것이다. 제품이나 서비스의 성능이나 품질 측면에서의 상향평준화는 소비자로 하여금 새로운 차별적 요소를 찾게 만들었고, 상품이나 서비스의 소비과정에서 얻을 수 있는 즐거움이나 성취감, 즉 체험이 핵심적 차별화 요소로 부상되게 된 것이다. 이에 따라 전통적 기업에게 오감(五感, five sense)으로 상호 작용하는 '전방위 디지털 체험'을 활용한 마케팅의 중요성이 점증하게 되었다. 인상적인 이벤트 체험은 물론, 지속적인 동기 부여를 통해 소비자 자신을 바람직한 자아로 성장, 발달시키는 체험이 중요한 요소로 등장한 것이다.

파인과 길모어(Pine II & Gilmore)는 이러한 체험을 제공하기 위해 필요한 구성요소, 즉 체험을 통해 차별화를 주기 위해 고려해야 할 요소들로써 4E, 즉 오락(Entertainment), 교육(Education), 현실 도피적 체험(Escapist) 그리고 심미적 요소(Esthetic)가 중요한 요소임을 주장하였다. 이는 체험을 제공하기 위해서 고려해야 할 요소로 즐거움을 주는 오락적 요소와 체험을 통해 얻을 수 있는 교육적 요소 그리고 체험하는 순간이라도 현실로부터 벗어날 수 있게 해 주는 도피적 체험, 미적 감각을 통해 수용자가 행복해 질 수 있게 해 주는 심미적 요소가 중요한 요소라고 말한다.

그림 1-12 경제적 가치의 진화

재화종류	자원 Commodities	상품 Goods	서비스 Services	체험 Experiences
산업단계	1차산업	2차산업	3차산업	포스트 3차산업
경제적 가치	채굴	제조	맞춤 전달	연출 · 멘토링
공급방법	대량저장	생산 · 재고	요구시 전달	이벤트 · 멤버십

기업이나 산업에서 디지털 체험 경쟁에서 우위를 확보하기 위해서는 고객이 체험을 능동적으로 즐길 수 있도록 하는 몰입도를 증진시키고 나아가 새로운 경험을 제공하기 위한 노력이 필요한데, 이를 위해서는 흥미롭고 의미 있는 디지털 체험은 다양한 기술, 운영방식 등 과학적 요소와 스토리텔링, 예술 등 인문적 요소가 함께 어우러진 종합적 요소들이 제공되어져야 한다.

체험경제의 적용을 위한 다양한 기업들의 사례를 살펴보자. 이케아(IKEA)는 쇼핑을 하러오는 고객들의 시각 동선(visual line), 즉 상품을 보면서 구매 고객의 눈이 움직이는 동선과 그 빈도를 연구하여 고객들로 하여금 보다 편리하게 쇼핑의 체험을 할 수 있게 해주기 위한 연구를 진행하여, 제품 진열 시 제품의 가격이나 특성, 나아가 선호하는 색상의 제품 진열 순서 등의 순서를 소비자 시각동선의 분석정보인 빅 데이터(Big Data) 분석을 통한 결과를 중심으로 배치하고 있다. 또 다른 예로 자전거 메이커 중에는 단순히 진열을 통해 고객이 선택, 구매하게 하는 기존의 방식으로부터 다양한 기술을 이용하여 자사 제품이 눈, 비, 자갈길, 모랫길, 산길 등 다양한 경우에 어떻게 반응하고, 즐길 수 있는지에 대한 다양한 환경을 만들어, 구매하러 매장을 방문하는 고객들에게 직접 시험해 볼 수 있는 공간과 환경을 만들어 제공함으로써 경쟁사 대비 차별화나 고객의 체험 만족도를 높여주려는 노력을 경주하기도 하였다.

뿐만 아니라 나이키(Nike)의 경우 기존에 단순한 운동화 제조사로부터 ICT 기술을 활용한 다양한 새로운 경험의 제공을 통해 헬스 산업으로의 진출을 도모하고 있는데, 여기에서도 체험 경제의 이론을 접목한 다양한 시도를 진행하고 있다. 즉, 나이키 플러스라는 새로운 형태의 밴드의 개발 제공을 통해 단순이 운동화라는 운동용 신발에서 오감으로 즐기는 운동 게임기로의 변환을 시도하였다. 운동화를 착용하고 운동하는 사용자의 정교한 신체 움직임을 포착하여 이를 데이터화하고, 스마트 폰 등 디지털 기기로 성과를 가시화하여 운동 의욕을 촉진시킴으로써 새로운 시장이나 산업을 창출하고 있다. 웨이트 와쳐스(Weight Watchers)라는 기업에서는 다이어트 경험을 공유하는 지역 동호회 기반의 기업으로부터 모바일 앱을 활용하여 식사, 운동 시 실시간 포인트(벌점) 관리, 바코드 스캔을 통해 포장 식품의 포인트 수치를 확인하여 음식의 포인트 한도 내에서 자율적 식사를 허용하게 하는 등 건강한 생활 습관을 형성하도록 지원하는 서비스를 제공함으로써 소비자들의 관심을 유발시키고자 노력하고 있다.

또한 전통적 장난감 블록을 생산하여 판매하던 레고(Lego)에서는 로봇기술과 디지털 디자인 기술을 접목하여 사업 기회를 확대하는 노력을 경주하고 있는데, MIT

와 협력을 통해 자사 홈페이지를 통해 프로그램을 다운로드하면 모형을 만들 수 있게 해주는 소프트웨어가 제공하는 다양한 팔레트를 활용하여 자신만의 모형을 온라인상에서 만들어 이를 온라인을 통해 주문하면 배송해 주는 Mindstorm시리즈라는 새로운 형태의 로봇 솔루션을 개발하여 제공하였는데, 1998년 레고 로봇이 출시되자, 이를 해킹하여 변형된 레고 로봇 솔루션이 마구 쏟아져 나오는 부작용이 발생하였다. 레고에서는 이에 대해 소송을 제기하려 했으나, 오히려 소스 프로그램(Source Program)을 개방하고 마음대로 변형할 수 있도록 해 주었는데, 시장 반응이 폭발적으로 나타났다. 레고는 이러한 시장 반응을 기반으로 정기적으로 팬 축제, 경연대회를 개최하고, 여기서 얻은 정보 아이디어를 신상품 개발에 활용하는 피드 포워드(Feed Forward)를 마케팅에 활용하여 새로운 성공 모델을 형성해 나가기도 하였다. 뿐만 아니라 프라다(Prada)도 패션 중심 기업에서 혁신적 체험 매장 중심 기업으로 변모함으로써 새로운 Interactive Dress Room을 업계 최초로 도입하였다. Magic Mirro를 통해 360도 전신 촬영된 피팅(fitting) 모습의 동영상과 전자 태그로 인식한 옷 관련 정보를 표시해 주고, 착용한 제품은 전자 태그 인식을 통해 온라인 고객 카드에 자동 저장하여 고객이 나중에 온라인 몰에서 구매하는 것을 가능하게 해 주었다.

이처럼 고객의 관심을 끌고, 다양한 경험과 체험을 제공함으로써 더 효과적인 마케팅을 전개하거나 산업의 발전을 이끌기 위해 기업들은 다양한 노력을 경주하게 된다. 디지털 기술의 발전에 따라 3D TV, 스마트 폰, 태블릿, PC 등 고정된 스크린의 제약을 벗어나 어디서나 오감으로 상호 작용하는 디지털 체험이 새롭게 부상하게 되며, 증강현실(AR, Augmented Reality), 가상현실(VR, Virtual Reality) 등 다양한 기술을 이용하여 소비자에게 오감 만족을 제공할 수 있는 오감 관련 기술이 미래 유망 기술로 등장하고 있다.

3 공유경제(Sharing Economy)

공유경제란 2008년 미국 발 경제 위기의 충격이후 새롭게 탄생한 개념으로 로렌스 레시그(Lawlence Lessig) 하버드대 교수가 2008년 그의 저서 '리믹스(Remix)'에서 최초로 사용하였는데, 그는 경제를 상업경제와 공유경제로 나누고, 상업경제는 돈과 노동, 수요와 공급에 따라 작동하는데, 인터넷이 등장하면서 더 활력을 얻게 되었다고 말한다. 즉, 인터넷이 등장하기 이전에는 현실적으로 찾기 어려웠던 틈새시장과 가격차별화 전략이 인터넷의 등장으로 인해 보다 활발하게 발굴되기 시작하였다고 한다. 그 대표적인 예로 아마존을 들고 있는데, 아마존은 이름도 기억 못 할 수 많은 상품에서 매출을 얻고, 그 매출이 전체 매출에서 무시 못 할 규모를 차지하는 것을 예로 제시하고 있다. 비슷한 사례로 넷플릭스(Netflix)는 비디오 대여

시장에서 새로운 생태계를 조성함으로 인해 틈새시장을 만들었고, 이것을 주류 시장으로 확산시킴으로써 성공하게 된 것이다. 그는 아마존과 넷플릭스가 인터넷에서 작동하기 때문에 성공했다고 봤다. 공간과 시간, 거리에 제약 없는 서비스를 제공할 수 있기 때문으로 이해했다. 그는 인터넷이 상업경제를 활성화할 뿐 아니라 또 다른 경제도 만들어 낸다고 봤는데, 그것이 바로 공유경제다.

공유경제는 재화를 생산 및 거래하는 일반적인 경제 모델인 '상업경제(Commercial Economy)'와 상반된 개념으로 이미 생산된 재화의 접근권 또는 사용권을 상호 교환, 대여하는 형태의 '협력적 소비(Collaborative Consumption)'를 기본으로 하는 경제를 일컫는 용어로, 한 번 생산된 제품을 여럿이 공유해 쓰는 협업 소비를 기본으로 한 경제를 의미한다. 다시 말해 나눠 쓰기란 뜻으로 자동차, 빈방, 책 등 활용도가 떨어지는 물건이나 부동산을 다른 사람들과 함께 공유함으로써 자원 활용을 극대화하는 경제 활동이다. 소유자 입장에서는 효율을 높이고, 구매자는 싼 값에 이용할 수 있게 하는 소비 형태인 셈이다.[27)]

다시 말해 개인의 재화나 서비스를 다른 사람과 공유함으로써 새로운 가치를 창출하는 경제활동이 주류를 이루는 경제를 일컫는다. 기존의 렌탈(rental) 서비스와 공유경제의 차이는 한 사업자나 개인이 자원을 다량 보유하고, 이것을 다수가 사용하는 것이 렌탈 서비스라면, 공유경제는 개개인의 물건, 역량 등 자원들 하나하나가 모여 다수의 자원을 형성하고, 이렇게 만들어진 자원을 다수의 사용자가 이용함으로써 사용가치를 나눈다는 점에 있다.

타임(TIME)지(誌)는 2011년에 '세상을 바꾸는 10대 아이디어(10 Ideas That Will Change the World)'에 공유경제를 선정하였으며, 포브스(Forbes)는 '2013년 기업가가 주목해야 할 트렌드' 중 하나로 협력적 소비를 선정하였는데, 지난 4년 간 미국에서만 최소 100여 개의 공유경제서비스 제공업체가 탄생하였으며, 샌프란시스코 시 정부는 2012년에 공유경제와 관련된 경제적 혜택에 대한 분석 및 정책 이슈를 파악하는 등의 활동을 진행하기 위한 전담부서인 'Sharing Economy WG' 설치한 바 있다. 뿐만 아니라 국내에서도 서울을 비롯한 부산 등 지방자치단체들에 의해 다양한 공유경제 서비스를 제공하는 사례를 볼 수 있는데, 서울시 공유경제 사례로 스페이스 클라우드(Space Cloud)가 있다. 이 서비스는 서울시에 사는 사람이면 누구나 자신의 공간인 집, 작업실 등을 공유할 수 있게 연결해 준다. 부산시의 공유경제 사례로 이코에코라는 서비스가 있는데, 이는 여행과 같은 사정으로 사용할 수 없는 헬스장, 수영장, 독서실 등의 잉여 회원권을 공유하게 해 주는 서비스이다.

27) 한경 경제용어사전을 인용하여 재구성한 것임.

뿐만 아니라 구글이나 아마존과 같은 글로벌 미디어 기업들도 공유경제를 이용한 다양한 서비스를 선보이려 하고 있다. 아마존은 일반 소비자가 아마존 포장상품을 배달원 대신 최종목적지에 배달하고, 소정의 금액을 받는 '온 마이 웨이(On May Way)'라는 서비스를 제공할 계획으로 있다. 이는 일반 시민이 택시기사처럼 활동하며 돈을 버는 우버나 리프트(lyft)와 유사한 공유경제 서비스로, 온 마이 웨이가 도입될 경우 배송비 절감 효과를 기대하고 있다. 구글도 2017년 무인자동차를 상용화한다는 목표를 세워놓고 있다. 구글 외에도 애플, 소니, 바이두, 우버 등 글로벌 IT 기업들의 무인자동차 개발 움직임도 잇따라 가시화되고 있다. 그런데 구글 무인자동차의 목표는 공유경제 실현에 있다고 '구글X'로 불리는 구글 미래 프로젝트의 책임자가 이야기한다. 다시 말해 무인자동차 개발이 단순히 운전자의 일을 대체하는 수준이 아니라 고객들이 차량을 소유하지 않고도 언제 어디서나 편리하게 이동 서비스를 받을 수 있도록 한다는 궁극적인 비전의 실현을 위한 것이라는 설명이다.

이런 측면에서 우버(Uber) 역시 카네기멜론대학교와 함께 자율주행 차량을 개발하는 등 구글의 위협에 적극적으로 대처하고 있다. 반면, 우버와 에어비앤비 등 공유서비스 기업들이 미국 연방거래위원회(FTC, Federal Trade Commission)로부터 소비자들이 개인정보 이용과 피해보상 규정 부재 등의 위험에 노출돼 있는지를 조사하였다. 위성 위치확인시스템(GPS)을 이용해 이용객과 가장 가까이 있는 운전자를 연결해주고 수수료를 받는 우버는 직원들이 개인 이용자들의 탑승 내역과 이동 경로를 볼 우려가 있음을 지적하였다. 또한 우버는 파리에서 베이징에 이르는 세계 주요 도시에서 기존 운수업체들의 반발을 사면서 마찰을 일으키고 있는 공유서비스 업체의 상징이 되고 있다. 에어비앤비의 경우 미국 뉴욕과 캐나다 캘거리에서 부동산을 임대한 이용자들이 건물 내부를 훼손시킨 것이 드러나 이를 보상하는 등의 문제가 발생한 바 있다. 이에 에어비앤비는 사용자들에게 여권이나 운전면허증 등 신분증을 스캔한 것을 미리 받아 확인받고, 기물 파손시 100만달러 보상을 받는다는 조항을 추가 하는 등 사용자들에게 이용에 필요한 기본적인 가이드라인을 명확히 하고, 이용자 관리에 더욱 많은 노력을 기울여야 하는 등 공유경제 서비스에 있어서의 개선정책을 집중적으로 고려해야 할 필요가 제기되고 있다. 미국 월스트리트저널(WSJ)은 우버의 기업가치는 최소 500억달러(약 54조5000억원)에 이를 것으로 판단하였는데, 이는 벤처기업으로서는 역사상 가장 높은 가치를 인정받는 기업이 될 것으로 전망된다.

이처럼 공유경제를 이용하는 사례는 스마트 폰과 소셜네트워크 서비스의 대중화가 진행되면서 공유경제 서비스의 규모와 범위가 급격히 확대되어 가고 있다. 무엇보다 공유경제가 가장 활성화된 영역은 바로 카 쉐어링(Car Sharing)이다. 미국의 집 카(Zip Car)가 도입한 카 쉐어링은 놀고 있는 '차를 빌려 타는' 개념에서 출발한 공유경제 서비스이다. 원하는 시간에 원하는 만큼 타고, 여러 장소로 반납 가능한 서비스이며, 제공자 입장에서는 주차장에 세워 놓는 차를 사용하지 않을 때 나누어 씀으로써 개인적인 돈 벌이의 수단으로 이용할 수 있는 제공자와 사용자 상호간에 윈-윈(Win-Win)할 수 있는 서비스이다. 유사 서비스로 릴레이라이드(Relayride)와 사이드카(Side Car) 등이 있으며, 국내에도 그린카, 쏘카가 성행하는 등 가장 시장 진입이 빠르고 큰 사례로 볼 수 있다. 이들 서비스의 문제점은 자동차를 잘못 운행할 경우 감가상각이나 유지보수에 큰 타격을 입을 가능성이 있어 완전히 사용자화되지는 못하고 있는 부분이 존재한다.

차량 공유에 이어 다양한 의식주 공유모델도 등장하고 있다. 대기업부터 스타트업까지 다양한데, 미국의 쓰레드업(Thredup)은 사용자 간 아동복을 거래할 수 있는 공유경제 서비스이다. 유아용품은 아이가 쓰는 것이므로 좋은 소재를 사용해야 하고, 금방 맞지 않기 때문에 불가피하게 과잉 소비를 촉진하는 시장인 바, 쓰레드업에서는 사용자끼리 평판 점수를 매겨 공유경제의 관건인 신뢰성을 확보했다.

해외에서 새로 등장하고 있는 모델은 소유의 개념을 더 급진적으로 내려놓은 것들이다. 파킹 팬더(Parking Panda) 서비스는 주차공간을 검색할 수 있는 서비스. 국내에서도 출근 이후 자신의 거주자 우선 주차 구역을 양보하는 경우가 있지만, 중개업체 역할이 줄어 더욱 사용자화된 것이 특징이다. 의식주 외 생필품을 공유하는 가장 특이한 사례는 '자판기'다. 생필품은 소비재가 아닌 경우 일시적으로 필요해서 실 때가 많다. 시간이 지나서 필요 없어진 물건은 필수품 가치를 잃기 마련이고 버리기 쉽다. 그런데 이를 물물교환하는 자판기가 있다. 뉴욕 브루클린의 '스왑-오-매틱(Swap-O-Matic)'은 파슨스 디자인 스쿨의 학생 졸업 작품에서 발전해 2011년부터 운영되고 있다. 사용법은 기부하고 싶은 물건을 넣고 크레딧을 받으면 해당 크레딧(Credit)으로 다른 제품을 가져갈 수 있는 방식이다.

최근에 O2O(Online to Offline)라는 말 그대로 온라인과 오프라인을 연결해 확장하는 비즈니스 모델이 시장에서 주목받고 있다. 오프라인 매장에서 판매되는 제품이나 서비스를 온라인 소비자와 연결해 구매를 유도하는 방식인데, 이는 최근까지 상거래 시장의 빅 트렌드(Big Trend)로 주목받았던 쇼루밍(Showrooming)과는 다르다. 오프라인 매장에서 상품을 확인한 후 온라인 매장에서 구입하는 방식이 쇼루밍인데 반해, O2O는 온라인과 오프라인의 경계가 모호하거나 허물어진 상태를 말한다. 전 세계적으로 반향을 일으키고 있는 우버(Uber)나 에어비앤비 등 공유경제의 비즈니스 모델들이 대표적인 O2O 비즈니스 모델로 자리 잡고 있다. 공유경제 서비스들은 O2O 비즈니스 모델의 전형이라고 할 만하다.

표 1-7 해외 공유경제 서비스 종류[28)]

서비스명	서비스 내용	성과
Airbnb (www.airbnb.com)	개인의 방은 물론 아파트 전체나 보트 비행기 등 공유할 수 있는 모든 공간에 대한 임대 중개 서비스 제공	• 2012년 기준 누적 사용자 400만 명을 기록 중이며 당해 매출액만 1억 5,000만 달러에 달할 것으로 추정 • 2012년 기업가치는 25억 달러로 평가
Wimdu (www.wimdu.com)	'Airbnb'와 유사한 서비스 형태를 보유하고 있으며 유럽을 중심으로 100개국에 서비스 제공 중	• 'Airbnb'의 최대 경쟁 서비스로 2011년 9,000만 달러 규모의 투자 유치 • 2012년 1억 3,200만 달러 매출 확보
Travelmob (www.travelmob.com)	아시아 지역에 특화된 숙박시설 공유 중개 서비스	• 2012년 10월 100만 달러 규모의 투자 유치 성공 • 2013년 기준 확보 객실 수가 전년 대비 526% 증가
Landshare (www.landshare.net)	농지를 보유하고 있는 판매자와 농사를 짓고 싶은 소비자를 중개	• 2013년 6월 기준 영국 내 7만 2,000명의 회원 보유
parkatmyhouse (www.parkatmyhouse.com)	비어있는 주차 공간이나 사용하지 않는 주차장을 공유	• 2013년 5월 기준 25만 명의 사용자 확보
RelayRides (www.relayrides.com)	개인 사용자 간 시간 단위는 물론 주 · 월 단위의 차량 대여 중개	• Google Ventures로부터 1,000만 달러 규모 투자를 유치 • GM과 전략적 협력 관계 구축 중
Getaround (www.getaround.com)	'RelayRide'와 유사 서비스를 제공하며, iOS에 최적화	• 'TechCrunch Disrupt 2011' 최우수상 수상 • 2012년 1,390만 달러 규모 투자 유치 성공
Blablacar (www.blablacar.com)	유럽에서 제공되고 있는 서비스로 카풀링을 원하는 사용자를 상호 연계	• 2013년 기준, 1,000만 명의 사용자를 확보 중이며 월 평균 60만 명이 사용
Poshmark (www.poshmark.com)	iOS 앱을 통해 중고 의류 및 액세서리의 거래와 교환을 중개해주며 배송 서비스를 대행	• 매주 200달러 상당의 물품이 거래 • 2012년 120만 달러 규모 투자 유치
thredUP (www.thredup.com)	작아진 중고 아동복의 개인 간 거래 및 교환을 중개	• 2011년과 2012년 각각 700만 달러와 1,450만 달러 규모 투자 유치

28) IT와 신 소비문화의 만남 '공유경제' 사례로 살펴 본 성공 포인트(스트라베이스, 2013.7.1) 재구성

표 1-8 국내 공유경제 서비스 사례

분야	회사 명	서비스 내용
공간	홈스테이코리아	외국인 방문객 대상 국내 홈스테이 연결
	코자자	한옥, 템플, 일반 주택, 펜션 및 게스트하우스 공유
	처치플러스	예배 중심의 교회를 이웃 소통 공간으로 공유
	모두의주차장	빈 주차공간 소유자가 운전자에 공유
	한국리보	세계 각국 청소년에 한국가정 소개
	공유독서실	서울 전역 독서실 좌석 공유
	스페이스노아, 코업 등	지식과 사무 공간 및 작업 공간 공유 및 커뮤니티 구성에 협조
교통수단	그린카	시간단위로 차를 대여해주는 서비스
	위트콤	IT를 통해 무인 자전거 공유
물품	헬로마켓	개인 간 직거래를 도와주는 모바일 중고장터
	공쓰재프로젝트	공연 후 남은 무대소품을 재활용 및 물물교환
	자락당	공동체 안에서 물건 공유하는 문화의 장
	우리울림	쓰지 않는 악기를 빌려주거나 빌림
	풀업, 키플 등	작아져 못입는 아이옷을 이웃과 공유
	열린옷장	청년구직자에게 면접 정장 대여
	빌리지	개인 간 중고물품을 모바일로 거래
	타임티켓	공연당일 티켓 할인
	도시광부	무료로 공유돼 함께 입는 공유패션
정보 및 서비스	플레이플래닛	현지 일반인 여행 가이드를 중개
	위시켓	앱 개발, 웹 디자인 등 프로젝트 중개
	쉐어하우스	일상 생활의 다양한 지식을 공유
	일상예술창작센터	작가들의 창작 작품을 공유, 거래
	조인어스코리아	지식에 대한 다수의 의견을 공유
	소셜통	사회적 경제 소식 및 정보 공유
	지엘코리아	글로벌 리더 양성 지식 공유
	레디앤스타트	경영, 영업, IT 등 다양한 분야에서 멘토링 서비스
	비앤비히어로	개인 소유의 집부터 한옥마을, 팜스테이 등 남는 공간을 전 세계 여행자들에게 제공

4 창조경제(Creative Economy)

창조경제란 2001년 존 호킨스(John Howkins) 교수의 'The Creative Economy'를 통해 사용된 용어로, 경제활동에 필요한 투입과 산출의 주된 요소가 토지나 자본이 아닌 창의적 아이디어에 두는 경제로서, 새로운 아이디어, 즉 창의력으로 제조업, 서비스업 및 유통업, 엔터테인먼트 산업 등에 활력을 불어 넣어 사회의 통합과 문화적 다양성, 인간의 계발(啓發)을 촉진하는 동시에 일자리 창출과 소득증대의 원동력으로 자리매김하게 하는 것으로 정의될 수 있다(UNCTAD, 2008). 또한 개인의 창의력과 아이디어가 생산요소로 투입되어 무형가치(Virtual Value)를 생산하는 기업만이 살아남을 수 있는 새로운 경제를 일컫는 의미로도 이해된다(Coy, 2000).

이러한 창조경제가 대두되게 된 원인에 대해서는 인간심리학적 측면과 정보통신 기술의 발전 측면 등 2가지 측면에서 설명되고 있다. 즉 매슬로(Maslow A.H.)가 주장한 욕구 계위론 혹은 단계설(Maslow's hierarchy of needs)은 인간의 욕구가 그 중요도별로 단계 일련을 형성한다는 동기 이론의 일종으로, 하나의 욕구가 충족되면 위계상 다음 단계에 있는 다른 욕구가 나타나서 그 충족을 요구하는 식으로 체계를 이루고 있으며, 가장 먼저 요구되는 욕구는 다음 단계에서 달성하려는 욕구보다 강하고 그 욕구가 만족되었을 때만 다음 단계의 욕구로 전이된다는 이론이다.

그림 1-13 매슬로의 욕구 계위

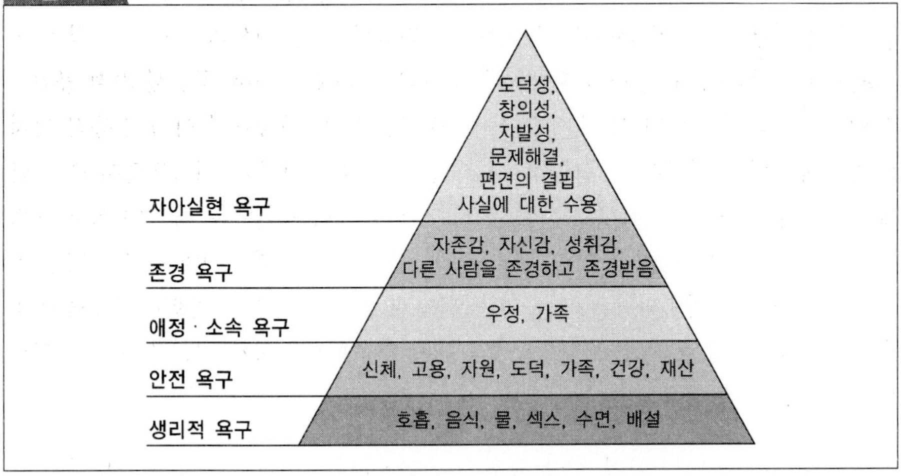

상기 그림에서 보는 바와 같이 욕구의 단계에서 아래로 갈수록 원초적인 욕구를 나타내는 피라미드를 나타내는데. 생리 욕구(Physiological Needs)는 허기를 면하고 생명을 유지하려는 욕구로서 가장 기본인 의복, 음식, 가택을 향한 욕구에서 성

욕까지를 포함한다. 다음 계위인 안전 욕구(Safety Needs)는 생리 욕구가 충족되고서 나타나는 욕구로서 위험, 위협, 박탈에서 자신을 보호하고 불안을 회피하려는 욕구이다. 애정・소속 욕구(Love/Belonging Needs)는 가족, 친구, 친척 등과 친교를 맺고 원하는 집단에 귀속되고 싶어 하는 욕구이며, 존경 욕구(Esteem Needs)는 사람들과 친하게 지내고 싶은 인간의 기초가 되는 욕구이다. 자아실현 욕구(Self Actualization Needs)는 자기를 계속 발전하게 하고자 자신의 잠재력을 최대한 발휘하려는 욕구이다. 다른 욕구와 달리 욕구가 충족될수록 더욱 증대되는 경향을 보여 성장 욕구라고 하기도 한다. 알고 이해하려는 인지 욕구나 심미 욕구 등이 여기에 포함된다. 참고로 결핍 욕구는 한 번 충족되면 더는 동기로서 작용하지 않는다. 생리 욕구, 안전 욕구, 사회상 욕구, 존경 욕구가 이에 해당하며, 성장 욕구는 충족이 될수록 그 욕구가 더욱 증대되는 욕구를 말하며, 자아실현 욕구가 이에 해당한다.

이처럼 매슬로의 인간 욕구 단계론을 통해 창조경제의 도래 이유를 살펴보면, 한 국가의 경제가 성장하게 되면 개인의 소득이 더불어 증가하게 됨에 따라 개개인의 생리적 욕구를 넘어 안전 욕구, 사랑과 소속감에 관한 애정・소속 욕구, 존경 욕구, 자아실현 욕구로 점차 소비자들의 욕구가 상승하게 되고, 이에 따라 새로이 만들어지는 창조 상품이나 서비스에 대한 추가적인 수요를 유발하게 되고, 이것이 새로운 시장을 만들게 되어 점차 산업의 규모가 커지는 현상을 보이게 된다는 것이다.

정보통신 기술 발전에 따른 창조경제로의 이행 원인을 살펴보면, 20세기에 진입하면서 대량생산 대량 소비의 시대로부터 다품종 소량 생산의 시대로 시장이 변화하면서 폭발적 수요 증가에 따른 공급 부족의 야기로 시작된 공장제 기계 공업이 한계에 봉착하게 되었다. 20세기 접어들면서 인터넷이 등장함에 따라 전통적 가치사슬이 붕괴되기 시작하고, 전통적 가치사슬의 역류나 해체가 시작되면서 IT 기반 온라인 커뮤니티를 활용하여 생산자, 소비자, 투자자 등 다양한 주체들이 상호 협력을 통해 새로운 아이디어의 창출부터 상품화 및 이익 분배까지 이루는 시스템인 협력적 생산체제로 전환되었고, 기술의 발전에 따른 미디어의 다양화는 창조산업의 핵심이라 할 수 있는 콘텐츠 산업에서의 수요 증가를 촉발하게 되는 등 창조산업으로의 발전을 견인하게 되었다.

1950년대 미국심리학회 회장 길포드(Guilford)는 창의력을 예술적 창의력과 과학적 창의력 등 두 가지로 분류하였다. 예술의 맥락에서 요구되는 창의성의 핵심은 주로 확산적 사고이고 과학에서 요구되는 창의성은 수렴적 사고로써, 확산적 사고는 폭넓은 생각의 범위를 만들어내고, 수렴적 사고는 가능한 해법 중 가장 유용하고도 적절한 것을 가려내는데 사용된다고 하였다.

창조경제를 이루는 구성 요소는 창조계급(Florida, 2002), 창조도시(Jacobs, 1984: Landly, 2000, Franke & Verhangen, 2005), 창조산업(caves, 2002, : Hartley 2005), 창조클러스터(Mommas, 2004), 창조기업 등 5가지의 요소의 대두와 더불어 창조경제로의 패러다임 변화가 급격히 진행되어 진다. 다시 말해 창조경제는 창조적 환경, 창조계층, 창조지역, 창조 산업 등의 복합체를 일컫는 것으로 이해될 수 있다.[29)]

따라서 창조경제의 발전을 위해서는 문화 다양성에서 비롯되는 창조적 환경(Creative Milieu)과 창조경제의 성장을 위한 창조계층(Creative Strata)의 양성이 필요하며, 도시나 농촌의 창조생산지구, 문화소비지구, 창소적 공동체로 구싱되는 창조지역(Creative Region)에서 발전되고, 개인의 창의력이나 재능에 기초해 새로운 부나 직업을 창출하는 산업인 창조 산업이 그 근간이 되어야 한다.

그림 1-14 창조경제를 구성하는 요소

창조경제

창조 계급	창조 기업(가)	창조 산업	창조 도시	창조 클리스터
백남준, 스티븐 스필버그...	구글, 애플 (스티브 잡스)	문화예술, 콘텐츠, 서비스	런던, 도쿄, 파리...	실리콘 밸리...

즉, 창조적 환경은 창조주체인 개인의 일상생활, 사고방식, 삶의 양식을 규정하는 제도, 관습, 법률 등 포함하여 고려해야 하며, 창조 계층은 쾌적한 환경과 문화 소비 등 생활양식을 중시하므로 창조경제의 구축을 위해서는 소비 부문의 발전이 중요해 진다. 경제발전에 따른 국민소득의 증대는 여가, 관광, 문화소비를 빠르게 증가시킨다. 또한 창조 계층 양성을 위해 창조성에 중점을 둔 교육 시스템과 프로그램 개발 및 운영이 필요하다.

창조지역은 창의적 인재와 리더, 다양성과 관용, 유연하고 신뢰하는 조직 문화, 강력한 지역정체성, 소통의 문화간, 공동체 등이 중요하며, 더불어 창조경제의 근간은 창조적 환경과 인재가 넘치는 창조지역으로 매력적 문화와 쾌적한 환경, 엔터테인먼트가 공존하는 문화의 생산과 소비가 복합적으로 이루어지는 복합지구가 되어야 한다.

마지막으로 창조 산업은 감성, 창의력, 상상력, 느낌과 같은 인간의 우뇌가 지배하는 영역을 산업화 소재로 개발하고, 길포드가 주장한 예술적·과학적 창의성이

29) 출처: 영국창조산업의 사례분석 및 벤치마킹 방안, KOCCA, 2009.7.7

경제발전의 원동력으로서 창조경제의 토대가 되어 지속 가능한 미래 성장 모델의 대안인 것이다. 창조 산업은 창조적 아이디어만 있으면 적은 비용을 투입하고도 높은 이익을 창출할 수 있는 고부가가치 산업으로 문화산업, 디자인산업 등 Cultureconomics 산업, 유통, IT, 바이오 메디컬 등의 녹색산업인 Green Technology, 관광, 패션, 엔터테인먼트 산업으로 광고, 건축, 미술, 골동품, 공예, 디자인, 영화, 음반, 공연예술, 출판, 소프트웨어, 방송 등을 포함한다.[30)]

정리하기

1 인터넷의 등장과 정보통신기술의 발전으로부터 창조경제에 이르기까지의 변화상을 간략하게 설명하시오.(P35)

2 파인과 길모어(Pine Ⅱ & Gilmore)가 주장한 체험을 제공하기 위해 필요한 구성요소, 즉 체험을 통해 차별화를 주기 위해 고려해야할 요소 4가지는?(P37)

3 공유경제에 대하여 설명하고, 국내의 사례를 알아보자.(P39)

4 창조경제에 대하여 설명하고, 창조경제를 구성하는 요소, 즉 창조경제를 만들기 위해 필요한 요소는 무엇이 있으며, 이들에 대해 설명하시오.(P45~47)

5 매슬로(Maslow A.H.)의 인간 욕구 단계론을 통해 창조경제의 도래 이유를 설명하시오.(P45)

30) 출처: 지식 창출형 콘텐츠 기반 창조산업 육성 방안(노시춘, 방기천. 2012.3.23) 및 UNCTAD, 영국 미디어스포츠부 등의 정의를 재구성

확인하기

1 인터넷의 등장으로 인해 인류 사회는 가히 혁명적 변화를 경험하기 시작하고 있다. 정보통신기술(Information & Communication Technology)이라 불리는 기술의 변화는 기존의 다양한 산업들에 영향을 미치고, 정보통신 기술이 다른 산업과 융 · 복합되면서 모든 산업에서의 디지털 화를 촉발하고, 디지털 화는 산업 가치사슬의 붕괴 및 혁신을 가져오게 되었다. 특히 미디어의 변화는 다양한 콘텐츠 수요의 확산을 요구하게 되었으며, 나아가 사이버 세상을 통해 시간과 공간의 제약을 없애면서 인간의 감성과 창의력이 산업 및 경제의 중심이 되는 창조산업, 창조경제라는 새로운 패러다임의 변화가 생겨나고 있다.

2 오락(Entertainment), 교육(Education), 현실 도피적 체험(Escapist), 심미적 요소(Esthetic)

3 공유경제는 재화를 생산 및 거래하는 일반적인 경제 모델인 '상업 경제(Commercial Economy)'와 상반된 개념으로 이미 생산된 재화의 접근권 또는 사용권을 상호 교환, 대여하는 형태의 '협력적 소비(Collaborative Consumption)'를 기본으로 하는 경제를 일컫는 용어로 한 번 생산된 제품을 여럿이 공유해 쓰는 협업 소비를 기본으로 한 경제를 의미한다.

국내사례는 아래 표와 같다.

분야	회사 명	서비스 내용
공간	홈스테이코리아	외국인 방문객 대상 국내 홈스테이 연결
	코자자	한옥, 템플, 일반 주택, 펜션 및 게스트하우스 공유
	처치플러스	예배 중심의 교회를 이웃 소통 공간으로 공유
	모두의주차장	빈 주차공간 소유자가 운정자에 공유
	한국리보	세계 각국 청소년에 한국가정 소개
	공유독서실	서울 전역 독서실 좌석 공유
	스페이스노아, 코업 등	지식과 사무 공간 및 작업 공간 공유 및 커뮤니티 구성에 협조
교통 수단	그린카	시간단위로 차를 대여해주는 서비스
	위트콤	IT를 통해 무인 자전거 공유
물품	헬로마켓	개인 간 직거래를 도와주는 모바일 중고장터
	공쓰재프로젝트	공연 후 남은 무대소품을 재활용 및 물물교환
	자락당	공동체 안에서 물건 공유하는 문화의 장
	우리울림	쓰지 않는 악기를 빌려주거나 빌림
	풀업, 키플 등	작아져 못입는 아이옷을 이웃과 공유
	열린옷장	청년구직자에게 면접정장 대여
	빌리지	개인 간 중고물품을 모바일로 거래
	타임티켓	공연딩일 티켓 할인
	도시광부	무료로 공유돼 함께 입는 공유패션
정보 및 서비스	플레이플래닛	현지 일반인 여행 가이드를 중개
	위시켓	앱 개발, 웹 디자인 등 프로젝트 중개
	쉐어하우스	일상 생활의 다양한 지식을 공유
	일상예술창작센터	작가들의 창작 작품을 공유, 거래
	조인어스코리아	지식에 대한 다수의 의견을 공유
	소셜통	사회적 경제 소식 및 정보 공유
	지엘코리아	글로벌 리더 양성 지식 공유
	레디앤스타트	경영, 영업, IT 등 다양한 분야에서 멘토링 서비스
	비앤비히어로	개인 소유의 집부터 한옥마을, 팜스테이 등 남는 공간을 전 세계 여행자들에게 제공

4 창조경제란 경제활동에 필요한 투입과 산출의 주된 요소가 토지나 자본이 아닌 창의적 아이디어에 두는 경제로서, 새로운 아이디어, 즉 창의력으로 제조업, 서비스업 및 유통업, 엔터테인먼트 산업 등에 활력을 불어 넣어 사회의 통합과 문화적 다양성, 인간의 계발(啓發)을 촉진하는 동시에 일자리 창출과 소득증대의 원동력으로 자리매김하게 하는 것으로 정의될 수 있다.
창조경제를 이루는 구성 요소는 창조계급, 창조도시, 창조산업, 창조클러스터, 창조기업 등 5가지의 요소의 대두와 더불어 창조경제로의 패러다임 변화가 급격히 진행되어진다. 다시 말해 창조경제는 창조적 환경, 창조계층, 창조지역, 창조 산업 등의 복합체를 일컫는 것으로 이해될 수 있다.
따라서 창조경제의 발전을 위해서는 문화 다양성에서 비롯되는 창조적 환경(Creative Milieu)과 창조경제의 성장을 위한 창조계층(Creative Strata)의 양성이 필요하며, 도시나 농촌의 창조생산지구, 문화소비지구, 창조적 공동체로 구성되는 창조지역(Creative Region)에서 발전되고, 개인의 창의력이나 재능에 기초해 새로운 부나 직업을 창출하는 산업인 창조 산업이 그 근간이 되어야 한다.

그림 1-15 창조경제를 구성하는 요소

창조경제

창조 계급	창조 기업(가)	창조 산업	창조 도시	창조 클리스터
백남준, 스티븐 스필버그...	구글, 애플 (스티브 잡스)	문화예술, 콘텐츠, 서비스	런던, 도쿄, 파리...	실리콘 밸리...

5 한 국가의 경제가 성장하게 되면 개인의 소득이 더불어 증가하게 됨에 따라 개개인의 생리적 욕구를 넘어 안전 욕구, 사랑과 소속감에 관한 애정·소속 욕구, 존경 욕구, 자아실현 욕구로 점차 소비자들의 욕구가 상승하게 되고, 이에 따라 새로이 만들어지는 창조 상품이나 서비스에 대한 추가적인 수요를 유발하게 되고, 이것이 새로운 시장을 만들게 되어 점차 산업의 규모가 커지는 현상을 보이게 됨으로써 창조경제가 발생하게 된다.

CHAPTER 02

콘텐츠와 콘텐츠 산업의 이해

제 1 절 콘텐츠와 문화 콘텐츠

1 콘텐츠의 정의

'콘텐츠(contents)'라는 용어는 1990년대 유럽에서 'Multimedia Content'라는 말을 쓰기 시작한 것이 효시라 한다. 콘텐츠의 사전적 의미는 "유·무선 네트워크를 통하여 전달하기 위한 문자, 부호, 음성, 음향, 이미지, 영상 등을 디지털 방식으로 제작해 처리 및 유통하는 각종 정보 또는 그 내용물"[1]로 정의되고 있다. 콘텐츠 산업진흥법에서는 "부호, 문자, 도형, 색채, 음성, 음향, 이미지 및 영상 등(이들의 복합체를 포함한다)의 자료 또는 정보를 말한다."라고 정의한다. 세계 최대 단행본 출판사 중의 하나인 랜덤 하우스(Random House)에서는 "말이나 문장 또는 여러 종류의 예술 작품과 같이 어떤 매체를 통해서 표현되어지는 내용"이라고 정의하였으며, 일본 산업계에서는 "콘텐츠란 영화, 음악, 연극, 문예, 사진, 만화, 애니메이션, 컴퓨터 게임, 기타 문자, 도형, 음성, 동작 및 영상을 조합한 것. 또는 이것들을 전자계산기를 통해 제공하기 위한 프로그램으로써 인간의 창조적 활동에 따라 산출되는 것 중에서 교양 또는 오락 범위에 속하는 것"으로 정의한다. 일본 콘텐츠비즈니스연구소에서는 "문자, 영상, 소리 등의 정보를 제작하고 가공해서 소비자에게 전달하는 정보 상품"이라고 정의하고 있으며, OECD(2007)에서는 "매스미디어 및 관련된 미디어 활동을 통해 유포되는 인간을 위해 조직화된 메시지" 또는 "인간을 위해 구성된 메시지로써 미디어와 결합되어 공중에게 전달되는 상품"이라고 정의하고 있다.

1) 네이버 국어사전 내용을 재정리

이들의 정의를 종합해 보면, 형태적인 측면에서는 부호, 문자, 도형, 색채, 음성, 음향, 이미지 및 영상 등의 디지털 방식으로 제작된 것으로, 유통 측면에서는 유・무선 네트워크나 매체(미디어) 및 컴퓨터를 통하여 전달되어지고, 내용적 측면에서는 교양 및 오락의 속성을 가지는 프로그램이나 각종 정보 또는 내용물의 상품 혹은 서비스라 정의된다. 따라서 콘텐츠는 부호, 문자, 형, 색채, 음성, 음향, 이미지 및 영상 등의 디지털 방식으로 제작되어 네트워크나 미디어를 통해 전달되어지는 각종 정보 혹은 내용물이 포함된 상품 혹은 서비스라 정의할 수 있다.

2 콘텐츠 산업의 정의

콘텐츠 산업이란 무엇인가? 관련법에서 정의한 바에 따르면, 콘텐츠 산업은 "경제적 부가가치를 창출하는 콘텐츠 또는 이를 제공하는 서비스(이들의 복합체를 포함한다)의 제작, 유통, 이용 등과 관련한 산업"[2]으로 정의하고 있는 바, 콘텐츠의 수집, 가공, 제작, 저장, 검색, 송신 등과 관련된 서비스를 행하는 생산단위들의 집합을 콘텐츠 산업으로 정의할 수 있다.

다만, 이해되는 목적 혹은 논자, 학자들에 따라 서로 다른 정의를 하고 있는 것이 현실이다. 인간의 메시지, 창의적 활동, 미디어 활동, 지적재산권, 문화적・교육적・정보적 가치 등 다차원적 속성과 추구하는 방향에 따라, 그리고 각 나라마다 자국의 문화적 특성이나 산업적 특성에 따라 콘텐츠 산업을 이해하는 범주와 내용을 달리하고 있는 것이 현실이다.

특히 학문적 측면에서는 다(多) 학제적 융합학문으로써의 성격을 가지고 있음으로 인해, 경제, 경영, 예술, 소프트웨어, 정보통신기술, 문학 등 다양한 학문적 배경에 의해 산업이 이해되고 설명되어지고 있다. 산타꾸준치로의 저서 "게임 산업의 경제성 분석"(2008)에서 주장한 바를 해석해보면, 콘텐츠 산업은 기존에 게임, 애니메이션, 만화, 출판, 음악, 영화, 방송, 캐릭터 등의 개별적 산업이 존재해 왔으나, IT 기술의 발전에 따라 제작 단계에서부터 디지털화가 진행되고, 디지털 파일로 제작됨에 따라 유통이 과거 개별적 유통 채널에 의해 움직이던 산업들이 네트워크, 즉 유선이나 무선망 그리고 통신망, 방송망 등으로 분리되어 제공 되어 지던 네트워크가 기술의 발전에 따라 통합되고 사용자 측면에서는 네트워크의 종류나 용도에 무관하게 끊임없이(Seamless) 활용될 수 있게 됨으로써 네트워크를 통해 유통되며, 소비 측면에서도 각종 단말기기, 즉 TV, 모바일 폰 등의 모바일 단말기기 및 웨어러블(Wearable)에 이르기까지 전자기기화 된 단말기기를 통해 소비할 수 있게 되는 등

2) 출처: 콘텐츠 산업진흥법 제2조(정의)

생산, 유통, 소비 단계에서 유사성을 띠기 시작함에 따라 2000년대 들어 앞서 언급한 다양한 산업들을 일컬어 콘텐츠 산업이라 불리기 시작한 것이다.

따라서 엄밀한 의미에서 기존에 존재해 오던 엔터테인먼트나 정보서비스 등의 산업들이 정보통신기술(ICT : Information and Communiation Technology)의 영향으로 디지털 화 되면서 가치사슬 측면에서 유사성을 띠기 시작하면서 새로이 탄생된 산업이 바로 콘텐츠 산업이라 할 수 있다.

3 문화와 문화 콘텐츠

가 문화의 정의

문화란 사전적인 의미로는 자연 상태에서 벗어나 일정한 목적 또는 생활 이상을 실현하고자 사회 구성원에 의하여 습득, 공유, 전달되는 행동 양식이나 생활양식의 과정 및 그 과정에서 이룩해 낸 물질적, 정신적 소득을 통틀어 이르는 말로서 의식주를 비롯하여 언어, 풍습, 종교, 학문, 예술, 제도 따위를 모두 포함한다.[3)]

'문화'란 용어는 독일어 'Kultur'나 영어와 프랑스어의 'culture'를 번역한 용어이다. 독일어 'Kultur'나 'culture'는 라틴어(Latin) 동사 'colo'(경작하다, 가동하다, 완성하다)에서 유래된 용어로서, '경작', '재배', '배양', '교양', '수양' 등 다양한 뜻을 가지고 있다. 따라서 '문화'란 단어를 어원적으로 풀이하면, 인간의 기술과 노동(경작과 가공)에 의해 토지의 자연 상태를 인위적으로 변화시키고, 후천적으로 진화하고, 창조적으로 이루어지게 함으로써 더욱 좋은 열매(농작물)를 얻게 하고, 인간생활을 풍족하게 한다는 어의(語義)가 담겨져 있다.[4)] 또한 문화를 문명, 예술, 정신 등의 동의어로 생각하는 등 학자들 마다 나름의 서로 다른 정의를 하고 있다. 그러나 문화를 정의하는 문제는 문화인류학의 핵심 분야로서 일찍부터 미국의 두 인류학자 크로버(Alfred Kroeber, 1876~1960)와 클럭혼(Clyde Kluckhohn, 1905~1960) 등을 포함하여 수많은 문화인류학자들이 문화의 개념을 정립하고자 노력해 오고 있으나 현재까지 합의된 명확한 결론에 이르지 못한 것으로 판단된다.

인류 문화학자인 테일러(Edward B. Tylor)는 '원시문화(Primitive Culture)에서 인간이 사회의 일원으로서 습득한 지식, 믿음, 예술, 도덕, 법률, 풍습 그리고 다른 능력들과 습관을 포괄하는 복합체'를 문화라 하였고, 미국의 인류문화학자인 미드(Mead)는 사회나 소집단의 학습된 행위라고 정의했다.

---

3) 출처: 네이버 지식백과
4) 출처: 실크로드 사전, 2013.10.31, 창비

사회학자인 윌리엄(Raymond Williams)은 생산구조, 가족구성, 사회관계를 표현하거나 통제하는 제도의 구조이며, 사회 구성원들의 특징적 커뮤니케이션 행태를 포괄하는 것이라 하였고, 러시아 인류학자인 시로코고로프(Shirokogoroff, S.M.)는 문화를 이해하는 보다 통합적인 방법을 제시하였는데, 문화를 사회조직·물질문화·심리정신복합체 등 세 갈래로 크게 나누어 정의하고 있다. 먼저 사회조직은 가족을 위시하여 인간이 제반 관계에서 사회적으로 구성하는 모든 조직형태를 일컬으며, 둘째, 물질문화는 한 사회가 소유하는 온갖 물질적 형태의 문화를 포괄하는 개념이며, 마지막으로 심리정신복합체는 종교나 주술, 언어·예술적 표현 등 인간의 심리정신 활동과 문화를 포함한다고 정의하고 있다.

나 문화의 특징

문화는 공유(共有, shared)되고, 학습(learned)되며, 축적(accumulated)되고, 하나의 유기적인 전체(whole)를 이루는 통합적 성격을 가진다. 또한 문화는 정체적인 것이 아니라 끊임없이 변화(variableness)하는 변동성을 가지며, 같은 환경이나 여건하에서는 물론, 다른 환경이나 여건 속에서도 시간과 공간을 초월하여 내용과 형식에서 유시한 문화가 창조된다는 보편성(universality)을 가진다. 개개 문화가 자기의 고유한 개성을 가지고 타문화와 구별되는 개별성(individuality)을 가지며, 한 사회의 문화요소들이 다른 사회로 전해져서 그 사회의 문화과정에 통합되어 정착하는 현상인 전파성(diffusion)을 갖는다.[5)]

문화의 공유성 측면은 개인이 아닌 대부분의 사람이 공유하는 것이라는 특징을 의미하는 것으로, 사회 구성원은 태어나 생활하면서 자연스럽게 그 사회의 문화를 공유하게 되어 있다. 즉, 어떤 식으로 사고하고 어떻게 행동할 것인가는 그 사회의 문화에 의해 결정된다. 이러한 문화의 공유성을 가장 잘 대변하는 것이 사회제도, 규범, 풍속 등이다. 다만, 공유한다고 해서 모두 문화가 될 수는 없다. 동물적 본능에 의한 인간의 행동은 문화가 아니다. 즉, 생리적 욕구 등은 문화라 할 수 없다. 다시 말해 문화는 사회 작용을 통해 학습하는 방식을 필요로 하는 것이다.

문화란 태어날 때부터 알고 있는 것이 아니라 후천적 학습을 통해 배우는 것이다. 주변으로부터 듣고, 스스로 경험을 통해 취득하는 것이라는 학습성이란 특징을 갖는다. 오랜 세월 동안 쌓인 인류의 생활양식의 축적된 결과라는 축적성의 특성을 갖는다. 인간의 사고와 행동은 언어와 문자를 통해 축적되고, 이러한 축적 과정을 통해 문화는 세대 간 전승된다. 또한 다음 세대로 축적될 때마다 예전의 문화가 아닌 새로운 문화로 재창조되는 것이다.

5) 문화연구와 문화정책(정철현, 서울경제경영. 2005) 및 실크로드 사전(2013.10.31)을 재구성

문화의 각 영역은 상호 밀접한 관련을 갖고 유기적인 전체를 이루고 있다. 즉, 생활양식의 총체로 복합적인 요소를 가지며, 통합성은 문화를 성립시키는 요소의 결합으로, 기술, 가치, 사회관계, 언어, 물질의 5대 요소로 구성되어 독자적인 기능과 작용을 하면서 서로 관련을 맺고 구조적으로 통합되어 전체를 이루기도 한다. 예를 들어 결혼이란 사회관계는 직업을 위한 기술과 사랑이라는 가치와 관련되고, 가정과 가족을 돌봐야 한다는 법칙을 가지고 있는 것처럼 5가지 요소가 어떤 형태로든 통합적으로 구성되어 있는 것이다.

개별 문화의 결합으로 이루어진 문화는 개별적인 독자성으로 인해 장기간에 길쳐 그 통합성을 유지하며, 좀처럼 변화되지 않는 특성을 가지나, 여러 문화요소 가운데 하나가 변하면 그 상관적 관련성 때문에 다른 문화요소가 영향을 받고, 통합성이 무너지며 변화하게 되는 특성을 갖는다. 이처럼 문화는 끝없는 변화생성의 과정을 겪게 되고, 외부로부터 한 사회로 유입된 문화는 그 사회의 배경과 문화접변(文化接變)을 통하여 변화하게 된다. 또한 도입되었거나 개발된 새로운 지식이 유용한 것으로 판명되면 전체 사회에 확산되어 문화의 혁신이 발생하는 과정에서 기능을 상실한 낡은 문화요소들은 사멸하게 된다. 예를 들어 대학생 문화가 1970년대 통기타 문화, 1980년대 운동권 문화, 1990년대 신세대 문화, 2000년대 사이버 문화로 변화되는 것은 기술이나 사회관계 등의 요소에서의 변화로부터 유발되는 것이다.

문화는 모든 사람이 공유하는 것으로 객관성을 지니는 특징을 갖는다. 이는 인간관계에 있어 집단 활동을 추구하며, 협동적이며, 친구가 많고, 친절하고 명랑하여 남과 잘 지내는 것과 같은 문화의 사회성과 같은 의미로 인간이 사회적 상황에 적응하는 능력을 말하는 것으로, 예를 들어 식당에서 코를 푸는 행위, 트림을 하는 행위 등과 같이 상이한 문화를 갖는 사회에서 받아들이는 방법이 달라지는 것처럼 사회제도, 규범, 도덕, 풍속, 관습 등이 개인을 구속하는 것은 문화에 객관성이 있기 때문이다.

문화는 일상생활과 밀접한 관련을 가진다. 이는 인간의 삶속에서 축적되는 것이기 때문인데, 인간 개인의 사고와 행동은 다양한 문화적 틀 속에서 결정되며, 직, 간접적으로 영향을 받게 된다. 예를 들어 인도에서 소를 신성시하는 이유는 그들의 농경 생활과 관련된 것인데, 인구는 많고 농업이 차지하는 비중이 높으며, 이들이 생존하기 위해서는 농사가 필수적이다. 그리고 농사를 위해서는 소가 필요하다. 따라서 농사에 활용되는 것은 대부분이 수소일 수밖에 없었고, 따라서 길거리에서 보는 것은 암소로 출산을 위해 필수적으로 존재해야 하는 개체임에 따라 생긴 문화인 것이다.

다 문화 산업과 문화 콘텐츠 산업의 등장

우리나라에서 문화가 산업으로 등장한 것은 2000년대 들어서면서부터라고 보는 것이 일반적이다. 2000년에 처음으로 문화산업진흥기본법이 제정되면서부터 문화를 산업으로 보는 시각이 생기기 시작했다는 것이 일반적 견해이다. 전 세계적으로 문화가 산업으로 인식되기 시작한 배경은 2차 대전 이후 사회의 급격한 변화에 따라 문화정책의 필요성이 대두되게 되었는데, 시민사회라는 인식이 성장하기 시작하였고, 경제가 발전되고, 교육수준이 향상됨에 따라 문화와 기술의 융합을 통해 새로운 산업으로서 위치를 점하기 시작하고 이것이 새로운 국가 경제의 중요한 요소로 인식되기 시작하면서 문화를 산업으로 나아가 경제의 주요 요소로 보는 문화 경제학에 대한 관심이 높아지게 되었다. 문화산업은 기술의 발전에 따라 그리고 인터넷 등 새로운 형태의 산업이 등장하고 그에 따라 사회의 정보화가 진전되는 등 새로운 변화가 진행됨에 따라 문화에 대한 관심과 욕구가 증대되면서 자연스럽게 탄생하게 되었다.

문화는 과거 일부 상위 계층의 전유물로 인식되어 왔으나, 봉건제가 붕괴되고, 시민 계급이 대두되면서 중산층도 그동안 상류 계층에서만 향유되어오던 다양한 문화 예술에 대해 관심을 갖기 시작하고, 문화생활을 향유하기 시작하게 됨에 따라 문화 수요가 확대되었다. 더불어 경제가 성장함에 따라 일반인들의 생활이 안정되기 시작하였고, 그에 따라 문화에 대한 욕구가 상류 계층뿐 아니라 전체 사회 구성원으로 확대되기 시작하였다. 또한 국민들의 대중 교육 확대로 교육 수준이 향상되고 교육을 통해 문화에 대한 이해와 관심을 증가시켰고, 대중 예술 뿐 아니라 고급 예술을 이해하고 즐길 수 있는 소양이 길러지게 됨에 따라 문화가 새로이 산업으로 인식되기 시작한 것이다.

문화 경제학의 출발은 기존의 경제학으로 예술 활동의 경제성을 설명할 수 없다는 전제에서 문화의 경제적 접근이 시작되었다. 과학기술의 발전은 기술혁신과 신제품 개발로 생산성을 향상시키고, 그 결과 높은 소득을 창출되게 한다. 하지만 예술 창작과 공연 등 다양한 문화 활동은 과학기술의 발전에도 불구하고 생산성을 크게 향상시키지 못하는데, 이처럼 문화부문이 타 산업 분야에 비해 경쟁력이 떨어지는 특수성을 갖고 있다. 이로 인해 문화를 산업화하기 위해서는 정부의 지원노력이 필요하게 되고, 문화 산업 정책이 요구되게 된다.

이처럼 문화가 산업화 되어 감에 따라 정보통신 기술과 엔터테인먼트 및 문화적 형태가 융합하면서 등장하게 된 것이 바로 문화 콘텐츠인 것이다. 문화 콘텐츠는 인터넷의 등장과 디지털 기술의 발전으로 사이버 문화가 형성되고, 소비자들을 일컬어 Digital Nomad, Digital Native, Cocoon, Utizen, Proteur 등의 용어로 부르는 변화가 생기는 등 수용자, 즉 문화를 소비하는 소비 계층의 변화가 수반되고, 다양하고 새로운 미디어들이 탄생하게 되면서 새로이 문화 수요를 창출하기 시작하였고, 게임, 영화, 음악, 출판 등 기존에 존재해 오던 다양한 문화 산업들과 정보통신 기술의 융합에 의해 새로운 가치사슬 구조가 형성되면서 탄생하게 된 새로운 산업이다.

정리하기

1 콘텐츠란 무엇인가?(P53)

2 콘텐츠 산업이란 무엇인가? 특히 '게임 산업의 경제성 분석'에서 정의하고 있는 바를 중심으로 전통적 게임, 만화, 출판, 음악 등의 산업 등이 콘텐츠 산업의 범주로 포함되게 된 이유에 대해 설명하시오.(P54)

3 문화에 대해서는 다양한 정의가 존재한다. 이들 각각에 대해 설명하고, 사전적 의미의 정의를 설명하시오.(P55)

4 문화의 특징에 대하여 설명하시오.(P56)

5 문화가 산업화 되고 문화 콘텐츠에 이르기까지의 과정을 설명한다면?(P58~59)

확인하기

1 콘텐츠에 대한 정의는 다차원적 속성과 추구하는 방향에 따라, 그리고 각 나라마다 자국의 문화적 특성이나 산업적 특성에 따라 콘텐츠 산업을 이해하는 범주와 내용을 달리하고 있는 것이 현실이다. 콘텐츠의 사전적 의미로는 "유·무선 네트워크를 통하여 전달하기 위하여 문자, 부호, 음성, 음향, 이미지, 영상 등을 디지털 방식으로 제작해 처리 및 유통하는 각종 정보 또는 그 내용물"로 정의할 수 있다. 법적 정의는 콘텐츠 산업진흥법에서 나타나고 있는데, "부호, 문자, 도형, 색채, 음성, 음향, 이미지 및 영상 등(이들의 복합체를 포함한다)의 자료 또는 정보라 정의하고 있고, .랜덤 하우스(Random House)에서는 "말이나 문장 또는 여러 종류의 예술 작품과 같이 어떤 매체를 통해서 표현되어지는 내용"이라고 정의하였다. 일본 산업계에서는 "콘텐츠란 영화, 음악, 연극, 문예, 사진, 만화, 애니메이션, 컴퓨터게임, 기타 문자, 도형, 음성, 동작 및 영상을 조합한 것. 또는 이것들을 전자계산기를 통해 제공하기 위한 프로그램으로써 인간의 창조적 활동에 따라 산출되는 것 중에서 교양 또는 오락 범위에 속하는 것"으로 정의하고 있는바, 이들의 정의를 종합해 보면, 형태적인 측면에서는 부호, 문자, 도형, 색채, 음성, 음향, 이미지 및 영상 등의 디지털 방식으로 제작된 것으로, 유통 측면에서는 유·무선 네트워크나 매체(미디어) 및 컴퓨터를 통하여 전달되어지고, 내용적 측면에서는 교양 및 오락의 속성을 가지는 프로그램이나 각종 정보 또는 내용물의 상품 혹은 서비스라 정의된다. 따라서 콘텐츠는 부호, 문자, 형, 색채, 음성, 음향, 이미지 및 영상 등의 디지털 방식으로 제작되어 네트워크나 미디어를 통해 전달되어지는 각종 정보 혹은 내용물이 포함된 상품 혹은 서비스라 정의할 수 있다.

2 다소의 이견과 다른 관점은 있지만 관련법에서 정의한 바에 따르면, 콘텐츠 산업은 "경제적 부가가치를 창출하는 콘텐츠 또는 이를 제공하는 서비스(이들의 복합체를 포함한다)의 제작, 유통, 이용 등과 관련한 산업"으로 정의하고 있는 바, 콘텐츠의 수집, 가공, 제작, 저장, 검색, 송신 등과 관련된 서비스를 행하는 생산단위들의 집합으로 정의하고 있는데, 이는 콘텐츠를 생산하고, 유통하며, 소비하는 가치사슬 전반에 걸쳐 존재하는 모든 산업을 통 털어 콘텐츠 산업으로 정의한다는 의미로 이해된다. 더불어 산타꾸 준치로 등이 출간한 '게임 산업의 경제성 분석'에서는 콘텐츠 산업은 기존에 게임, 애니메이션, 만화, 출판, 음악, 영화, 방송, 캐릭터 등의 개별적 산업이 존재해 왔으나, IT 기술의 발전에 따라 제작 단계에서부터 디지털화가 진행되고, 디지털 파일로 제작됨에 따라 유통이 과거 개별적 유통 채널에 의해 움직이던 산업들이 네트워크, 즉 유선이나 무선망 그리고 통신망, 방송망 등으로 분리되어 제공 되어 지던 네트워크가 기술의 발전에 따라 통합되고 사용자 측면에서는 네트워크의 종류나 용도에 무관

하게 끊임없이(Seamless) 활용될 수 있게 됨으로써 네트워크를 통해 유통되며, 소비 측면에서도 각종 단말기기, 즉 TV, 모바일 폰 등의 모바일 단말기기 및 웨어러블(Wearable)에 이르기까지 전자기기화 된 단말기기를 통해 소비할 수 있게 되는 등 생산, 유통, 소비 단계에서 유사성을 띠기 시작함에 따라 2000년대 들어 앞서 언급한 다양한 산업들을 일컬어 콘텐츠 산업이라 불리기 시작한 것이다.

3 문화의 사전적 의미는 자연 상태에서 벗어나 일정한 목적 또는 생활 이상을 실현하고자 사회 구성원에 의하여 습득, 공유, 전달되는 행동 양식이나 생활양식의 과정 및 그 과정에서 이룩해 낸 물질적, 정신적 소득을 통틀어 이르는 말로서 의식주를 비롯하여 언어, 풍습, 종교, 학문, 예술, 제도 따위를 모두 포함한다. 인류문화학자 타일러는 원시문화에서 인간이 사회의 일원으로서 습득한 지식, 믿음, 예술, 도덕, 법률, 풍습 그리고 다른 능력과 습관을 포괄하는 복합체라 정의하였고, 미드(Mead)는 사회나 소집단의 학습된 행위라 정의하였으며, 사회학자인 윌리암스는 생산구조, 가족구성, 사회관계를 표현하거나 통제하는 제도의 구조이며, 사회 구성원들의 특징적 커뮤니케이션 형태를 포괄하는 것이라 하였다. 이들의 정의를 종합해보면, 문화는 생활방식의 모든 것을 포함하는 의미로 정의될 수 있으나, 이렇게 정의할 경우 그 범위가 너무 포괄적이고 넓어 실제적으로 분석하기가 어렵다는 한계를 가짐. 따라서 생활방식 중 상징적 의사소통이 주 목적인 활동의 경우로 한정하는 윌리암스의 정의에 근거하여 문화를 이해하는 것이 타당하다 할 것임.

4 문화는 공유(共有, shared)되고, 학습(learned)되며, 축적(accumulated)되고, 하나의 유기적인 전체(whole)를 이루는 통합적 성격을 가진다. 또한 문화는 정체적인 것이 아니라 끊임없이 변화(variableness)하는 변동성을 가지며, 같은 환경이나 여건 하에서는 물론, 다른 환경이나 여건 속에서도 시간과 공간을 초월하여 내용과 형식에서 유사한 문화가 창조된다는 보편성(universality)을 가진다. 개개 문화가 자기의 고유한 개성을 가지고 타문화와 구별되는 개별성(individuality)을 가지며, 한 사회의 문화요소들이 다른 사회로 전해져서 그 사회의 문화과정에 통합되어 정착하는 현상인 전파성(diffusion)을 갖는다.

5 문화가 산업화 되어 감에 따라 기존의 음악, 게임, 출판, 만화, 영화, 방송 등의 문화적 속성을 내포한 엔터테인먼트 산업이 정보통신 기술과 융합하면서 등장하게 된 것이 바로 문화 콘텐츠인 것이다. 문화 콘텐츠는 인터넷의 등장과 디지털 기술의 발전으로 사이버 문화가 형성되고, 소비자들을 일컬어 Digital Nomad, Digital Native, Cocoon, Utizen, Proteur 등의 용어로 부르는 변화가 생기는 등 수용자, 즉 문화를 소비하는 소비 계층의 변화가 수반되고, 다양한 새로운 미디어들이 탄생하게 되면서 새로이 문화 수요를 창출하기 시작하였고, 게임, 영화, 음악, 출판 등 기존에 존재해 오던 다양한 문화 산업들과 정보통신 기술의 융합에 의해 새로운 가치사슬 및 생태계가 형성되면서 탄생하게 된 새로운 산업이다.

제 2 절 콘텐츠 산업의 특징

2000년대 들어서면서 인터넷 경제와 디지털 융·복합으로 인해 과거 존재하던 많은 산업에서의 패러다임은 급격한 변화 양상을 보이고 있다. 특히 2000년대 말부터 시작된 참여, 공유, 개방이라는 새로운 패러다임으로 대변되는 일명 웹 2.0의 변화 양상은 인터넷 및 콘텐츠 서비스 패러다임의 변화뿐만 아니라 소비자들에게 공유와 참여의 기회를 제공하면서 새로운 산업의 패러다임을 형성해 왔다. 이처럼 콘텐츠 산업도 과거 문화산업으로 인식되던 산업의 일부를 포함하면서 이들 산업과 정보통신기술이 융합된 형태가 2000년대 들어서면서 새로이 탄생되게 되었다. 이처럼 정보통신 기술과의 융합을 통해 새로이 탄생된 콘텐츠 산업이 갖는 특징들에 대해 살펴보자.

1 전후방 산업 연관효과와 창구효과가 큰 산업

콘텐츠 산업은 기술의 진보와 함께 콘텐츠의 디지털화가 진행되면서 미디어 플랫폼이나 네트워크, 단말기기의 수요를 좌우하는 중요한 요소 중의 하나로 자리잡기 시작하였다. 혹자는 이런 측면을 강조하여, 콘텐츠는 이제 소비재가 아닌 중간재로서 자리매김해야한다고 주장할 정도로 제반 산업에 있어서의 콘텐츠의 위상이 달라지기 시작했다. 즉, 콘텐츠의 성장은 이를 제작하는데 소요되는 소프트웨어와 이를 전달하기 위한 유무선 네트워크, 그리고 단말기기의 생산 및 보급 확대를 유발하고, 소비를 진작시키며, 나아가 이들에 종사하는 고용인을 증가시키는 고용효과 등을 창출할 수 있다. 예를 들어 2010년 제임스 카메론(James Cameron) 감독에 의해 '아바타(Avartar)'란 3D 입체영화가 제작된 이후 전 세계 영화관의 3D입체화가 촉발되었고, 나아가 TV나 심지어 스마트 폰의 3D입체화가 촉발되어, 관련 장비 시장을 비롯한 관련 산업의 다양한 발전과 고도화가 진행되고 있음을 고려할 때 콘텐츠 산업은 가치사슬의 상류 부분(제작 부문) 뿐 아니라 하류 부분(유통과 소비 부문)에 이르기까지 광범위한 산업 성장 견인 효과를 갖는 것으로 이해될 수 있다.

또한 저작권을 매개로 원소스멀티유즈(OSMU)를 통해 다양한 부가 서비스 및 제조업과의 연계를 통해 동반성장이 가능하다는 특성을 가지며, 해외진출이 용이하고, 전자·자동차·IT 등 소비재 수출을 견인하는 등 파급효과가 큰 산업이다.

그림 2-1 콘텐츠 산업의 부가가치 및 파급효과 사례

이처럼 기술의 발전과 인터넷의 확산으로 인하여 제조 공정, 유통 구조 등, 가치사슬 전반에 걸쳐 디지털화가 급속히 진전되고 있다. 이에 따른 하드웨어와 콘텐츠의 결합이 촉진되는 등, 소위 디지털 컨버전스(Digital Convergence) 현상을 통해 다양한 형태의 서비스가 출현되었을 뿐 아니라 통합된 네트워크(Network)를 통해 여러 종류의 단말기로 전달되어 시장이 점차 확대되어가고 있다. 따라서 콘텐츠는 인적자원이나 단말기 제조회사, 지식자원의 선순환 구조를 갖춤으로써, 관련 전후방 산업의 성장을 견인하고 있다.

한류현상의 국내 경제적 효과를 소비재 수출, 외국인 관광객 방문 및 외국인직접투자유치 부문으로 구분하여 한류 현상이 유발하는 부문별 경제효과를 1995~2012년 196개국의 연간 패널데이터를 통해 분석한 결과, 음악·출판이 소비재 수출에 미치는 효과가 유의하다는 결론이 도출 되었으며, 즉, 한류 현상이 한국에 대한 인지도를 즉시 제고시켜 당해 연도 한국 제품의 소비를 촉진시키기 때문으로 분석되었고, 특히 음악, 출판과 같이 다수의 사람들에게 반복적으로 노출되는 콘텐츠 일수록 홍보 효과가 높아 한국 제품의 인지도 제고를 견인하여 콘텐츠 수출 1% 증가는 당해 연도 소비재 수출을 0.038% 견인한다는 결론이 도출 되었다.

관광부문에서 관광 수요는 재화 소비와 달리 즉각적으로 반응하기 어렵기 때문에 시차를 두고 다음 연도의 관광 수요에 영향을 미치는 것으로 분석되었으며, 특히 영상과 같이 한국의 모습을 직접 보여주는 콘텐츠 일수록 한국 방문 및 관광 수요 견인 효과가 높고 그 효과도 즉시 나타나는 것으로 추정되었다. 결론적으로 한류로 인한 콘텐츠 수출 1% 증가는 다음 연도 방한 관광객 수 0.019% 증가를 견인하며 특히 영상이 관광객 유치에 미치는 효과가 유의하게 분석되었다.

한류로 인한 콘텐츠 수출 1% 증가는 서비스업 외국인직접투자(FDI)를 약 0.08~0.09% 견인하는 것으로 나타났는데, 한류 현상으로 인한 방한 관광객 증가로 관광 등 국내 서비스업 활성화 효과가 지속적으로 해외 자본 유치 효과를 발생시키는 것으로 분석되었다.[6)]

관련 산업에의 창구효과뿐 아니라 콘텐츠 산업은 전방산업인 단말기기 및 플랫폼 측면에서나 네트워크 측면 그리고 콘텐츠 제작에 소요되는 다양한 소프트웨어의 수요를 촉발 시키는 등 생태계 관점에서의 전후방 산업에 대한 연관효과를 갖는 것으로 인식되고 있다.

---

6) 출처: 한류의 경제적 파급효과 분석과 시사점, 현대경제연구소, 2014.8.22

표 2-1 한류를 이용한 기업 마케팅 사례

제품	기업	한류활동	효과
마시는 홍초	(주)대상	카라	일본 매출증대 (2010년 14억 → 2011년 500억
산토리 서울막걸리	서울탁주 /롯데주류	장근석	주간지 '닛케이트렌디'의 '2011년 히트 상품 베스트 30'에서 7위로 선정
기스면	오뚜기	박유천	시장확대(일본, 중국, 뉴질랜드, 러시아)
한류스타의 콘서트 및 팬미팅 연계 관광상품	체스투어즈	장근석, 윤계상, 제국의 아이들 등	2011년 대비 관광객 32% 증가(16만 1000명)
라네즈/마몽드	아모레퍼시픽	송혜교(라네즈) /소녀시대 유리(마몽드)	중국내 브랜드 인지도 상승(매출 1위)
오휘/후	LG생활건강	손예진(오휘)/이영애(후)	베트남 시장 점유율 1위 (16%)

2 표준화의 중요성이 큰 반면, 비표준적 속성을 보유한 산업

2011년, 애플에 의해 제기된 각종 지적재산권 소송에서도 볼 수 있듯이, 콘텐츠 산업은 관련 기기나 미디어 플랫폼 등의 표준화를 통한 개방적 시장 확대가 가능하다. 그러나 개방화 및 표준화에 뒤떨어질 경우, 시장의 주도권을 잃음으로써 곤란을 가져올 수도 있다. 더불어 콘텐츠 산업은 미적, 감성적 욕구를 만족시키는 효용성을 가짐에 따라 물리적 표준화의 어려움이 동시에 존재하는 특성을 갖는다.

재미의 속성은 사용자가 갖는 다양한 경험, 생활환경, 언어 등의 요소에 의해 백인천색(白人千色)의 욕구로 나타난다. 그러나 이처럼 사용자가 만족할 수 있는 욕구들을 표준화시킨다는 것은 불가능한 일이다. 그러한 반면에 콘텐츠 제작에 소요되는 제반기술들은 시장성 등의 이유로 인하여, 표준화가 더욱 중요해지고, 절실해지는 특성을 갖는다.

3 서비스의 라이프사이클이 짧으며, 반복구매가 어려운 산업

콘텐츠 산업은 소비자의 소비욕구의 변화에 따라, 지속적으로 변화를 추구해 나가야하는 산업의 특성을 지니고 있다. 그렇기 때문에 출시된 콘텐츠나 관련 서비스는 변함없이 지속적인 소비가 보장될 수 없으며, 나아가 소비자에 의해 소비되거나 판매된 콘텐츠의 경우, 반복적으로 재구매하거나 재소비하는 것이 극히 드물다. 물론 영상물을 녹화 및 재방송하여 반복적으로 노출할 수는 있으나, 이를 통해 새로운 매출을 기대하는 것은 극히 어려운 것이 현실이다. 일례로, 한편의 영화가 만들어지면, 우선 극장에서 약 25%의 매출을 올린 다음, 비행기, 호텔 등을 통해 배포되는데, 이때는 약 1% 정도의 매출이 기대된다고 한다. 그 이후에는 케이블이나, IPTV 등 미디어 기업이나 비디오 대여 혹은 Netflix와 같은 온라인 판매 등으로 이어지는데, 이를 통해 약 70%이상의 매출이 발생하게 된다. 아래 [그림 2-2]에서 보는 것은 결국 시간의 문제이지 반복구매를 의미하는 것은 아니다. 여기서 주목해야 할 사항은 기술의 발전에 의해 미디어가 다양화됨에 따라 소비자들의 콘텐츠 소비가 주로 가정에서 일어난다는 사실이다. 더불어 라이프사이클 측면에서 한편의 영화가 만들어지면, 최대 15개월 이내에 전체 매출의 95%가 발생하게 된다.

그림 2-2 영화의 라이프 사이클 예시

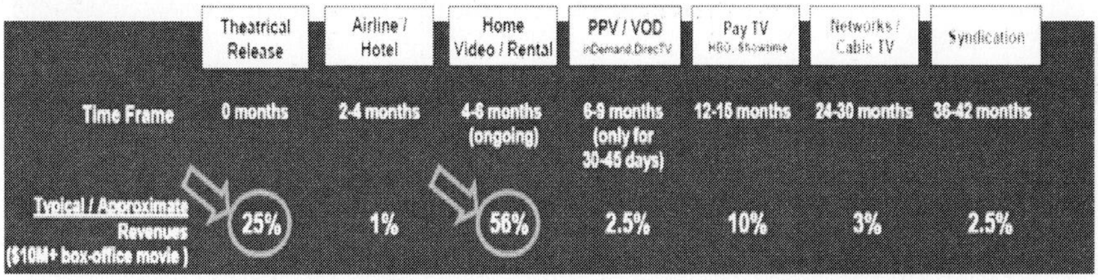

더불어 한번 구매한 콘텐츠의 재 구매는 특별한 경우를 제외하고는 발생되지 않는다. 〈아바타〉의 경우는 특이하게 약 60%의 관람자가 2D로 관람한 것을 3D로 다시 재 관람하는 현상을 보였으나, 이는 아주 예외적인 경우라고 할 수 있으며, 당시의 3D에 대한 관객들의 호기심과 산업적 현상이 중첩되면서 발생한 것이다. 이처럼 다수의 관람객들이 2D와 3D를 중복적으로 소비하였으나, 이 영화가 가정비디오 시장 혹은 주문형 비디오 시장으로 넘어 오기까지 채 1년도 소요되지 않았으며, 더불어 재 구매를 통해 시청하는 경우는 극히 소수일 것으로 추정된다.

4 고 위험 고수익(High Risk, High Return) 산업

콘텐츠 산업은 초기에 많은 자본을 필요로 하지 않는다. 즉, 창작형 개발이 그 중요한 핵심이 되므로 우수한 창의적 인력만을 보유하면 된다. 하지만 실제 제작 혹은 서비스를 행하고자 할 때는 제작에 필요한 대규모 자본의 투입이 필요해 지고, 그에 따라 위험도도 상승하게 된다. 하지만 일단 성공하게 되면 높은 수익과 진입 장벽 구축이 가능하게 된다. 높은 자본비용과 마케팅비용 등이 소요되는 반면,

일단 히트상품을 만들게 되면 대부분의 손실을 상쇄할 수 있게 된다. 예를 들어, 〈슈렉(Shrek)〉이란 애니메이션의 경우, 약 60억 달러를 들여 제작한 후, 1년 만에 약 831.7억 달러의 매출을 올려 약 13배의 투자회수율을 기록하기도 했다.

짧은 수명주기, 소비자 관심의 중요성 등과 같은 콘텐츠 산업이 갖는 엔터테인먼트적인 특징에 근거하여, 전체 영업비용이나 제작비용에서 차지하는 단위당 마케팅 비용은 상당히 높아지게 된다. 하지만, 일단 초기단계를 벗어나게 되면 자본 비용과 영업비용이 높은 진입장벽을 형성할 수 있게 된다. 이러한 현상은 음반, 영화, 케이블 방송, 비디오 게임 등에서 더욱 두드러지게 나타나고 있다. 또한 콘텐츠 산업은 타 산업에 비해 부가가치율, 부가가치유발계수[7] 및 매출액 대비 영업이익률 측면에서도 높은 현상을 보인다.

그림 2-3 콘텐츠 vs. 타 산업의 부가가치 관련 비교

2012년 기준	전 산업	제조업	서비스업	콘텐츠 산업
부가가치율(%)	25.0	20.2	36.1	40.3
부가가치 유발계수*	0.67	0.57	0.82	0.84
매출액 영업이익률(%)	4.5	5.6	3.8	8.4

• 통신 및 방송(부가통신, 정보서비스, 방송), 사회 및 기타서비스(신문, 출판, 문화서비스, 영화, 연극, 음악, 기타 문화오락 서비스)
• 부가가치 유발계수는 2011년
※ 자료: 한국은행, 〈산업연관표〉, 〈기업경영분석〉에서 재구성

그렇기 때문에 콘텐츠 업계에서는 몇몇의 인기 콘텐츠를 통해 대부분의 일반적인 콘텐츠에서 발생된 손실을 상쇄시키고 있다.[8] 이처럼 고위험 고수익 사업의 경우에는 투자에 앞서 철저한 분석이 요구된다. 하지만 소비자의 소비욕구를 계량화하여 이를 판단하는 것이 어렵다는 문제점도 있다. 이러한 특성으로 인하여 콘텐츠 산업을 전형적인 벤처형 산업으로 인식하기도 한다.

또한 세계경제의 산업이나 고용구조가 제조업으로부터 서비스업으로 이동하고 있으며, 우리나라 산업의 고용구조도 서비스업(70%), 제조업(23.8%), 농·어업(6.2%)으로 구성되어 있다. 그러나, 서비스업은 낮은 노동생산성, 높은 진입규제로

7) 부가가치유발계수[附加價値誘發計數, Value Added Inducement Coefficients] : 소비, 투자, 수출 등 최종수요의 발생이 국내생산을 유발하고 생산 활동에 의해서 부가가치가 창출되므로 최종수요의 발생은 부가가치창출의 원천이 된다. 따라서 최종수요가 한 단위 발생할 경우 국민경제 전체에서 직간접으로 유발되는 부가가치단위를 보여주는 계수를 말함(출처: NEW 경제용어사전).

8) 출처: 엔터테인먼트 산업의 특징, 삼성경제연구소, 2011.

좋은 일자리 창출에 한계가 있는 반면, 문화서비스(콘텐츠)는 반도체, 자동차보다 2배 이상의 높은 고용유발효과를 창출하는 고용 친화적 산업이기도 하다.

그림 2-4 문화서비스 vs. 타 산업의 고용유발계수 비교 [명/10억원당]

제조업			서비스업			전산업
반도체	자동차	선박	문화서비스	금융	방송	
4.2	6.0	5.6	12.4	6.2	7.9	7.8

• 문화서비스 : 통신, 방송, 광고, 출판을 제외한 문화산업
※ 한국은행(2011), 산업연관표 재구성

5 망 외부성(Network Externality) 효과가 큰 산업

콘텐츠 산업은 단말기 보급 확대나 네트워크의 커버리지 확대 및 속도향상 등을 통해 순환적으로 확대되어 수요가 급증하며, 더불어 소비자들은 그들과 관계된 사람들이 보거나, 이용하는 서비스로 더 많이 몰려드는 현상을 가지고 있다. 예를 들어, 학생들 사이에서 특정 게임을 해보지 않았을 경우, 그들만의 대화에 참여할 수 없게 되어 배척당할 수 있기 때문에, 친구들이 보거나 이용한 콘텐츠를 이용하려는 적극성이 높아지게 된다. 무료 메신저서비스인 카카오톡의 경우도 망 외부성 효과를 극명하게 보여주는 사례다.

모바일 메신저 시장에서 가입자 1억 6000만 명에 이르는 카카오톡이 시장을 장악하고 있는데, 이는 무료 모바일 메신져 시장을 장악한 후 가입자 수가 크리티컬 매스(critical mass)에 도달한 후 가입자 수를 기반으로 금융, 음악, 사진 등 다양한 콘텐츠 및 응용서비스로의 진행을 위한 망 외부성 효과를 전략으로 한 대표적 사례이다. 카카오 톡은 내 친구나 지인들과 함께 사용하게 되면 그간 유료로 이용했던 단문 전송서비스를 무료로 대체할 수 있으며, 자연스레 나의 지인들에게 버즈마케팅(Buzz Marketing)이 가능해지는 시스템이다. 모바일 콘텐츠 시장에서 단숨에 1억 이상의 가입자를 확보한다는 것은 매우 획기적인 사업모델이라고 아니 할 수 없다. 그러나 후발적으로 시장에 참여한 사업자들은 생존을 위협받고 있는 실정이다. 후발 사업자는 모바일 메신저 사용자를 늘리는 것 뿐만 아니라 활성화를 위해 더 많은 마케팅 비용을 투입할 수밖에 없으며, 망 외부성 효과로 인하여 사용자가 많을수록 사용이 늘어나는 메신저 특성상, 가입자 수 대비 사용빈도가 떨어지기 때문이다.

이러다 보니, 소비자들의 호응을 얻는 콘텐츠나 초기 시장진입을 통한 선점효과를 갖는 콘텐츠 서비스는 고부가가치를 누리게 되지만, 그렇지 않은 대다수의 콘텐츠들은 투자회수를 할 수 없게 됨으로써 고위험에 노출될 수밖에 없는 특성을 가지게 된다. 이런 측면에서 초기에 일정규모 이상(critical mass)의 소비를 유발시키기 위해 일정 소비 지점(tipping point)[9]까지 소비자들을 끌어들이기 위한 마케팅 비용이 투입될 수밖에 없다. 1994년에 출시된 32비트 게임기기인 SONY의 PS(Play Station)와 SEGA의 새턴(Saturn)의 경쟁 결과를 보면, SEGA는 닌텐도(Nintendo)와 10년 이상 경쟁한 회사였으나, 1년 동안은 PS와 소프트웨어 판매량 등, 모든 면에서 대등한 경쟁을 하다가 일정 시점에 PS가 우세한 양상을 보인 후부터, 확연한 판매량 차이를 보이게 된 것도 이러한 망 외부성 효과를 극명하게 보여주는 사례라고 할 수 있다.

그림 2-5 단말기 보급율과 콘텐츠 이용률

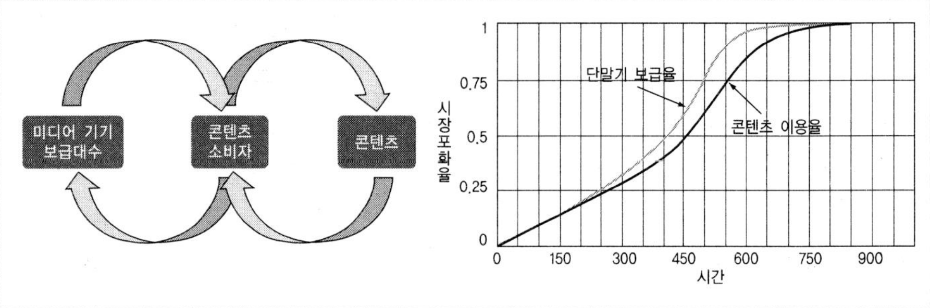

6 규모의 경제와 다양성의 경제가 작용하는 산업

콘텐츠 산업은 창의성과 다양성을 통해 콘텐츠를 기획하게 되므로, 다수의 개발자들이 상호경쟁과 협력을 통해 창의적 생산자로서 성장하게 된다. 이때 개발자 간의 상호작용에 의해 상승작용을 일으키게 됨으로써 다양성의 경제가 작용하게 된다. 이러한 다양성의 경제를 배가시키기 위해 각국 정부와 산업계에서는 소위 클러스터라고 불리는 산업 단지를 형성시키기 위해 노력한다. 그리고 콘텐츠를 유통하고 판매하는 유통단계에서는 유통망의 구축과 시장 수요의 확보라는 측면에서 규모의 경제 특성이 강하게 나타나 자본 여력이 큰 기업이 상대적으로 유리해지는 특성을 갖는다. 즉, 콘텐츠 산업의 가치사슬에서 상위부문에 해당되는 스토리텔링

9) 네트워크의 외부성이 작용하는 경우 일정 규모의 네트워크에 도달하기 전까지는 보급률이 저조하다가 일정 수준을 넘어 서면 그 상승세가 폭발적으로 증가하게 되는데, 상승세의 폭발적 증가를 가져오는 수준을 Tipping Point라 한다.

과 원천콘텐츠 제작 등에서는 다양성의 경제가, 하위부문인 유통과 소비단계에서는 규모의 경제가 작용하게 된다.

그림 2-6 생산단위와 부가가치 원천

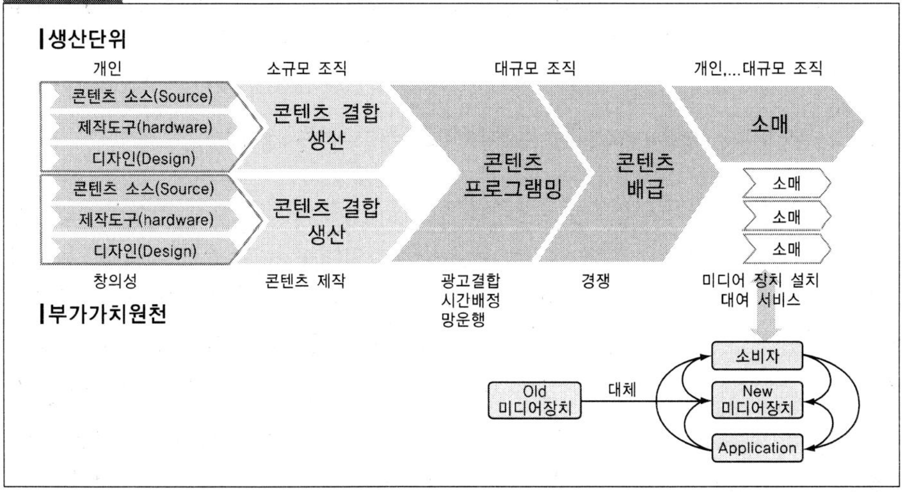

7 문화적 할인(Cultural Discount)이 작용하는 산업

언어, 인종, 종교 등이 같거나 관습, 정서, 문화적 성향이 유사하여 문화권 간의 거리가 크지 않을 경우, 자신의 문화적 경험을 크게 할인하지 않아도 다른 문화권의 내용을 쉽게 이해하고 즐길 수 있다. 예를 들어, 한국의 드라마를 방영했을 때 문화적, 정서적 성향이 비슷한 일본과 중국 등지에서는 비교적 수용되기 쉽지만, 한국과 문화적인 토양이 전혀 다른 유럽이나 아프리카 등지에서는 수용되기 어렵다. 이런 수용 격차를 설명하는 용어가 문화할인율이다.[10)]

문화할인율이 높다는 것은 한 나라의 문화상품이 다른 나라에서 수용되기 어렵다는 의미이고, 문화할인율이 낮다는 것은 수용되기 쉽다는 의미이다. 문화할인율은 문화권 간 대중문화의 교류 가능성을 평가하는 지표로 사용된다.

문화상품의 특성상, 스포츠, 자연다큐멘터리, 애니메이션, 게임 등은 유사한 문화 요소로 인식함으로써 문화할인율이 낮은 반면, 영화, 드라마, 예능 프로그램, 연극 등은 문화적 관점의 상이성이 발생할 경우, 문화할인율은 높게 나타난다. 즉, 자국의 생활 습관을 반영하고 자국의 언어와 이미지를 바탕으로 한 문화 산물을 국민들은 선호할 수밖에 없기 때문이라고 한다.

10) 출처: 네이버 백과사전

일본, 중국, 대만, 홍콩 등과 같은 동아시아와 태국, 베트남 등과 같은 동남아시아에 한국의 대중문화(드라마, 영화, 대중음악 등)가 진출하여 한류열풍을 조성할 수 있었던 이유 중의 하나는 바로 문화적인 친근함에서 기인한 낮은 문화할인율 때문이었다. 문화산업이 세계시장을 염두에 두고 문화상품을 제작할 때, 시장전략의 하나로 고심하는 것이 바로 문화할인율을 낮추는 전술이다.

8 경험재(Experience Goods)적 특성을 갖는 산업

대부분의 서비스 산업처럼, 콘텐츠 산업은 전형적 경험재적 특성을 갖는다. 즉, 콘텐츠를 소비하거나 경험하지 않은 사람들의 경우는 콘텐츠에 대한 논의나 의견을 제시할 수 없게 된다는 것이다. 경험재는 생산자와 소비자 사이에 비대칭적 정보(Asymetric Information)를 갖게 됨으로 인하여, 소비자는 많은 정보를 얻기 위해 정보비용(Information Cost)을 지불해야만 한다. 이런 측면에서 영화의 예고편을 제공하거나 콘텐츠를 무료로 제공하고, 광고 등을 통해 제 3자로 하여금 요금을 지불하게 하는 트라이앵글비즈니스(Triangle Business)와 같은 사업 모델이 탄생하게 되는 것이다.

경험재적 특성으로 인하여 발생되는 현상 중의 하나가 바로 망 외부성 효과다. 즉, 사용 경험을 갖는 지인들로부터 얻어진 정보를 통해 소비의사 결정을 하게 되기 때문이다. 음반판매량이나 영화관객의 동원 수, 인기가요, 방송시청률 등은 이러한 경험재적 특성과 망외부성 효과를 극대화하기 위한 버즈(Buzz)마케팅[11] 수단의 일환이다.

9 한계비용(Marginal Cost)이 거의 발생하지 않는 산업

처음 콘텐츠를 생산할 때, 일정 비용을 투입하고 나면 아무리 소비자가 많이 늘어난다고 하더라도 추가적인 비용이 거의 들지 않는 특성을 갖는다. 즉, 초기 투입비용이 많이 들어가는 다중접속온라인역할수행게임(Massively Multi-play Online Role Play Game)의 경우, 한번 개발하고 나면 가입자의 증가에 의한 추가적인 투자가 거의 필요하지 않게 된다.

11) 소비자들이 자발적으로 메시지를 전달하게 하여 상품에 대한 긍정적인 입소문을 내게 하는 마케팅 기법이다. 꿀벌이 윙윙거리는(buzz) 것처럼 소비자들이 상품에 대해 말하는 것을 마케팅으로 삼는 것으로, 입소문 마케팅 또는 구전 마케팅(word of mouth)이라고도 한다(출처: 네이버 백과사전).

이는 디지털 기술의 발전과 무관하지 않은데, 영화를 디지털 시네마(Digital Cinema)화 하는 이유 중의 하나가 바로 이러한 한계비용을 최소화시키기 위한 노력의 일환이다. 또한 최근 미디어 단말기기의 다양화에 따라 개발된 콘텐츠가 PC, TV, PMP, 스마트 폰, 태블릿(Tablet) 등과 같은 다양한 단말기기에 제공되는 경우에도 추가적인 비용, 즉, 한계 비용이 거의 발생하지 않기 때문에 가능한 것이다. 따라서 매출액 대비 영업이익률이 타 산업에 비해 상당히 높게 나타남을 알 수 있다.

그림 2-7 매출액 대비 영업이익률 비교

해외		
2012년	도요타	월트디즈니
매출총액	213조원	47조원
영업이익	4.9조원	10조원
영업이익률	2.3%	21.3%

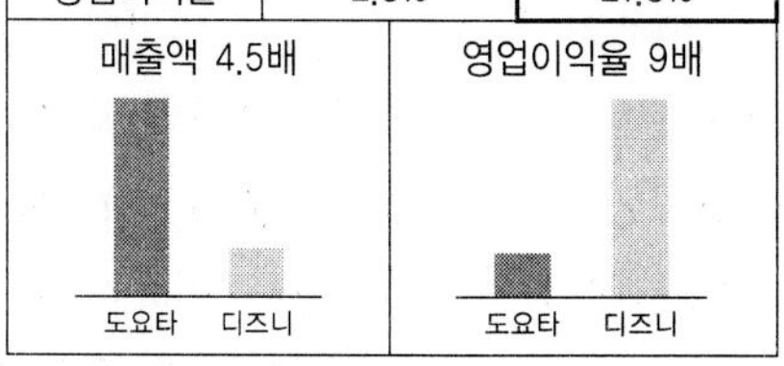

* 도요타, 디즈니 : Annual Report(2012)

국내		
2012년	현대자동차	NHN
매출총액	43조원	2.4조원
영업이익	4.3조원	0.7조원
영업이익률	10%	29.4%

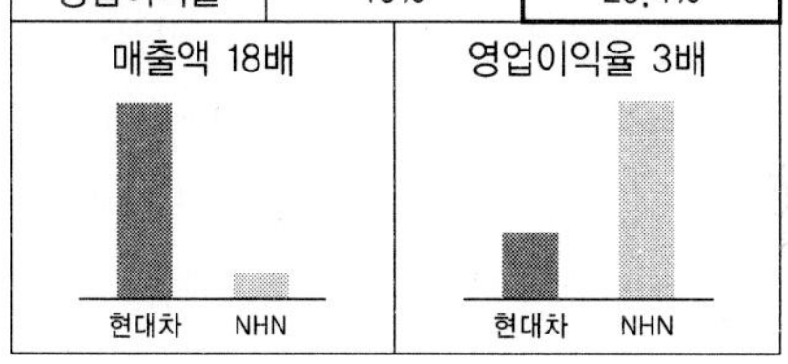

* 현대자동차, NHN : Annual Report(2012)

10 불공정 거래 가능성이 높은 산업

콘텐츠 산업은 독점(monopoly) 또는 과점(oligopoly)화 가능성이 높은 산업이며, 가치사슬에서 독점력을 보유한 유통 사업자들에 의해 불공정 사례가 빈번히 발생하는 산업이다. 그리고 극장, 음반 유통사, 인터넷 미디어 사업자, 통신사업자, 방송사 등과 같은 사업자들이 최종 소비자와 접하는 지점에서 병목 역할을 하며, 소소의 기업이 시장을 지배할 수 있는 가능성이 높은 산업이다. 따라서 정보의 비대칭성을 통한 수직 계열화, 망 외부성 효과, 규모 및 다양성의 경제 효과, 유통 의존성 등을 야기할 경우, 독점 또는 과점화 가능성이 높아지게 된다.

영화나 게임, 애니메이션, 드라마 등과 같은 콘텐츠를 제작하는 기업의 경우, 제작된 콘텐츠를 유통하기 위해서는 유통사업자를 통해야만 소비자에게 제공이 가능하게 된다, 이 때 유통 사업자는 자사가 보유한 유통망을 이용하여 약탈적 가격을 제시하거나 콘텐츠 제공을 원천적으로 거부하는 등의 문제를 발생시킬 가능성이 있다. 최근, 기술의 발전에 따라 미디어가 다양화되고 콘텐츠를 제작하는 상위부문의 사업자들이 직접 유통 채널을 만드는 것도 이러한 불공정한 거래 가능성을 대비하기 위한 노력의 일환으로 볼 수 있다. 즉, 게임을 개발하였을 경우, 소위 퍼블리셔(Publisher)라고 불리는 유통 사업자들에게 최소의 개발비를 보전 받고, 수익배분의 형태로 국내나 세계 시장에 서비스를 제공하게 되는데, 이때 유통 사업자들이 개발비의 보전이나 수익배분에 힘의 불균형성을 이용하여 약탈적 행태를 보이기도 하고, 나아가 가입자 정보를 독점함으로써 추가적인 개발을 방해하는 경우도 있다. 게임이 갖는 특성 중의 하나로 사용자와의 지속적인 피드백(Feedback)을 통해 차기 콘텐츠의 기획을 하거나 현재 서비스되고 있는 콘텐츠의 수정이나 보완을 추진하는 것은 필수적이기 때문이다.

11 긴 꼬리 사업(Long Tail Business)의 특성을 갖는 산업

콘텐츠의 디지털화가 진전됨에 따라, 한번 제작된 콘텐츠는 거의 영구적으로 보존 및 재사용이 가능해졌다. 따라서 제품 수명주기가 짧은 대신 영속적인 매출 가능성을 특성으로 갖게 되었다. 이는 인터넷기반의 서점인 아마존닷컴의 책 목록에서 잘 팔리는 20%의 책보다, 1~2권씩 적게 팔리는 80%의 책의 매출이 훨씬 높다는 것에서 착안된 특성이다. 예를 들어, 애플(Apple)사가 가치사슬을 이용하여 개발한 사업모델인 아이포드(iPOD)의 아이튠스(iTunes)의 경우, 아이튠스의 음원 복록에서 100만곡 이상의 음악을 소비자들이 한 번씩은 모두 구매한다는 사실과 검색 엔진(Engine)에 입력하는 키워드(Keyword)도 상위 10위의 검색 키워드는 검색수의 3%에 지나지 않으며, 97%는 천만 개 이상의 검색 키워드로 구성되고 있음을 감안 할 때, 콘텐츠 산업의 특성을 잘 보여주고 있는 현상으로 받아들이기에 무리가 없다.

이러한 특성으로 인해, 20%의 인기 상품이 매출의 80%를 차지한다는 과거 산업의 매출 특성이 무너졌다고 할 수 있다. 즉, 전체 결과의 80%가 전체 원인의 20%에서 일어난다고 주장하던 파레토 법칙(Pareto' Law)의 특성이 접목되지 않는 산업적 특성을 띠게 된 것이다. 파레토 법칙은 소득분포에 관한 통계적 법칙으로서, 파레토가 유럽 여러 나라의 조사에서 얻은 경험적 법칙으로 상위 20% 사람들이 전체 부(富)의 80%를 가지고 있다거나, 상위 20% 고객이 매출의 80%를 창출한다든가 하는 의미로 쓰이지만, 80과 20은 숫자 자체를 반드시 의미하는 것은 아니다. 전체성과의 대부분(80)이 몇 가지 소수의 요소(20)에 의존한다는 의미이다. 그러나 이 이론은 웹2.0 시대를 맞아 퇴장하고 틈새상품이 시장을 주도하는 '롱 테일(Longtail) 경제'가 자리 잡고 있다.

그림 2-8 긴꼬리 사업(Longtail Business) 도표

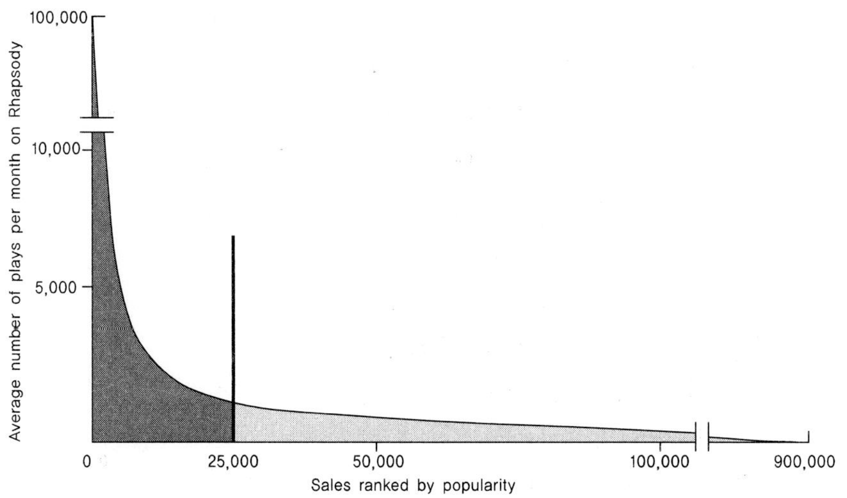

정리하기

1 콘텐츠 산업의 특징을 설명하시오.(P63~74 작은 제목)

2 콘텐츠 산업의 특징 중 전후방 산업 연관효과와 창구효과가 큰 산업이란 어떤 의미로 설명될 수 있는가?(P63)

3 콘텐츠 산업은 서비스의 라이프사이클이 짧으며, 반복구매가 어려운 특징이 있다. 이를 영화 〈아바타〉를 통해 구체적인 사례로 설명하시오.(P67)

4 콘텐츠 산업을 고용 친화적 산업이라고도 한다. 그 이유는 무엇인가?(P68)

5 콘텐츠 산업의 특징 중 경험재(Experience Goods)적 특성은 어떤 의미로 설명될 수 있으며, 사례로 영화 아바타를 중심으로 설명해 보시오.(P72)

확인하기

1 콘텐츠 산업의 특징은 다음과 같다.

- 전후방 산업 연관효과와 창구효과가 큰 산업
- 표준화의 중요성이 큰 반면, 비표준적 속성을 보유한 산업
- 서비스의 라이프사이클이 짧으며, 반복구매가 어려운 산업
- 고 위험 고수익(High Risk, High Return) 산업
- 망 외부성(Network Externality) 효과가 큰 산업
- 규모의 경제와 다양성의 경제가 작용하는 산업
- 문화적 할인(Cultural Discount)이 작용하는 산업
- 경험재(Experience Goods)적 특성을 갖는 산업
- 한계비용(Marginal Cost)이 거의 발생하지 않는 산업
- 불공정 거래 가능성이 높은 산업
- 긴 꼬리 사업(Long Tail Business)의 특성을 갖는 산업

2 콘텐츠를 제작하는데 소요되는 소프트웨어와 이를 전달하기 위한 유무선 네트워크, 그리고 단말기기의 생산 및 보급 확대를 유발하고, 소비를 진작시키며, 나아가 이들에 종사하는 고용인을 증가시키는 고용효과 등을 창출할 수 있으며 가치사슬의 상류 부분(제작 부문) 뿐 아니라 하류 부분(유통과 소비 부문)에 이르기까지 광범위한 산업 성장 견인 효과를 갖는 것으로 이해될 수 있다. 또한 저작권을 매개로 원소스멀티유즈(OSMU)를 통해 다양한 부가 서비스 및 제조업과의 연계를 통해 동반성장이 가능하다는 특성을 가지며, 해외진출이 용이하고, 전자 · 자동차 · IT 등 소비재 수출을 견인하는 등 파급효과가 큰 산업이다.

3 〈아바타〉의 경우는 특이하게 약 60%의 관람자가 2D로 관람한 것을 3D로 다시 재관람하는 현상을 보였으나, 이는 아주 예외적인 경우라고 할 수 있으며, 당시의 3D에 대한 관객들의 호기심과 산업적 현상이 중첩되면서 발생한 것이다. 이처럼 다수의 관람객들이 2D와 3D를 중복적으로 소비하였으나, 이 영화가 가정비디오 시장 혹은 주문형 비디오 시장으로 넘어 오기까지 채 1년도 소요되지 않았으며, 더불어 재 구매를 통해 시청하는 경우는 극히 소수일 것으로 추정된다.

4 세계경제의 산업이나 고용구조가 제조업으로부터 서비스업으로 이동하고 있으며, 우리나라 산업의 고용구조도 서비스업, 제조업, 농・어업으로 구성되어 있다. 그러나, 서비스업은 낮은 노동생산성, 높은 진입규제로 좋은 일자리 창출에 한계가 있는 반면, 문화서비스(콘텐츠)는 반도체, 자동차보다 2배 이상의 높은 고용유발효과를 창출하는 고용 친화적 산업이라고 할 수 있다.

5 대부분의 서비스 산업처럼, 콘텐츠 산업은 전형적 경험재적 특성을 갖는다. 즉, 콘텐츠를 소비하거나 경험하지 않은 사람들의 경우는 콘텐츠에 대한 논의나 의견을 제시할 수 없게 된다는 것이다. 경험재는 생산자와 소비자 사이에 비대칭적 정보(Asymetric Information)를 갖게 됨으로 인하여, 소비자는 많은 정보를 얻기 위해 정보비용(Information Cost)을 지불해야만 한다. 이런 측면에서 영화의 예고편을 제공하거나 콘텐츠를 무료로 제공하고, 광고 등을 통해 제 3자로 하여금 요금을 지불하게 하는 트라이앵글비즈니스(Triangle Business)와 같은 사업 모델이 탄생하게 되는 것이다. 경험재적 특성의 예로 아바타라는 영화를 보지 않은 사람은 관람한 사람들 간에 아바타의 나비(Navi) 족이나 '나비(Na'vi)'의 여전사 '네이티리(조 샐다나)'와의 사랑이나 나비족이 사는 세상에 대한 VFX(Visual Effects) 등의 기술적 효과 등에 대해 의견을 교환할 때 의견 교환에 참여할 수 없게 되는데, 이것이 바로 경험재적 특성을 잘 나타내는 사례라 할 것이다.

제 3 절 콘텐츠 산업의 범주

1 산업의 분류

개개 산업의 종류는 사업장에서 행해지는 경제활동의 종류에 따라서 구분되며, 산업(産業)은 인간의 생활을 경제적으로 풍요롭게 하기 위하여 재화나 서비스를 생산하는 활동이며, 경제 활동 조직이다. 생산하는 재화의 종류나 행해지는 경제활동의 종류에 따라 산업의 종류를 분류할 수 있다. 이들 각각의 업종에는 업종별 특성이 있다. 같은 기업 경영체에도 그 소속 업종이 틀리면 그 자체에 여러 가지 다른 점이 있다. 그래서 업종이 어떤 것이냐에 따라 기업경영체로서의 특성이 있게 되고, 경영관리나 연구방법, 또는 관리방법의 종류나 이용방법에 있어서도 업종 간에 여러 가지 특색이 있게 된다.

일반적으로는 산업 종류를 체계적으로 구분한 것을 산업분류라고 한다. 산업을 분류하는 방법은 목적에 따라서 여러 가지로 존재하지만, 산업의 분류를 통해서 상호 비교할 수 있도록 체계를 갖춘 것이 표준산업분류이다. 이 분류는 주로 통계조사의 대상에 있어서 산업의 범위를 확정하거나, 통계조사의 결과를 표시하기 위해 사용되는 것이 일반적이다.

더불어 산업 구조라 함은 한 나라의 국민경제를 구성하고 있는 각 산업의 상대적 중요성을 일컫는 것으로, 좁은 의미로 산업구조를 해석할 때에는 산업의 생산력 구조를 뜻하게 되나, 넓은 의미로서는 산업의 존재양식 내지 그 상태를 의미하기도 한다. 따라서 넓은 의미의 산업구조는 문제의식에 따라 산업의 국제적인 구조, 생산력구조, 경영적 구조, 국가 방위적 구조 등의 개념으로 파악할 수 있다. 이러한 개념에 따라 산업은 국내 산업군과 무역 산업군, 생산재 산업군과 소비재 산업군, 평화 업군과 군사 산업군 등으로 분류한다. 산업구조는 경제진보에 따라 그 변화해 가는 관계를 역사적 또는 국제적 비교를 통해 실증적으로 고찰할 때 보다 더 큰 의의를 갖는다.

각 산업에 관한 다른 분류방법으로 고전적 학자 중에서 호프만(W. G. Hoffmann)[12]은 산업을 소비재 생산과 생산재 생산으로 나누어 2분법적으로 정의하고 있다. 또한 영국의 경제학자 클라크(C. Clark)는 토지와 자연환경 등을 직접 이용하여 필요한 물자를 생산하는 1차 산업, 1차 산업에서 얻은 생산물이나 천연 자원을 가공하는 2차 산업, 그리고 1, 2차 산업에서 만들어진 물건을 운송 및 판매, 서비스를 제공하는 3차 산업으로 나누어 설명하고 있다. 클라크는 이를 가지고 산업발전과의 관계를 분석했는데, 제1차 산업은 원시산업, 제2차 산업은 공업과 광업이 주가 되고 있으며, 제3차 산업은 서비스업이다. 그는 이러한 산업분류에 의해서 각국의 통계를 세밀히 분석함으로써 경제가 발전함에 따라 노동인구가 제1차 산업 중심으로부터 제2차 산업 중심으로, 다시 제2차 산업 중심에서 제3차 산업 중심으로 옮겨간다는 사실을 확인했다.

시대가 바뀔수록 산업구조에도 변화가 일어난다. 생산력이 낮았던 시기에는 1차 산업이 주된 사업이었으며, 가내수공업 단계에 머물러 있었다. 과학기술이 발전되기 시작한 근대 사회에 이르러서야 공업을 중심으로 한 2차 산업이 발달하였으며, 18세기 후반 영국의 산업혁명이 일어나면서 공업의 생산성을 높이는 계기가 되었다. 이는 결국 3차 산업의 기반이 되었다. 이렇게 18세기 이후부터 1차 산업보다 2차 산업의 평균생산성이 높고, 2차 산업보다 3차 산업의 평균 생산성이 높아지는 것을 '산업구조의 고도화'라고 한다. 우리나라 또한 1960년대에는 1차 산업이 중심이었으나 경제가 발전함에 따라 2, 3차 산업의 비중이 증가하였고, 최근에는 정보산업의 비중이 급성장하게 되었다.

또한, 최근에 3차 산업 중 정보 관련 산업을 4차 산업으로 분류하기도 한다. 산업이 더욱 고도화되고 있는 현재는 3차 산업을 세분화하고 있는데, 개인 서비스업, 사무업, 미용업 등을 3차 산업으로, 통신, 정보, 금융, 의료, 연예, 교육 등을 4차 산업으로, 전문 연구 개발직을 5차 산업으로 분류하기도 한다. 이러한 추세는 정보화

---

12) 출처: W.G. Hoffmann, 근대산업발전단계론, 1931.
(참고) 호프만의 근대산업발전론에 따르면, 공업부문을 소비재산업과 투자재 산업으로 나누고, 소비재 산업 순 산출량(부가가치액)의 투자재 산업 순 산출량에 대한 비율인 〈호프만 비율〉의 크기에 의해서 한 나라의 공업단계를 4단계로 구분할 수 있다고 역설. 즉, 제1단계 호프만 비율이 5±1의 경우로 소비재생산이 지배적이며 투자재 부문은 미발달한 상태, 제2단계 2.5±1의 경우로 소비재 부문이 아직도 우세하나 투자재 부문의 발달도 상당한 상태, 제3단계 1±0.5로 양 부문의 규모가 우열이 없는 단계, 제4단계 투자재 산업 부문이 단연 우세한 단계로 나눔.

의 속도가 빠르게 진행되어 소위 '정보의 홍수' 시대, 즉 빅 데이터(Big Data)[13] 시대를 맞이하여, 보다 차별화되고 보다 효율적으로 필요한 정보를 제공하고자하는 노력의 일환으로 다양한 기술 개발과 동시에 혁신적 비즈니스 모델이 등장하고 있다. 앞서 기술한대로 허버트 사이먼(Herbert Simon) 교수는 현재를 '관심경제(Attention Economy)'의 시대라 이야기 한다. 즉, 정보는 점점 흔해지는데 반하여 소비자들의 관심은 점점 희귀해지고 있어, 소비자의 관심을 누가 더 많이 끄느냐가 향후 산업의 승패를 가름할 것이라고 주장하고 있다.

이러다 보니 소비자의 관심을 유발하기 위한 필수적 요소로 인간의 창의성을 중요하게 생각하고, 창의성에 기반 한 산업, 즉 창조산업이 부각됨에 따라 '탈공업화 사회가 도래'되고 있다고 한다. 이에 따라 미래 사회를 창조 사회라 하고 창조사회의 근간인 창조산업이 미래의 핵심 산업으로 등장하고 있다. 미국, 일본, 영국 등과 같은 선진국에서는 제조업 부문이 쇠퇴하고 있는 반면, 서비스업 부문은 급속하게 성장하였으며, 20세기 후반에는 과학기술의 발달에 따른 이론적 지식을 바탕으로 하는 산업이 크게 늘어나고 있다. 제조업에서도 지식과 창의성에 기반을 둔 반도체, 광학, 전자 관련 제품들이 선진국들의 핵심 산업으로 등장하게 되었다.

특히, 1990년대에 들어 새로운 산업분류의 주요한 흐름은 인터넷 혁명 등에 힘입어 기존의 산업질서를 깨뜨리고 전통적인 출판, 음악, 영상 산업 등의 산업을 정보통신기술(ICT : Information and Communication Technology) 산업과 접목시키게 된다. 결국 ICT산업과 여기서 정의하고 있는 콘텐츠 산업이 연결되는 새로운 형태의 산업체계 즉, 정보통신섹터(Information and Communication Sector)의 신설은 기술과 경제의 진화에 따라 자연스럽게 나타나고 있다. 여러 경제 선진국들을 보면 이러한 산업의 구조조정을 통해 관련 산업들의 경제적인 파급력을 높이고 국가의 새로운 성장 동력으로 삼으려는 정책적 의지를 강하게 보이고 있음을 쉽게 알 수 있다.

이러한 경향을 "농업보다는 제조업에 의한 것이, 또한 제조업에 의한 것보다는 상업에 의한 것이 이익이 훨씬 많다"라고 한 페티(Sir William Petty)의 말을 인용, 이것을 페티의 법칙(Petty's law)이라고 하고 있다. 이 법칙은 일반적인 경향에 불과하며 각국이 갖는 자연적 조건 또는 역사적 특수성에 의해 차이를 이루게 되었으며 일반적으로 선진국의 경우는 제2차 산업의 비중이 점차 낮아지고, 제3차 산업의 비중이 높아지는 특수성을 지니고 있다.[14] 경제학 등의 학문에서는 클라크의 분류를

13) 빅 데이터(Big Data) : 과거 아날로그 환경에서 생성되던 데이터에 비해 규모가 방대하고, 생성 주기도 짧고, 형태도 수치 데이터뿐 아니라 문자와 영상 데이터를 포함하는 대규모 데이터를 일컫는다.

산업 분류의 기준으로 삼고 있다.[15] 또 같은 형식의 분류방법이지만, 표현방법을 달리하여 원시사업(또는 채취산업), 제조업(또는 가공산업), 서비스 산업으로 나누는 방법도 있다. 경영관리상의 특성이라는 관점에서 흔히 경제학적으로 사용되는 분류로, 자본적 제약 산업(資本的 制約 產業)과 인적 제약 산업(人的 制約 產業)이라는 관점에 분류방법을 가미할 수도 있다. 여러 나라의 정부는 산업 관련 정책을 위해 보다 세밀하게 산업을 분류하고 있는데, 우리나라의 경우 20개의 카테고리로 묶어 산업을 분류하고 있다. 산업자원통상부의 산업분류를 보면 대분류·중분류·소분류로 나뉘어 있는데, 우리가 일반적으로 업종별(業種別)이라고 하는 것은 중분류를 가리키는 것으로, 이것은 수십 종에 달하고 있다.[16]

그림 2-9 산업 분류체계 기준

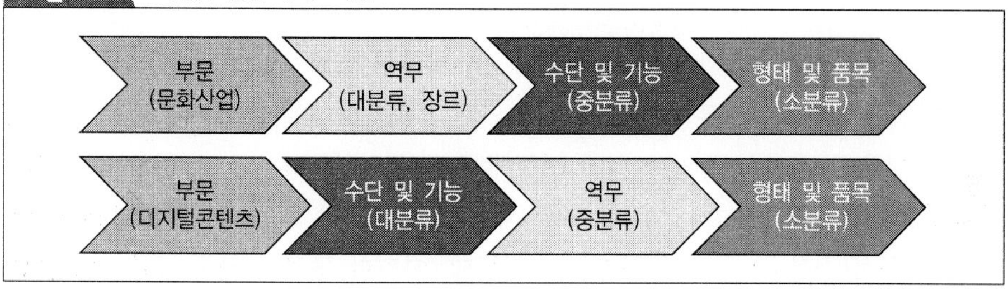

2 산업의 범주 획정 방법 및 이유

통계청 등에서 사용되는 산업 분류 및 범주의 획정 원칙을 살펴보면, 먼저 생산단위는 산출물뿐만 아니라 투입물과 생산, 공정 등을 함께 고려하여 그들의 활동을 가장 정확하게 설명된 항목에 분류하며, 둘째, 복합적인 활동단위는 우선적으로 최상급 분류단계(대분류)를 정확히 결정하고, 순차적으로 중, 소, 세, 세세분류 단계 항목을 결정한다. 셋째, 산업 활동이 결합되어 있는 경우에는 그 활동단위의 주된 활동에 따라서 분류하고, 넷째, 수수료 또는 계약에 의하여 활동을 수행하는 단위는 자기계정과 자기책임 하에서 생산하는 단위와 동일항목에 분류되어야 한다.

다섯째, 자기가 직접 실질적인 생산 활동은 하지 않고, 다른 계약업자에 의뢰하여 재화 또는 서비스를 자기 계정으로 생산케 하고, 이를 자기명의로, 자기 책임하에서 판매하는 단위는 이들 재화나 서비스 자체를 직접 생산하는 단위와 동일한 산업으로 분류하며, 제조업의 경우에는 그 제품의 고안에 중요한 역할을 하고 자기계정으로 재료를 제공하여야 한다. 마지막으로 동일단위에서 제조한 재화의 소매활

14) 출처: 글로벌 세계 대백과사전
15) 출처: 후타쓰키 고조, 김윤희 역, 직장인을 위한 공부 기술, 청년정신, 295쪽
16) 출처: 네이버 지식백과 및 위키 백과를 기초로 재정리

동은 별개 활동으로 파악되지 않고 제조활동으로 분류되어야 한다. 그러나 자기가 생산한 재화와 구입한 재화를 함께 판매한다면 그 주된 활동에 따라 분류한다.

이러한 원칙에 의거하여 통상적으로 전 세계적인 산업분류는 UN에 의해 매 5년마다 개정되어 공포된다. 각 국에서는 UN에 의해 공포된 산업 분류(ISIC : International Standard of Industries Classification)에 준거하여 각 국의 표준산업분류를 갖게 된다. 하지만 이는 각 국 산업의 변화의 다양성과 혁신성 등에 의한 변화를 적절히 반영하여 즉시적으로 변화되지 못한다는 문제가 있다. 그러므로 앞서 언급한 바와 같이 산업 통계의 비교 가능성을 전제로 제시되는 표준산업분류와는 별개로 각 국별로 자국(自國) 산업의 특수성을 반영하여 별도의 산업 분류 체계를 가지기도 하는 바, 우리나라의 경우도 표준산업분류외에 산업의 특수 분류 체계를 가진다.

콘텐츠 산업의 분류체계는 2010년부터 통계청의 문화산업 특수 분류와 다르게 운용되고 있는데, 이는 통계를 산출하기 위해 문화체육관광부가 구성하고 있으며, 단, 통계만은 통계청의 승인을 얻어 시행해 오고 있다. 문화산업 통계를 위한 분류체계를 보면 부문(콘텐츠 산업) ⇒ 역무(대분류, 장르) ⇒ 수단 및 기능(중분류) ⇒ 형태 및 품목(소분류) 등으로 구분되어 있는데, 이러한 구조는 한국 표준산업 분류체계와 동일한 구조라 할 수 있다. 하지만 여전히 과거 방송과 통신, 게임과 영상 등 서로 다른 시장으로 구분해왔던 미디어, 서비스가 하나로 합쳐지면서 새로운 디지털 생태계가 형성되고 산업의 디지털화, 융복합화 등이 가속화 되는 상황 속에서 산업의 구조적 변화를 충분히 읽을 수 있는 분류체계로서는 부족한 것이 사실이다.

일반적으로 산업 범주를 획정하고자 하는 이유는 통계학적인 관점에서는 시계열적인 정보를 비교 분석함으로써 산업의 변화 양태를 확인할 수 있고, 더불어 다른 나라의 산업 혹은 다른 범주의 산업과의 비교 가능성을 확보하기 위함이며, 산업 정책적 측면에서는 한 국가의 정책적 대상이 되는 산업을 획정(劃定)함으로써 진흥, 규제해야 할 산업의 내용적 범위를 확정하기 위함일 것이다. 이런 의미에서 각 국의 산업적, 문화적 특성에 따라 산업의 범주 획정이 서로 상이할 수밖에 없는 것이 현실이다. 더불어 앞서 살펴본 창조산업 등 새로이 등장하는 개념 하의 산업군을 획정하는 것은 각 기관이나 개별 국가 혹은 학자마다 서로 상이할 수밖에 없으므로 실질적인 비교를 행한다는 것이 어렵다는 한계를 갖게 된다.

3 표준산업 분류체계 기본 개념 및 각 국별 표준산업 분류 현황

가 표준산업분류의 의의

콘텐츠 및 관련 산업 정의의 다양성을 고려하여 산업의 범주에 대해 보다 객관화하기 위해, 앞서 언급한 통계청의 특수 산업 분류 이외에 산업 범위의 책정에 가장 널리 활용되고 있는 세계표준산업분류체계와 우리나라 통계청에서 정의하는 특수 분류체계 등의 검토를 통해 이를 이해해 볼 필요가 있다.

한국표준산업분류는 생산단위(사업체단위, 기업체단위 등)가 주로 수행하는 산업 활동을 그 유사성에 따라 체계적으로 유형화한 것이다. 이러한 한국표준산업분류는 산업 활동에 의한 통계 자료의 수집, 제표(除標), 분석 등을 위해 활동 카테고리를 제공하기 위한 것이다. 따라서 통계법에서는 산업통계 자료의 정확성, 비교성을 위하여 모든 통계작성기관이 이를 의무적으로 사용하도록 규정하고 있다. 한국표준산업분류는 통계목적 이외에도 일반 행정 및 산업정책관련 법령에서 적용대상 산업영역을 한정하는 기준으로 준용되고 있다.

표준산업분류체계는 통상 5년을 주기로 개편되고 있는데, UN산하에서 전 세계의 표준산업분류 체계인 ISIC(International Standard Industry Classification(of All Economic Activities))가 만들어 지고 있으며, 각 국에서는 이를 기초로 자국의 산업 특성을 반영한 표준산업분류체계를 만들어 사용하고 있다. 산업분류는 생산단위가 주로 수행하고 있는 산업 활동을 그 유사성에 따라 유형화한 것이다.

이는 첫째, 산출물(생산된 재화 또는 제공된 서비스)의 특성, 즉 산출물의 물리적 구성 및 가공단계, 그리고 산출물의 수요처, 산출물의 기능 및 용도 등에 따라 유형화되며, 둘째 투입물의 특성, 즉 원재료, 생산 공정, 생산기술 및 시설 등 그리고 마지막으로 생산 활동의 일반적인 결합 형태에 따라 분류된다.

나 산업 단위 결정 방법

일반적으로 산업 단위를 결정하는 방법은 다음과 같다. 먼저 생산단위의 산업 활동은 그 생산단위가 수행하는 주된 산업 활동(판매 또는 제공되는 재화 및 서비스)의 종류에 따라 결정되며, 이러한 주된 산업 활동은 산출물(재화 또는 서비스)에 대한 부가가치(액)의 크기에 따라 결정되어야 하나, 부가가치(액)의 측정이 어려운 경우에는 산출액에 의하여 결정한다.

둘째로, 주된 산업 활동의 종류에 결정되는 원칙에 따라 결정하는 것이 적합하지 않을 경우에는 그 해당 활동의 종업원 수 및 노동시간, 임금 및 급여액 또는 설비셋째, 계절에 따라 정기적으로 산업을 달리하는 사업체의 경우에는 조사시점에서 경영하는 사업과는 관계없이 조사대상 기간 중 산출액이 많았던 활동에 의하여 분류한다.

넷째, 휴업 중 또는 자산을 청산중인 사업체의 산업은 영업 중 또는 청산을 시작하기전의 산업 활동에 의하여 결정하고, 설립중인 사업체는 개시하는 산업 활동에 따라 결정한다.

마지막으로 단일사업체의 보조단위는 그 사업체의 일개 부서로 포함하며, 여러 사업체를 관리하는 중앙보조단위(본부)는 별도의 사업체로 처리하는 것이 통계청에서 사용하는 산업 단위의 결정 및 통계 산출의 기본 원칙이다.

4 각 국의 표준산업분류체계 현황

가 북미의 표준산업분류와 콘텐츠 산업

1) 배 경

미국과 캐나다 그리고 멕시코 3국이 북미산업분류체계(North American Industry Classification System, 이하 NAICS)를 사용하고 있다. 미국은 1930년부터 미국표준산업분류(Standard Industrial Classification, 이하 SIC)를 사용해 왔다. 그러나 SIC는 제조업이 중심산업이었던 1930년대에 만들어진 것이기 때문에 산업 환경의 변화에 따른 문제점이 많이 제기 되었다. 실제 급성장한 서비스 산업이나 신산업들은 SIC에 적게 표시되어 있거나 분류 항목에 포함되어 있지 않다. 이에 따라 미국산업분류체계(SIC)는 1997년에 북미산업분류체계(NAICS)로 대체되었다.

미국, 캐나다, 맥시코가 참여한 NAICS는 경제적 개념에서 개발되었으며, 제품이나 서비스의 생산과정을 기초로 하는 산업이 포함된다. 일관된 경제원칙을 기반으로 한 NAICS의 개발은 세 나라의 일관된 통계치를 만들며, 경제분야의 생산 관련성 분석에 유의미하게 사용되었다. 세 나라의 통계 당국들은 NAICS의 목적은 첫째, 경제 개념에 기초하며, 둘째, 새롭게 출현한 산업과 첨단 기술, 서비스 산업의 생산과 관련된 산업에 중점을 두고, 셋째, 유엔 통계국에 의해 개발되고 유지되는 국제표준산업분류시스템(ISIC)과 비교될 만한 진보된 시스템을 개발하는 것에 초점을 맞추고 있다.

NAICS의 제정에는 다음과 같은 네 가지 원칙을 적용하였다. 첫째, NAICS는 생산 지향(production-oriented), 혹은 공급 기반(Supply-based)의 개념적 틀을 근간으로 하였다. 곧, 동일 혹은 유사한 생산 공정을 사용하는 생산단위는 NAICS에서 동일 군에 속한다는 것을 의미한다. 둘째, 신산업, 서비스 산업, 신기술 생성과 관련된 산업에 대해서 특별한 관심을 지속적으로 갖기로 하였다. 셋째, 최대한 데이터의 시계열 연속성을 유지한다. 그리고 마지막으로, UN의 국제표준산업분류체계인 ISIC와 양립성을 갖도록 하는 것 등이다.

2) 초기 NAICS와 정보산업(Information Sector)

미국의 기존 산업분류체계인 SIC에서 NAICS로 변경됨에 있어서 가장 큰 변화는 정보산업(Information sector)의 신설을 들 수 있다. 이 새로운 항목에는 정보에 접근하기 위한 수단을 만들어, 분배하고, 제공하는 일들이 포함된다. 또한 급속도로 성장하고 있는 첨단기술산업을 반영함과 동시에, 정보통신서비스업과 소프트웨어 및 컴퓨터관련 서비스업, 콘텐츠 산업을 포괄적으로 포함하고 있다.

1997년에 신설 분류된 정보산업의 세부 분류항목을 살펴보면, 기존 제조업으로 분류되었던 출판업(511), 서비스업으로 분류되었던 소프트웨어 출판업(5112), 영화와 음반산업(512), 통신산업과 방송산업(513), 데이터처리서비스(5142). 그리고 온라인정보서비스, 뉴스제공업 및 도서관업 등의 정보 제공 서비스(5141)가 포함되어 있다.

5년 뒤, NAICS는 새로운 개정안을 선보이게 되는데, 2002년 개정안의 가장 큰 특징은 인터넷의 급속한 확산에 따라 이를 반영한 산업을 독립적으로 분류하고 있다. 1997년의 NAICS에는 기타 정보서비스 항목으로 분류 되어 있던 ISP, 웹검색포털 항목 등이 정보산업 내의 독립적인 분류 항목으로 신설되고 있다.

NAICS 2002 개정안에는 정보산업의 신설에 따른 여러 가지 혼란에 대한 후속적 조처들이 담겨있는데, 특히 기존 산업과의 차이점을 다음과 같이 제시하고 있다.

첫째, 전통적 상품과 달리 정보 및 문화 상품은 실체적인 유형이 존재 하지 않는다. 둘째, 전통적인 서비스와는 달리, 상품의 유통에 있어 공급자와 소비자가 직접 접촉할 필요가 없으며, 기존 상품 및 서비스와 구별되는 생산과 유통과정을 가지고 있다. 셋째, 정보 및 문화 상품의 가치는 콘텐츠 자체의 가치(정보성, 교육성, 오락성, 문화성 등)에 달려 있다. 넷째, 정보 및 문화 상품의 가치는 유통 과정을 통해 상품 가치를 더 높일 수 있다. 즉, 정보 산업은 무형의 가치를 생산하고, 이를 비대면의 차별적 유통 및 배급 과정을 통해 경제적 가치를 제고시키는 특성이 있다는 의미이다.

이를 상세히 살펴보면 아래 [표]와 같이, 2002 NAICS 개정안의 정보산업은 크게 (1) 511- 출판 산업(인터넷 제외), (2) 512- 영화 및 음향 산업, (3) 515- 방송(인터넷 제외), (4) 516- 인터넷 출판 및 방송, (5) 517- 통신 산업, (6) 518- ISPs(Internet Service Providers), 웹검색 포털, 데이터처리 서비스 등, (7) 519 기타 정보서비스 등, 7개의 하위 산업들로 구성되어 있다.

표 2-2 NAICS 정보산업(2002년 개정안)

CODE	산업
511	출판 산업(인터넷 제외)
512	모션 픽쳐 & 사운드레코딩 사업
515	방송(인터넷 제외)
516	온라인 출판 & 방송
517	전자통신
518	인터넷 서비스 제공자, 웹 서치 포털 & 데이터 프로세싱 서비스
519	기타 정보서비스

기존 NAICS의 Information Sector와 2002 NAICS 수정안을 간단하게 살펴보면, 511(출판), 512(영화, 음반산업), 그리고 519(기타 정보서비스)가 1997 NAICS 대분류 항목과 동일하다. 그러나 수정안의 세부 항목을 살펴보면, 511분류에 포함되어 있는 인터넷 관련 산업이 제외되어 있다. 515(방송산업)과 517(통신산업)은 기존 513(방송과 통신산업)을 두 개의 산업으로 나누어 구분하고 있다. 516과 518섹터는 신설된 항목인데, 인터넷 관련 산업의 비중이 높아짐에 따라 기존에 여러 항목 안에 흩어져 있던 인터넷 관련 산업을 하나의 항목으로 신설하고 있다.

3) NAICS의 지속적인 진화

산업분류체계는 산업의 변화를 지속적으로 반영한다. 2006년 미국은 기술융합과 서비스분야의 성장을 반영하여 통신서비스업과 ISPs, 그리고 웹서치 포털 등을 조정하게 된다(김정언, 2006). 아래 [표]에서 보는 바와 같이 2007년 NAICS 개정안의 확정된 내용을 살펴보면, 앞서 언급한 516(인터넷 출판과 방송)을 519(기타 정보서비스)에 통합시키고, 또한, 518에 속해있던 51811(웹 포털)도 519로 불러들여 인터넷 출판과 방송 그리고 웹 포털(Internet Publishing and Broadcasting and Web Search Portals: 51913)이란 세 분류로 통합시켰다.

2007년 개정안의 또 다른 변화는 전통적인 전화사업자와 케이블 사업자간의 구분이 어려워짐에 따라 중분류 517(통신) 분야를 유선, 무선, 위성, 기타 통신 서비스로 재편한 것이다. 이와 관련해서 웹 포털과 함께 518에 속해있던 ISPs가 자연스럽게 517 통신 분야로 녹아들었다는 점도 주목할 점이다(OMB, 2006).

2007년 개정안은 변화하는 관련 산업들의 융합에 따른 진화와 소비자들의 이용행태의 변화 등을 잘 반영한 결과로 보여 진다. 515(방송)와 517(통신)에 준하는 플랫폼 지위를 부여했던 '516(인터넷 출판과 방송)'을 정보서비스로 분류하여 이용자 중심으로 재편한 것은 시장을 제대로 반영한 조치이다. 또한, 초기에 통신회사와 별개로 움직여왔던 ISPs들이 이제는 합병과 인수를 통해 통신 산업의 일원이 된 점을 반영하여 별도의 세 분류를 없앤 점, 케이블망과 기존의 통신망의 차이가 없어진 점을 반영하여 통신산업에서 케이블 세 분류를 없앤 점 등은 매우 적절한 조정으로 보인다.

표 2-3 미국의 정보통신산업분류(NAICS 2007)

Major group		Group		Industries	
511	출판 산업 (인터넷 제외)	5111	신문, 정기간행물, 책과 디렉토리 출판	51111	신문출판
				51112	정기간행물 출판
				51113	책 출판
				51114	디렉토리와 메일리 리스트 출판
				51119	기타 출판
		5112	소프트웨어 출판	51121	소프트웨어 출판
512	영화·음반 산업	5121	영화·비디오 산업	51211	영화·비디오 제작
				51212	영화·비디오 배급
				51213	영화·비디오 상영
				51219	포스트 프로덕션 서비스와 기타 영화, 비디오 산업
		5122	음반 산업	51221	음반 제작
				51222	통합 음반 제작/배급
				51223	음악 출판
				51224	사운드 레코딩 스튜디오
				51229	기타 사운드 레코딩 산업
515	방송 (인터넷 제외)	5151	라디오·TV 방송	51511	라디오 방송
				51512	TV방송
		5152	케이블과 기타 유료방송 편성	51521	케이블과 기타 유료방송 편성
517	통신	5171	유선 통신	51711	유선 통신
		5172	무선 통신 (위성제외)	51721	무선 통신(위성제외)
		5174	위성 통신	51741	위성 통신
		5179	기타 통신	51791	기타 통신
518	데이터 처리, 호스팅, 기타 관련 서비스	5182	데이터 처리, 호스팅, 기타 관련 서비스	51821	데이터 처리, 호스팅, 기타 관련 서비스
519	기타 정보서비스	5191	기타 정보서비스	51911	뉴스 신디케이트
				51912	도서관과 아카이브
				51913	인터넷 출판과 방송, 웹 서치 포털
				51919	기타 모든 정보서비스

나 일본의 표준산업분류와 콘텐츠 산업

1) 일본표준산업분류(JSIC) 개정의 목적

일본 표준 산업 분류체계(JSIC)는 상품과 서비스의 생산을 포함한 모든 경제적 활동을 분류하고 있다. 또한 이렇게 분류된 산업을 통계적으로 조사하여, 그 결과를 나타내도록 하고 있다. 이 분류체계는 1949년 10월에 만들어졌으며, 통계의 정확도와 객관성을 보장하고, 통계의 비교를 통하여, 최대 이익을 얻는 것을 목적으로 하고 있다.

이러한 일본 표준 산업 분류체계의 11번째 개정판(2002년 3월 개정)은 1993년 10월의 10번째 개정이후, 산업에서 일어난 구조적 변화를 분류체계에 적용하려는 시도로 이루어진 재조사의 산물이다. 여기에서 말하는 구조적 변화는 통신의 발달, 소프트웨어와 서비스 중심의 경제 활동의 성장, 출산율 저하 등과 같은 일본 사회의 특별한 변화를 일컫는다.

2002년에 개정된 일본표준산업분류(JSIC) Rev.11은 대분류(Division) 19개, 중분류(Major group) 97개, 소분류(Group) 420개, 세분류(Industries) 1,269개로 구성되어 있다. 이는 기존의 분류체계에서 대분류가 5개 증가, 중분류가 2개 감소, 소분류가 43개 감소, 세분류가 53개 감소된 것이다.

JSIC Rev.11의 2002년 개정의 기본 목적은 (1) 통신 산업의 발달과 서비스 경제화 등의 발전에 따른 산업구조의 변화에 부응하고, (2) 통계의 연속성을 유지하면서 명백한 개념과 정의를 가지도록 적절한 분류 항목을 설정하고, (3) International Standard Industrial Classification(ISIC)과 같은 국제적 산업 분류체계와의 비교 가능성을 향상시키는 것이다.

2) JSIC의 정보커뮤니케이션 산업의 신설과 특징

JSIC Rev.11에서 가장 주목할 점은 '정보커뮤니케이션(Information & Communication) 산업'의 신설이다. 이것은 NAICS의 정보산업 신설과 ISIC Rev3.1의 특수 분류체계로 편재되어 있던 정보산업과 ICT 산업의 개정이 함께 이루어 진 것으로써, 정보사회 변화에 대한 일본의 빠른 대응을 엿볼 수 있기 때문이다.

JSIC의 정보커뮤니케이션 산업은 'Division H'로 정해져 있으며, 아래 [표]와 같이 37~41번까지의 코드를 가지는 '커뮤니케이션', '정보서비스', '인터넷 기반 서비스'를 포함하는 5개 대분류로 구성되어 있다. 또한 그 아래 15개의 중분류, 29개의 소분류로 구성되어 있다. 좀 더 구체적으로 살펴보면, 대분류 5개 부문은 37(통신),

38(방송), 39(정보서비스), 40(인터넷에 기반 서비스), 41(영상 및 음성 정보, 문자 정보 제작과 분배)로 이루어져 있다. JSIC의 정보커뮤니케이션 산업은 크게 영상, 음성, 문자 등의 정보를 제작하는 산업과 이를 전달하는 산업들로 나누어지는데, 41은 제작산업에 37, 38, 39, 그리고 40은 전달 및 지원 산업에 속한다. 특징적인 점은 '인터넷 기반 서비스'를 별도의 대분류로 두고 있다는 점이다.

표 2-4 JSIC Rev.11의 정보 커뮤니케이션 산업의 하위분류

Major group		Group		Industries	
37	커뮤니케이션	371	통신문 전송	3711	통신문 전송
		372	유선 통신	3721	유선 방송 전화를 제외한 지역 통신
				3722	원거리 통신
				3723	유선 방송 전화
				3729	다양한 유선 통신
		373	모바일 통신	3731	모바일 통신
		374	통신에 따른 서비스	3741	통신에 따른 서비스
38	방송	381	케이블방송을 제외한 공중 방송	3811	공중 방송
		382	케이블방송을 제외한 사적-분야 방송	3821	위성방송을 제외한 TV방송
				3822	위성방송을 제외한 라디오 방송
				3823	위성방송
				3829	다양한 사적-분야 방송
		383	케이블 방송	3831	케이블 TV방송
				3832	케이블 라디오 방송
39	정보서비스	391	컴퓨터 프로그래밍과 다른 소프트웨어 서비스	3911	주문 소프트웨어 서비스
				3912	패키지 소프트웨어 서비스
		392	데이터 처리와 정보서비스	3921	데이터 처리 서비스
				3922	마케팅이나 의견 리서치 서비스를 제외한 리서치와 정보서비스
				3929	다양한 데이터 처리와 정보서비스
40	인터넷 기반 서비스	401	인터넷 기반 서비스	4011	인터넷 기반 서비스

41	비디오, 사운드 정보, 문자 정보 제작과 배급	411	비디오 정보 제작과 배급	4111	텔레비전 프로그램 제작을 제외한 영상과 비디오 제작
				4112	텔레비전 프로그램 제작
				4113	영상, 비디오, TV 프로그램 배급
		412	사운드 정보 제작	4121	레코딩과 디스크 제작
				4122	라디오 프로그램 제작
		413	신문 발행자	4131	신문업자
		414	신문을 제외한 출판업자	4141	신문을 제외한 출판업자
		415	비디오, 음성 정보, 문자 정보 제작과 배급에 따른 서비스	4151	뉴스 연합(뉴스 공급자)
				4159	비디오, 음성 정보, 문자 정보 제작과 배급에 따른 다양한 서비스

다 UN의 표준산업분류체계(ISIC) 내용

2007년 개정이 확정된 국제표준산업분류체계인 ISIC(International Standard Industrial Classification) Rev. 4.0에서 가장 달라진 부분은 "정보와 커뮤니케이션(Information and Communication)"을 "J 섹션"으로 대분류에 포함시켰다는 점이다. J 섹션의 "정보와 커뮤니케이션"은 정보와 문화상품의 제작과 분배, 이들 생산품들을 전송하고 분배하는 수단의 설비, 데이터나 커뮤니케이션, 정보 기술 활동, 그리고 데이터와 기타 정보서비스 활동의 처리를 포함하고 있다. 이 섹션의 주요 구성은 'ISIC표준산업분류체계 - J센터 세부분류'에서 보는 바와 같이 소프트웨어 출판을 포함한 출판활동(division 58), 영상과 음향 기록 활동(division 59), 라디오와 TV의 방송과 편성 활동(division 60), 통신 활동(division 61) 그리고 정보기술 활동(division 62)과 정보서비스 활동(division 63)으로 되어있다. 출판(Publishing)은 콘텐츠에 대한 저작권의 획득을 포함하며, 이 콘텐츠는 다양한 형태로 재생산되거나 배포되어 일반대중들이 이용 가능하도록 만드는 것을 말한다. 모든 출판이 가능한 형태(인쇄물이나 전자, 오디오형태, 웹상, 멀티미디어 생산품 등)는 이 섹션에 포함되어 있다. 정보와 커뮤니케이션 섹션의 세부 분류체계는 ISIC Rev. 3.1에서 임시로 편성되었던 특수 분류체계로서의 정보섹터와 크게 다르지 않으나, 콘텐츠의 종류 및 제작과 유통이 좀 더 세분화되었음을 알 수 있다.

표 2-5 ISIC표준산업분류체계

Section	산업 내용
A	농업, 임업, 어업(1차 산업)
B	광업, 채석업
C	제조업
D	전기, 가스, 증기(steam), 공기조절 공급
E	물 공급 하수설비, 폐물관리, 개선 활동
F	건설
G	도매, 소매업; 자동차와 오토바이의 수리
H	운송과 보관
I	숙박과 외식업(food service) 활동
J	정보와 커뮤니케이션
K	재정과 보험 활동
L	부동산 활동
M	전문적, 과학적, 기술적 활동
N	관리와 지원 서비스 활동
O	공공 행정과 보호(defence); 필수의(compulsory) 사회 보장
P	교육
Q	인간 건강과 사회(복지)사업(social work) 활동
R	예술, 오락, 레크리에이션
S	다른 서비스 활동
T	고용주로서의 가족의 활동; 특성 없는 상품과 서비스 : 가족의 사용을 목적으로 생산하는 활동
U	외교 조직과 단체

표 2-6 ISIC표준산업분류체계 - J섹터 세부분류

Division		Group		Class	
58	출판	581	책, 정기간행물, 기타 출판	5811	책 출판
				5812	디렉토리와 메일링 리스트 출판
				5813	신문, 저널, 정기간행물의 출판
				5819	기타 출판
		582	소프트 웨어 출판	5820	소프트 웨어 출판
59	영화, 비디오와 TV 프로그램 제작, 사운드 녹음, 음악 출판	591	영화, 비디오와 TV프로그램	5911	영화,비디오와 TV프로그램 제작
				5912	영화,비디오와 TV프로그램 포스트 프로덕션
				5913	영화,비디오와 TV프로그램 배급
				5914	영화 상영
		592	사운드 녹음과 음악 출판	5920	사운드 녹음과 음악 출판
60	방송과 편성	601	라디오 방송	6010	라디오 방송
		602	텔레비전 방송과 유료편성	6021	텔레비전 방송
				6022	케이블, 위성과 기타 유료편성
61	텔레커뮤니케이션	611	유선 통신	6110	유선 통신
		612	무선 통신	6120	무선 통신
		613	위성 통신	6130	위성 통신
		619	기타 통신 서비스	6190	기타 통신 서비스
62	컴퓨터 프로그래밍, 자문 및 유관 서비스	620	컴퓨터 프로그래밍, 자문 및 유관 서비스	6201	컴퓨터 프로그래밍
				6202	정보기술 컨설턴트 활동과 컴퓨터 시설 관리
				6209	기타 정보 기술 서비스
63	정보서비스	631	웹 포털, 데이터 처리, 호스팅, 관련 서비스	6311	데이터처리, 호스팅, 관련 서비스
				6312	웹 포털
		632	기타 정보서비스	6321	통신사(news agency)
				6329	기타 정보서비스

라 NAICS, JSIC, 그리고 ISIC 표준산업분류 비교

앞서 살펴본 NAICS, ISIC, JSIC를 간략히 비교정리하면 아래 [표]와 같다.

표 2-7 NAICS, ISIC, JSIC의 비교

	NAICS (정보 산업)	ISIC Rev. 4.0 (정보와 커뮤니케이션 산업)	JSIC (정보 커뮤니케이션 산업)
분류항목의 수	중분류 7개, 소분류 16개, 세분류 30개	중분류 6개, 소분류 13개, 세분류 24개	중분류 5개, 소분류 15개, 세분류 29개
대분류 항목	제작(Production)		
	511. 출판산업 (인터넷제외) 512. 영화 및 음반산업	58. 출판 산업 59. 그래픽, 비디오&TV 프로그램 제작, 사운드 녹음, 음반 산업	41. 비디오 영상, 음악정보, 캐릭터 정보 제작 및 유통 산업
	네트워크/플랫폼(Network/ Platform)		
	515. 방송(인터넷 제외) 517. 통신 산업	60. 방송과 편성 61. 텔레커뮤니케이션	37. 커뮤니케이션 38. 방송
	정보서비스(Software & Solution)		
	518. 데이터처리, 호스팅 서비스 519. 기타 정보서비스	62. 컴퓨터프로그래밍, 자문 관련 활동 63. 정보서비스 활동	39. 정보서비스 40. 인터넷 기반 서비스

위에서 살펴보듯이 해외의 주요 분류체계는 통칭 '정보산업'을 별도의 산업군으로 가져가려는 국제적 흐름을 반영하고 있다. NAICS, ISIC, 그리고 JSIC의 공통적인 특징은 정보산업이라는 큰 틀에서 콘텐츠 제작, 네트워크 및 플랫폼, 정보서비스 등, 이 세 가지로 산업으로 구분하고 있다. 더 크게 나눠보면 '콘텐츠 제작'과 '유통 및 지원 서비스'로 이원화해서 볼 수 있는 구조다. 이러한 구분으로 이루어진 각각의 분류체계는 몇 가지 다른 특징을 나타내고 있는데, 이는 분류체계가 각 국의 정책적 의지와 비전을 반영하고 있는 데서 비롯한 것이라고 할 수 있다.

우선적으로 국제표준산업분류체계인 ISIC와 일본의 JSIC를 비교해보면, ISIC와 NAICS는 출판 산업과 영화음반 산업을 이원화된 구조로 보고 있으나, 일본의 JSIC는 중분류 41에 모든 제작활동을 다 포함하는 것으로 정의하고 있음이 특징이다. 또한 JSIC에서는 인터넷에 기반한 서비스를 중분류 39(정보서비스)에서 분리하여 중

분류 40(인터넷 기반 서비스)으로 별도 규정함으로써, 산업적 트렌드를 적극적으로 반영하려는 의지를 보이고 있다.

반면, 국제표준산업분류체계인 ISIC의 흥미로운 점은 중분류 62(컴퓨터프로그래밍 자문 및 유관활동)를 정보서비스 활동과 별도의 항목으로 가져감으로써, "소프트웨어 및 솔루션" 분야를 정보섹터에 집어넣는 확장적 개념으로 정보산업을 나타내고 있다. 또한 NAICS의 경우, 인터넷 출판과 인터넷 방송을 별도로 구분하여, 웹 서치 포털과 함께 기타 정보서비스(519)로 분류하고 있는 것은 콘텐츠에 대한 디지털 이용환경의 진화를 적극적으로 반영한 결과라고 할 수 있다.

마 한국표준산업분류체계(KSIC) 내용

한국표준산업분류체계(KSIC)는 1963년, 광업과 제조업에 대한 분류를 시작으로 제정되었으며, 8차 개정[17)]된 이래 2011년 ISIC의 개정에 맞추어 새로이 개정(KSIC V. 9)되었다. 2000년 개정 당시, 전기통신산업(전기통신회선설비 임대업, 무선호출업, 별정통신업), 영화 및 방송산업(만화영화제작업, 통합유선방송업), 통신판매업(전자상거래업) 등과 같은 산업이 새롭게 신설되었고, 통신업도 대분류로 상향 조정된 이후, 2011년에 새로운 산업분류체계로 개정되었다.

또한 주요 관심 산업에 대한 분석과 행정목적에 보다 효율적으로 사용할 수 있도록 기본분류에서 관련 산업부문을 발췌하였으며, 정보통신기술산업, 문화산업, 스포츠산업, 환경산업, 물류산업, 관광산업, 인터넷 산업 등에 대한 특수목적 분류도 사용하고 있다.

새롭게 개정된 한국표준산업분류체계를 구성하고 있는 21개의 대분류를 정리해 보면 다음 표와 같다.

17) 2000년 3월부터 시행됨.

표 2-8 한국표준산업분류체계(KSIC)의 대분류 구성

KSIC 8	KSIC 9
A. 농업 및 임업	A. 농업, 임업 및 어업
B. 어업	
C. 광업	B. 광업
D. 제조업	C. 제조업
E. 전기, 가스 및 수도사업	D. 전기, 가스, 증기 및 수도사업
	E. 하수 · 폐기물처리, 원료 재생 및 환경복원업
F. 건설업	F. 건설업
G. 도매 및 소매업	G. 도매 및 소매업
H. 숙박 및 음식점업	H. 운수업
I. 운수업	I. 숙박 및 음식점업
J. 통신업	J. 출판, 영상, 방송통신 및 정보서비스업
K. 금융보험업	K. 금융 및 보험업
L. 부동산 및 임대업	L. 부동산업 및 임대업
M. 사업서비스업	M. 전문, 과학 및 기술서비스업
	N. 사업시설관리 및 사업지원 서비스업
N. 공공행정, 국방 및 사회보장행정	O. 공공행정, 국방 및 사회보장행정
O. 교육 서비스업	P. 교육 서비스업
P. 보건 및 사회복지사업	Q. 보건업 및 사회복지서비스업
Q. 오락, 문화 및 운동관련사업	R. 예술, 스포츠 및 여가관련 서비스업
R. 기타 공공, 수리 및 개인서비스업	S. 협회 및 단체, 수리 및 기타 개인서비스업
S. 가사서비스업	T. 가구 내 고용활동 및 달리 분류되지 않은 자가생산 활동
T. 국제 및 외국기관	U. 국제 및 외국기관

5 콘텐츠 산업 분류 및 각국별 유사 산업 범주

콘텐츠 산업에 대한 정의와 분류체계는 해당 국가의 산업구조, 발전경로 및 구조적 특성, 정책추진 방향과 밀접한 상관성을 지니게 된다는 것은 앞서 논의한바와 같다. 주요국들은 자국 상황에 맞추어 주요 산업을 중심으로 분류기준을 제시하고 진흥정책을 추진하고 있다. 따라서 하나의 산업에 대해 산업 범주를 획정하고, 그에 따른 통계를 작성하는 것은 진행방식과 주무부처, 통계조사 담당기관에 따라 각기 다르기 때문에 일률적인 기준으로 종합하기에는 어려움이 따른다.

일반적으로 콘텐츠 산업의 범주는 콘텐츠와 관련된 생산단위(사업체단위, 기업체단위 등)가 주로 수행하는 산업 활동을 그 유사성에 따라 체계적으로 유형화함

으로써 산업의 범주를 결정함이 타당할 것이다. 이런 측면에서 콘텐츠 산업의 범주는 산업의 가치사슬을 구성하고 있는 구성 요소를 포함한다고 할 수 있다. 콘텐츠 산업의 가치사슬 구성 요소로는 영상(애니메이션, 방송 등 포함), 게임, 음악, 교육, 의료, 출판 등 다양한 형식 및 내용 측면에서 제작되어지는 콘텐츠를 생산하는 산업들과 이러한 산업에서의 소비를 행하는 소비자, 소비를 위해 필요한 단말기, 그리고 콘텐츠를 서비스 화하여 이용자에게 전달하기 위한 네트워크와 플랫폼으로 나누어 볼 수 있다.

표 2-9 콘텐츠 산업 생태계 구성요소

구성요소	내용
이용자	인터넷 이용자, 이동통신 이용자, 시청자, 기타 디지털단말기 사용자 등
단말기	핸드폰, PDA, PC, 포켓 PC, 노트북, 스마트 폰, D-TV 등
네트워크	ISDN, 초고속 인터넷망, CATV, 무선통신, 위성통신 등
플랫폼	과금, 인증, QoS제어, 보안, 웹호스팅, 콘텐츠 제작 솔루션, 전자서명 등
콘텐츠	영상, 게임, 음악, 출판, 애니메이션, 캐릭터 등

이처럼 콘텐츠 산업의 범주는 콘텐츠를 제작, 유통, 소비와 관련된 제반 산업을 포함하는 것이라 정의될 수 있다. 이를 구체적으로 살펴보면, 첫째, 부호, 문자, 도형, 색채, 음성, 음향, 이미지 및 영상 등의 자료 또는 정보 등을 통한 모든 부가가치를 만드는데 관련된 산업, 둘째, 콘텐츠를 유통하는데 직접적으로 관계하는 산업, 미디어 플랫폼 제공 산업, 유무선 통신망 혹은 방송망 등과 같은 물리적 네트워크(Network) 제공 산업, 셋째, 콘텐츠를 소비하는데 소요되는 단말기기를 제조하거나, 단말기기를 통해 콘텐츠 서비스가 가능하게 하는 소프트웨어를 제조, 배포, 판매하는 것과 관련된 제반 산업을 포함하는 것으로 정의된다.

표 2-10 콘텐츠 산업 가치사슬

콘텐츠 산업 범주	내용	관련 산업
제작	콘텐츠를 통한 모든 부가가치를 제작하는 과정	콘텐츠를 기획하고, 제작함으로써 부가가치를 만드는데 관련된 산업
유통	콘텐츠를 유통하면서 발생되는 부가가치를 포함하는 과정(유통에 관여하는 산업 모두를 의미하는 것은 아님)	미디어 플랫폼 제공 산업, 네트워크 제공 산업, 소매업 등
소비	콘텐츠를 소비자에게 최종 전달하는 과정	단말기기 제조, 콘텐츠서비스와 연계된 소프트웨어 제작, 배포, 판매업 등

콘텐츠 산업과 관련하여 세계 각국 혹은 조사 기관에 따라 글로벌 통계조사는 게임, 방송, 음악, 광고, 영화 등 각 산업별로 전문성을 지닌 조사기관 및 리서치회사에 의해 이뤄지는 것이 일반적인 상황이고, 이들 기관 역시 통계조사를 직접 실시하기보다는 세계 각국의 정보원을 통해 통계자료를 확보하여 규모를 추정하고 있는 것이 현실이다.

세계 주요국의 콘텐츠 산업 분류체계와 통계조사 현황을 살펴보면, 영국은 국가차원에서 '창조산업'이란 이름으로 산업을 분류하고, 이들 산업의 융성을 위해 노력하고 있다. 창조산업의 정의로 사용되는 표준적인 개념은 없지만, 1998년 DCMS[18]가 제안한 '개인의 창조성, 기술, 재능에 기원을 두는 산업들과 지적재산권의 형성과 이용을 통해 부와 일자리를 창출할 가능성을 지닌 산업들'이라는 개념으로 그 산업의 범주를 초기 표준산업 분류코드(SIC code)[19]를 기반으로 획정하려 하였으나, 창조활동과 비창조 활동의 구분을 효과적으로 할 수 없음을 감안하여 주요 보조수단으로는 NESTA[20]가 2006년 발표한 '창조산업 모델 프레임워크'를 기준으로 산업의 범주를 획정하였다. 이에 따라 초기에는 창조산업 SIC 코드를 11개 분야로 구성하였으나, DCMS는 이를 개량하여 창조산업을 13개 분야로 분류하고 있는데, 광고, 건축, 미술품 및 고미술 시장, 공예, 디자인, 디자이너 패션, 영화, 인터랙티브 여가 소프트웨어(비디오 게임 등), 음악, 공연예술, 출판, 소프트웨어, TV와 라디오 등을 포함하고 있다.

미국은 정부가 직접 콘텐츠 산업 진흥에 관여하지 않으며, 민간 중심으로 산업 진흥 및 통계조사가 이뤄지고 있으며, 영화, 비디오, 애니메이션, 음악, 게임, 방송, 지식정보 콘텐츠 관련 산업을 엔터테인먼트 및 미디어 산업(Entertainment & Media Industry)으로 분류하고 있다. 미국의 '엔터테인먼트 산업'은 한국의 콘텐츠 산업과 유사한 개념이며, 한국과는 달리 미국에서는 법적으로 엔터테인먼트 산업의 정의와 범위를 규정하고 있지는 않다. 다만 창조산업을 엔터테인먼트 산업으로 표현하고, 광고, 건축, 미술, 골동품, 공예, 디자인, 디자이너 패션, 영화, 음반, 공연예술, 출판, 소프트웨어, 방송 등의 영역을 포함시키고 있다. 더불어 헐리우드를 근간으로 영화, 방송, 음악 등 상업적 대중 엔터테인먼트 산업이 발달하고 있으며, 북미산업분류체계(NAICS)에 '정보산업', '예술, 엔터테인먼트, 레크리에이션 산업'을 독립된 대분류로 설정하고 있고, 우리나라와 같이 특수 분류로 작성하고 있지는 않고 있다. 다만

---

18) DCMS: The Department for Culture, Media & Sport

19) SIC Code: Standard Industrial Classification Code

20) NESTA : National Endowment for Science, Technology and the Arts(영국국립과학기술예술재단)

엔터테인먼트 산업의 상당 부분이 정보산업 섹터에 포함되어 있으며, 이는 콘텐츠 제작, 네트워크/플랫폼, 정보서비스의 3가지 산업영역으로 구분해 볼 수 있다.

그림 2-10 NAICS 정보산업

NAICS 정보산업	콘텐츠 제작 (Production)	네트워크/플랫폼 (Network/Platform)	정보서비스 (Software & Solution)
	• 출판산업(인터넷 제외) • 영화 · 음반산업	• 방송(인터넷 제외) • 통신	• 데이터처리 · 호스팅 서비스 • 기타 정보서비스

중국은 문화산업을 주력산업으로 육성하기 위해 정부 차원에서 다양한 지원정책을 시행하고 있으며, 2020년까지 문화산업을 중국의 주력산업으로 육성하겠다는 방침을 세웠다. 중국의 문화산업이 우리의 콘텐츠 산업과 유사하나 여기에는 신문, 라디오, TV 등의 유통부문까지를 포함하고 있고, 박물관 등 우리의 문화산업 범주에 포함되는 산업의 내용이 포함되어 있다. 더불어 문화산업 중 문화 창작, 영화제작, 출판, 인쇄, 엔터테인먼트, 디지털콘텐츠, 애니메이션 산업을 7대 중점 문화산업으로 지정하고, 해당 산업에 대한 다양한 지원정책을 출시하면서 문화산업의 발전을 이끌고 있다. 중국에서는 국가통계국에 의해 문화산업을 핵심 층, 외곽 층, 관련층으로 분류하고, 핵심층에는 신문, 음반, 전자출판, 라디오, TV, 영화 외에도 박물관, 도서관, 문화보호 등의 분류가 포함되어 있다. 국가신문출판광전총국과 문화부가 중국 문화산업을 관장하고 있으며, '문화 및 관련 산업 통계연감', '청서' 등을 통해 관련 통계를 생산하고 있다.

그림 2-11 중국 문화산업 분류[21)]

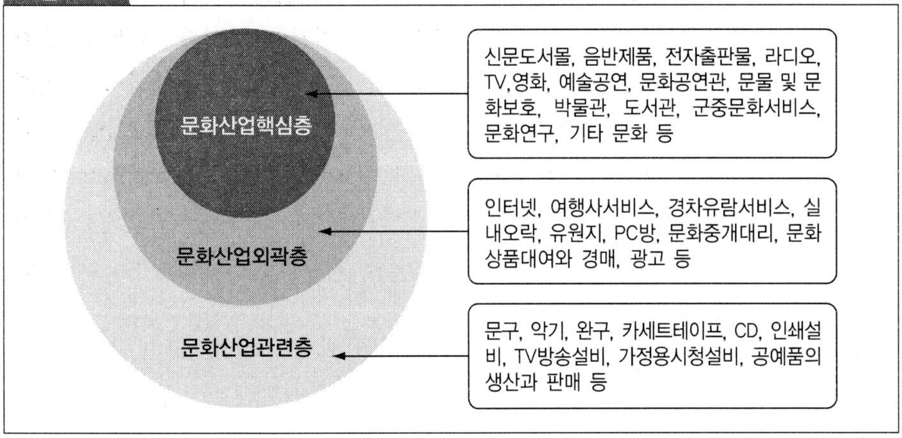

21) 출처: 중투고문산업연구센터(中投顾问产业研究中心)

일본은 경제 산업성, 총무성과 같은 정부기관 뿐만 아니라 사단법인, 재단법인, 협회 등의 기관에서도 콘텐츠 산업을 지원하고 있는데, 일본의 '정보통신업'은 한국의 콘텐츠 산업과 가장 가까운 산업분류로 일본 정부의 표준산업분류에서 정하고 있는데, 정보통신업이란 정보의 전달 및 처리/가공/제공에 관계되는 서비스를 행하는 업종 또는 직업을 일컫는다. 일본에서 정보통신업의 범위를 크게 통신업, 방송업, 정보서비스업, 인터넷부수서비스업, 영상・음성・문자정보제작업으로 구분하고 있으며, 통신업에는 고정전기통신업, 이동전기통신업, 전기통신에 부대하는 서비스업을 포함하고 있으며, 방송업에는 공공방송업, 민간방송업, 유선방송업을 포함하고 있다. 정보서비스업에는 소프트웨어업, 정보처리・제공서비스업을 포함하고 있으며, 인터넷부수서비스업은 인터넷부수서비스업 하나로 단일 구분하고 있으며, 영상・음성・문자정보제작업에는 영상정보제작・배급업[22], 음성정보제작업[23], 신문업, 출판업, 광고제작업, 영상・음성・문자정보제작에 부대하는 서비스업[24]을 포함하고 있다.

우리나라의 경우는 주무부처인 문화부에서 콘텐츠 산업 특수 산업 분류를 작성하고 있는데, 2008년까지 '문화산업 통계'와 '디지털 콘텐츠 산업 통계'로 구분하여 조사를 진행하였으며, 정부조직개편으로 콘텐츠 산업 진흥정책이 일원화되며 2009년부터는 '콘텐츠 산업 통계조사'를 수행하고 있다. 콘텐츠 산업 통계조사는 표준산업분류를 기반으로 국내 콘텐츠 산업 특성 및 분야별 현황을 반영한 콘텐츠 산업 특수 분류를 제정하고, 통계청으로부터 승인받아 매년 실태조사를 실시하고 있다.

그 동안 문화산업으로 획정한 산업의 범주에 출판, 음악・영화・비디오・애니메이션, 방송, 게임, 공연, 공예품 및 한복, 광고, 전문디자인, 도서관・사적지・오락(유원지 및 테마파크) 등, 9가지를 포함하고 있었다. 문화산업진흥기본법 상의 문화산업은 "영화・비디오물, 음악・게임, 출판・인쇄・정기간행물, 방송영상물, 문화재, 만화・캐릭터・애니메이션・에듀테인먼트(Edutainment)[25]・모바일콘텐츠・디자인(산업디자인은 제외한다)・광고・공연・미술품・공예품, 디지털콘텐츠, 사용자제작콘텐츠 및 멀티미디어콘텐츠의 수집, 가공, 개발, 제작, 생산, 저장, 검색, 유통 등

22) 영상정보제작・배급업에는 영화・비디오제작업, 텔레비전 프로그램제작업, 애니메이션제작업, 영화・비디오・텔레비전프로그램 배급업이 포함.
23) 음성정보제작업에는 레코드제작업, 라디오프로그램제작업이 포함.
24) 영상・음성・문자정보제작에 부대하는 서비스업에는 뉴스공급업, 기타 영상・음성・문자정보제작에 부대하는 서비스업이 포함.
25) Edutainment : 콘텐츠를 유기적으로 복합시켜 기획 및 제작된 것으로 교육적으로 활용될 수 있는 것(출처: 문화산업진흥기본법 제2조(정의))

과 이에 관련된 서비스를 하는 산업, 전통적인 소재와 기법을 활용하여 상품의 생산과 유통이 이루어지는 산업으로서, 의상, 조형물, 장식용품, 소품 및 생활용품 등과 관련된 산업, 문화상품을 대상으로 하는 전시회·박람회·견본시장 및 축제 등과 관련된 산업"이라 그 범주를 정하고 있다. 그러나 2010년부터 문화산업을 대신하여 콘텐츠 산업을 특수 분류로 포함시키고 있는데, 출판, 만화, 음악, 게임, 영화 및 비디오, 애니메이션, 방송, 캐릭터, 광고, 지식정보, 공연 및 관련 솔루션 등 총 12개의 산업 군을 콘텐츠 산업의 범주로 획정하고, 이에 대한 산업 통계를 생산하고 있다.

그림 2-12 각 국의 콘텐츠 산업 명칭과 분류[26]

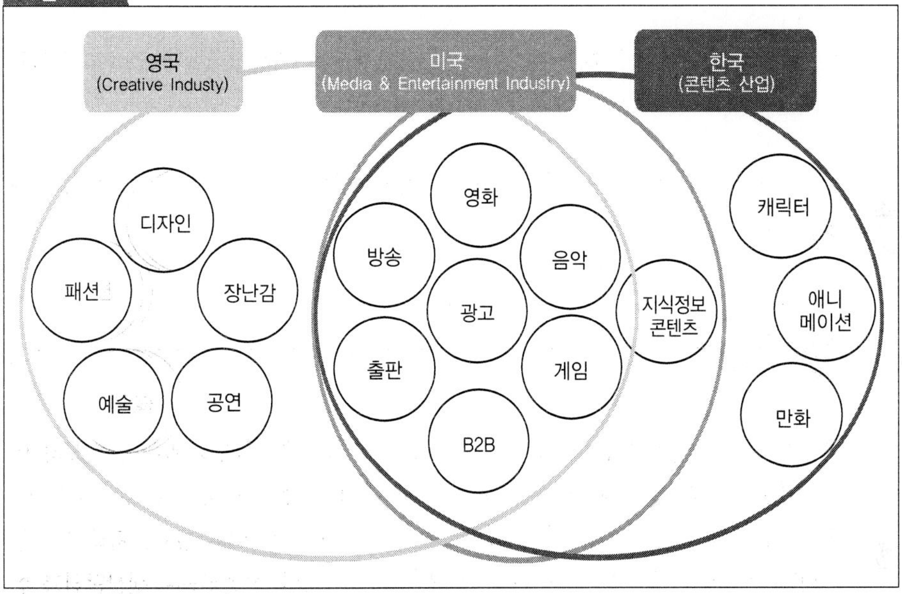

26) 출처: 세계 주요국의 콘텐츠 산업 분류체계와 통계조사 현황, 한국콘텐츠진흥원. 2014.10.15

정리하기

1 산업분류란 무엇이며, 표준산업분류가 개편되는 주기는 몇 년이고, 국제표준산업분류에 대해 설명하고, 콘텐츠 산업에 표준산업분류체계가 필요한 이유는 무엇인지를 설명하시오.(P78)

2 북미산업분류체계(NAICS)와 일본표준산업분류체계(JSIC)의 차이점을 간략하게 설명하시오.(P84, 89)

3 NAICS, ISIC, JSIC의 공통적인 특징은?(P94)

4 콘텐츠 산업 가치사슬을 바탕으로 한 산업의 범주 세 가지는 무엇인지 간략하게 설명하시오.(P97)

5 우리나라 정부에서 분류하고 있는 콘텐츠 산업에 포함되는 12개의 산업들은 각각 무엇인가?(P101)

확인하기

1 표준산업분류체계는 통상 5년을 주기로 개편되고 있는데, UN산하에서 전 세계의 표준산업분류 체계인 ISIC(International Standard Industry Classification(of All Economic Activities))가 만들어 지고 있으며, 각 국에서는 이를 기초로 자국의 산업 특성을 반영한 표준산업분류체계를 만들어 사용하고 있다. 산업분류는 생산단위가 주로 수행하고 있는 산업 활동을 그 유사성에 따라 유형화한 것이다.
콘텐츠 산업의 표준 분류체계가 필요한 이유는 콘텐츠 및 관련 산업 정의의 다양성을 고려하여 산업의 범주에 대해 보다 객관화하고, 통계를 작성함에 있어 각 국가 간의 비교 가능성과 시계열적 통계 작성 시의 객관성과 연속성을 유지하기 위해 표준산업분류가 필요하다.

2 NAICS는 경제적 개념에서 개발되었으며, 제품이나 서비스의 생산과정을 기초로 하는 산업이 포함된다. 일관된 경제원칙을 기반으로 한 NAICS의 개발은 세 나라(미국, 캐나다, 멕시코)의 일관된 통계치를 만들며, 경제 분야의 생산 관련성 분석에 유의미하게 사용되었다. 일본 표준 산업 분류체계(JSIC)는 상품과 서비스의 생산을 포함한 모든 경제적 활동을 분류하고 있다.

3 주요국들은 자국 상황에 맞추어 주요 산업을 중심으로 분류기준을 제시하고 진흥정책을 추진하고 있다. 따라서 하나의 산업에 대해 산업 범주를 획정하고, 그에 따른 통계를 작성하는 것은 진행방식과 주무부처, 통계조사 담당기관에 따라 각기 다르기 때문에 일률적인 기준으로 종합하기에는 어려움이 따른다. 그러나 NAICS, ISIC, 그리고 JSIC의 공통적인 특징은 ISIC에 분류된 'J 섹터'를 기준으로 정보산업이라는 큰 틀에서 콘텐츠 제작, 네트워크 및 플랫폼, 정보서비스 등 세 가지 분야로 콘텐츠 관련 산업을 종합화하여 분류할 수 있게 하고 있다는 점이다.

<table>
<tr><th></th><th>NAICS
(정보 산업)</th><th>ISIC Rev. 4.0
(정보와 커뮤니케이션 산업)</th><th>JSIC
(정보 커뮤니케이션 산업)</th></tr>
<tr><td>분류 항목의 수</td><td>중분류 7개,
소분류 16개,
세분류 30개</td><td>중분류 6개,
소분류 13개,
세분류 24개</td><td>중분류 5개,
소분류 15개,
세분류 29개</td></tr>
<tr><td rowspan="6">대분류 항목</td><td colspan="3">제작(Production)</td></tr>
<tr><td>511. 출판산업
(인터넷제외)
512. 영화 및 음반산업</td><td>58. 출판 산업
59. 그래픽, 비디오&TV 프로그램 제작, 사운드 녹음, 음반 산업</td><td>41. 비디오 영상, 음악정보, 캐릭터 정보 제작 및 유통 산업</td></tr>
<tr><td colspan="3">네트워크/플랫폼(Network/ Platform)</td></tr>
<tr><td>515. 방송(인터넷 제외)
517. 통신 산업</td><td>60. 방송과 편성
61. 텔레커뮤니케이션</td><td>37. 커뮤니케이션
38. 방송</td></tr>
<tr><td colspan="3">정보서비스(Software & Solution)</td></tr>
<tr><td>518. 데이터처리, 호스팅 서비스
519. 기타 정보서비스</td><td>62. 컴퓨터프로그래밍, 자문 관련 활동
63. 정보서비스 활동</td><td>39. 정보서비스
40. 인터넷 기반 서비스</td></tr>
</table>

4 콘텐츠 산업 가치사슬을 바탕으로 한 산업의 범주와 각각의 내용은 다음과 같다.

콘텐츠 산업 범주	내용	관련 산업
제작	콘텐츠를 통한 모든 부가가치를 제작하는 과정	콘텐츠를 기획하고, 제작함으로써 부가가치를 만드는데 관련된 산업
유통	콘텐츠를 유통하면서 발생되는 부가가치를 포함하는 과정(유통에 관여하는 산업 모두를 의미하는 것은 아님)	미디어 플랫폼 제공 산업, 네트워크 제공 산업, 소매업 등
소비	콘텐츠를 소비자에게 최종 전달하는 과정	단말기기 제조, 콘텐츠서비스와 연계된 소프트웨어 제작, 배포, 판매업 등

5 출판, 만화, 음악, 게임, 영화 및 비디오, 애니메이션, 방송, 캐릭터, 광고, 지식정보, 공연 및 관련 솔루션

CHAPTER 03

콘텐츠 산업 가치사슬 영역별 주요 동향

일반적으로 산업의 미래를 예측하는 방법론은 학자에 따라 수 백 가지 기법과 도구가 존재한다. 학문적으로 합의를 갖는 개념은 아니지만, 미래를 나타내는 용어는 일반적으로 전략적 미래예측 방법론 상 변화가 일어나게 되는 시간적 차이, 즉 얼마나 긴 기간에 걸쳐 일어날 것 인가하는 시간의 문제와 각 변화가 가지는 영향력, 즉 공간에 대한 점유율 등의 변화의 크기에 따라 8가지 정도로 나누어 정의되기도 한다.

국제미래학회에서 정의한 바에 따르면, 먼저, 유행, 패드(Fashion, Fad)라고 하는 것은 시간적으로 짧은 주기를 가지며, 공간적으로 어느 분야라는 영역에 한정되어지는 경우를 일컫는다. 둘째로 트렌드(Trend)라 하는 것은 변화의 공간적 범위는 유행에 비해 크며, 시간상으로도 보통 10여 년에 걸친 주기를 가지는 경우에 사용한다. 페이스 팝콘(Faith Popcorn)은 저서 '클릭! 미래 속으로'에서 트렌드와 일시적 유행의 구분을, 일시적 유행(Fad)이란 시작은 화려하지만 곧 사라져버리는 것으로, 순식간에 돈을 벌고 도망가기 위한 민첩한 속임수와 같은 것으로 인기 있는 힙합 패션같이 특정 제품에 한정되는 말이지만, 트렌드(Trend)는 소비자들이 물건을 사도록 이끄는 원동력에 관한 것으로 보다 크고 광범위한 것으로 설명하고 있다. 셋째로 메가트렌드(Megatrend)는 변화의 주기는 수 십 년에 걸쳐 있으며, 그 기간 동안 변화의 공간은 삶의 거의 모든 영역에 걸쳐 나타나는 경우를 일컫는다.

넷째, 불확실성(Uncertainty)이라 함은 트렌드와 비슷한 시간에 걸쳐 변화하며, 공간적 범주도 유사한 경우를 의미한다. 다섯째, 빅 체인지(Big Change)는 시간적으로 훨씬 긴 변화의 주기를 가지며, 공간적으로도 큰 영역을 차지하는 경우에 사용하는 의미이며, 여섯째, 불변성(Invariability)은 트렌드와 비슷한 시간과 공간 속에서 좀처럼 변하지 않는 것을 의미할 때 사용하는 말이다. 일곱째, 법칙, 패턴(Law,

Pattern)이라는 것은 변화의 구성 요소들 간의 상호작용에서 생기는 규칙이 작동되는 것으로, 불변성이 확장되어 긴 시간 동안 특징이 유지되며, 적용영역도 크게 변하지 않는 경우를 의미한다. 마지막으로 패러다임(Paradigm)이라 함은 가장 시간적으로 긴 변화이며, 공간적으로 거의 모든 영역에 영향을 미치는 현상을 일컫는 것으로 정의하고 있다. 패러다임이라는 개념을 처음으로 설명한 철학자 토마스 쿤(Thomas Kuhn)은 자신의 저서 '과학혁명의 구조'에서 과학 발전에 대한 자신의 연구를 통해 '패러다임은 매우 완고하며, 하나의 패러다임이 다른 패러다임을 대체하는 과정은 점진적이 아니라 급작스럽게 일어난다.'고 주장하였다.

표 3-1 전략적 미래예측 방법론 Category 분류[1)]

	사회미래 예측	기술미래 예측	산업미래 예측	환경미래 예측	청색미래 예측	동양미래 예측
유형		Text Mining	Big Data 기법	Emerging Issue 기법	패널기법	
트렌드	Futures Wheel	계층화 분석법	Realtime Delphi법	환경 스케닝법	형태학적 분석방법	
메가트렌드		Read Map	Delphi기법	트렌드 생태계 예측법	표준 예측기법	
불확실성	Scenario 기법	계량정보 분석법	질적추세 분석법	Visioning Workshop	팬시나리오 기법	
빅 체인지			교차 영향력 분석법			
불변성	의사결정 나무		미래지수 기법		게임이론	관찰에 의한 예측방법
법칙	Agent Modeling 기법	기술발전 단계 예측방법	통계학적 모델링방법	다층적 시스템 시나리오 기법		규칙에 의한 예측방법
패러다임	천재적 예측기법	STEEP 분석법	세차주기 미래예측법	생태학적 사회 구조 분석기법		직관에 의한 예측방법

1) 출처: 전략적 미래예측방법론, 국제미래학회 공저, 두남. 2014.8.1

미래를 연구하는 활동에 대해서는 학자들마다 혹은 구체적인 연구 사례마다 다양한 활동들을 포함하게 되는데, 여기서는 산업을 이해하고, 미래의 변화 방향을 예측하기 위한 방법으로 산업의 주요 변화 양상을 이해하고, 주요 이슈를 도출하며, 산업 생태계를 구성하는 요소별 변화의 내용을 이해함으로써 변화의 방향을 추정코자 한다.

콘텐츠 산업은 전후방의 산업 연관 효과를 갖는 특성이 있다. 따라서 콘텐츠 산업을 이해하기 위해서는 이를 둘러 싼 전후방 산업 및 관련 산업의 변화가 어떻게 진행되고 있으며, 이들 간의 상호 연관 관계는 어떻게 이루어지고 있는지 등을 살펴보는 것, 즉 생태계적 분석 방법론을 활용하는 것이 필요하다. 이는 기술의 발전에 따른 단말기기의 다양화 및 고도화, 플랫폼의 다원화, 미디어의 변형, 네트워크의 광대역화·모바일 화·초고속화 등 관련 산업 구성 요소들의 변화는 콘텐츠나 미디어 산업의 생태계 측면에서 산업 간의 영역과 경계를 허물고, 상호 영향을 미치며 새로운 사업 기회를 찾는 혁신적 변화가 지속되고 있기 때문이다.

이전에는 이들 산업에 속한 각 사업자는 해당 산업의 독립된 가치사슬 구조를 가지고, 해당 산업의 구조 내부에서 변화하며 성장했지만, 인터넷의 등장과 정보통신 기술의 발전, 모바일 화의 진전에 따른 서비스 환경의 유비쿼터스(Ubiquitous)화와 앱 서비스 환경으로의 변화, 단말기기 산업의 급속한 고도화 등 산업의 생태계의 변화로 대변되는 새로운 산업 트렌드는 이들 산업 간의 경계를 허물고, 산업 내에서 혹은 산업 간 융·복합화 현상을 유발시킴에 따라 산업의 구분이 모호해 지고, 독립적으로 존재했던 다양한 산업 분야에서 상호 넘나들면서 서로 간 첨예한 경쟁을 펼치게 되었다. 이러한 경쟁은 관련 사업자들에게 위기이자 기회로 작용하며 새로운 경쟁무대를 제공하고 있다. 이런 측면에서 산업 참여자들의 합종연횡에 따른 새로운 동향들을 특성별로 정리해 이해해 보는 것도 중요하다 할 것이다.

앞서 생태계 이론에서 살펴본 바와 같이, 프렌스만(Fransman)은 ICT 생태계를 6 계층 구조(최종 소비, 콘텐츠/애플리케이션/서비스, 미들웨어, 연결성, 네트워크 운영, 네트워크 요소) 및 4계층 구조(최종 소비, 콘텐츠/애플리케이션/혁신적 플랫폼/검색/네비게이션/미들웨어, 네트워크 운영, 네트워크 요소)로 설명한 바 있다.

본 서에서는 프랜스만의 계층 구조를 원용하되, 최종 소비 계층과 소비자, 콘텐츠/애플리케이션/플랫폼 및 앱 스토어 등은 미디어와 콘텐츠 계층으로 그리고 네트워크 운영 및 요소 계층은 단말기기, 네트워크(Network) 계층 등 총 4 계층으로 나누어 산업의 주요 동향(Trends)을 살펴보고자 한다. 이처럼 각 생태계 구성 요소별 동향을 살펴보고자 하는 것은 일초신우일초신(一秒新又一秒新 : 매 초마다 변화한다는 의미)하는 산업 환경의 변화를 지속적으로 추적하면서, 개별 요소들의 변화 양상을 이해나는 것과 더불어 이들 개별 요소들이 상호 연계되면서 탄생시키는 새로운 형태의 사업 혹은 산업 행태들을 살펴보고, 그에 따른 산업의 생태계를 이해하고 관련 산업의 미래를 예측하기 위한 트렌드 분석을 통한 산업의 나아가는 방향을 예측하는 것이 필요하기 때문이다.

이는 콘텐츠 산업에 대한 분석 및 이해의 편의를 위함인 바, 현재 진행 중인 콘텐츠 산업을 둘러싼 생태계의 가치 체계 혹은 가치 네트워크의 변화는 생태계 구성 요소 간 상호 연결되거나 상호 영향을 주고받으며 변화하고 있다. 또한 각각의 산업이 개별 산업 내 경쟁 무대로부터 개별 산업의 범주를 넘어서면서 새로운 형태의 서비스나 산업을 만들어 가고, 이를 통해 시장을 재편하기 위해 노력하고 있으며, 전혀 새로운 사업 모델(Model)들을 생산해 내면서 산업 발전을 가속화 시키고 있음을 고려하여 소비자, 미디어와 콘텐츠, 앱과 앱스토어, 단말기기, 플랫폼 그리고 네트워크 서비스 등 6가지 요소로 나누어 분석하고자 한다.

그림 3-1 Fransman의 4계층 모델과 콘텐츠 산업 분석 계층

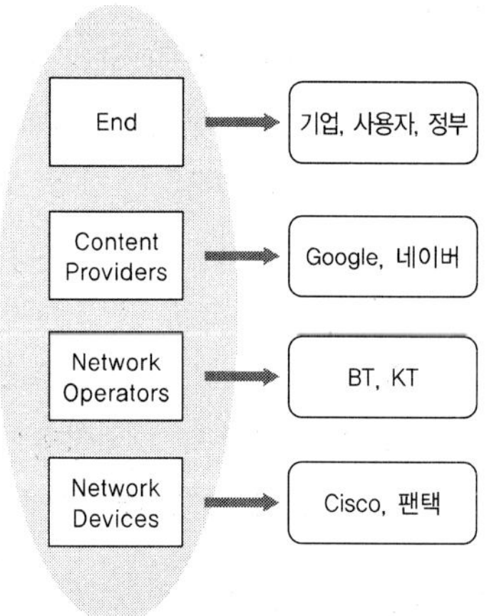

구분	기능	포함 산업	
계층 6	최종 소비	–	소비자
계층 5	콘텐츠, 애플리케이션, 서비스	음악, 영상 등 콘텐츠 응용 소프트웨어, 기타 서비스	미디어 & 콘텐츠 & 앱, 앱 스토어
계층 4	미들 웨어	인터넷 브라우저, 검색, 보안 솔루션 등 미들웨어	단말기 & 플랫폼, 웹
계층 3	연결성	ISP 등 인터넷 접속 산업	네트워크
계층 2	네트워크 운영	유무선 통신, CATV(HEC), 위성 등, 방송산업	
계층 1	네트워크 요소	통신장비, 컴퓨터, TV 등 소비자 가전, 반도체 등 부품, 시스템 소프트웨어	

이처럼 6가지 요소로 나누어 분석하는 것은 그림 3-2에서 보는 바와 같이 콘텐츠 산업을 둘러싼 산업의 가체체계가 기존의 산업 환경 하에서의 산업 가체체계와는 전혀 다른 양상을 보이고 있기 때문이기도 하다. 기존의 산업 환경하에서는 각 산업별 비즈니스 모델이 산업의 계층별로 분리되어 비즈니스 모델을 구성하였다면, 디지털 컨버전스 환경에서는 산업 계층 간 구분 없이 서로 간 복잡하게 연계된 형태로 구성되어 지고 있다. 산업의 가치 체계도에서 보는 바와 같이, 많은 기업들이 기존의 산업 영역에서 뿐만 아니라 타 산업 영역을 넘나들면서 새로운 관계를 형성

하고, 생존과 발전을 위해 경쟁적인 가치 창출 활동을 도모해 나가고 있는 것이 현실이다. 특히 디지털 컨버전스 생태계는 다른 생태계에 비하여 매우 빠르게 변화되면서 보다 복잡하고 다양한 상황에 직면하고 있으며, 이러한 상황에서 올바른 전략 수립과 위치 선점이 기업의 흥망을 좌우할 정도로 중요한 요인으로 등장하기 때문이다.

그림 3-2 콘텐츠 산업의 가치체계도[2)]

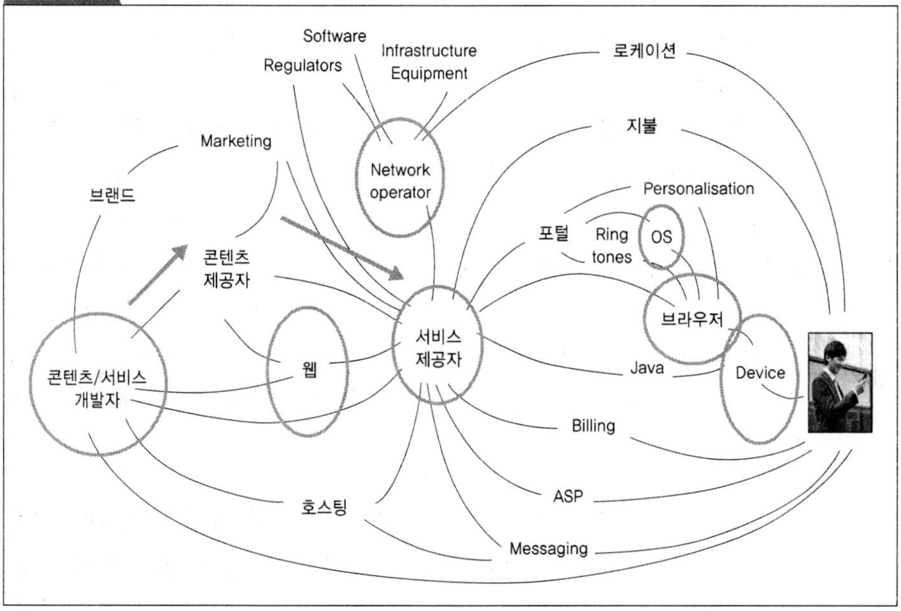

2) 출처: 통신시장 구조변화에 따른 가치사슬 및 가치네트워크에 관한 동태적 분석. 주재욱/윤두영/이주영/이경현. 2010.12.

제 1 절 소비자 변화

소비자 행동 이론에서 이야기하는 소비자 행동(consumer's behavior)이란 '인간의 다양한 행동영역에 있어서 소비와 관련한 형태의 인간행동'을 의미하는 것으로서 인간이 소비생활을 함에 있어서 행하는 심리적·물리적 행동 등을 포함하는 개념으로 이해되고 있다. 더불어 소비자 행동 분석이란 소비자가 소비와 관련한 일련의 행동들에 대한 분석을 의미하는 것으로, 분석의 범주는 문제를 인식하는 단계에서 출발하여 문제해결을 위한 정보를 탐색하는 과정, 여러 가지 대안들을 놓고 평가하는 과정, 실제 구매과정, 구매한 상품 및 서비스를 사용 및 이용하는 과정, 사용 후 평가과정에 이르기까지 소비자의 소비행동 전 과정에 걸쳐 다양한 각도에서 분석하는 것을 말한다. 소비자 행동의 변화는 기업 활동 전체에 커다란 영향을 미친다. 다시 말해 기업 경영은 소비자 행동의 변화를 예측하는 것으로부터 수행된다고 말할 수 있을 정도로 어떠한 환경 변화보다도 더 많은 영향을 미치는 요인임이 분명하다. 이는 현재 및 미래의 소비자 행동을 정확히 파악하고, 예측하여 경영에 적용하는 것이 곧 기업 경영 전략의 유효성을 결정짓는 기초가 될 수 있음을 말하는 것이다.

소비자의 소비 행동은 다양한 분야에서 영향을 받게 되는데, 문화적(Cultural)·사회적(Social)·개인적(Personal)·심리적(Psychological)인 요인 등 뿐 아니라 기술 발전으로 인하여 디지털 컨버전스 환경이 만들어지면서 정보통신 기술 또한 소비자의 소비행동에 영향을 미치기도 한다. 소비자 행동에서 기술의 변화는 소비자 트렌드의 구조적인 변화를 야기할 것이고, 새로운 소비자 트렌드의 등장은 기업들에게 새로운 경쟁 혹은 새로운 생태계로의 변화를 요구할 가능성이 높다. 기업 경영에서 소비자들의 빠른 변화를 읽고 선제적 대응을 하지 못하는 기업은 순식간에 경쟁에서 밀려 시장에서 퇴출될 수 있다. 따라서 기업이 소비자의 트렌드 변화에 상응하는 효과적인 대응 전략을 수립하기 위해서는 무엇보다 소비자 행동에 대한 연구를 통해 소비자를 이해하는 것이 중요하다 할 것이다.

디지털 컨버전스 생태 환경에서 언급한 바와 같이, 정보통신기술, 즉 디지털 기술의 발달은 고객들의 새로운 잠재 욕구를 이끌어내고, 고객들의 욕구 충족을 위해서는 새로운 서비스의 개발, 제공이 필요하게 되며, 이를 위해서는 새로운 기술의 개발이 요구되고, 기술의 발전은 서비스에도 새로운 혁명을 일으키는 등 소비자를 정점으로 하는 산업의 생태계는 혁신적 변화를 겪고 있다.

2014년 Chubbybrain에서 32개 스타트 업 기업에 대해 분석한 것을 기초로 발표한 스타트 업(Start-up)이 망하는 20가지 이유라는 자료에 따르면, 20가지 주요 사유 중 가장 높은 순위를 차지하는 것이 고객에 대한 무지(Ignorance)로 나타났다. 1위에서 5위에 나타난 사유를 살펴보면, 시장 니즈 파악실패(No Market Needs), 허술한 팀 구성(Not the right team), 허술하고 빈틈 많은 마케팅(Poor MKT), 운전자금 부족(Run out of Cash) 등으로 나타났는데, 운전 자금 부족이라는 사유를 제외하고는 궁극적으로 소비자의 소비행태 변화나 소비자의 욕구에 대한 잘못된 이해로부터 비롯된 것임을 알 수 있다.

그림 3-3 스타트 업이 망하는 20가지 이유[3)]

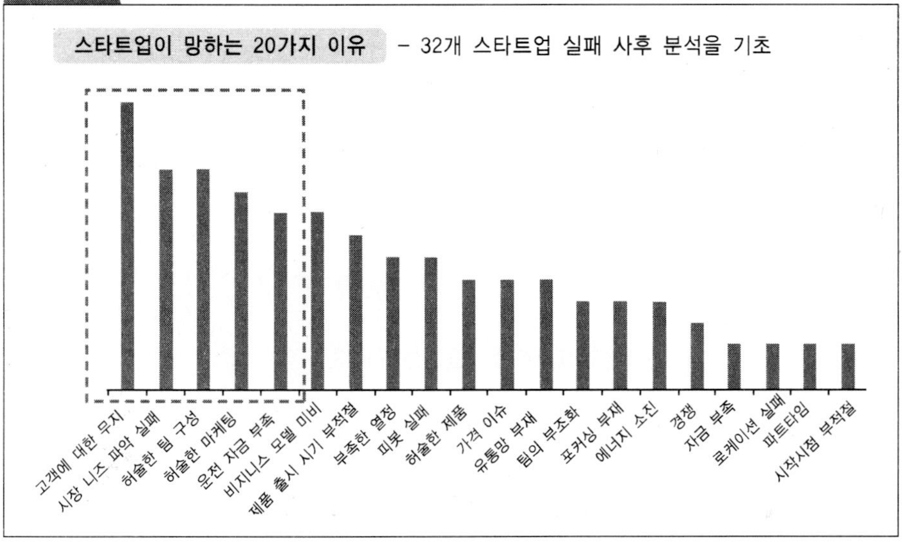

이런 측면에서 디지털 컨버전스 생태계로의 변화가 가져온 소비자들의 변화를 파악하는 것은 무엇보다 중요한 요인임은 말할 나위가 없다. 2000년대 들어서면서 국내 뿐 아니라 전 세계 시장에서 고객의 소비 행태 변화는 급격하게 진행되고 있는데, 이를 살펴보자.

고객들은 빠르고 쉬우면서도 독특하고, 또 자신의 구미에 꼭 맞아떨어지는 서비스를 원한다. 간편화, 단순화, 세분화, 차별화는 앞으로 방송과 통신, 인터넷, 미디어 및 콘텐츠 산업 등에 종사하는 기업들이 추구해야 할 서비스가 어떤 형태가 되어야 하는지를 알려주는 중요한 키워드(Key Word)다. 10년 전과 비교해보더라도 고객들의 살아가는 환경은 매우 달라졌다. 인구학적으로는 사이버 세대가 확대되고

3) 출처: Chubbybrain, 2014.

독신과 같은 1인 가정이나 부부 가정이 확대되고 있으며, 소비패턴 역시 다양해지고 있다.[4] 또 '바쁘다. 바빠'를 입에 달고 살아야 할 정도로 현대인의 일상은 바빠지고 있다. 그렇지만 바쁜 와중에서도 개인들은 각자의 개성에 따라 다양한 삶의 모습과 소비 패턴을 보여주고 있다. 소비자들의 힘은 고객 중심의 시대가 되면서 기업의 사업전략을 좌우할 만큼 중요해지고 있다.

결국, 이러한 변화들은 크게 다섯 가지의 요구사항으로 귀결되고 있다. 바로 복잡한 것보다는 간편한 '원스톱(One Stop)'의 요구, 바쁜 일상을 반영한 빠르고 간단하며 편리함을 추구하는 요구, 합리적인 소비를 추구하는 것에서 비롯된 최소 비용과 최고 효율의 요구, 언제 어디서나 끊김 없는, 그리고 자신의 욕구에 꼭 맞는 서비스를 받을 수 있는 유비쿼터스와 컨버전스(Ubiquitous & Convergence)의 요구, 개인화되고 차별화된 서비스를 받고자 하는 요구 등이 그것이다.

그림 3-4 고객의 5가지 핵심 요구

1. 원 스톱 서비스를 요구한다.
2. 빠르고 간단하며 편리한 것을 추구한다.
3. 최소비용으로 최대효과를 노린다.
4. 단말기 하나로 언제 어디서든 즐긴다.
5. 개인화되고 차별화된 서비스를 원한다.

이러한 소비자의 욕구변화는 2010년을 넘어서면서 무분별한 소비를 자제하는 합리주의적 추세가 산업의 흐름으로 나타나고 있다. 본질에 충실하기 위해 핵심 기능만을 살리고 제품의 가격을 낮춘 제품, 사용자의 이용 편이성을 고려한 디자인의 제품들이 강세를 이룰 것으로 보인다. 물론 상품의 종류에 따라 다를 수 있으나 제품의 홍수 속에서 누구나 쉽고 편리한 제품을 찾게 될 것으로 보인다.

또한, 고객은 더는 대중화, 획일화된 정보와 서비스를 원하지 않는다. 자신의 개성과 생활방식, 구매패턴에 따라 세분되고 차별화된 서비스를 받길 원한다. 즉 생활의 개인화와 소득 격차, 소비 행태의 다양화, 개인가치와 개성 추구 등의 변화

4) 출처: 정완진, 1인 미디어, 라이트북닷컴, 2010.

로 소비자의 소비 욕구 역시 다양하게 분화하고 있으며, 개인별로 선호하는 미디어 채널 역시 다변화하고 있다.[5]

이러한 소비자들의 욕구 및 생활 방식 등 다양한 변화를 반영하는 소비자 용어들이 다양하게 등장하고 있다. 디지털 네이티브(Digital Natives), 디지털 유목민(Digital Nomad), 글로벌 D 세대, 게임세대, 유티즌(Utizen) 등이 그것이다. 이는 소비자들의 소비 행동에서의 변화가 그만큼 광속(光速)적 변화를 나타내고 있음을 반증하는 것이라 할 것이다.

1 소비자 구매 행동의 변화

앞서 기술한 바와 같이, 소비자들은 구매행동을 함에 있어 문화적, 사회적, 개인적, 심리적인 요인들에 의해 영향을 받는다. 특히 개인적 변수인 소비자의 정보처리과정(CIP: Consumer Information Processing), 개성(Personality), 생활스타일(Lifestyle) 등의 요인이 구매 행동의 변화에 직접적 영향을 미칠 수 있다.[6] 여기서 소비자 정보처리과정이란 일반적으로 소비자가 기업의 제품 및 광고 등의 정보에 노출되고, 노출에 의하여 해당 정보에 주의, 즉 인지하게 되고, 인지된 해당 정보를 해석하고, 이들 정보를 활용 및 저장하게 되는 과정을 말하는데, 일반적으로 소비자 행동 이론에 따르면, 소비자 정보처리과정은 자극 ⇒ 노출(exposure) ⇒ 주의(attention) ⇒ 인지. 반응 ⇒ 활용 및 저장의 순으로 진행된다.

제일 먼저 소비자가 구매의 필요성을 인식하는 단계인데, 특정 사안에 대하여 소비자 스스로가 어떠한 문제를 해결해야 할 욕구가 있다는 것을 인식하게 되는 단계인 문제 인식단계를 거쳐, 인식된 문제에 대한 종합적인 상황(금전적 여유, 문제의 중요도 등)과 여러 가지 제약적인 요소들이 구매 행동에 제약이 되지 않는다는 판단이 서면 소비자는 자신의 욕구를 합리적으로 해결하기 위해 필요한 정보를 탐색하는 과정을 갖게 된다. 여기서 고려해야 할 것은 최근의 소비자를 컨슈니어(Consuneer)라고 표현하고 있는데, 이는 consumer(소비자)와 engineer(기술자)가 합쳐진 말로서 소비자들이 기술자 못지않게 제품에 대한 지식 수준과 이해도가 높으며, 수동적인 입장에서 벗어나, 어떤 측면에서는 기업이 갖는 자사 제품이나 서비스에 대한 정보보다 더 많은 정보를 가지고 능동적으로 탐색하고 판단하고 있기 때문이다.

5) 출처: 권택민, 정완진, 미디어빅뱅 스마트 혁명, 이노탱크, 2011.
6) 출처: 소비자행동 및 소비자 의사결정, 삼성경제연구소

다음으로 소비자에게 유발된 욕구를 충족시키기 위하여 수집된 정보를 기반으로 대안을 선정하고, 선정한 대안을 평가하고 선택하는 과정인 대안 평가의 과정을 거쳐, 구매 행동에 옮기게 된다. 구매 후에는 평가과정을 거치게 되는데, 소비자가 상위 단계를 거쳐 실제 상품을 구매하게 되고, 구매한 상품을 사용한 후 자신의 구매결정을 재평가하게 되는 단계를 갖는데, 이 과정에서 소비자는 구매 후에 자신이 구매한 상품을 사용하면서 구매한 상품에 대한 만족 또는 불만족을 경험하게 되며, 당해 제품의 재 구매 여부까지 평가하게 된다. 스탠포드 대학의 이타마르 시몬슨(Itamar Simonson) 교수는 '절대가치(Absolute Value)'라는 저서에서 소비자들이 구매의사결정 시 브랜드 인지도, 과거의 특정 브랜드 사용 경험 등을 감안하던 습관에서 벗어나, 다양한 제품 리뷰, 다른 사람들의 사용후기 등을 통해 제품 가치를 객관적으로 평가한 '절대가치'를 기반으로 구매의사결정을 내린다고 주장하기도 하였다.

이러한 소비자의 구매행동을 미국의 경제학자인 롤랜드 홀(Roland Hall)은 AIDMA라는 용어로 설명하였다. 이는 소비자가 상품이나 서비스에 대한 정보나 광고를 접한 후 어떤 단계를 거쳐 상품을 구매하는 가를 설명한 이론이다. 다시 말해 AIDMA란 소비자의 행동 방식이 Attention(주의) - Interest(관심) - Desire(욕구) - Memory(기억) - Action(행동) 순으로 이뤄진다는 이론인데, 최근 인터넷의 등상과 스마트 폰 등 디지털 기기의 확산은 소비자로 하여금 서비스나 상품의 선택 폭을 넓히게 되었고, 더불어 기업에서 일방적으로 전달하는 정보에 의존하지 않고, 광고를 통해 접한 상품이나 서비스에 대해 흥미를 느낀 후 상품에 대해 SNS 등의 미디어를 통해 지인이나 다른 사람들로부터 정보를 수집한 후 평가하여 구매하고, 구매 후 자신의 사용 후기나 평가를 블로그나 SNS 등을 통해 공유하는 과정을 가진다하여 기존의 AIDMA로부터 Search(검색)와 Action(행동) 후에 Share(공유)가 추가되게 되었다. 이 모델은 2005년 일본의 최대 종합광고대행회사인 덴쓰(Dentsu)가 발표하였는데, 소비자가 구매 전에 검색을 하고, 구매 후에는 타인과 정보를 공유하는 트렌드에 따라 새롭게 등장한 소비자의 구매행동으로, 수동적이었던 소비자는 시간과 장소의 제약을 받지 않는 검색과 공유 덕분에 능동적인 소비자로 변화하였고, 이에 따라 마케팅 소비자 패러다임이 변화한 것이다. 또한 AIDMA가 1인의 소비에 국한 되었다면, AISAS, 즉 Attention(주의) - Interest(관심) - Search(검색) - Action(행동) - Share(공유)는 검색과 공유를 통해 소비자간 관계의 확장이 이뤄졌다는 것을 의미한다.

그림 3-5 소비자 구매 행동의 변화[7)]

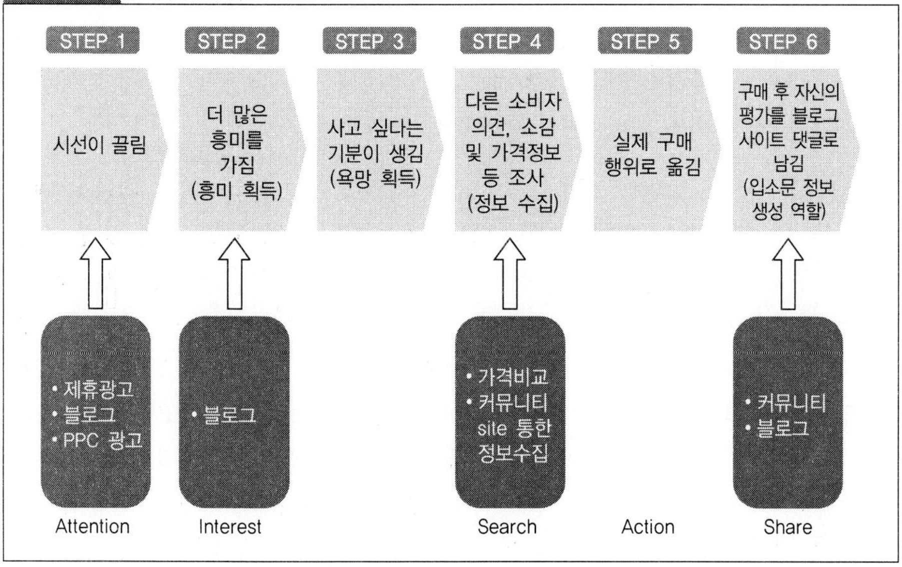

미디어 산업에서 보면 고객의 시선을 끌어 미디어 이용의 욕망을 획득하고 미디어 이용의 행위로 옮겨지는 것에서 그치는 것이 아니라 다양한 커뮤니티나 소셜 미디어를 통해 다른 이용자의 의견, 소감 등을 조사 분석하는 등의 행동으로 이어지도록 하는 경쟁이 그것이다. 이러한 과정을 통해 고객들은 다양한 정보를 획득, 비교 분석한 후 실제로 구매나 이용 단계로 넘어가며, 나아가 이용한 후 자신의 평가를 자신이 이용하는 미디어에 남겨 입소문(버즈, buzz) 정보를 생성하는 역할까지도 하고 있기 때문이다. 이처럼 다원화된 미디어 경쟁 환경 속에서 고객을 확보하기 위해서는 상당한 관심과 산업의 변화에 선제로 대응해 나가는 것이 매우 중요하다.

2 소비자 변화를 나타내는 새로운 용어의 등장

가 디지털 네이티브(Digital Native)

디지털 네이티브라는 용어는 미국의 교육학자인 마크 프렌스키(Marc Prensky)가 2001년 그의 논문 'Digital Native, Digital Immigrants'를 통해 처음 사용한 용어인데, 1980년대 들어서면서 컴퓨터의 대중화로 인한 개인용 컴퓨터 보급의 확대와 1990년대 휴대전화 및 초고속 인터넷 서비스의 보급으로 인터넷 이용이 보편화되면서 정보의 접근성이 높아지고, 다양한 멀티미디어 환경을 통한 콘텐츠 서비스를 즐

7) 출처: 다나카 아유미, Web 2.0 Marketing book, 길벗, 2007.

길 수 있는 등 디지털 컨버전스 혁명기에 성장기를 보낸 세대를 지칭하고 있다. 디지털 네이티브라는 용어에서 알 수 있듯이 이들 소비자는 태어나면서부터 컴퓨터, 휴대전화, MP3 등의 다양한 디지털 기기와 인터넷을 통해 혁신적 변화를 거듭하고 있는 미디어와 콘텐츠 서비스들을 이용하면서 성장하고 있다.

기술의 발전과 디지털 혁명으로 인해 소비자의 일상에서 시간과 공간의 제약이 없어지고, 미디어가 다양화됨에 따라 정보에 대한 접근성이 증대되면서, 소비 선택성이 확대되고, 다양한 욕구 충족이 가능하게 될 뿐 아니라 고객들은 똑똑한 소비자로 변모하고 있다. 과거, 기업 등에서 제공하는 일방의 정보에 의존하던 모습에서 탈피해 어떤 기업의 제품이나 서비스에 대해 소셜 네트워킹을 통해 상호 정보를 교환하는 등의 활동을 통해 그 기업보다 더 많은 정보를 보유하고 있으며, 소비자 간의 연합으로 그들만의 파워도 엄청나다. 일상생활에서도 집단적 소비, 커뮤니티(Community) 및 소셜 미디어(Social Media)를 통한 사회 교류활동이 활발해지고, 다양성을 겸비한 이들은 시장의 흐름을 고객 주권에 맞춰 좌지우지한다.

미디어의 이용행태에서도 다양한 변화를 보인다. 과거 LP(Long Player)나 CD(Compact Disc) 등의 매체를 이용한 음악 콘텐츠 소비로부터 MP3 파일을 이용한 음악 감상, 커뮤니티를 이용한 정보획득이나 집단구매, 1인 미디어를 통한 상호 교류, RSS(Really Simple Syndication)[8] 소프트웨어를 이용해 특정 단어나 내용이 들어간 뉴스만을 찾아 읽는 뉴스 검색 등 인터넷을 이용해 만들어진 다양한 형태의 미디어를 활용하게 됨에 따라 기존의 미디어들은 고객의 변화에 둔감할 수 없게 되었으며, 기존의 미디어들도 소비자의 변화에 맞춰 새로운 혁신을 추구하는 등의 변형을 위한 노력을 경주할 수밖에 없는 상황이 도래한 것이다.

최근 소비자는 멀티태스킹(Multi-tasking)의 욕구가 강하다. 즉 TV를 보면서 스마트 단말기기로 모바일 메시징(Messaging)을 하고, TV의 소리를 통해 전달되는 워터마킹(Water Making)[9]기술로 프로그램을 인식해 스마트 단말기기에서 같은 프로그램을 시청하고 있는 친구들과 해당 프로그램에 대한 정보를 교환하고, 온라인 쇼핑을 통해 프로그램과 관련된 물품에 대해 공동 구매 등의 다양한 구매 활동을 하

---

8) RSS : 이메일 목록처럼 헤드라인만 볼 수 있도록 하고, 원할 경우 클릭을 통해 해당 페이지로 들어갈 수 있게 해 주는 서비스. 온라인상에 콘텐츠를 배열하는 HTML과 이를 전송해주는 이메일의 장점을 하나로 묶은 기술로, 언론사 홈페이지나 블로그 등의 업데이트 정보를 한꺼번에 모아서 보내거나 받아 볼 수 있는 서비스 기술

9) 워터마킹 : 디지털 저작물에 시각적으로 식별이 불가능한 저작권자의 로고나 상표, 인감 등 디지털 마크를 입력하여 타인이 저작권자의 허락 없이 무단으로 복사하거나 배포하는 행위를 추적하는데 활용되는 기술로 각종 영상물이 불법으로 복제되거나 유통되는 것을 막기 위해 활용되나 최근에는 이를 영상물의 내용을 인식하기 위한 용도로도 활용하고자 하는 움직임이 있음.

는 등 주어진 시간의 범위 내에서 최대한 많은 활동을 동시적으로 하고자 하는데 익숙해지고 있다.

나 게임세대(Game Generation) 및 스낵 컬쳐(Snack Culture)

컴퓨터나 게임, 인터넷에서 활용되는 언어를 마치 모국어처럼 사용하고, 현실 세계 보다는 가상 세계를 더 중시하는 세대라는 의미에서 최근의 젊은 세대의 소비자를 게임 세대[10]라 일컫는다. 이들은 유무선 망을 통해 서로 연결되어 다양한 네트워킹(Networking)을 하고 이를 통해 정보를 획득하고, 특정인을 역할 모델로 정하고 그들의 생활방식을 모방하기를 좋아하며, 자신이 하고 있는 생각들을 즉시 현실 세계에서 적용하고 그 결과를 확인하는 등 자신의 아이디어의 타당성을 검증하기 위한 실험적 학습을 즐기는 세대이다.

단편적인 정보를 연결해 새로운 관계망을 생성하고 이를 토대로 새로운 지식을 창출하며, 기존의 관행이나 일상의 틀을 벗어나 새로운 것을 추구하는 일탈을 즐기며, 일과 놀이를 동일한 개념으로 생각하고 다양한 실행을 통해 경험을 축적해 가는 특성을 보여주고 있다. 더불어 그리스 신화에 나오는 반인반마(半人半馬)의 형상을 가진 켄타우로스와 같이 복합적인 미디어를 활용하여 시간에 상관없이 발생하는 소비욕구와 온라인 미디어를 활용[11]하는 행위를 잘 조합하는 등 다양한 실행적 미디어 활용을 통해 경험을 축적해 나가는 성향이 짙다고 한다.

또한 즉시성을 선호하여 5분 이상 되는 콘텐츠에 대해서는 그 내용이 아무리 효용가치가 있다하더라도 이를 이용하는 것을 꺼려하며, 5분 이하의 짧은 콘텐츠(Micro chunk)를 선호하고, 유튜브(YouTube)나 트위터(twitter), 카톡 등의 성장과 글로벌 화 등에서 볼 수 있듯이 단편적 내용들을 선호하는 문화, 즉 스넥 컬쳐(Snack Culture)와 같은 새로운 문화가 자리매김하고 있다. 지난 2006년에 데일리모션(DailyMotion)에서 이용률 상위 200개의 콘텐츠를 대상으로 소비자의 소비 성향을 조사한 자료에 따르면, 5분 이하의 콘텐츠에 대한 선호가 66%, 5분에서 10분미만의 콘텐츠는 17% 등으로 나타난 반면 25분 이상 되는 콘텐츠는 겨우 3%만이 선호한다는 결과를 발표한 적이 있다. 이러한 현상은 최근 들어 웨비소드(Webisode), 즉 웹 드라마라는 형식을 통해 새로운 형태의 드라마 장르가 관심의 대상이 되고 있음을 통해서도 확인해 볼 수 있다.

10) 출처: 기능성 게임의 이해와 활용, 한국교육학술정보원, 2010.10.
11) 출처: 넷지 마케팅, 김영한, 한국경제신문, 2010.2.

특히 소셜 웹에서 인기 방송의 내용을 패러디해서 약 4~5분가량의 온라인용 영상을 만들어 배포하고 이를 짧게 줄여 공중파 광고로 방영하는 방식(동원 F&B 양반김 http://youtu.be/aAJp93P3BIs), 기업의 브랜딩을 주제로 연재하는 방식(현대카드 Inspiration Talk http://youtu.be/jvN1TlWGS_A), 그리고 웹 드라마 방식(삼성 최고의 미래 http://bit.ly/1z3EbhX) 등 다양한 영상이 등장하는 등 동영상 콘텐츠의 성장과 더불어 스낵 컬쳐라는 소비문화에 맞춘 새로운 형태의 콘텐츠 소비 행태를 보이고 있다.

KT 경제경영연구소의 '한국인의 스마트 라이프'에 따르면, 모바일 시대 사람들은 동영상을 대중교통을 이용할 때 가장 많이 본다고 한다. 따라서 짧은 시간 내 즐길 수 있는 개그 프로, 스포츠, 코믹 영상과 같은 콘텐츠를 선호하고, 페이스 북, 카카오 스토리, 트위터 등의 소셜 미디어를 통해 주로 소비한다. 자투리 같은 짧은 여유 시간을 채워주는, 한입에 쉽게 먹는 스낵처럼 간편하게 즐길 수 있는 스낵 컬처의 한 단면이다.

최근 '야동도 1분이 넘으면 끝까지 보지 않고 종료한다.'라는 우스갯 소리가 있다. 동영상 콘텐츠를 만드는 담당자들이 흔히하는 농담이다. 그러나 최근 들어 눈 깜짝하면 지나갈 6초 안에 다양한 이야기를 담는 새로운 형태의 동영상 서비스가 나타나고 있다. 6초 영상의 특징은 기존 영상과 가장 다른 점은 바로 반복, 즉 루프(loop)이다. 반복을 통해 6초란 짧은 시간에 효과적으로 이야기를 담고 집중하게 만든다. 오레오(Oreo) 쿠키를 즐기는 방법(http://bit.ly/1INwIh5)과 베스트바이의 노하우가 담긴 영상(http://bit.ly/1KFwNRm)을 통해 이러한 현상을 살펴볼 수 있다. 인스타그램(Instagram)은 이보다는 좀 긴 15초의 영상을 공유할 수 있게 서비스를 제공하고 있다. 이 밖에 새롭게 등장한 동영상 서비스들도 차이는 있지만 대부분 30초를 넘지 않는다. 이러한 소비 특성은 결국 모바일 화에 의해 스마트 폰 등 모바일 단말기기를 통해 언제, 어디서든지 내가 원하는 콘텐츠를 소비하고자하는 소비자들의 콘텐츠 소비 성향의 변화로 인하여 나타나는 현상이다.

다 글로벌 D 세대(Global D Generation), 글로벌 유스(Global Youth)[12] 및 디지털 컨버전스(Digital Convergence)형 신인류 등

삼성경제연구소에서 발표한 자료 등에 따르면, 최근의 젊은 세대들은 4가지의 소비 트렌드(Trends) 특성을 보여주고 있다. 즉, 대표 아이콘을 추종하고, 패션 유목민(Nomad)적 특성을 가지며, 현실에 대한 반항심을 표출하고, 사이버 네트워킹(Cyber Networking)을 통한 관계 형성에 익숙하며, 이로 인해 소위 햄릿 증후군을

12) 출처: 글로벌 D세대(디지털 네이티브)의 소비 트렌드, 삼성경제연구소, 2009.9.

가진 소비자가 늘어나고 있다. 햄릿증후군[13]은 세익스피어의 작품 햄릿(Hamlet)에서 나오는 'To be, or not to be : that is the question.'이라는 말에서 나타난 것처럼 어떤 의사 결정을 쉽게 하지 못한 채 우유부단한 모습을 보이는 현상을 나타내는 용어이다. 심하게 이야기하면 일종의 결정 장애, 또는 선택 장애라고 볼 수 있는데, 대다수 소비자들은 소위 정보의 홍수 속에서 스스로 마음을 정하지 못하고, 타인에게 결정권을 넘겨버리는 특성을 빗대어 이야기하는 것이다.

최근 새로이 나오는 다양한 정보기기, 즉, 스마트 폰(Smart Phone), 태블릿(Tablet), 비디오 게임기 등의 유무에 따라 자신의 지위나 위상이 결정된다는 인식을 갖는다. 대표적으로 현상에서 유행하는 정보기기에 대해 초기 수용자(Early Adapter)적 특성에 매우 민감하다. 반면, 무엇이든 새로운 것에 대해 실증을 잘 내고 끊임없이 새로운 유행을 추구하며, 사회적 풍자나 일탈 등 반항적 코드가 담긴 콘텐츠에 열광한다. 예로 평범한 가족 모습을 코믹하게 보여주고, 이를 통해 사회적 모순을 풍자하는 미드인 미국의 심슨(Simpson)가족과 같은 드라마를 선호하는 것도 이러한 반항심의 표출 특성을 보여주는 것이다. 또한 셀카와 소셜 네트워크 서비스를 활용하여 누구나, 그리고 언제나 은근하게 자신을 자랑하는 것에 익숙하다. 예를 들어 사진의 한구석에 우연인 듯, 무심한 듯 명품 지갑을 놓아두는 등 자신의 위상 등을 은근히 자랑하는 것이다. 또한 소비에 있어 normal과 hardcore의 합성어인 'Normcore'라는 현상을 보이고 있는데, 이는 평범함 속에 하드코어 함이 숨어있다는 뜻이다. 즉, '남과 다름'을 드러내고자 하는 욕구를 보인다.

또한 누에고치처럼 가상현실 공간에서 자신만의 안락함을 추구하는 특성을 가졌다는 의미에서 코쿤(Cocoon)족이라 불리기도 하며, 휴대폰, 노트북, 디지털카메라 등과 같은 첨단 디지털 장비를 갖추고 장소에 구애 받지 않은 채 일하는 특성을 지난 세대라는 의미에서 디지털 유목민, 유비쿼터스(Ubiquitous)환경에 적응된 신인류로 현실과 가상세계의 공간을 결합하는 새로운 패러다임을 만들어 가는 특성을 고려하여 유티즌(Utizen)이라 부르기도 한다. 더불어 디지털화가 촉발한 융・복합 추세가 서로 다른 분야 속에서 융합 교차할 수 있는 공통점을 찾아내고, 다양한 기기들을 넘나들면서 이용하는 습성을 고려하여 크로스오버(Crossover) 족이라고도 부른다. 이외에도 정보의 소비만을 하는 것이 아니라 직접 생산에도 참여하고, 문화, 정보, 예술, 오락 등 인간이 향유하는 모든 것에 있어 생산자가 곧 소비자이며, 생산자로서 전문가적인 콘텐츠의 생산에 참여하고 있는 현실 특성을 반영하여 소비자를 소비적 생산자(Prosumer 혹은 Proteur)라고 부르기도 한다.

13) 출처: 2015 대한민국 소비 트렌드. 서울대학교

더불어 인터넷의 발달로 국가 간 거리나 문화의 장벽이 사라짐에 따라 이젠 자국 내에서의 경쟁이나 소비에 국한하지 않고 전 세계 시장이나 또래들과 경쟁하는 글로벌 세대이며, 더불어 디지털 화된 다양한 서비스나 단말기기 등의 환경을 이용한다고 하여 글로벌 D세대, 혹은 글로벌 유스(Youth)라 부르기도 한다.

더불어 최근 소비자들은 소비에 있어 오감 중시되는 소비행태를 보인다. 오감 자극받으면 소비자들은 아낌없이 투자한다는 현상을 보이는데, 메뉴를 예쁘게 플레이팅(Plating, 음식을 담아내는 모양새)하는 디저트 카페가 인기를 누린다든지, 피규어(figure)[14] · 레고 수집이 보편화되어가는 현상 등은 시각과 관련된 소비 트렌드를 보여주는 현상이고, 더불어 음악 감상이 대중적인 취미가 되면서 사운드 기기를 구매해서 거실에 배치하거나, 또는 고가의 헤드셋을 구매하는 소비자가 증가하는 추세 등은 청각 중시 소비 트렌드를 보여주는 사례이다. 이처럼 소비자를 설득하거나 유혹하기 위해서는 오감(Five Sense)을 통한 서비스 혹은 제품을 제공하는 것을 고민해야 하는 이유가 여기에 있는 것이다.

3 소비자의 동영상 콘텐츠 소비 행태의 변화

단말기기의 스마트 화와 스마트 단말기기의 이용 확산 및 보편화는 미디어 이용 행태에 많은 변화를 유발하고 있다. ComScore의 자료에 따르면, 전 세계 이용자들은 평균적으로 한 달에 13억 명의 소비자들이 약 162개의 온라인 동영상을 시청하는 것으로 나타났는데[15], 동영상 콘텐츠는 콘텐츠 소비에 있어 게임과 함께 가장 많은 소비를 유발시키는 콘텐츠이다. 시장 분석 자료들을 참고해 보면, 기존 TV를 통해 이용해 오던 지상파나, IPTV, 케이블TV 등 전통적인 미디어와 채널을 통한 동영상 시장이 포화 상태에 이르고, 채널의 다양화 및 다양한 콘텐츠가 제작, 서비스되고 있음에도 불구하고, TV 프로그램, 즉 기존의 TV 단말기기를 통해 소비되던 동영상 콘텐츠의 소비가 온라인, 즉 유무선 인터넷을 전송망으로 이용하는, 또한 TV 이외의 다양한 단말기기를 통한 소비로 점차 변화되어가는 현상을 보이고 있다. 이처럼 전통적 TV 단말기기를 이용한 동영상 콘텐츠 소비 행태가 2017년까지 매년 0.9% 씩 하락할 것으로 전망[16]되는 반면, 인터넷과 연결되는 콘솔을 통해 TV를 단말기기로 하여 동영상 콘텐츠를 이용하거나, 모바일 단말기기를 이용한 TV 프로그램 시청 등 전통적 TV를 대체하는 새로운 시청행태가 점차 증가하고 있으며, 앞으

14) 피규어(figure) : 관절이 움직일 수 있도록 만들어 다양한 동작을 표현할 수 있는 인간 · 동물 형상의 모형 장난감
15) 출처: comScore, 2013d.
16) 출처: IBIS World Business Environment Report, 2012.

로 이러한 추세는 계속 될 것으로 전망하고 있다. 이는 기존에 지상파나 케이블 TV(HFC : Hybrid Fiber & Coaxial) 등의 망을 이용하여 전송되던 동영상 콘텐츠의 유통 방식으로부터 인터넷의 등장으로 전송수단과 단말기기가 다양화됨과 동시에 소비자들의 콘텐츠 이용행태도 혁신적 변화를 보이게 된다는 것을 의미하는 것이다.

특히 소셜 미디어의 확산은 심지어 TV를 단말기기로 하여 소비되는 콘텐츠 서비스 측면에서 시청 여부, 언제 시청할지, 어떤 이유로 누구로부터 추천을 받아 시청할지 등 콘텐츠 소비 의사를 결정하는 데도 영향을 미치고 있다. 지상파나 케이블 TV와 같은 기존의 미디어나 유통 채널과 플랫폼을 탈피, 새로운 방식의 다변화된 콘텐츠 소비행태가 나타나고 있는 것이다.

스트리밍(Streaming), 몰아보기, 추천, 광고회피 등의 소비 행태 측면에서의 변화 뿐 아니라 콘텐츠 소비 단말기기 측면에서도 TV 중심에서 PC, 태블릿, 스마트폰 등으로의 확장 및 전이도 중요한 변화의 하나로 나타나고 있다. 이처럼 TV라는 단말기기를 통한 동영상 콘텐츠의 소비행태는 비선형적, 몰아보기, 동시 시청 및 소셜(Social) 시청 등으로 변화되고 있고, 심지어 TV라는 단말기기를 보유하지 않는 소위 'TV가 없는 TV Zero' 가구가 급증하는 현상도 보이고 있다.

가 시공을 초월한 비선형적 동영상 콘텐츠 소비: Time-Shifting, Space-Shifting

과거에는 지상파 방송사들이 제공하는 방송 콘텐츠 편성 스케줄에 맞춰 정해진 시간에 지상파 방송 프로그램을 시청하는 수동적 시청이 방송 콘텐츠 소비의 주된 방식이었다. 그러나 이제는 시간과 장소, 방송 콘텐츠를 소비하는 단말기기의 종류 등에 구애를 받지 않고 시청자들이 직접 선택해서 이용하는 등 방송콘텐츠의 시청형태, 특히 TV를 단말기기로 하여 방송 콘텐츠를 시청하는 등 방송 콘텐츠 나아가 동영상 콘텐츠의 소비 행태가 비선형적(Nonlinear)[17] 으로 변화되어 지고 있다.

또한 시청 패턴 역시 주문형 비디오(Video On Demand)로 빠르게 움직이고 있다. 2013년에 조사한 '유료 방송 시청자들의 VOD 서비스 이용 행태 조사'를 인용하면, 시청 패턴이 VOD로 변화되는 주요 이유로 '원하는 프로그램의 본방송을 놓쳤기 때문에', '원하는 시간대에 언제든지 시청할 수 있기 때문에', '한꺼번에 원하는 프로그램을 몰아서 볼 수 있기 때문에' 순으로 나타나는 등 시청패턴 변화 양상을 엿볼 수 있다. 이러한 트렌드는 본방 사수 감소, 시청률 감소, 콘텐츠는 소비하되 광고는 소비하지 않는 시청자 증가 등으로 이어져, 광고 수익을 주요 매출로 삼는 지상파

17) 비선형적 : 결과를 예측할 수 없는 상태를 일컫는 말로, 수학에서 1차 함수는 직선의 형태로 나타나지만, 2차 함수부터는 X값을 알아도 Y값을 알 수 없는 불확실한 상황을 의미

방송사들이나, CATV, IPTV 등에 방송 콘텐츠를 제공하는 프로그램제공업자(Program Providers)에게는 위기로 등장하고 있다.

그림 3-6 주문형 비디오(VoD) 서비스의 주이용 이유[18)]

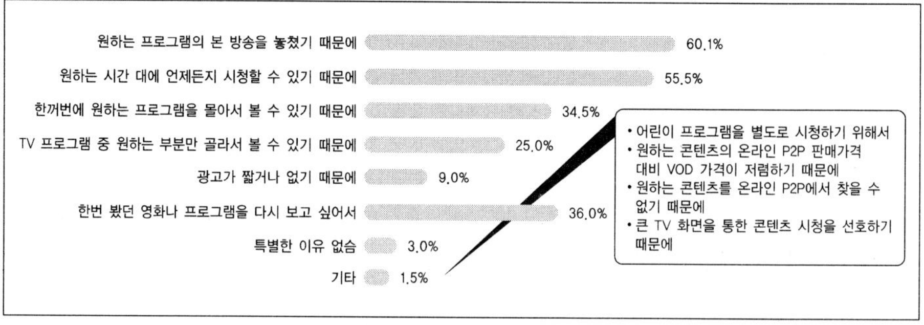

비선형적 영상 콘텐츠 소비 행태의 급속한 전개는 동영상 콘텐츠에 대한 소비가 주문형 및 이동 중 시청이 증가하는 결과로 나타나고 있다. 뿐만 아니라 다양한 플랫폼을 통해 소비되는 멀티 플랫폼 현상이 나타나고 있으며, 또한 온라인 비디오 시청의 많은 부분이 데스크톱 PC를 통해 이루어지지만, 스마트 폰의 확산에 따라 모바일을 통한 시청도 증가하는 추세를 보이고 있다. 최근에는 모바일 단말기기의 변화로 인하여 모바일 기기를 통한 동영상 콘텐츠 이용이 보편화되어 가고 있는데, 2015년도 들어서면서 '휴대 전화(mobile phone)'와 '태블릿 컴퓨터(tablet computer)'의 합성어로 대(大)화면 휴대전화를 지칭하는 '패블릿(phablet)'이라 불리는 단말기기가 기존의 태블릿이나 스마트 폰 시장을 장악해 가고 있는 양상을 보이는 것은 모바일 기기를 이용한 동영상 콘텐츠 이용 행태 변화도 한 몫한 것으로 판단된다.

모바일을 통한 편리한 접속은 콘텐츠 제작자의 입장에서는 소셜 미디어를 새로운 유통 채널의 하나로 이용할 수 있음을 의미한다. 동영상 시청자의 1/3이 댓글을 달고, 2/5는 동영상을 소셜 미디어를 통해 게시(Up Load)한다. 절반의 시청자들은 동영상을 주기적으로 공유하며 다른 사람들과 함께 비디오를 시청하고 있는 것으로 나타났다.[19)]

18) 출처: 유료 방송 시청자들의 VOD 서비스 이용 행태 조사. 동향과 전망 : 방송, 통신, 전파 통권. 제64호. 2013.7.

19) 출처: comScore Custom Marketing Solutions Study(US 2011) and Social Essentials, (September 2011, UK)

나 TV 기기를 전혀 이용 혹은 보유하지 않는 세대(Zero TV 가구)의 증가

소비자들의 동영상 콘텐츠 소비 행태나 이용 미디어들의 변화는 결국 젊은 세대들을 중심으로 TV라는 단말기기로 부터의 이탈을 본격화 시키고 있다. 이는 TV를 보유하지 않고, 나아가 동영상 콘텐츠 소비 시 TV이외의 다른 단말기기를 이용하는 가구가 증가한다는 의미이다. 이들 가구는 TV 수상기가 없거나 있더라도 전통적인 유료방송 서비스에 가입하지도 않고, 직접 수신을 통해 지상파 방송도 이용하지 않는 가구들로서 일명 'Zero TV 가구'라고 불린다.

2012년 현재 국내에서만 4.4%로, 20가구 중 한 가구는 TV가 없거나 있어도 보지 않는 것으로 나타났다. 이들은 주로 1인 가구, 20대, 도시거주, 학생, 독신남성이라는 인구 사회학적 특성을 갖고 있는 것으로 조사되었다(정보통신정책연구원, 2012).

미국의 경우, 제로 TV 가구는 2007년 2백만에서 2013년에는 5백만 가구로 증가했다. TV가 없다고 해서 지상파나 전통적인 유로 콘텐츠를 비롯한 동영상 콘텐츠를 이용하지 않는다는 것은 아니다(Nielsen, 2013). 스마트 폰, 태블릿 PC 등의 스마트 기기를 통해서 재생되는 엔 스크린(N-Screen 혹은 Multi Screen) 서비스 이용이 새로운 유형의 TV시청 행태로 자리 잡기 시작했다. 집에 TV가 없는 가구의 67%가 다른 단말기기를 이용해 콘텐츠를 이용하고, 이들 중 37%는 PC로, 16%는 인터넷으로, 8%는 스마트 폰으로, 6%는 태블릿으로 이용하고 있는 것으로 나타났다.

특히 최근 들어 스마트 폰의 화면이 확대되는 패블릿 단말기기 보급이 확대됨에 따라 소비자들의 TV를 통한 동영상 콘텐츠 소비가 상당부분 감소하는 현상이 두드러지게 나타나고 있다. 소비자들이 화면이 큰 휴대전화를 원하는 현상이 증가하는 것은 소비자들의 스마트 폰으로 하는 행동, 즉 소비자의 스마트 폰이라는 단말기기 이용 행태가 달라진 데서 그 이유를 찾을 수 있다.

실제로 소셜 데이터를 통해 최근 3년 6개월간 사람들이 '휴대전화로 한 일'의 변화상을 들여다보면 사진이나 동영상을 업로드하고 감상하는 행위 비중이 빠르게 증가하고 있음을 알 수 있다. 특히 국내에서는 스마트 폰 등 모바일 단말기기로 유튜브를 시청하는 비율이 전 세계에서 가장 높은 국가이며, 약 70% 가량의 시청이 모바일 단말기기를 통해 동영상 콘텐츠 소비가 발생하는 등 동영상 시청 행태의 변화 속도가 상당히 급속히 전개되고 있다.[20)]

20) 출처: 패블릿? 그게 왜 필요하지?, 송길영, 2015.6.30

그림 3-7 제로 TV 가구의 콘텐츠 소비 단말기기 비율21)

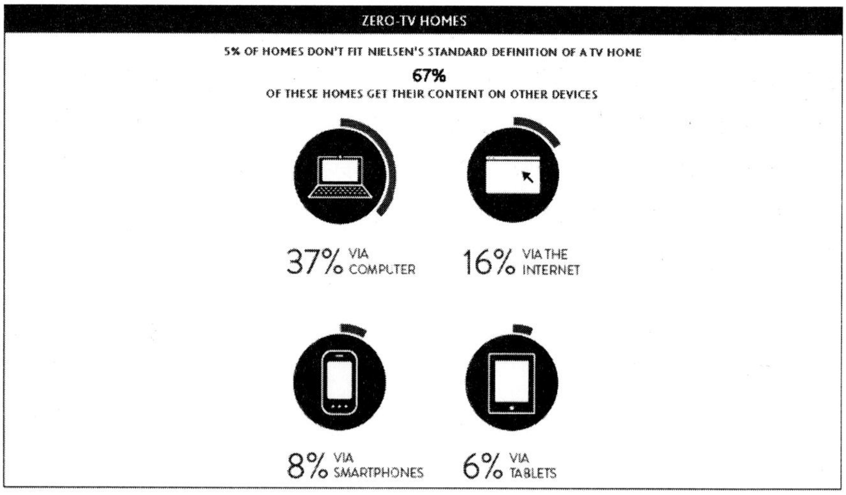

그림 3-8 스마트 폰을 통한 행위 표현의 관심(변화) 정도22)

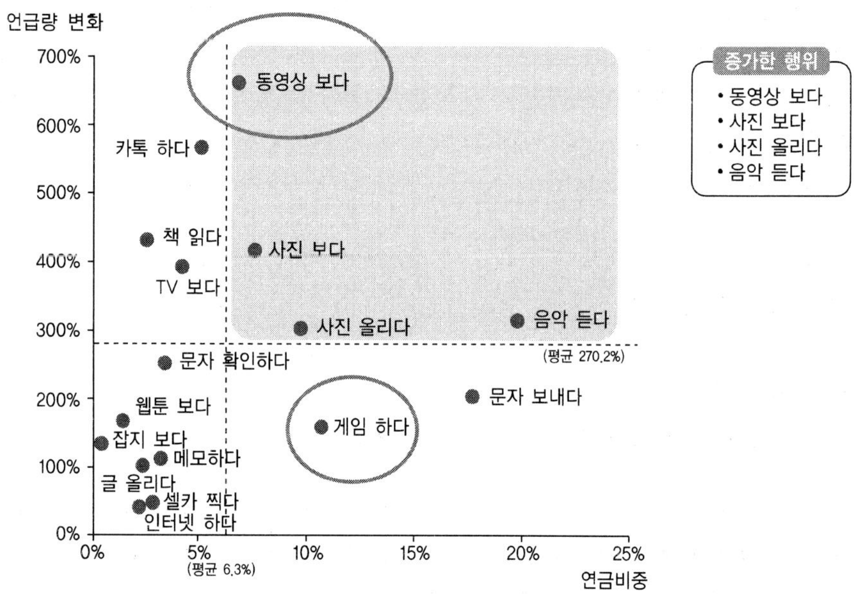

* 언급량 변화 : 2011년 대비 2014년 언급량 비율

21) 출처: http://www.nielsen.com/us/en/newswire/2013/

22) 출처: 소셜메트릭스(SOCIALmetrics Enterprise) 2011.1.1 ~ 2014.8.31

다 몰아보기

몰아보기(Binge Viewing 혹은 Watching)는 폭식(binge eating)이나 폭음(binge drinking)을 하듯, TV를 통해 동영상 콘텐츠를 몰아서 한꺼번에 이용하는 행태를 말한다. 위키피디아(Wikipedia)에서는 "한 자리에 앉아 여러 편의 콘텐츠를 보는 것(The viewing of numerous episodes of a TV show in one sitting.)"이라 설명하고 있다. 월스트리트 저널(Wall Street Journal)은 'DVR(Digital Video Recorder), VOD(Video On Demand), OTT(Over The Top) 서비스가 'Binge Viewing'을 유발하고 있으며, 이러한 변화로 인하여 전통적인 방송사업자들은 본방 사수를 유도할 수 있는 매력적인 실시간 콘텐츠 제공뿐 아니라 비선형TV 시청행태에 대응하기 위한 다양한 전략을 고민해야 하는 상황'이라고 했다.

몰아보기는 미국뿐 아니라 국내에서도 일부 세대와 계층에서 이미 나타나고 있는 동영상 콘텐츠 소비 행태이다. 몇몇 케이블 방송은 현재 인기 중에 방영되고 있거나 이미 종영된 인기 드라마를 하루 종일 편성하거나 며칠에 걸쳐 집중 편성함으로서 시청자들에게 몰아보기가 가능한 환경을 만들어주고 있다.

대표적 사례가 바로 넷플릭스의 '하우스 오브 카드(House of Cards)'라는 자사 오리지널 드라마의 제공 행태를 통해 이러한 현상을 알 수 있다. 넷플릭스는 하우스 오브 카드를 순차적으로 개봉하지 않고, 시즌 1~13화 전편을 2013년 2월 1일 동시에 공개했다. 통상 3개월 정도에 걸쳐 방송되는 기존 드라마의 편성 공식을 파괴한 것이다. 블록버스터 시리즈 드라마는 몇 주 혹은 몇 달 간에 걸쳐 순차적으로 한 편, 한 편씩 제공하는 것이 일반적 서비스 형태인데, 이는 시청자들의 기대 심리를 이용하여 최대한 많은 광고를 팔기 위해서였다. 하지만 넷플릭스의 입장에서는 광고를 매출의 주요 기반으로 하지 않기 때문에 시간을 두고 콘텐츠를 개봉할 필요가 없었고, 소비자들이 재미난 드라마를 한꺼번에 몰아서 보고 싶어 하는 기대를 채워주는 전략을 택한 것이다. 평일에는 일상적으로 바쁘게 보내다가 여가 시간이 많은 주말에 한꺼번에 몰아서 드라마를 즐길 수 있게 한 것인데, 이러한 전략은 현대를 살아가는 시청자들의 몰아보기(binge viewing) 습성을 겨냥한 것으로 소비자들의 큰 호응을 이끌어냈다. 소비자의 니즈(needs)에 따른 시청 방식의 변화를 넷플릭스가 바로 서비스에 반영한 것이다.

또한 넷플릭스는 '시리즈를 한꺼번에 개봉하기'라는 VOD 시대의 콘텐츠 개봉 방식도 주도했고, 또 큰 성공을 거두었다. 뿐만 아니라 N 스크린 전략에 집중 투자했는데, 소비자들이 장소나 단말기기에 얽매이지 않고 넷플릭스의 서비스를 제공받을 수 있게끔 하기 위해서다. 더불어 운영체계 측면에서도 윈도(Window)나 Mac

OS, iOS, 리눅스(Lynux), 안드로이드(Android), 크롬(Chrome) 등의 다양한 운영체제를 지원하고, 단말기기 측면에서도 주요 비디오 콘솔 게임기기, 스마트 폰, 태블릿, 스마트 TV 등 거의 모든 기기에서 넷플릭스의 위젯(Widget)과 앱(Application)을 통해 서비스를 제공하고 있다. 넷플릭스의 이러한 N 스크린 전략은 소비자들의 폭발적인 호응을 받으며 시장에서 입지를 강화시켜 주었다.

이후에도 'Mad Man', 'I Love Lucy', 'Orange is the New Black' 등 오리지널 드라마의 시즌 전편을 동시에 공개했다. 닐슨(Nilson)의 2013년 9월 조사에 따르면, 넷플릭스 이용자의 88%, 훌루 플러스(Hulu Plus) 이용자의 70%가 보통 10편 이상의 에피소드로 구성된 드라마 한 개 시즌의 에피소드 3편 이상을 하루에 몰아 시청하는 것으로 집계됐다.

이처럼 새로운 동영상 사업자들의 공격적인 편성과 몰아보기 시청의 증가는 전통적인 유료방송사의 서비스에도 변화를 가져왔다. 대표적으로 컴 캐스트(ComCast)는 2013년 3월에 'Watchton(Watch + Marathon) Week' 이벤트를 열어 HBO의 '왕좌의 게임(Game of Thrones)', 쇼타임(Showtime)의 '덱스터(Dexter)'와 같은 유명 드라마 전편을 VOD 서비스로 제공했다. 그 결과 VOD 이용자가 전년 동기 대비 25%나 증가했다.[23)]

반면 몰아보기는 본방시청률 감소, 광고회피, 제살깎기 등의 위험요인을 내재하고 있어, VOD 서비스를 제공하는 전통적인 방송사업자들에게는 새로운 수익원인 동시에 부담으로 작용하고 있다.

라 동시 소비와 소셜(Social) 시청

스마트 폰과 태블릿, 최근에는 패블릿 등 모바일 단말기기 보급의 증가, 콘텐츠 디지털 화를 통한 확산은 세컨드 스크린(second screen) 혹은 멀티스크린(multi screen) 이슈를 만들어 가고 있다. 이와 더불어 TV를 보면서 다양한 소셜 네트워크를 통한 소셜 관련 활동을 하는 소셜 시청 및 단순히 TV 콘텐츠만 소비하는 것이 아니라 음악 감상을 하거나 정보 검색을 하거나 하는 등의 다른 활동을 동시에 진행하는 동시 소비 등을 의미하는 소셜 TV라는 새로운 콘텐츠 소비 행태가 증가하고 있다. 스마트 폰, 태블릿, 랩톱, 패블릿 등의 단말기기는 소비자들이 TV를 시청하면서 소셜 활동에 참여하기 쉽게 만들어 주고 있다. 닐슨(Nielsen) 조사에 따르면, 미국 스마트 폰과 태블릿 보유자의 85%는 적어도 월 1회 TV를 보면서 스마트 폰이

23) 출처: 몰아보기(Binge Viewing) 시청 트렌드 확산에 따른 유료 TV와 OTT 사업자 진영의 대응 양상, Strabase, 2013.9.30

나 태블릿 PC를 세컨드 스크린으로 이용하고, 41%는 매일 이용하는 것으로 나타났다.[24] 국내 조사결과도 77%의 응답자들은 스마트 폰을 이용하는 동안 다양한 활동을 동시에 수행하는 것으로 나타났는데, 47%는 스마트 폰을 사용하는 동안 TV를 시청하며, 음악 감상(35%), 인터넷 사용(31%), 영화 감상(18%) 등의 활동을 하는 것으로 나타났다.

이처럼 모바일 디바이스를 이용하면서 다른 기기들을 활용하여 다른 활동을 동시에 하는 멀티태스커(Multi-tasker)가 증가하고 있는데, 이는 전 세계적인 트렌드로 자리잡아 가고 있다. 문제는 세컨드 스크린을 활용한 동시소비가 TV를 통해 제공되는 지상파의 콘텐츠 내용과 연관된 행위가 아닌 이메일 확인이나 검색, 일상적 채팅인 경우, 시청몰입도가 떨어지거나 광고회피라는 문제가 발생한다는 점이다. 따라서 방송사들은 동시 소비나 소셜 시청을 이용하는 소비자들을 잡기 위해 추가적인 노력을 경주해야 하는 문제를 안게 되었다. 세컨드 스크린의 이용이 TV와 연관되어 이루어질 때 소셜 시청과 연결된다.

물리적으로는 혼자 TV를 보지만, 세컨드 스크린을 통해 온라인으로 연결된 누군가와 프로그램과 관련된 대화를 하고 의견을 공유하면서 TV를 시청하는 소셜 시청행태라는 소비자의 소비문화 변화에 대응하기 위해 다양한 모바일 단말기기를 통해 서비스하기에 적합하게 제작된 앱(App)을 제공하거나 TV 프로그램과 연관된 다양한 정보나 상거래 서비스를 제공함으로써 새로운 부가가치를 만들어 가고, 동시에 광고 회피 등을 통해 나타나는 문제에 대해 새로운 부가가치 서비스를 제공하고, 나아가 세컨드 스크린을 통해 다른 일을 하는 시청자들을 실시간 방송에 붙들어 놓기 위한 노력을 경주해야 하는 변화의 필요성이 등장하고 있다.

그러나 소셜 시청은 TV 시청경험을 확장한다는 측면도 있는데, 지상파 방송 등 전통적 방송 콘텐츠 제공 사업자 입장에서 세컨드 스크린과 소셜 TV의 결합은, 다시 말해 TV로 본방을 사수하면서 세컨드 스크린으로 프로그램 관련 대화를 나누는 소셜 시청은 시청률도 유지하고 시청자들의 몰입도와 충성도도 확보할 수 있는 좋은 전략이 될 수 있다.[25] 다만, 소셜 TV 이용이 본방 시청률을 얼마나 올려주고

---

24) 출처: Techcrunch, 2012.12.5 발표 중

25) 미국의 컴 캐스트는 소셜 TV 서비스인 Zeebox에 투자했는데, 프로그램 시청 중에 Zeebox를 이용하여 콘텐츠 정보를 확인하거나 방송 내용으로 SNS로 연결하거나 쇼핑하는 기능을 제공. Zeebox는 전국으로 흩어져 있지만 동시간대에 TV 프로그램을 시청하고 있는 수백만 명의 시청자들을 실시간 소셜 TV로 끌어들이고자 다양한 시도를 하고 있으며, 이러한 시도들은 TV 시청 도중 게임이나 쇼핑 등 TV를 벗어난 행동을 'TV 연관 소비'로 바꾸어 TV의 분산된 몰입 수준을 한 곳으로 모으려는 시도로 해석된다(제레미, 2013).

실제 광고 수익에도 긍정적인 역할을 해 줄 수 있는지, 소셜 TV를 통해 방송사가 시청자를 정확하게 이해하게 되고, 이들 정보를 활용한 새로운 비즈니스 창출 기회를 마련할 수 있을지 앞으로 관찰해 보아야 할 것이다.

동시소비가 일상화되면서 TV가 세컨드 스크린으로 물러나는 상황을 가정할 수 있다. TV가 여전히 퍼스트의 자리를 차지하고 있는 경우라면, 방송사업자는 세컨드 스크린을 TV와 연동한 서비스를 제공하거나 그러한 서비스 이용을 활성화시킴으로써 시청의 몰입도 저해나 광고 회피 문제를 해결해 갈 수 있다. 그런데 만약 TV가 세컨드 스크린(Second Screen)이 되는 상황, 예를 들어 TV를 보면서(주 행위) 다른 매체나 디바이스를 이용하는 것이 아니라, 스마트 폰으로 다른 서비스를 이용하면서 켜져 있는 TV를 흘끔거리며 보는 보조적 행위가 된다면 사업자들은 TV자체를 퍼스트 스크린으로 만드는 전략을 고민해야 한다.

정리하기

1 미래를 나타내는 용어는 일반적으로 전략적 미래예측 방법론 상 변화가 일어나게 되는 시간적 차이, 즉 얼마나 긴 기간에 걸쳐 일어날 것 인가하는 시간의 문제와 각 변화가 가지는 영향력, 즉 공간에 대한 점유율 등의 변화의 크기에 따라 8가지 정도로 나누어 정의될 수 있는데, 국제미래학회에서 정의하는 미래를 나타내는 용어에 대해 설명하시오.(P105~106)

2 소비자 행동(Consumer'Behavior)란 무엇인가?(P110)

3 소비자 구매행동과 관련하여 미국의 경제학자 롤랜드 홀(Roland Hall)의 AIDMA이론에 대하여 설명하시오.(P114)

4 디지털 네이티브(Digital Native)란?(P115)

5 스낵 컬쳐(Snack Culture)란?(P117)

6 삼성경제연구소에서 발표한 최근 젊은 세대들의 4가지 소비 트렌드는 무엇인가?(P118)

7 동영상 소비의 변화 중 비선형적 동영상 콘텐츠 소비에 대해 설명하시오.(P121~122)

8 Zero TV 가구란 무엇인가?(P122)

확인하기

1 • 유행, 패드(Fashin, Fad) : 시간적으로 짧은 주기를 가지며, 공간적으로 어느 분야라는 영역에 한정되어지는 경우
• 트렌드(Trend) : 변화의 공간적 범위는 유행에 비해 크며, 시간상으로도 보통 10여 년에 걸친 주기를 가지는 경우
• 메가트렌드(Megatrend) : 변화의 주기는 수 십 년에 걸쳐 있으며, 그 기간 동안 변화의 공간은 삶의 거의 모든 영역에 걸쳐 나타나는 경우
• 불확실성(Uncertainty) : 트렌드와 비슷한 시간에 걸쳐 변화하며, 공간적 범주도 유사한 경우
• 빅 체인지(Big Change) : 시간적으로 훨씬 긴 변화의 주기를 가지며, 공간적으로도 큰 영역을 차지하는 경우
• 불변성(Invariability) : 트렌드와 비슷한 시간과 공간 속에서 좀처럼 변하지 않는 것을 의미
• 법칙, 패턴(Law, Pattern) : 변화의 구성 요소들 간의 상호작용에서 생기는 규칙이 작동되는 것으로, 불변성이 확장되어 긴 시간 동안 특징이 유지되며, 적용영역도 크게 변하지 않는 경우
• 패러다임(Paradigm) : 가장 시간적으로 긴 변화이며, 공간적으로 거의 모든 영역에 영향을 미치는 현상을 일컫는 것

2 소비자 행동(consumer's behavior)이란 '인간의 다양한 행동영역에 있어서 소비와 관련한 형태의 인간행동'을 의미하는 것으로서, 인간이 소비생활을 함에 있어서 행하는 심리적 · 물리적 행동 등을 포함하는 개념으로 이해되고 있다.

3 소비자가 상품이나 서비스에 대한 정보나 광고를 접한 후 어떤 단계를 거쳐 상품을 구매하는 가를 설명한 이론이다. 다시 말해 AIDMA란 소비자의 행동 방식이 Attention(주의) – Interest(관심) – Desire(욕구) – Memory(기억) – Action(행동) 순으로 이뤄진다는 이론

4 1980년대 들어서면서 컴퓨터의 대중화로 인한 개인용 컴퓨터 보급의 확대와 1990년대 휴대전화 및 초고속 인터넷 서비스의 보급으로 인터넷 이용이 보편화되면서 정보의 접근성이 높아지고, 다양한 멀티미디어 환경을 통한 콘텐츠 서비스를 즐길 수 있는 등 디지털 컨버전스 혁명기에 성장기를 보낸 세대를 지칭한다.

5 즉시성을 선호하여 5분 이상 되는 콘텐츠에 대해서는 그 내용이 아무리 효용가치가 있다하더라도 이를 이용하는 것을 꺼려하며, 5분 이하의 짧은 콘텐츠(Micro chunk)를 선호하고, 유튜브(YouTube)나 트위터(twitter), 카카오 톡등의 성장과 글로벌 화 혹은 웨비소드(Webisode)라는 새로운 형식의 드라마가 등장하는 등의 현상 등에서 볼 수 있듯이 단편적 내용들을 선호하는 문화를 일컬어 스넥 컬쳐(Snack Culture)라 한다.

6 대표 아이콘을 추종하고, 패션 유목민(Nomad)적 특성을 가지며, 현실에 대한 반항심을 표출하고, 사이버 네트워킹(Cyber Networking)을 통한 관계 형성에 익숙하다.

7 과거에는 지상파 방송사들이 제공하는 방송 콘텐츠 편성 스케줄에 맞춰 정해진 시간에 지상파 방송 프로그램을 시청하는 수동적 시청이 방송 콘텐츠 소비의 주된 방식이었다. 소비자에게는 시청하거나 시청하지 않는, 즉 다시 말해 본방을 보거나 재방을 보는 정도의 옵션이 있었을 뿐이다. 그러나 이제는 시간과 장소, 방송 콘텐츠를 소비하는 단말기기의 종류 등에 구애를 받지 않고 시청자들이 직접 선택해서 이용하는 등 방송콘텐츠의 시청형태, 특히 TV를 단말기기로 하여 방송 콘텐츠를 시청하는 등 방송 콘텐츠 나아가 동영상 콘텐츠의 소비 행태가 비선형적(Nonlinear)으로 변화되어 지고 있다. 또한 시청 패턴 역시 주문형 비디오(Video On Demand)로 빠르게 움직이고 있다.

8 소비자들의 동영상 콘텐츠 소비 행태나 이용 미디어들의 변화는 결국 젊은 세대들을 중심으로 TV라는 단말기기로 부터의 이탈이 본격화되고 있는데, 이처럼 동영상 콘텐츠 소비 시 TV를 보유하지 않고, 나아가 TV이외의 다른 단말기기를 이용하는 가구, 즉 TV 수상기가 없거나 있더라도 전통적인 유료방송 서비스에 가입하지도 않고, 직접 수신을 통해 지상파 방송도 이용하지 않는 가구들을 일컬어 일명 'Zero TV 가구'라고 부른다. 이는 소비자들의 동영상 콘텐츠 소비에 있어서의 이용 단말기기의 변화를 보여줌과 동시에 동시소비, 소셜시청, 비선형적 이용 및 멀티스크린 소비라는 소비자들의 소비 행태의 변화를 대표하는 특징 중의 하나이다.

제2절 미디어 산업의 변화

미디어란 "정보나 내용물, 즉 콘텐츠를 저장하고, 전달하기 위해 사용되는 매체[26]", 다시 말해 정보와 가치를 전달하는 모든 수단을 일컫는다. 전통적으로 최근까지의 미디어는 대중 매체(Mass Media)와 동의적 개념에서 이해되어 왔으나, 정보통신 기술의 발달과 인터넷의 보편화로 인해 미디어의 다변화와 다양화가 급속히 진전되고, 다양한 뉴미디어가 등장하고 있다.

뉴미디어(New Media)란 말 그대로 '새로운 매체'를 의미한다. '정보나 내용, 즉 콘텐츠를 저장하고, 전달하기 위해 사용되는 매체'가 새롭게 재탄생된 것을 일컫는 말이다. 따라서 뉴미디어의 해석에서 우리가 특히 주목해야 할 것은 '새롭다.'라는 의미다. 우선 '새롭다.'라는 말의 사전적 의미는 '지금까지 있었던 적이 없으며, 과거와 달리 생생하고 산뜻하게 느껴지는 맛이 있어 매우 절실히 필요하거나 아쉬운 것'이다. 이를 다시 미디어 측면에서 해석해본다면, 뉴미디어란 '시대와 사회의 발전에 따라 상대적이며, 절실한 필요에 따라 만들어지는 것'으로 '콘텐츠를 전달하는데 기존의 것보다 새로운 기술이나 서비스에 의해 다른 전달 방법을 보이는 매체'라 풀어볼 수 있다.

기술의 미래를 예측할 때 기술의 발전이 선형적으로 이뤄질거라 막연하게 인식할 수도 있다. 그래서 빠르게 진화하고 있는 기술의 본질적인 변화를 제대로 알아차리지 못하는 경우가 많다. 하지만 기술이 발전해온 과거를 돌이켜보면, 새로운 기술은 다분히 불규칙적으로 등장하거나 불연속적으로 보일 만큼 큰 폭으로 도약하곤 한다. 특히 혁신적인 기술일 때는 그 정도가 더욱 심하다. 기술은 유기체와 같이 생태계를 이루며 생존경쟁에서 도태와 성장을 반복한다.

이런 의미에서 인터넷의 등장과 정보통신 기술의 파괴적 발전(disruptive enhancement)은 다른 분야보다도 미디어 산업 분야의 혁명적 변화를 야기시키고 있다. 인터넷을 미디어와 동의어적으로 사용하는 경우가 있는데, 그 자체를 미디어로 이해하기보다는 콘텐츠를 전달하기 위한 물리적, 기술적 네트워크로 인식하는 것이 타당할 것이다. 물리적·논리적 측면에서 네트워크를 통해 다양한 서비스들이 만들어지고 서비스되고 있으며, 그러다보니 서비스를 제공하는 플랫폼 역시 다양하게 등장하고 있다. 한편으로 서비스를 제공하는 플랫폼이 미디어로 새로이 인식되어지기도 하고, 새로이 등장하는 미디어들은 하루가 다르게 변모하고 또 다른 새로운

26) 출처: 네이버 국어사전

미디어, 즉 뉴미디어를 만들어 가고 있다. 한마디로 스마트 혁명이라는 기술적, 산업적 트렌드가 미디어 산업에서의 빅뱅(Big Bang) 시대를 만들어가고 있는 것이다.

예컨대, 우리가 음악을 즐기는 데 사용하는 미디어를 보자. 최초의 미디어는 1857년 프랑스의 L.스콧이 메가폰에 막을 붙여 사용한 것이 계기가 되어 축음기의 개발로 이어지게 된다. 이 축음기를 통해 음악을 듣기 위해 A.G.벨(Bell)이 1885년 녹음 기술을 발명, 1948년 컬럼비아 사가 LP판을 만들기 시작하였다. 그러나 이 LP판은 1976년 필립스와 소니에 의해 CD라는 새로운 매체가 대체되기 시작함에 따라 올드 미디어가 되었다. 이후, MP3[27] 파일로 음원이 바뀌게 되고, 음악 포털이 등장하면서 온라인으로 음악을 전달할 수 있게 된 후, CD는 다시 올드 미디어가 되었다. 이처럼 음악의 문화를 만들기 위한 수단으로서 음원을 보관하고 재생하는 방법은 기술의 발전과 함께 다양한 모습으로 변화했고, 이제는 음악을 검색하고 구매하며, 즐긴 후에는 삭제하는 "검색과 삭제의 문화(Search and Delete)"로 변화되었다. 이제는 음원을 LP나 CD로 사는 것은 매우 오래전 역사처럼 여겨질 정도이니 그만큼 기술의 발전 속도가 매우 빠르다는 의미로도 해석할 수 있다.

그림 3-9 미디어의 변화

콘텐츠 형태 \ 플랫폼 형태	지상파 TV	IPTV CATV	스마트폰	PC	포털	비디오 게임기	유선 전화	라디오	극장	DMB	e-Book	테블릿PC
음성			○	○			◆					○
문자		○	○	○	○	○	○				○	○
드라마	◆	○	○	○	○	○		◆		○		○
게임	○	○	○	○	○	◆						○
웹서비스	○	○	○	○	○	○					○	○
음악	○	○	○	○	○	○		◆		○		○
뉴스. 정보	◆	○	○	○	○	○		◆	◆	○	○	○
영화(영상)	◆	○	○	○	○	○			◆	○		○
만화(웹툰)		○	○	○	○	○						○

◆ : 1970년대, ○ : 2000년대

27) MP3(MPEG Audio Layer-3) : 음악 등 각종 오디오용 데이터를 저장한 컴퓨터 파일. 여기서 MPEG(Moving Picture Experts Group)이란 국제 표준화 기구(ISO, International Organization for Standardization) 산하의 동영상 연구모임

이처럼 뉴미디어는 정형화된 모습을 갖는 것이 아니라 늘 혁신적 기술의 발전과 그에 따른 소비자의 소비문화의 변화 속에서 새로이 등장하고 진화하는 상대적 개체로서 항상 변화(variableness)하는 변동성을 가진다. 기존 미디어의 정보처리나 전달 방식에 수정이 가해지거나 새로운 기능이 부가됨으로써 기존 미디어와는 다른 별개의 특성을 갖게 되는 것이다.

1 미디어의 변형 및 선택 관련 이론

가 미디어 모포시스(Media Morphosis)와 상대적 불변 이론(principle of relative constancy)

미디어의 발전 과정을 이해하기 위해서는 로저 피들러(Roger Fidler)에 의해 주창된 '미디어 모포시스 이론(Media Morphosis theory)', 즉 미디어가 변화해 가는데 있어 발생되는 다양한 특성에 대해 고려해 볼 필요가 있다. media morphosis는 매체를 뜻하는 'media'와 변형을 뜻하는 'metamorphosis'의 합성어로, '미디어의 변형'이라는 의미를 갖는다. 미디어 모포시스 이론은 기술의 변화와 새로운 기술의 도입으로 인한 미디어의 사회적 의미와 영향 등에 대해 미디어의 생태학적 접근을 위한 이론적 기반을 제공한 이론이다. 미디어 모포시스 이론에서 주장하는 핵심은 뉴 미디어가 등장하면 뉴미디어가 올드 미디어를 대체하여 올드 미디어가 완전히 사라질 것으로 이해하고 있지만, 실상은 전통적 미디어, 즉 올드 미디어는 사라지거나 소멸하지 않고, 전통적 미디어 상호 간 혹은 새로운 미디어와 전통적 미디어 간 서로 영향을 주고받으며, 장점을 취해 진화해 나가는데, 이는 인간의 욕구와 필요, 시장과 정치의 영향, 사회와 기술발전 등 여러 요인들이 복합적으로 상호작용하여, 미디어 변형을 가져오게 하는 현상을 보이게 된다는 것이다. 미디어 모포시스 이론은 미디어의 미래를 예측하는데 활용되어질 수 있으며, 공진화와 공존(coevolution & coexistence), 변형(metamorphosis), 전파(propagation), 생존(survival), 기회와 필요(opportunity & need), 확산의 지연(delayed adoption) 등을 미디어가 변형되어지는 미래를 예측하는 원리로 제시하고 있다.

먼저 공진화와 공존은 미디어가 복잡한 시스템 내부에서 확장, 적응하기 위해 공존하면서 서로가 서로에게 영향을 주고받으며, 진화해 나가면서 존재한다는 의미이다. 변형은 새로운 미디어가 어느 날 갑자기 나타나는 것이 아니라 기존의 미디어가 점진적으로 변형한 결과에 의해 나타난다는 의미로, 새로운 형태의 미디어가 나타나면, 기존의 미디어나 미디어의 형태는 사라지는 것이 아니라 스스로 진화하거나 변화에 적응하려는 현상을 보이게 된다는 것이다. 변형의 원리는 미디어 진화나 미디어의 미래 변화를 예측하기 위한 토대가 되는 개념으로 받아들여진다. 예를 들어 텔레비전이 등장하면서 라디오라는 전통적 미디어는 매 시간 정각에 뉴스를 내보내는 기능을 대신하여 음악 콘텐츠나 시사토크 등을 주요 방송 콘텐츠로 송출하면서 스스로 체질을 바꿔 살아남았고, 텔레비전 역시 디지털 시대가 도래(到來)하고, 인터넷의 영향에 따라 다양하게 새로운 미디어가 탄생하게 됨에 따라 그들과의 차별적 서비스 제공을 위해 기존에 강점을 두었던 뉴스와 시사, 교양보다는 엔터테인먼트 쪽으로 체질을 개선해 나가는 등 새로운 변형을 만들어 가고 있다. 최근 텔레비전 프로그램이 오감을 중시하는 소비자들의 트렌드 변화에 맞춰 소위 '먹방' 혹은 '백선생의 집 밥'이라는 미각을 자극하는 프로그램 등 지상파나 케이블TV, 종합편성채널 할 것 없이 인기 셰프(Chef)를 앞세운 요리 TV 프로그램 제작에 열을 올리는 등 다양한 엔터테인먼트 위주의 프로그램으로 편성하는 것도 이러한 변형을 통한 진화의 방향으로 판단된다.

전파는 미디어가 널리 전파되고 확산되는 것을 의미하는 것으로, 뉴미디어는 전통적 미디어의 특성을 유전적으로 물려받게 되며, 전통적 미디어가 갖는 특성을 확산시키게 된다는 것이다. 생존은 미디어 기업 뿐 아니라 해당 미디어 자체도 변화하는 환경 속에서 적응하도록 강제되며, 그렇지 못할 경우 역사에서 사라지는 미디어가 된다는 것을 의미한다.

기회와 필요는 새로운 미디어가 만들어 지면, 새로이 만들어진 뉴미디어가 단순히 혁신적인 기술을 활용하여 만들어졌다는 이유만으로 소비자에 의해 선택되고, 소비되어지는 것이 아니라, 그 기술을 필요로 하는 사회, 정치, 경제적 동기가 존재해야만 즉, 그러한 동기에 의해 소비자가 필요를 느낄 때만이 확산이 가능하다는 뜻이다. 전파나 확산의 지연 현상은 새로운 미디어와 그 기술의 상업적 성공이 단시간에 이루어지기보다는 최소한의 시간, 일반적으로 약 20년에서 30년 정도의 시간, 다시 말해 한 세대에 걸친 시간이 필요함을 강조한다. 따라서 뉴미디어를 올드미디어와 구분하는 이분법적 시각으로 보는 것을 지양하고, 미디어의 전체적인 역사 시스템 안에서 결과물로 인식한다면 현재의 뉴미디어를 통해 미래의 뉴미디어에 대한 성찰이 가능할 것이라고 주장하고 있다.

결론적으로 정보통신 기술의 발전과 인터넷의 등장으로 혁신적 변화를 보이고 있는 미디어 산업 환경에서도 다양한 미디어가 공존하면서 상호 밀접한 관계를 맺으며, 미디어 산업을 둘러싼 생태 환경의 변화에 능동적으로 대처하면서 살아남기 위해 변형을 거듭하는 등 전통적 미디어(Old Media)의 사회적, 기술적 변형을 통해 새로운 미디어가 만들어지고, 새로운 미디어와 전통적 미디어 등 모든 미디어는 같이 진화하고, 변형되어지면서 존재하게 된다는 것을 강조하고 있다.

사용자가 새로운 미디어를 채택하게 되는 요인에 대한 분석 이론으로서 가장 많이 사용되는 것으로, 로저스(Everett M. Rogers)의 개혁확산이론(Innovation Diffusion Theory)과 기술수용모델 이론(Technology acceptance model : TAM)을 들 수 있다.

개혁 확산 이론은 뉴미디어가 소비자에 의해 채택되어지고 소비되어지는데 소요되는 시간과 속도에 관해 혁신확산곡선으로 설명한 것으로, 미디어의 채택이 확산되어 나가는 과정에 초점을 맞추고 있다. 여기에 대해서는 미디어 선택의 영향에 대한 이론 중 혁신확산모델(Diffusion of Innovation)을 통해 자세히 설명코자 한다 (P135 참조).

반면, 기술수용모델은 조직의 업무 성과를 개선하기 위해 정보기술을 도입하는데, 조직 구성원들이 새로이 도입되는 정보 기술을 수용하는데 영향을 미치는 요인들이 무엇인지 밝히기 위한 이론적 틀로서 개발되었다(Davis, 1989; Davis, Bagozzi, & Warshaw, 1989). 이는 조직에서 어떤 혁신을 하기 위해 정보기술을 도입하는 것에 대해 조직 구성원이 가지고 있는 믿음(beliefs)과 긍정적 또는 부정적 평가인 태도(attitudes), 이용 의사(intention to use)와 실제 이용(actual use)으로 이어지는 현상 간에 어떤 인과관계가 있는지, 그리고 조직 구성원이 정보기술을 수용하는 과정에 영향을 미치는 외부 요인들은 어떠한 것이 있는지를 발견하는 데 초점을 맞춘 이론인데, 이를 새로운 미디어를 수용하는데 있어 이용자들이 새로운 기술을 적용하여 만들어지는 뉴 미디어를 수용하는 이유에 대한 연구로 확대, 적용한 것이다.

이 이론에 따르면 기술수용모델은 정보기술 시스템에 대한 조직 구성원의 이용 의사를 예측할 수 있는 핵심적인 결정요인으로 태도를 제시하고, 합리적 행위이론에서는 구체화되지 않은 태도의 결정요인들로 '인지된 유용성(perceived usefulness)'과 '인지된 이용 용이성(perceived ease of use)'을 도출하였는데, 이는 미디어 이용 의사에 영향을 미치는 핵심 변인으로 제시될 수도 있다. 다시 말해 사용자(수용자)가 새로운 기술이나 시스템의 도입을 통해 만들어지는 미디어가 개인의 생산성과 효율성의 증대에 기여할 것이라는 인지된 유용성과 그것을 이용함으로써 정신적, 신체적 노력이 많이 요구되지 않을 것이라는 주관적 믿음에 따른 인지된 이용 용이성의 정도에 따라 채택될 수 있을 것이라 설명하고 있다.

맥콤(McCombs)은 미디어 소비에서의 상대적 불변 이론(principle of relative constancy)을 제시하였는데, 이는 '시간이 지날수록 미디어의 수는 늘어나지만 실제로 개인이 미디어 소비에 투입할 수 있는 경제력은 제한되어 있어 전체 소득 중 미디어에 소비하는 지출 비용이 일정하게 유지'된다고 주장하였다. 상대적 불변 이론은 미디어 산업에서의 관심경제(attention economy)의 중요성으로 설명되어 질 수 있는데, 결과적으로 거시적 차원에서 미디어 소비에 일정한 한계점이 존재한다고 보고, 궁극적으로 사용자 개인의 미디어 소비를 위한 지출의 규모나 수준을 결정하는 것은 국가 경제 전반과 밀접한 관련이 있다고 주장하고 있다. 따라서 미디어 모포시스 이론에 의해 변형되어 탄생되는 뉴미디어로의 미디어 변형과 확산은 결국 무한대의 경쟁과 경쟁 상황에서의 적자생존의 형태로 나아갈 수밖에 없다는 사실로 귀결된다.

다만, 1975년 소니(Sony)에 의해 가정용 VCR(Video Cassette Recorder)이 출시되었을 때, 미국 가정의 미디어에 대한 소비 지출이 소비 증가율 보다 높은 것으로 나타난 바 있는데, 이는 새로운 미디어에 대한 지출 욕구가 강해져서 전체 가계 지출 수준보다 높은 비중으로 미디어 소비 지출을 한 현상으로 맥콤의 상대적 불변 이론과 다른 패턴이 나타난 것이다(Owen & Wildman, 1992). 이러한 예외적 현상은 미디어 모포시스 측면에서도 단순한 진화적 변형이 아닌 혁신적 변화, 즉 파괴적 기술에 의한 혁신적 미디어의 등장은 단기적으로는 새로운 미디어 소비를 창출할 수 있으나, 장기적으로는 상대적 불변이론으로 수렴해 갈 수 밖에 없다는 것으로 설명될 수 있다.

나 미디어 선택의 영향에 대한 이론

미디어의 변화 현상에서 살펴본 바와 같이, 인터넷의 등장과 정보통신 기술의 발전에 따라 다양한 형태의 새로운 미디어들이 등장하고, 미디어 산업에서도 무한대의 경쟁적 환경이 도래됨에 따라 소비자들이 왜 그 미디어를 선택하는가? 하는 선택의 문제를 설명하는 이론으로, 사회인지이론(Social Cognitive Theory), 혁신확산모델(Diffusion of Innovation), 이용과 충족(Use and Gratification), 계획된 행동 이론(The Theory of Planned Behavior) 등 4가지 이론으로 설명되어지고 있다.

사회인지이론은 앨버트 밴두라(Albert Bandura)[28]에 의해 제안된 것인데, 개인들의 학습에 영향을 미치는 것은 환경과 개인 변인(變因, factor) 그리고 행동 등 세 가지이며, 이들 간의 상호 작용에 의해 학습이 이루어지게 된다고 주장한다. 다시 말해 개인들은 다른 사람의 행동이나 주어진 환경과 그에 따른 상황을 관찰하고 이에 대한 모방을 통해 스스로 학습하게 된다는 것이다. 학습에서 중요한 것은 모델

28) 밴두라(Albert Bandura) : 1977년 출간한 ≪사회학습이론≫을 통해 사회학습이론의 학문적 발판을 마련한 심리학자로, 초기에는 행동주의 학습이론에서 출발해 나중에는 인지적 측면을 중시하는 사회학습이론을 발전시킴.

링, 즉, 개인(모델)이 다른 개인(관찰자)의 사고, 태도, 또는 외형적 행동에 대한 모방으로, 개인은 자신이 모델링한 것을 행동으로 나타내게 된다.

따라서 자신도 노력하면 성공할 수 있다는 학습자의 신념, 그리고 자신의 능력에 대한 믿음인 자기 효능감(self-efficacy)[29] 이 두 가지가 개인의 학습에 중요한 요인으로 작용하게 되며, 그에 따라 소비자가 새로이 만들어지거나 변형되어 탄생되는 미디어를 선택하고 소비하는데 있어서, 해당 미디어를 소비함으로써 다른 사람에 비해 더 효율성 등을 높일 수 있다는 신념이나, 소비자 자신도 새로운 기술에 의해 만들어진 뉴 미디어를 활용할 수 있는 능력을 가지고 있다고 믿는 자기 효능감, 그리고 자신이 모델로 삼는 다른 개인이 그 미디어를 선택하고 있는가와 같은 모델링 등의 개인적 요인들이 미디어 산업의 구조적 요인과 결합되어 개인들의 미디어 선택 행위에 영향을 미치게 된다는 것이다.

자기 효능감이 높은 사람은 새로운 미디어의 사용에 대해 긍정적이나, 반대로 낮은 사람은 부정적으로 파악하는 것으로 관찰되었다. 따라서 새로운 미디어를 받아들이는 확률을 높이기 위해서는 자기 효능감을 높여 주어야 하고, 자기 효능감을 높이기 위해서는 다양한 요소들이 작용하거나 영향을 미치거나, 그 중 성취 경험을 쌓아가거나, 기술의 숙련도를 높이거나, 다른 사람을 관찰하고 이들의 행동을 모델링하거나, 소셜 미디어 등 새로운 미디어의 양방향성 특성을 통해 다른 사람들로부터 긍정적 피드백을 받거나, 스스로 감정적인 상태를 긍정적으로 만드는 등의 요소들이 작용하게 된다. 또한 이들 요소들을 통해 새로이 만들어지는 미디어를 능숙하게 활용하고, 사회적 학습을 활발히 수행하게 해야 한다.

에버렛 로저스(Everett M. Rogers)가 1962년에 제시한 혁신확산이론(Innovation Diffusion Theory)은 소비자가 새로운 것으로 인식하는 아이디어, 관행, 또는 사물 등 혁신이 받아들여지는 원인들과 혁신의 확산 속도와 채택 시점의 차이를 가져오게 하는 원인 등을 파악하는 데 초점이 맞추어져 있다. 이 이론에서는 혁신 성향을 기준으로 사회 구성원들을 범주화해 혁신가(innovators), 초기 채택자(early adopters), 초기 대다수(early majority), 후기 대다수(late majority), 혁신 지체자(laggards) 등 5가지 범주로 구분하고, 각 집단의 구성 분포가 각각 2.5%, 13.5%, 34%, 34%, 16% 등으로 구성되고 있는데, 초기 대다수에 해당하는 34%, 즉 초기 대다수의 소비자(수용자)에 의해 뉴미디어가 수용될 때 해당 미디어는 대중화되었다고 하며, 이 지점을 절대적 다수(critical mass)라고 표현하기도 한다.

---

29) 출처: Eastin & LaRose, 2006.

혁신확산이론에 근거해 진행되어진 다양한 연구결과들에 따르면, 새로운 미디어의 확산이 이루어지는 속도 측면에서 영향을 미치는 요인으로는 상대적 이점, 적합성, 시험가능성, 관찰가능성, 복잡성 등 5가지를 제시하고 있으며, 상대적 이점이나 적합성, 시험 가능성, 관찰 가능성이 높고, 복잡성이 낮을수록 새로운 미디어를 채택하거나 미디어가 확산되는 속도가 빠르다고 한다. 상대적 이점(relative advantage)은 새로운 미디어 서비스가 기존 미디어보다 수용자(이용자)에게 더 좋은 가치와 혜택을 제공하기 위해 만들어내는 혁신이 얼마나 더 많은 이점을 갖는가하는 점이고, 적합성(compatibility)이란 뉴미디어가 수용자가 갖고 있는 기존의 가치관, 경험, 필요 등에 부합한다고 인식하는 정도를 의미한다. 시험가능성(trialability)이란 새로운 미디어의 구매나 미디어 서비스에의 가입 등 새로운 서비스를 채택하기 이전에 수용자가 직접 경험해 볼 수 있는 정도를 나타내며, 관찰가능성(observability)은 새로이 혁신에 의해 만들어진 서비스나 제품을 채택한 결과 다른 수용자들이 얼마나 효율적으로 변화되었고, 이용에 따라 변화된 현상을 직접 확인해 볼 수 있는 가능성을 의미한다. 복잡성(complexity)은 혁신을 통해 만들어진 서비스나 제품을 이해하거나 사용하는데 있어 어렵다고 느껴지는 정도를 의미한다.

다시 말해 새로운 미디어가 탄생할 때 제공하고자 하는 공급자 입장에서 미디어 수용자에게 제공해야할 상대적 가치, 수용자들의 기대에 부합하는 기능이나 품질, 쉽게 접근할 수 있는 접근의 용이성, 체험을 통한 경험의 매매가 가능하게 해주는 것 등이 확산에 있어 중요한 요인이라는 것으로 이해된다.

그림 3-10 혁신 확산 곡선[30)]

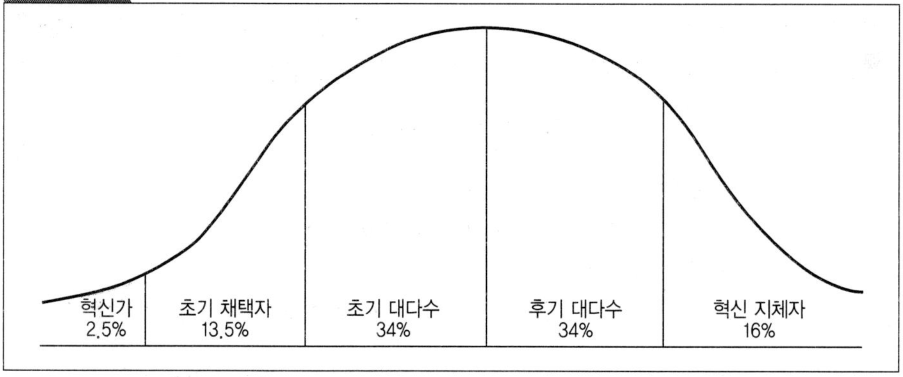

30) 출처: 뉴미디어 뉴커뮤니케이션, 조수선 외, 이화출판, 2014.10.31

이용과 충족 이론(Uses and Gratifications Theory)[31]은 첫째, 사람들이 미디어를 이용하도록 하는 이유는 무엇이며, 둘째, 미디어 이용을 하도록 사람들에게 동기 부여하는 것은 무엇이고, 셋째, 그로 인해 충족되는 것은 무엇인가, 즉 미디어를 이용하는 이유, 동인과 욕구의 충족 원리를 설명하는 이론이다.

이 이론은 첫째, 수용자는 능동적이고, 그들의 미디어 이용은 목적 지향적이며, 둘째, 미디어는 욕구 충족 면에서 다른 미디어와 경쟁하고, 셋째, 사람들은 자신의 미디어 이용, 관심, 동기에 대해 충분히 인식하고 있고, 넷째, 특정 미디어나 내용을 욕구와 연결시키는 가치판단은 사람마다 다르다는 기본 전제 하에 출발하고 있다.

미국 커뮤니케이션 학자인 엘리후 카츠(Elihu Katz)는 '미디어가 수용자에게 무엇을 하는가(what the media do to people?)'가 아니라, '수용자가 미디어를 이용해서 무엇을 하는가(what people do with media?)'에 관심을 두어야 한다고 주장했는데, 이는 기본적으로 과거의 수동적 수용자에 대한 관점을 능동적 수용자로 전환한 것이다. 따라서 인터넷의 등장에 따라 탄생되는 다양한 미디어 중에서 이용자가 선택을 할 때는 그 미디어를 이용할 동기가 부여되고, 미디어 이용에 따라 충족되는 욕구는 무엇이며, 이용자가 자신의 욕구가 충족된다는 것을 인식하고 있어야 한다는 것으로 이해할 수 있다.

계획된 행동 이론은 기존에 있던 합리적 행위 이론이 확장된 것이다. 따라서 계획된 행동이론을 설명하기 전에 먼저 합리적 행위 이론을 살펴보자. 합리적 행위 이론(theory of reasoned action)은 1975년에 피시바인(Fishbein)과 아젠(Ajzen)이 주장한 이론으로, 사람들이 특정 행동에 대해 긍정적인 태도를 가지고 있고, 자신에게 중요한 주변 사람들에게 그 행동이 용인될 수 있을 때(주관적 규범), 행동 의향(동기)이 높아지게 된다고 설명한다. 이를 수식으로 나타내면,

$$BI=(AB)\alpha 1+(SN)\alpha 2$$

- BI : 행위 의향(Behavior Intention)
- AB : 행동에 대한 태도(Attitude toward Behavior)
- SN : 주관적 규범(Subjective Norm)
- $\alpha 1$, $\alpha 2$: 각각 개인이 태도와 주관적 규범에 대해 부여하는 가중치

---

31) 1973년 카츠(Elihu Katz), 블럼러(Blumler), 구레비치(Gurevitch) 등이 주장한 이 이론
- 이용(uses) : 행동이 일반적인 미디어 선택 행위라면 이용은 특정 미디어(신문, 방송, 인터넷 등)나 특정 채널을 선택하는 행위
- 충족(gratification) : 미디어 이용을 통해 원래 가졌던 욕구가 얼마나 충족되었는가의 정도. 이는 충족 기대(gratification expectations)나 이후의 미디어 이용 동기에 영향을 미침. 흔히 TV와 영화는 오락 충족, 도서는 내면 자아 배양 충족을 가져오게 된다고 하나, 매체별로 단정하기는 어렵고, 장르별로 차이가 있음(출처: 네이버 지식백과).

이에 근거해 수용자가 미디어를 선택할 때의 요인들을 판단해 보면, 특정한 미디어에 긍정적 태도를 가지고 있고, 주변의 지인들과 공유하고, 수용자가 해당 미디어를 이용하는 것이 다른 지인, 특히 수용자에게 영향력을 미칠 수 있는 지인들에게 미디어 이용이 받아들여지고, 이해될 수 있을 때 해당 미디어를 선택할 의도가 높아지고 미디어를 선택하는데 따른 효익도 극대화될 수 있다는 것이다.

그림 3-11 합리적 행위 이론

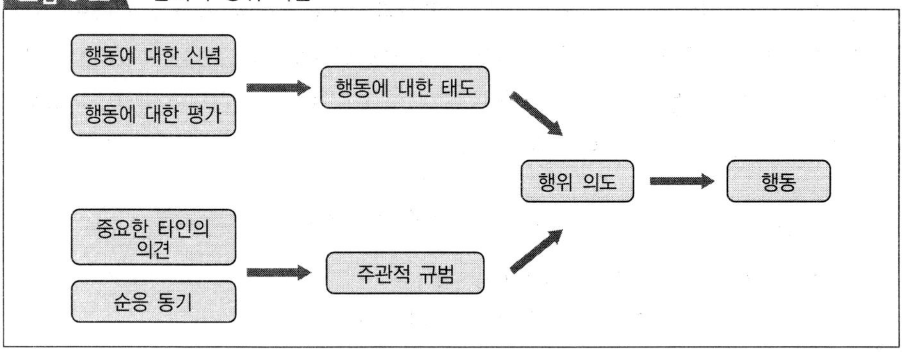

상기 그림에서 '행동에 대한 태도'는 행동에 대한 신념과 그 행동에 대한 평가를 통해 결정되데, 특정 행동을 수행했을 때, 그 행동으로 인하여 발생되는 결과가 긍정적으로 예상된다면, 그 결과에 대한 평가가 높아지게 되며, 그로 인해 행동에 대한 긍정적인 태도가 형성된다는 것이다. 주관적 규범은 사회적 영향력, 또는 사회적 압력이란 의미를 말하는 것으로 행동에 대한 행위자 주변 사람들의 평가를 의미하는 것으로, 행위자에게 중요한 의미를 가지는 준거 집단의 의견에 대해 행위자가 지각하는 정도를 나타낸다.

그러나 합리적 행위 이론은, 태도와 주관적 규범 간의 관계를 명확하게 설명하지 못한다는 측면에서 한계를 가진다. 즉, 행동에 영향을 미치는 두 가지 요인인 행동에 대한 태도와 주관적 규범이 상호 배타적인 개념이 아니라, 태도가 규범에 의해 구성되거나, 혹은 규범이 태도에 의해 구성될 수 있다는 것이다. 나아가 합리적 행위 이론에서는 행위 의도가 형성되면, 다른 요인의 영향 없이 행위 의도가 곧 행동으로 연결된다고 본다.[32)]

32) 출처: 설득 심리 이론, 커뮤니케이션북스, 2013.2.25

하지만 행동 의향을 행동으로 전환시키기 위해서는 태도나 규범 이외에도 여러 상황으로부터 발생되는 문제를 해결해야 한다는 측면 있음을 간과한 것이란 한계를 가진다고 할 수 있다. 따라서 이러한 한계를 수정하고 보완한 대표적인 이론 중 하나로 '계획된 행동이론'이 등장하게 되었다. 아젠(Ajzen, 1985)은 행위 의도(의향)를 행동과 주관적 규범으로 설명했던 기존의 합리적 행위 이론에 '행동에 대해 지각된 통제감'이라는 제3의 변수를 추가해 태도와 행동의 관계를 조금 더 정교하게 예측하고자 했다. 다시 말해 아래의 방정식과 같이 행동을 예측하는 행위 의도는 행동에 대한 태도와 주관적 규범에다가 자신이 실제로 그 행동을 수행하거나 통제할 수 있는지? 하는 주관적 지각을 의미하는 지각된 통제감(Perceived Behavior Control : PBC) 간의 함수로 나타낼 수 있다.

$$BI = f\ [\alpha AB + \alpha SN + \alpha PBC]$$

- BI : 행위 의향(의도)(Behavior Intention)
- AB : 행동에 대한 태도(Attitude toward Behavior)
- SN : 주관적 규범(Subjective Norm)
- PBC : 지각된 통제감(Perceived Behavior Control)
- α : 가중치

그림 3-12 계획된 행동이론[33]

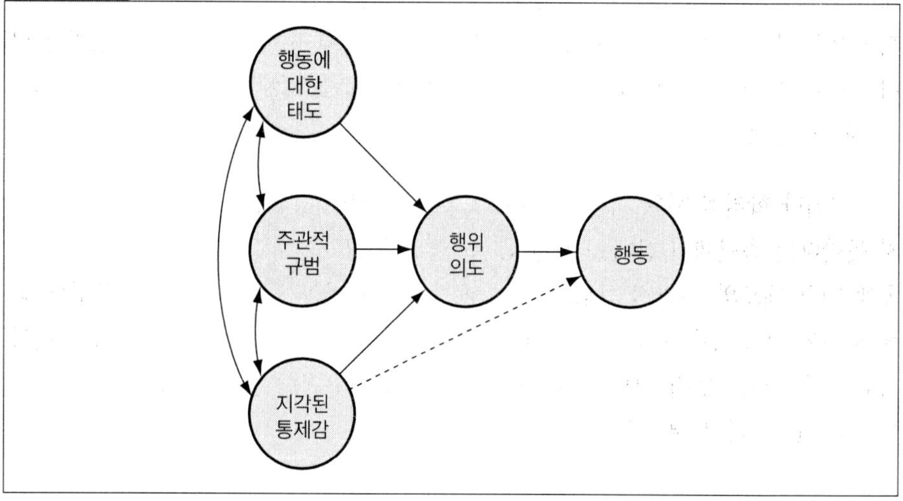

33) 출처: 설득 심리 이론, 커뮤니케이션북스, 2013.2.25

2 인터넷의 등장과 이용 현황

미디어 시장의 파괴적 혁신을 가져온 것은 인터넷의 등장이다. 인터넷은 미디어나 콘텐츠 소비 행태에서의 혁신적 변화를 유발하고 있다. 인터넷 관련 통계를 실시간으로 집계하는 사이트인 '인터넷 라이브 스탯(Internetlivestats.com)'을 보면, 2015년 7월 현재 인터넷이 만들어진 지 26년 만에 전 세계 웹 사이트의 수가 9억 개를 넘어섰다.[34] 다시 말해 새로운 미디어 채널의 하나인 웹페이지 수가 지속적으로 증가하고 있으며, 더불어 이를 이용하는 전 세계 인터넷 이용자수는 31억 명을 넘어서고 있다. 하루에 오간 e메일의 수는 1,200억 개에 달하며, 하루 동안 이뤄지는 구글 검색은 23억 건이 넘는 것으로 나타났다. 블로그에 올라온 글은 210만 건, 트위터 글은 4억1428만 건, 유투브 영상 조회 수는 46억2900만 건, 인스타그램(instagram)에 올라온 사진 수는 8,500만 건이다. 이처럼 인터넷의 등장은 다양한 뉴미디어의 탄생을 가져왔고, 지속적으로 혁신을 통해 새로운 미디어 생태계를 구성해 가고 있다.

그림 3-13 시시각각 변화하는 인터넷 이용 현황

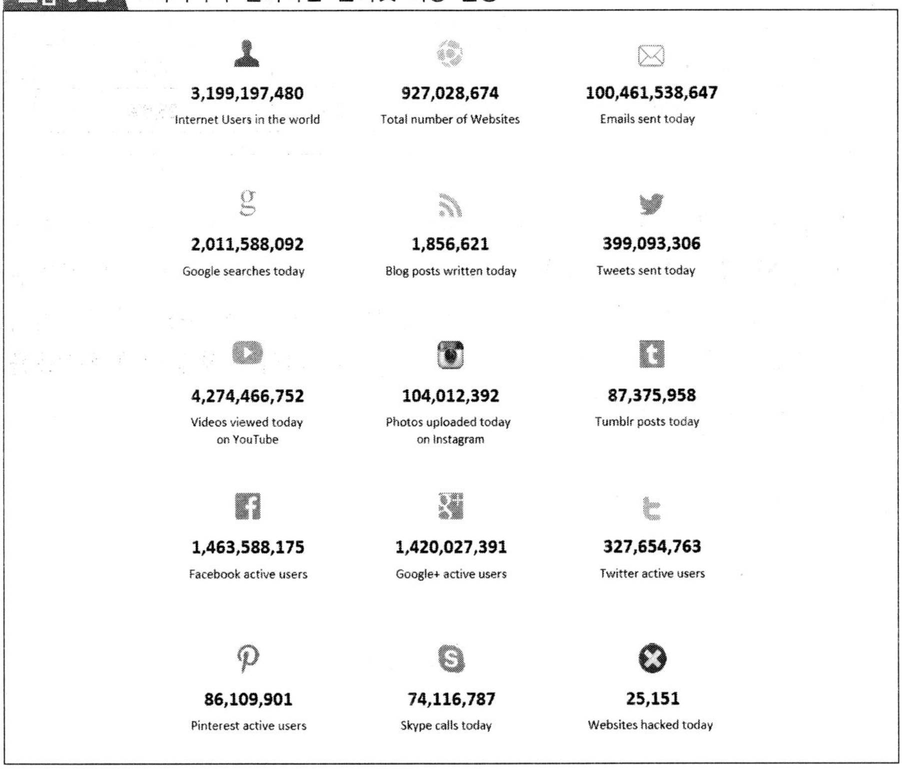

34) www.internetlivestats.com에서 현재 변화하는 인터넷 이용 현황을 실시간으로 확인할 수 있음.

그림 3-14 전 세계 인터넷 이용자수 추이

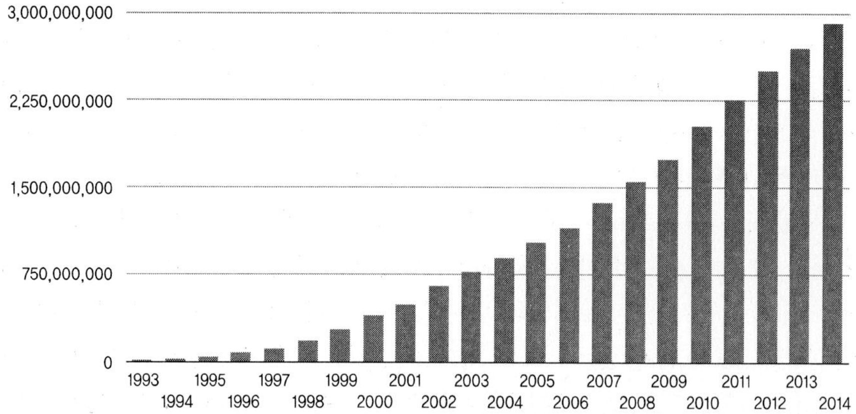

Year (July 1)	Internet Users	Users Growth	World Population	Population Growth	Penetration (% of Pop. with Internet)
2014*	**2,925,249,355**	7.9%	7,243,784,121	1.14%	**40.4%**
2013	**2,712,239,573**	8.0%	7,162,119,430	1.16%	**37.9%**
2012	**2,511,615,523**	10.5%	7,080,072,420	1.17%	**35.5%**
2011	**2,272,463,038**	11.7%	6,997,998,760	1.18%	**32.5%**
2010	**2,034,259,368**	16.1%	6,916,183,480	1.19%	**29.4%**
2009	**1,752,333,178**	12.2%	6,834,721,930	1.20%	**25.6%**

우리나라의 경우 인터넷의 이용자 수가 2014년 현재 4,531만 명을 넘어서면서, 주요 미디어의 접속 및 이용시간에도 상당한 변화를 가져오고 있다. 특히 모바일 기술의 발전에 따라 더 많은 새로운 미디어가 등장하고, 이를 이용하여 소비자의 취향에 맞게 또 소비자가 원하는 시간과 장소, 단말기기의 특성에 맞게 콘텐츠를 소비하는 것이 보편화되고 있다.

표 3-2 각 국별 인터넷 이용자 수(1위부터 15위까지, 2014년 현재)[35]

Rank	Country	Internet Users	1 Year Growth %	1 Year User Growth	Total Country Population	1 Yr Population Change(%)	Population (% of Pop. with Internet)	Country's share of World Population	Country's share of World Internet Users
1	China	641,601,070	4%	24,021,070	1,393,783,836	0.59%	46.03%	19.24%	21.97%
2	United States	279,834,232	7%	17,754,869	322,583,006	0.79%	86.75%	4.45%	9.58%
3	India	243,198,922	14%	29,859,598	1,267,401,849	1.22%	19.19%	17.50%	8.33%
4	Japan	109,252,912	8%	7,668,535	126,999,808	−0.11%	86.03%	1.75%	3.74%
5	Brazil	107,822,831	7%	6,884,333	202,033,670	0.86%	53.37%	2.79%	3.69%
6	Russia	84,437,703	10%	7,494,536	142,467,651	−0.26%	59.27%	1.97%	2.89%
7	Germany	71,727,551	2%	1,525,829	82,652,256	−0.09%	86.78%	1.14%	2.46%
8	Nigeria	67,101,452	16%	9,365,590	178,516,904	2.82%	37.59%	2.46%	2.30%
9	United Kingdom	57,075,826	3%	1,574,653	63,489,234	0.56%	89.90%	0.88%	1.95%
10	Francs	55,429,382	3%	1,521,369	64,641,279	0.54%	85.75%	1.89%	1.90%
11	Mexico	50,923,060	7%	3,423,153	123,799,215	1.20%	41.13%	1.71%	1.74%
12	South Korea	45,314,248	8%	3,440,213	49,512,026	0.51%	91.52%	0.68%	1.55%
13	Indonesia	42,258,824	9%	3,468,057	252,812,245	1.18%	16.72%	3.49%	1.45%
14	Egypt	40,311,562	10%	3,748,271	83,386,739	1.62%	48.34%	1.15%	1.38%
15	Viet Nam	39,772,424	9%	3,180,007	92,547,959	0.95%	42.97%	1.28%	1.36%

한국인터넷진흥원의 자료에 의하면, 2014년 7월 현재 만 3세 이상 인구의 인터넷 이용률(최근 1개월 이내 인터넷 이용자의 비율)은 83.6%로 나타났으며, 인터넷 이용자 수는 41,118천명에 이르고 있다. 인터넷 이용자 대부분(98.2%)이 주 1회 이상('하루에 1회 이상' 89.8%, '일주일에 1회 이상' 8.4%) 인터넷을 이용하는 것으로 나타났으며, 주 평균 인터넷 이용시간은 13.6시간(일평균 약 2시간)이며, 주 평균 14시간 이상('14~21시간' 16.1%, '21~35시간' 17.0%, '35시간 이상' 5.6%) 인터넷을 이용하는 경우도 38.7%인 것으로 나타났다.[36]

---

35) 출처: http://www.internetlivestats.com/internet-users-by-country/

36) 국내 인터넷 이용 현황과 관련된 내용은 '2014 인터넷이용실태조사, 한국인터넷진흥원'에서 인용한 것임.

그림 3-15 국내 인터넷 이용률 및 이용자 수 변화 추이

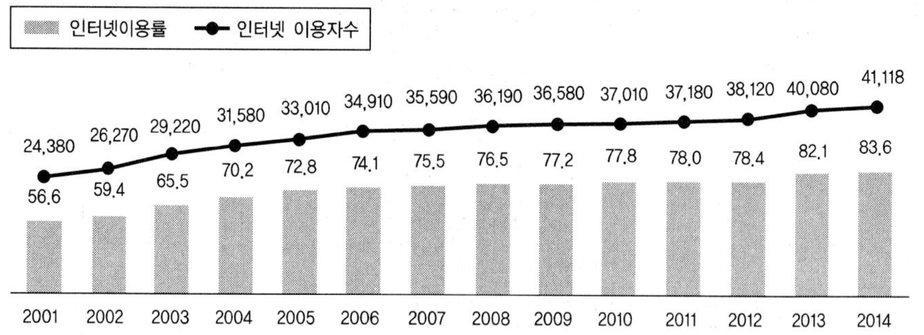

(단위 : %, 천명)

※ 1) 2004년 조사부터 인터넷에 모바일 인터넷을 포함시켰으며, 인터넷 이용자 정의도 '월 평균 1회 이상 인터넷 이용자'에서 '최근 1개월 이내 인터넷 이용자'로 변경함

2) 2006년부터 조사대상을 만 3세 이상 인구로 확대함(2000년~2001년 : 만 7세 이상 인구, 2002~2005년 : 만 6세 이상 인구)

인터넷을 이용하는 용도로는 상품 및 서비스 정보, 일반 웹서핑 등 '자료 및 정보접근/검색'이 91.1%로 가장 높았고, 다음으로 이메일, SNS 등 '커뮤니케이션(89.8%)'이 뒤를 이었으며, 연령별로 '자료 및 정보접근/검색'과 '커뮤니케이션'을 위한 인터넷 이용은 10대에서 50대까지 90% 내외로 고르게 나타난 반면, '거래활동'은 20대(86.2%), 30대(86.5%), 40대(72.8%) 등 주요 경제활동 연령층에서, '콘텐츠 생성'은 20대(25.5%)에서 타 연령층 대비 높은 수준을 보이고 있다.

그림 3-16 인터넷 이용용도(복수 응답, %) - 만3세 이상 이용자 대상

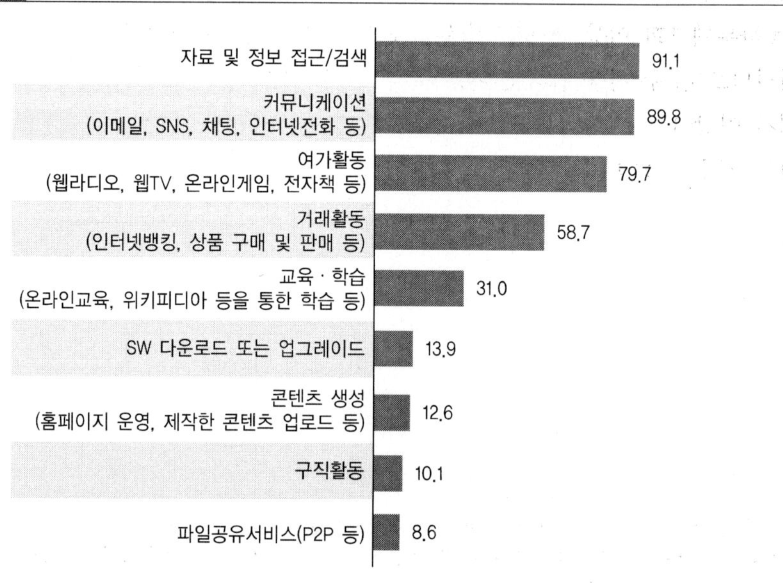

또한 만 6세 이상 인터넷 이용자의 89.2%가 최근 1년 이내 인스턴트 메신저(Instant Messenger)를 이용한 '인스턴트 메신저 이용자'인 것으로 나타났으며, 이는 전년 대비 6.5%p 증가한 것으로, 대부분의 이용자들은 인스턴트 메신저를 새로운 플랫폼으로 이용하고 있는 것으로 판단된다. 특히 60세 이상(55.1%) 고 연령층의 이용률이 큰 폭(각각 18.2%p, 20.5%p)으로 상승한 것은 연령층에 무관한 사용 현상을 보여주는 것이다. 인스턴트 메신저 이용자의 20.2%는 '데스크 탑 컴퓨터'를 통해 이용하고 있는 것으로 조사되어 전년 대비 감소(2.9%p)한 반면, '스마트 폰'을 통해 인스턴트 메신저를 이용하는 경우는 97.2%로 전년 대비 증가(0.8%p)한 것으로 나타나 모바일 메신저의 보편적 이용 현상을 볼 수 있다.

그림 3-17 인스턴트 메신저 이용기기(복수응답, %)

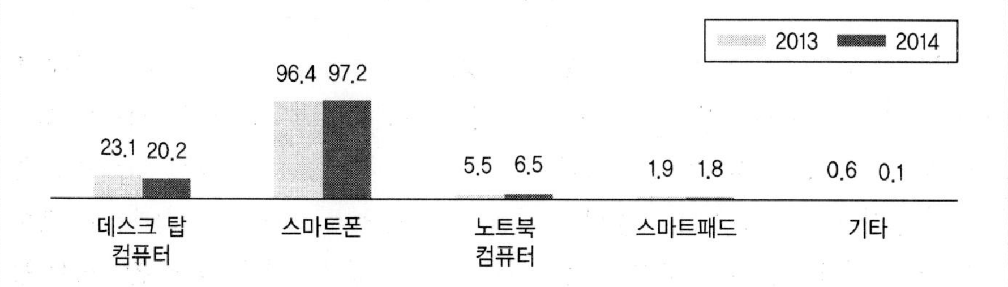

특히 미디어 이용과 멀티태스킹과 관련된 통계를 보면, TV를 시청하면서 프로그램과 관련하여 소셜 미디어로 대화를 나누는 동시 소비를 즐기는 소셜 미디어 이용자는 41%로 나타났다. 특정 프로그램을 시청하는 도중에 해당 프로그램에 대해 얘기한 경험은 13%, 시청 후 해당 프로그램에 대한 대화를 나눠보았다는 응답은 14%에 이르고 있다. 대화소재는 주로 등장인물이나 프로그램 내용이며, 응답자 3명 중 1명은 프로그램에 등장한 제품에 대해서도 이야기를 나누는 것으로 나타났다.[37)]

그림 3-18 TV 시청과 소셜(Social) 미디어의 이용 행태

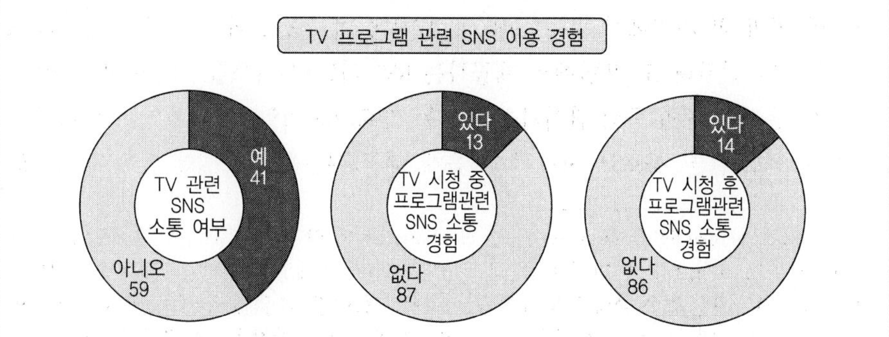

37) 출처: 2014 MCR 연례보고서, 한국방송광고공사

3 미디어 이용행태의 변화

인터넷이 등장하기 전에는 대부분의 정보는 매스 미디어(Mass Media)를 통해 일부 전문가들에 의해 해석되고 만들어진 내용이 일방적으로 전달되어지고, 이를 통해 정보를 얻는 것이 일반적이었다. 하지만 현재의 소비자들은 인터넷이라는 새로운 매체를 통해 탄생되는 새롭고 다양한 미디어를 활용하여 정보를 얻거나, 음악, 동영상, 웹 툰 등 다양한 엔터테인먼트 콘텐츠를 소비하거나, 다양한 응용서비스나 소셜 미디어를 이용하는 등 필요 활동들을 전개해 나가고 있다. 국내에서도 2000년대 들어서면서, 초고속 인터넷 서비스가 확산되기 시작하였고, 더불어 정보기기의 발달, 유무선 네트워크의 고속화와 보편화, 다양한 미디어 서비스의 융합화가 진전되어 감에 따라 소비자들의 미디어 이용행태에도 엄청난 변화의 물결이 나타나고 있다.

변화 현상의 일단을 살펴보면, 필요한 정보는 커뮤니티(Community)를 통해 질문하고 확인하는 집단지성의 활용 및 교류가 보편화되었고, 유사한 관심사를 갖는 사람들과 블로그(Blog)나 소셜 미디어(Social Media) 등을 통해 다양한 지식을 교류하거나, 관계나 친분 중심의 양방향 소통을 하는 등의 사회 활동을 전개하는 것이 보편화되고 있다. 심지어 이러한 새로운 미디어들을 업무나 학업 등에 활용하는 등의 경제 활동도 영위하고 있다. 특히 주목할 만한 변화 중 하나는 모든 콘텐츠의 소비는 매스 미디어가 아닌 개인화된 단말기기를 통해 콘텐츠의 특성에 맞게 특화된 다양한 미디어들을 통해 소비하는 것이 보편화 되어가고 있다는 점이다.

전통적으로 원하는 정보를 얻기 위해 해당 사이트를 직접 방문하거나 매스 미디어를 통해 전달되는 정보를 일방적으로 받아들이는 것에 그쳐야 했으나, RSS(Really Simple Syndication)[38] 기술의 발전으로, RSS 피드(feed) 기능을 이용하여 원하는 정보나 뉴스들을 자동으로 수집하는 것이 가능해짐에 따라 이용자는 필요한 정보를 찾기 위해 각각의 사이트 방문할 필요 없이 RSS 피드가 긁어오는 다양한 정보들만 골라 한 자리에서 보는 등의 소비 행태 변화도 일어나고 있다. 집필자도 이미 10여 년 전부터 모 포털에서 제공하는 RSS 피드 서비스를 이용하여, 콘텐츠, 창조경제, 온라인 게임 등의 단어가 들어있는 자료, 즉 매일 아침 전 세계에서 제공되어지는 정보(언론, 블로그, SNS 등을 통해 제공되는)를 사무실에 앉아서 메일로

---

38) RSS : Really Simple Syndication 또는 Rich Site Summary의 약자로, 매우 간단한 배급 또는 풍부한 사이트 요약으로 그 자체로 풀 텍스트가 아니라, 이메일 목록처럼 헤드라인만 볼 수 있도록 하고, 원할 경우 클릭을 통해 해당 페이지로 들어갈 수 있게 해 주는 서비스. 온라인상에 콘텐츠를 배열하는 HTML과 이를 전송해주는 이메일의 장점을 하나로 묶은 기술로, 언론사 홈페이지나 블로그(blog) 등의 업데이트 정보를 한꺼번에 모아서 보내거나 받아 볼 수 있는 서비스(출처: 네이버 지식백과)

받아보고 있다. 따라서 구태여 기존의 뉴스페이퍼(종이신문)나 포털을 통해 필요한 뉴스 등을 검색할 필요가 없게 되었다.

또한 서로 다른 곡을 조합하여 새로운 곡을 만들어 내는 것을 의미하는 음악 용어인 매시업(Mashup)[39]이 웹상에서 웹서비스 업체들이 제공하는 다양한 정보(콘텐츠)와 서비스를 혼합하여 새로운 서비스를 개발하는데 활용되어 지게 되었고, 이러한 기술을 이용하여 다양한 구인 활동을 모두 한 번에 확인하여 구직활동을 하는 등 인터넷을 이용하여 만들어지는 다양한 미디어 활용이라는 변화가 보편화되어 가고 있다.

그림 3-19 소비자의 미디어 이용행태 변화

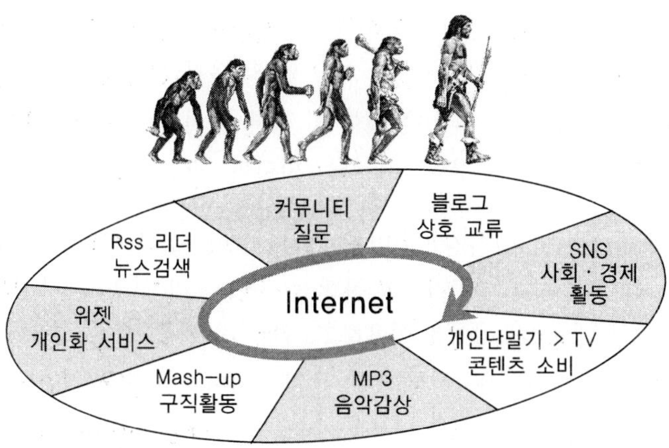

4 스마트 미디어 생태계의 등장

앞서 소비자의 변화에서도 언급한 바와 같이 인터넷이라는 매체의 등장으로 인해 미디어 산업 측면에서 발생된 변화 중 가장 큰 변화의 하나는 바로 미디어의 스마트 화이다.

미디어의 스마트 화, 즉 스마트 미디어는 언제 어디서나 움직이면서 이용하는 이동성과 바로 그 시간에 필요한 서비스를 즉시 받을 수 있다는 실시간 즉시성, 일

39) 매시업(Mashup) : 웹서비스 업체들이 제공하는 각종 콘텐츠와 서비스를 융합하여 새로운 웹서비스를 만들어내는 것을 의미하는 말. 원래 서로 다른 곡을 조합하여 새로운 곡을 만들어 내는 것을 의미하는 음악 용어이지만 정보기술 분야에서는 웹상에서 웹서비스 업체들이 제공하는 다양한 정보(콘텐츠)와 서비스를 혼합하여 새로운 서비스를 개발하는 것을 의미. 즉 서로 다른 웹사이트의 콘텐츠를 조합하여 새로운 차원의 콘텐츠와 서비스를 창출하는 것을 말함(출처: 네이버 지식백과).

방적 정보의 전달이 아닌 서로 대화하고, 소통할 수 있게 되는 양 방향성, 그리고 서로의 의견이나 생각, 경험, 관점들을 공유하는 인맥 구축 등의 특성을 갖는 새로운 개념의 미디어로 정의되거나, TV, 라디오, 스마트 폰이나 패블릿, 태블릿 등 모바일 기기, MP3 플레이어 등 수용자가 이용할 수 있는 모든 미디어 기능을 하나의 단말기로 활용할 수 있게 만든 가장 이상적인 미디어[40]를 의미하기도 한다.

이처럼 미디어의 스마트화로 인해 탄생된 스마트 미디어란 용어의 개념이나 정의에 대해서는 아직 학문적 합의를 갖고 있지는 못한 것이 현실이다. 사전적 의미로는 스마트 미디어란 스마트 미디어 카드(Smart Media Card)를 일컫는 것으로, 일본 도시바사에서 발표한 플래시 메모리 카드의 규격을 의미하는 용어였다. 하지만 현재 산업 생태계 측면에서 나타나고 있는 현상을 감안하여 스마트 미디어를 정의해 보면, 미디어가 스마트 화 된다는 것은 미디어를 통해 일상생활에 도움이 되는 다양한 애플리케이션의 활용이 가능하게 되어 인간 삶의 질적 향상을 가능하게 한다는 것을 의미하는 새로운 미디어로 정의해 볼 수 있을 것이다. 물론 앞서 이야기 한 이동성, 즉시성, 양방향성, 인맥 구축 등의 특징을 제공하는 미디어 특성은 말할 나위도 없다.

서비스 측면에서는 미디어가 스마트 화됨으로써, 소셜 미디어를 통한 커뮤니케이션, 게임, 동영상 등의 멀티미디어 콘텐츠 이용, 그리고 생활 및 업무생산성 등과 관련된 다양한 애플리케이션을 이용하고, 위치 정보 및 교통편 검색, 음식점 찾기, 필요한 정보검색, 금융서비스, 마케팅 및 게임서비스 플랫폼 기능에 이르기까지 필요한 다양한 콘텐츠나 서비스를 이용할 수 있게 된다는 것이며, 단말기기 측면에서는 동영상, 음악, 사진 등 다양한 형태의 콘텐츠 특성에 맞는 단말기기, 즉 스마트 폰, 패블릿, TV, MP 3 플레이어 등 이용자가 이용할 수 있는 모든 미디어 기능을 하나의 단말기로 활용할 수 있게 만든 가장 이상적인 단말기기 혹은 이들 중 필요로 하는 기능들의 조합을 통해 만들어지는 단말기기들을 스마트 미디어라는 개념으로 이해하기도 한다.

이러한 미디어의 스마트 화에 따라 기존 콘텐츠 기업들도 당연히 서비스를 제공하는데 있어서 미디어 활용의 다원화 현상을 보이고 있다. 이는 기존 미디어 권력을 장악하던 대중 매체의 변신 노력이나 기술의 변화에 따른 콘텐츠 소비문화의 변화를 통해 더욱 극명하게 확인해 볼 수 있다.

스마트 미디어의 등장에 따라 미디어 생태계 측면에서도 기존 미디어 사업자들에게 다양한 변신이 요구되고 있는데, 이에 방송 사업자의 경우는 IPTV, 케이블

---

40) 출처: 스마트미디어 서비스 이용실태조사, 방송통신위원회, 2011.12.

TV 뿐 아니라 인터넷을 활용한 새로운 미디어인 유튜브, 페이스 북 등 다양한 동영상 미디어 서비스 등 2차 유통 채널을 개발하거나, 계열사를 통한 서비스 등 온라인 유통 사업으로의 변화 등 다양한 노력들을 경주하고 있다. 국내에서는 지상파 방송사들이 지분을 출자해 만든 콘텐츠연합플랫폼을 통해 'pooq'이라는 브랜드로 새로운 서비스를 선보였다. 이들은 KBS, MBC, SBS, EBS 그리고 계열 케이블TV 채널의 실시간 방송과 VOD(주문형 비디오) 다시보기 서비스도 pooq을 통해 제공하기도 한다.

영화 산업의 경우는 인터넷을 통한 영화 및 관련 서비스인 넷플릭스를 비롯한 다양한 서비스가 전 세계적으로 인기를 끌고, 소비자들의 영화 콘텐츠 이용행태가 변화되어 감에 따라 온라인, 즉 인터넷 미디어를 통한 유통에도 심혈을 기울이며, 이러한 새로운 미디어 산업에서 시장을 선점하기 위해 여러 기업들이 경쟁을 벌이고 있다. 특히 IPTV(Internet Protocol Television) 등을 통한 주문형 비디오(VOD : Video on Demand) 서비스가 최근에 영화나 드라마 등 동영상 콘텐츠의 주요한 소비 방식으로 자리매김하고 있다.

이처럼 새로운 미디어 생태계의 등장은 기존 산업에는 거대한 쓰나미로 닥쳐오고 있는데, 이러한 현상은 지난 1985년부터 미국 텍사스 주에서 시작해 2000년대 초반 영화 대여시장을 장악하며, 전 세계 25개국 8,000여개의 대여점을 보유했던 세계 최대 비디오 오프라인 콘텐츠 유통 기업인 블록버스터(Blockbuster)사가 2010년 9월 23일에 파산하는 결과를 가져오기도 하였다.

반면, 소비자들의 미디어 이용 행태 변화와 미디어의 변화에 적극적으로 대응한 넷플릭스(Netflix)사는 초기에 온라인으로 DVD 주문서비스를 시작하여 유선 기반의 스트리밍(Streaming) 서비스로 확장하였고, 이후 다양한 단말기기들을 통해 서비스를 받아 볼 수 있는 엔스크린(N-Screen) 기반의 서비스를 제공하는 등 새로운 동영상 서비스 미디어로서 시장을 장악해 나갔다. 넷플릭스는 스트리밍 서비스를 제공한 후 6개월 만에 500만 편의 영화 및 TV 프로그램을 판매하기도 하는 등 세계에서 가장 성공한 영상 콘텐츠 제공 기업으로 자리매김하고 있다. 특히 그간 영화나 드라마 등의 콘텐츠에 대한 이용자들의 사용 이력, 목록, 이용자들이 매긴 평가 점수 등에 기반 한 빅 데이터 분석을 활용하여 선제적으로 소비자에게 각자의 취향에 맞는 개인별 맞춤 콘텐츠 추천 서비스인 시네마 매치(Cinema Match) 서비스를 제공하였는데, 약 80%의 소비자 요구 정확도를 보이는 등 새로운 미디어 서비스 생태계에서 선두적 위치를 점하기 위해 노력하고 있다.

음악의 경우도 Napster와 같은 온라인 공유 사이트(Site)를 통한 불법 유통으로 기존의 음악 시장에서의 매출액 감소를 경험하였으나, 불법 유통을 저지하려는 음반 업계의 노력으로 불법 음악공유 사이트(Site)들이 폐쇄되고, 대신 합법적인 온라인 음악 유통 회사들이 등장하면서 2005년을 기점으로 디지털화 된 음원의 매출이 아날로그(Analog)[41]의 음원 매출을 넘어서게 되었다. 더불어 2001년 3월에 출시된 애플(Apple)사의 아이포드(iPod)와 아이튠스(iTunes)라는 단말기기와 음원 포탈 간의 가치사슬을 연계한 사업 전략의 성공에 힘입어 온라인 음악 유통의 새로운 장을 열기도 했다. 아이튠스의 성공에 힘입어 eMusic, RealNetworks, SanDisk, Yahoo를 비롯하여 국내에서는 도시락(Dosirak), 멜론(Melon) 등 이동통신 사업자에 의한 음원 포털이 등장하게 되고, 음악 소비를 위한 미디어로서 그 역할을 담당하게 되었다. 이렇듯 음악 콘텐츠를 전달하는 미디어도 검색과 삭제(Search and Delete)라는 새로운 미디어 이용행태에 따라 음원 포털이라는 새로운 미디어 생태계를 탄생시키게 된 것이다.

특히 대중 매체 중 하나인 종이 신문을 발행하는 기업(신문사)의 입장에서는 새로운 미디어와의 융합을 통해 새로운 생존 방안을 강구해 나가지 않으면 안 되는 상황이 전개되었다. 따라서 신문사의 경우는 인터넷을 통한 뉴스 포털화 사업을 비롯하여, 디지털 방송, IPTV, DMB[42] 등 다양한 미디어를 활용하는 종합 미디어 기업으로의 변신을 통해 수익을 확대하고, 기존의 미디어 권력을 유지하기 위해 노력하고 있다. 미국 월스트리트저널(Walstreet Journal)의 모 기업인 다우존스(Dow Jones)가 온라인 미디어를 만들어 경제 정보를 제공하고, 워싱턴 포스트(Washington Post)는 인터넷상의 더불유피 저널리즘(WP Journalism)을 위해 종이 신문에 한정한 승부에 집착하지 않고, 온라인, 오프라인 모두에서 최고의 콘텐츠를 생산하겠다는 10계명을 발표하였다.

뉴스를 전달하는 미디어 측면에서의 변화를 가장 적나라하게 보여주는 일이 바로 2014년 미디어 업계를 통틀어 최대 화제가 된 '뉴욕타임스 혁신보고서'이다.

---

41) 아날로그 음악은 MP3 파일로 만들어지기 이전 단계에서 LP, CD 등을 통해 유통되는 형식을 의미

42) DMB : 아날로그 라디오를 대체하기 위해 유럽에서 만든 디지털 오디오 방송인 DAB(Digital Audio Broadcasting)에 바탕을 두고 있음. 아날로그 방식인 FM/AM 라디오는 애초에 고정된 장소에서 수신하기 위해 개발됐기 때문에, 이동 중에 수신할 경우 음질이 떨어지고 넓은 주파수 대역이 필요하다는 단점이 있었던 반면, DAB는 빠르게 움직이는 차량에도 고품질의 음성을 제공하며 문자, 이미지 등의 부가 정보를 함께 전송할 수 있는 기술적 장점을 가짐. DAB를 우리나라에 도입하는 과정에서 동영상 서비스라는 새로운 가능성을 발견하게 됐고, 방송위원회는 DAB에 '멀티미디어 방송'의 의미를 추가한 DMB라는 용어를 만들어냄. 이후 우리나라는 2005년 세계 최초로 DMB 방송을 시작하였으며, 전송 수단에 따라 위성 DMB와 지상파 DMB로 나뉨.

세계적으로 가장 명성이 높은 신문사 중의 하나인 뉴욕타임스가 “디지털 퍼스트(Digital First) 혁신”을 선언했는데, ‘혁신보고서’의 핵심은 뉴욕타임스가 세계 정상급 수준을 유지하는 콘텐츠의 품질을 유지하고 있지만, 독자를 찾아내고 유지하는데 있어서는 경쟁자, 즉 다른 미디어들에 비해 뒤쳐졌다는 것이다. 따라서 혁신보고서에서는 수용자의 확대를 위해 시간을 두고 오래 읽히는 기사들의 라이브러리 기능을 강화한다든지, 개인 맞춤형 기사를 전달한다든지, 소셜 미디어를 이용해 기사를 프로모션하고, 디지털 미디어 이용자들이 제작한 이용자제작콘텐츠(UCC)를 활용하는 등의 방안을 제시하고 있다. 이 방안들이 완전히 새로운 아이디어는 아니지만, 유사한 다른 언론사들에게는 스마트 미디어 환경에서 생존하기 위해 신중하게 고려해야 할 제안으로 받아들여지고 있다.[43]

잡지 산업 측면에서는 2005년에 당시 기자이던 애리아나 허핑턴(Arianna Huffington)이 허핑턴 포스트(Huffington Post)라는 정치 관련 뉴스를 제공하는 온라인 잡지를 만들었는데, 바로 집단지성을 이용하되, 전문지식을 가진 블로거(Bloger)들이 자발적으로 기사를 작성하는데 참여하게 만들고, 소셜 미디어를 통해 소비자들이 연계 이용할 수 있게 함으로써 새로운 미디어 잡지를 선보였다. 특히 2007년 미국 대선을 맞아 최초로 대선주자들 간에 온라인 토론회를 주관하고, 버락 오바마(Barack Obama) 미국 대통령을 비롯하여, 영화감독 마이클 무어((Michael Moore), 가수 마돈나(Madonna Louise Veronica Ciccone) 등 유명인을 비롯한 6,000명 이상의 전문 블로거가 활동하고, 페이스 북을 통해 소비자 자신과 연결된 친구들의 관심기사나 해당 기사에 대한 의견을 확인할 수 있게 제공하는 등 소셜 미디어와의 연계로 당시 워싱턴 포스터(Washington Post)의 월간 순 방문자 920만 명보다 훨씬 많은 940만 명의 월간 순 방문자를 기록하는 등 2010년 10대 글로벌 미디어 기업으로 성장하였다. 이듬해인 2011년에는 AOL(American OnLine)에 3억 1500만 불에 인수되어 당시 2011년 매출의 5배에 달하는 매각 대금을 받기도 하였다. 이후 미국 판 외에 캐나다, 영국, 프랑스, 스페인, 이탈리아, 마그레브, 독일판 등을 운영하고 있다. 미국과 영국 그리고 마그레브, 캐나다 판의 경우 직접 진출하여 운영하고 있으나, 이외의 국가들에서는 현지 언론사들과 제휴를 통해 진출하고 있다. 2013년 5월 7일부터 아사히신문과 손을 잡고 일본어판 서비스 ‘허핑턴포스트 재팬’을 시작했다. 국내에서는 2014년 초에 한겨레와 합작법인 ‘허핑턴포스트 코리아’를 설립하여 한국어 서비스를 시작하였다.

---

43) 출처: 스마트미디어 뉴스 생태계의 혁신전략. 한국언론진흥재단, 2014.10.

표 3-3 뉴욕타임즈와 허핑턴 포스트 비교

	뉴욕타임즈	허핑턴포스트
특징(비교)	전통 고집-인쇄 가능한 매체	미디어 환경변화 → 클릭하기 쉬운 뉴스 생산, 소비, 유통 → 온라인 저널리즘 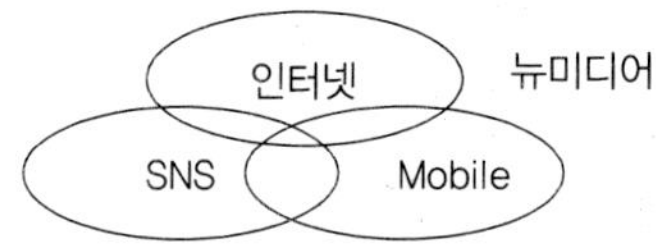
콘텐츠 확보	소속 인력풀	품질 관리된 시민 저널리즘(유명인 /블로그) 노출 최적화 : 소셜추천 + 검색엔진 애그리게이션 : 다른 주요 언론기사들을 재빨리 요점만 '요약공개' → 재기발랄한 기자(칼럼니스트)공격적 영업
콘텐츠	자체편집	하이브리드 저널리즘 독자에게 수정 피드백 다양한 영상정보, 그래픽 활용 편집없는 동영상 + 분석(설명)
	⇩ **폐쇄, 검열**	⇩ **공정, 객관, 정확, 심층**

또한 플립보드닷컴(Flipboard.com)이라는 잡지는 이용자가 가입한 소셜 미디어에 게재된 글을 참고해 관심을 가질만한 콘텐츠를 엮어 잡지형태로 보여주는 새로운 미디어 서비스를 제공하고 있다. 플립보드는 콘텐츠를 자체 제작하는 것이 아니라 온라인 세상에 널려 있는 수많은 콘텐츠 중에서 이용자가 관심을 가질 만한 것을 엄선해 새로운 편집 형태로 제공하고, 단순한 텍스트(Text)기반의 나열이 아니라 잡지 본문을 보듯 세련되고 이미지나 영상을 동시에 제공해 주는 개인화된 온라인 매거진의 형태로 서비스를 제공하고 있다.

이처럼 각 산업의 특성에 맞춰 개별적으로 콘텐츠 유통 채널을 운영해 오던 미디어와 콘텐츠 기업들은 미디어의 스마트 화에 따라 기존의 미디어 권력을 유지하고, 새로운 미디어 생태계에서 살아남기 위해 산업 및 소비자들의 미디어나 콘텐츠 이용 행태의 변화에 맞춰 새로운 변신을 추진하고 있다.

인터넷의 등장과 미디어의 스마트 화에 의해 촉발된 글로벌 미디어 시장의 트렌드 변화는 크게 디지털 화, 모바일 화, 스트리밍 서비스라는 3대 키워드로 정의할 수 있다. 시장 규모나 성장성 측면에서 보면 향후 2018년까지 출판 및 잡지, 신문 등의 성장은 정체되면서 미디어 시장에서의 시장 점유율이 지속적으로 축소될 것으로 예측되는 반면 인터넷이나 특히 모바일 분야는 높은 성장을 보일 것으로 예상된다. 이러한 변화는 바로 인터넷의 등장이 기존 미디어인 신문, 출판, 방송, 잡지 등의 기존 매체 전반의 구도 변화를 가져온 주요 동인으로 작용하고 있음을 알려주는 현상이기도 하다. 더불어 새로이 등장하고 있는 대표적인 분야가 인터넷 메신저 및 모바일 메신저 등 메신저 서비스인데, 메신저 서비스가 콘텐츠 및 응용 서비스 등 모든 서비스를 위한 플랫폼으로 자리매김 하고 있다. 동영상 측면에서는 OTT 서비스로 대변되는 새로운 미디어 생태계 및 모바일 광고 플랫폼 시장 그리고 소셜 미디어 등으로 글로벌 IT 기업들과 기존 미디어 기업들 간의 경쟁이 치열하게 전개되고 있다.

표 3-4 글로벌 엔터테인먼트 & 미디어 시장 영역별 규모 및 전망[44)]

구분	2009	2013	2018	09~'13 CAGR	13~'18 CAGR
도서	120,220	121,452	128,038	0.3%	1.1%
비중(%)	8.3%	6.8%	5.6%		
잡지	98,672	97,060	98,085	-0.4%	0.2%
비중(%)	6.8%	5.5%	4.3%		
신문	161,132	154,378	155,061	-1.1%	0.1%
비중(%)	11.1%	8.7%	6.8%		
인터넷 접속	247,457	413,782	635,545	13.7%	9.0%
비중(%)	17.1%	23.3%	28.0%		
인터넷 광고	58,667	117,184	194,549	18.9%	10.7%
비중(%)	4.1%	6.6%	8.6%		
TV광고	132,037	164,441	214,667	5.6%	5.5%
비중(%)	9.1%		9.3% 9.5%		
방송	194,919	236,419	276,453	4.9%	3.2%
비중(%)	13.5%	13.3%	12.2%		
라디오	40,584	44,550	50,875	2.4%	2.7%
비중(%)	2.8%	2.5%	2.2%		
B2B	175,757	188,562	222,812	1.8%	3.4%
비중(%)	12.2%	10.6%	9.8%		
영화	82,412	88,273	110,093	1.7%	4.5%
비중(%)	5.7%	5.0%	4.8%		
음악	50,234	47,415	50,446	-1.4%	1.2%
비중(%)	3.5%	2.7%	2.2%		
옥외광고	29,019	35,346	44,411	5.1%	4.7%
비중(%)	2.0%	2.0%	2.0%		
비디오 게임	54,106	66,736	89,011	5.0%	6.2%
비중(%)	3.7%	3.7%	3.9%		
합계	1,445,216	1,774,587	2,270,036	5.3%	5%
비중(%)	100.0%	100.0%	100.0%		

※ 자료: PwO(2014) 재구성

44) 출처: 글로벌 엔터테인먼트&미디어산업 현황과 시사점, 코카포커스, 한국콘텐츠진흥원, 2014. 9.30

가 스마트 미디어 시대의 대중적 미디어 플랫폼 – 모바일 메신저

스마트 미디어의 대표적 플랫폼으로 스마트 폰의 대중화와 함께 탄생한 것이 모바일 메신저(Mobile Messenger) 서비스다. 모바일 메신저는 기존의 웹 환경 하에서 서비스되던 인스턴트 메신저(Instant Messenger)가 모바일 환경으로 변화되면서 새로운 미디어 플랫폼으로 탄생된 것이다. 애플에 의해 탄생한 아이폰(iPhone)으로 촉발된 스마트 단말기기가 보급되기 시작하면서 본격적으로 모바일 메신저 서비스가 제공되기 시작하였는데, 2009년 5월 와츠앱(What'sApp)이 미국에서 서비스를 시작한 이래 국내외에 걸쳐 새로운 미디어 기업들에 의해 카카오 톡(Kakao Talk), 바이버(Viber), 라인(Line), 위챗(WeChat) 등의 서비스기 잇달아 출시되며, 각기 선점한 국가와 지역을 중심으로 세력을 확장하고 있다. 뿐만 아니라 전 세계 IT업계에서 모바일 메신저가 M&A의 화두로 떠오르고, 종합적 서비스 플랫폼으로서 모바일 메신저 서비스가 떠오르기 시작하면서 시장에서 관심이 집중되고 있다.

2014년 상반기 현재 글로벌 사용자들에 의해 약 25억 개(중복 포함)에 이르는 계정이 만들어져 있으며, 그 중 와츠앱, 위챗, 라인이 빅3 를 형성하고 있다. 2014년에는 페이스 북이 와츠앱을 20조원에 인수한 직후, 일본의 오픈마켓 라쿠텐(Lakuten)이 모바일 메신저 바이버(Viber)를 9,600억원에 인수하였고, 2014년 3월에는 중국 최대 전자상거래 기업 알리바바(Alibaba)가 탱고에 2억 1500만 달러를 투자하는 등 모바일 메신저 시장을 놓고 인수 합병이 본격화되고 있다. 탱고는 2009년 서비스를 시작하여 2014년 현재 가입자 2억 명을 확보하고 있으며, 한 달 활성사용자는 7천만 명이며, 북미와 중동, 대만, 싱가포르를 중심으로 서비스되고 있다.

표 3-5 전 세계 주요 모바일 메신저서비스 현황(2014년 5월 현재)

구분	모 기업	서비스 출시	누적 가입자 수	2014년 M&A 현황
WhatsApp	페이스 북	2009.5.	7억명	190억 달러에 인수
WeChat	텐센트	2011.1	6억명	
LINE	네이버	2011.6	6억명	
Kakao Talk	카카오	2010.3.	1.5억명	다음, 카카오 합병
Viber	라쿠텐	2010.12.	3억명	9억 달러에 인수
탱고	알리바바	2010.9.	2억명	2.8억 투자

또한 모바일 메신저는 미디어 시장에서 새로운 마케팅 플랫폼으로 떠오르고 있으며, 모바일 서비스 포털로 진화해 가고 있다. 또한 카카오 톡, 라인, 위챗이 모바일 게임으로 수익 창출하면서 모바일 메신저의 산업적 가치가 증대되고, 통합 커

뮤니케이션 플랫폼, 마케팅과 게임 플랫폼, 소액 금융결제수단으로서의 강점을 중심으로 모바일 메신저의 영향력은 점점 더 확대되어 가고 있다. 이처럼 모바일 메신저 서비스는 메시지 전달, 모바일 게임 유통, 전자상거래, 모바일 결제, 금융 등으로 빠르게 진화하고 있는데, 푸시(Push)기능을 통해 지인과 실시간 소통이 가능하고, 광고 도달률에 대한 모니터링이 가능하여 모바일 메신저의 마케팅 지원 역할이 새로이 주목받고 있는 것이다.

표 3-6 전 세계 주요 모바일 메신저의 주요 서비스(2014년 7월 현재)[45]

구분	주요 서비스
카카오톡	• 음성전화, 게임(for Kakao), 음원(카카오뮤직), 웹 툰-웹 소설(카카오 페이지), 카카오택시, 짭(10 · 20대를 위한 사진 · 동영상 기반의 모바일 메신저), 카카오 토픽(개인별 맞춤형 콘텐츠 추천 서비스, 댓글 기능을 추가) 등 추진 • 금융서비스(증권플러스카카오)출시/ 뱅크월렛 출시
라인	• 게임, 음성전화(라인콜), 공식계정, 스탬프, 전자상거래(라인앳, 라인딜, 라인럭셔리), 라인택시(도쿄), 라인바이트(알바 구인구직) · 해외 시장 대상 인기 웹 툰 제공을 위한 라인 웹 툰 서비스 • 태국 시장에 동영상 스트리밍 서비스 '라인TV'를 출시
위챗	• 모바일 게임 서비스 및 금융서비스(영화티켓/쿠폰 판매, 매장과 백화점 결제 체제 도입) 등 추진
와츠앱	• 메신저 서비스 주력하며 페이스 북의 맞춤형 광고 제공용 데이터 수집 역할(이용자 위치정보, 생활패턴 등 사용자 정보수집) 집중

국내의 사용 현황을 살펴보면, 2013년 말 현재 20대 인터넷 이용자의 대부분(99.0%)은 인스턴트 메신저를 이용하고 있는 것으로 나타났다. 만6세 이상 인터넷 이용자의 82.7%(전년대비 22.6%p 증가)가 최근 1년 이내 인스턴트 메신저를 이용한 '인스턴트 메신저 이용자'인 것으로 나타고 있다. 특히 인스턴트 메신저 이용자의 96.4%는 '스마트 폰' 통해 메신저를 이용하고 있으며, '데스크 탑 컴퓨터'를 통해 인스턴트 메신저를 이용하는 경우는 23.1%로 매년 크게 하락하는 등 모바일 기기를 통한 인스턴트 메신저 이용이 보편화 되고 있다.[46]

45) 출처: 각 언론사 발표 자료를 중심으로 재구성
46) 출처: 2014 인터넷이용실태조사(만 6세 이상 IM이용자 기준). 한국인터넷진흥원

그림 3-20 국내 인스턴트 메신저 이용률(복수응답, %)

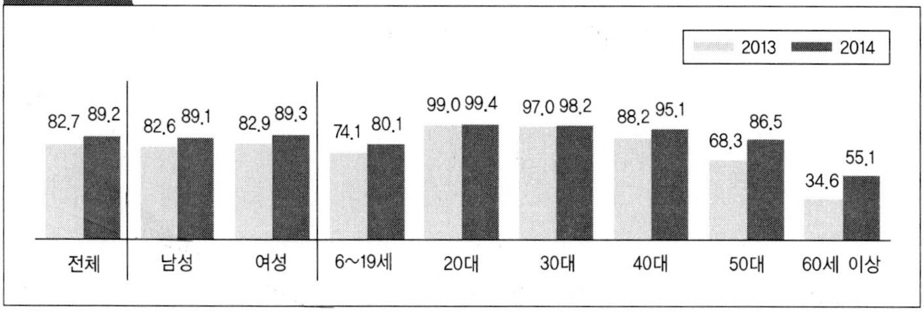

나 소셜 미디어(Social Media)의 확산

인터넷의 등장과 디지털 기술의 발전은 미디어의 스마트 화라는 필연적 변화를 유발하게 되었고, 과거 콘텐츠와 미디어의 결합(Coupling)의 시대에서 사업을 진행해 오던 기업의 입장에서도 그 변화에 더 이상 수동적이 될 수 없게 되었다. 이것은 소비자들의 미디어 이용행태나 미디어를 통해 제공되는 콘텐츠 서비스의 이용행태에 있어 혁명적 변화가 진행되고 있기 때문이다. 이러한 미디어의 스마트 화와 종합적으로 콘텐츠 서비스를 제공하는 새로운 미디어의 등장 등 미디어 변화의 와중에 소셜 미디어 서비스가 새로이 자리매김하고 있다.

소셜 미디어라는 용어는 가이드 와이어 그룹(Guidewire Group)의 공동창업자인 크리스 시플리(Chris Shipley)가 2004년에 'The BlogOn Conference'에서 최초로 사용하였다는 것이 일반적 정설로 알려지고 있다. 소셜 미디어가 무엇인가에 대한 정의를 살펴보면, '일반인이 주도하는 양 방향 소통이 가능한 개방적 매체'[47] 혹은 '사람들이 자신의 생각과 의견, 경험, 관점 등을 서로 공유하고 다수의 타인이 참여하기 위해 사용하는 개방화된 온라인 툴과 미디어 플랫폼, 그 자체가 일종의 유기체처럼 성장하기 때문에 소비와 생산의 일반적인 매커니즘(Mechanism)이 동작하지 않으며, 양방향성을 활용하여 사람들이 참여하고 정보를 공유하며 사용자들이 만들어 나가는 미디어'[48], 그리고 '이용자들이 콘텐츠를 생산하고 서로 간에 교환할 수 있는 웹2.0 환경을 구현하는 웹에 기반 한 애플리케이션으로, 사람들로 구성된 커뮤니티가 온라인상에서 애플리케이션을 사용하여 정보, 지식, 의견을 교환하고 공유하는 활동, 관행, 행위를 통칭하는 개념' 등 다양하게 정의되고 있다.[49] 그러나 학문적으로 합의된 정의는 존재하지 않으나, 다양하게 정의되고 있는 소셜 미디어

47) 출처: 삼성경제연구소, 소셜미디어 시대의 기업소통 전략, 2010.9.
48) 출처: 위키피디어
49) 출처: 소셜미디어 서비스 현황 및 활용. 삼성경제연구소. 2013.5.21

의 개념을 종합해 보면, '양 방향성, 이용자 간의 의견, 정보 등의 교환 및 생성, 개방화, 온라인 플랫폼 혹은 툴(Tool)' 등의 의미를 갖는 개념으로 이해할 수 있다.

소셜 미디어를 규정하는 다양한 개념들은 결국 소셜 미디어가 갖는 미디어로서의 특징들로부터 추론될 수 있는데, 현재 시장에서 서비스되고 있는 소셜미디어가 갖는 특징을 살펴보면, 첫째, 시사적 문제에 대한 보도나 논평 활동 등 고도의 지식과 기능(技能)을 갖춘 저널리즘(Journalism)에 종사하는 전문인에 의해 만들어지는 정보나 자료를 전달하는 기존 미디어와 달리, 프로슈머(Prosumer) 혹은 프로튜어(Proteur)라는 용어로 대변되는 일반인들에 의해 콘텐츠가 만들어진다는 것이다. 둘째, 기존 대중 매체(Mass Media)가 갖는 일방적인, 그리고 배포 대상의 한정 없이 해당 시점에, 해당 매체를 접하는 소비자를 대상으로 단순히 널리 배포한다는 의미, 즉 브로드 캐스트(Broad Cast)적인 특성과 달리 소셜 미디어는 양 방향적 소통, 즉 배포자와 수용자가 상호 교류하면서 정보 또는 자료를 교환하거나, 더 나아가 참여자들이 상호 동일 시 되는 현상을 보이면서, 한정된 몇몇이 아닌 참여자 모두가 이용하고, 생산하고, 정보를 배포할 수 있다는 개방적 특성을 갖는다. 셋째, 기존 대중매체는 뉴스나 정보, 엔터테인먼트 등의 콘텐츠를 전문가인 소수의 저널리스트(Journalists)나 작가들에 의해 독점적으로 생산되어지고, 불특정하고 수동적인 독자층에게 공적, 일방적, 간접적으로 전달되어지는 것에 비해 소셜 미디어는 누구나, 참여자 모두인 다수가, 경쟁적이지 않고, 관계나 친분 중심의 양 방향적으로 생산되고, 피라미드식으로 전달, 유통되어진다는 차이점을 갖는다는 것이다.

일반적으로 소셜 미디어(Social Media)의 범주에는 소셜네트워크서비스(SNS), 블로그(Blog), 위키스(Wikies), 팟캐스트(PodCast), 콘텐츠 커뮤니티, 마이크로 블로깅(Micro Blogging) 등 다양한 형태의 서비스가 포함된다. 위키피디아에서는 소셜 미디어의 종류를 블로그(Blog), 소셜 네트워크 서비스(SNS), 위키스(Wikies), 사용자 제작콘텐츠(UCC), 마이크로 블로그(Micro-Blog)의 5가지로 구분하고 있으며, 일반적으로 사람과 사람, 또는 사람과 정보를 연결하고 상호작용할 수 있는 서비스를 제공하는 웹 기반의 플랫폼을 소셜 미디어의 범주에 포함시키고 있다.[50)]

소셜 네트워크 서비스(SNS)는 페이스 북 등과 같이 특정 온라인 사이트를 구축하여 친구 관계를 맺고 이용자의 콘텐츠와 커뮤니케이션을 공유하는 서비스를 말하며, 블로그는 개인, 정치, 기업, 유사 미디어, 주요 미디어 블로그 등으로 종류가 다양하게 나타나고 있으며, Web(웹)과 Log(일기)의 합성어로 기존의 개인 홈페이지

50) 출처: 위키피디아

보다 관리가 용이하다는 등의 이점을 지니고 있어, 전 세계적으로 1,700만 개에 달하는 블로그가 생성되어 이용되고 있다.

온라인 백과사전인 위키피디아로 대표되는 위키스(Wikies)는 이용자가 직접 편집 가능한 웹페이지로 구성되어 웹상에 콘텐츠를 직접 추가하거나 정보 편집이 가능한 서비스를 의미한다. 방송(Broadcast)과 아이팟(iPod)의 합성어인 '팟 캐스트(Pod Cast)'는 웹을 통해 사용자들이 새로운 오디오 파일을 구독할 수 있도록 하여 인터넷 라디오 방송을 하는 것, 또는 그 방법을 의미하며 2004년 말부터 활성화 되고 있는 서비스이다. 이 외에도 YouTube, Flicker 등으로 대표되는 '콘텐츠 커뮤니티'는 특정 종류의 콘텐츠를 제작하고 공유하는 콘텐츠 공유 서비스이다.

그러나 사실상 소셜 미디어의 정의와 범주는 전문가별로 다양하게 나타나고 있다. 왜냐하면 소셜 미디어가 포함하고 있는 서비스의 형태와 소셜 미디어를 통해 유통되고 있는 콘텐츠들이 다양한데다, 유기적인 특성을 갖고 있어 보편적으로 규정하기에는 한계가 있기 때문이다. '소셜 미디어 바이블(The Social Media Bible)'을 저술한 론 샤코프((Lon Safko)는 소셜 미디어를 개별 사이트가 다루는 콘텐츠의 내용과 형태 및 주요 기능을 중심으로 표 〈3-7〉과 같이 구분하고 있다.

표 3-7 소셜 미디어의 범주 및 종류

범주	특징	사례
소셜네트워킹	소셜미디어의 한 범주인 소셜네트워킹은 사용자가 프로필을 작성한 다음 콘텐츠나 관심 영역 또는 전문 지식에 해당하는 내용에 링크를 게시하여 공유	마이스페이스, 링크드인, 페이스북
게시	업종에 관계없이 웹 기반 응용 프로그램을 사용하여 직원, 고객, 잠재고객과 교류하는 수단	블로거닷컴, 위키피디아
사진공유	사진 보관 및 공유	플러커, 인스타그램
오디오	노래, 팟캐스트, 기타 프로그램을 휴대용 장치에 다운로드하여 사용	아이튠즈, 팟캐스트넷
비디오	뉴스, 스포츠, 오락, 정보 등 비디오 콘텐츠를 휴대폰에서 볼 수 있고, 타인과 공유	유튜브, 훌루
마이크로블로깅	140자 이내의 중요하고 의미있는 정보 전달	트위터
라이브캐스팅	인터넷 라디오와 라이브 방송을 청중이나 소셜네트워크에서 스트리밍할 수 있도록 하는 애플리케이션	저스틴 티비, 라이브365
가상세계	가상 커뮤니티에 있는 타인과 상호작용하는 것으로 가상세계에서의 상거래 등	세컨드라이프, 액디프윌즈
게임	가상세계와 많은 공통점이 있으나, 구분기준은 협력(가상세계)과 경쟁(게임)	팜빌, 드래곤시티
생산성 애플리케이션	업무생산성을 향상시키기 위한 업무용 애플리케이션	Gmail, 구글, Docs, AOL
집계기	정보를 수집하고 업데이트하고 저장하여 간편하게 수용하는 데 도움이 되는 도구	Reddit, Yelp
RSS	Rich Site Summary의 약어로 사용자의 비즈니스 수요에 가장 중요한 웹사이트의 최신 콘텐츠(업계 블로그, 경쟁업체 사이트에 게시된 통계, 정부기관 웹사이트 정보 등)	Atom, RSS 2.0
검색	인터넷에서 필요한 인물, 장소, 관심사항 등을 검색하는 도구	구글 서치, 야후 서치
모바일	소셜 미디어의 다른 범주의 도구들 대부분이 휴대폰에서 액세스 할 수 있는데, 휴대폰이 더 강력한 비즈니스 동반자가 되게 해 주는 특정 도구들	AOL 모바일, SMS.ac
대인관계	대인관계 커뮤니케이션과 협업을 촉진하는 도구	스카이프, iChat

1) 소셜 미디어의 등장 배경

소셜 미디어의 등장은 첫째, 첨단 정보 통신과 멀티미디어 기술의 발전으로 인한 소위 웹 2.0으로 대변되는 참여, 공유, 개방이라는 사회와 문화 측면에서의 새로운 패러다임의 등장과, 둘째, 커뮤니티 문화의 진화로 개인화와 네트워크화로 대표되는 사회의 분화와 재통합이 나타남에 따라 미디어의 개인화와 소셜 네트워킹 서비스가 확산되게 되었으며, 셋째, 사람들의 친화욕구와 자기표현욕구가 증대된데 기인한 것으로 판단된다.

다시 말해 인터넷의 대중화, 스마트 폰 등 다양한 스마트 단말기기의 보급 등으로 오디오, 비디오 등을 활용한 사이버 상의 대인 커뮤니케이션이 발전함에 따라 사용자들이 콘텐츠를 소비하는 동시에 생산도 하는 Prosumer(프로슈머)의 활동이 가속화되었고, 자료나 정보 전달 혹은 개인 간 교류의 수단 역시 대중 매체로부터 개인 미디어로의 변화가 진행되었고, 그에 따라 문화적 측면에서도 개인주의가 증가하게 되었다. 또한 인터넷의 확산으로 누구나 손쉽게 커뮤니케이션하고 표현할 수 있는 욕구가 증가하게 되었으며, 멀티미디어화와 양방향성 소통으로 인한 참여와 숙의라는 사회적 합의 체계를 갖게 됨에 따라 소셜 미디어가 급속히 확산되게 되었다.

더불어 인간 본연의 욕구인 자기표현과 친화 및 소속 및 애정 욕구 · 자존 욕구를 표출하고 싶어 하는 것 등 인터넷, 모바일, 스마트한 단말기기 기능, 멀티미디어화 등의 기술적 발달과 잠재된 인간의 욕구, 즉 소속감, 자기를 표현하고 남으로부터 존경 받고자 하는 욕구 등 매슬로우(Abraham H. Maslow)의 5단계 욕구 중 상위 단계의 욕구 발현 등이 결합되면서 새로운 미디어를 만들어 내었고, 결과적으로 소셜 미디어라는 새로운 미디어가 나타나고, 확산되게 되었다고 볼 수 있다.

2) 소셜 미디어의 핵심 가치와 특성

소셜 미디어가 갖는 핵심적 가치 혹은 소셜 미디어가 갖는 특성이란 신속성(즉시성), 지속성 혹은 영속성, 다수성 혹은 접근성, 친근성, 경제성, 신뢰성, 다양성, 효과성, 유용성 등으로 나누어 볼 수 있다.[51] 신속성 혹은 즉시성이란 실시간으로 모든 콘텐츠나 뉴스, 정보가 전달된다는 의미다. 전통적 매스 미디어의 경우 기자나 전문가 등에 의해 작성되고, 편집되고, 정리되어, 전달되어야 하기 때문에 주기성을 갖게 되지만, 소셜 미디어의 경우는 일반인인 프로슈머 등에 의해 만들어진 콘텐츠가 재전송되어지며, 이렇게 재전송되어지는데 통상 35%는 10분 이내, 55%는 1시간 이내에 참여자들에게 전달되는 거의 실시간적 배포, 소비가 이루어지는 특성을 말한다.

51) 출처: 소셜미디어 시대의 기업소통 전략, 삼성경제연구소, 2010.9.

지속성(연속성)이란 웹 2.0의 특성으로 인해 만들어진 현상 중의 하나로 한번 만들어진 콘텐츠는 반복적 노출을 통해 롱테일(Longtail)한 시간적 특성을 갖는 것을 의미한다. 광고의 예를 들면, 일반적으로 대중 매체 특히 TV를 통해 지상파 등에 노출되는 광고는 몇 초 분량, 통상 15초 내외의 길이로 제작되어, 반복적으로 노출시킨다. 이는 마케팅적 측면에서 반복적 노출을 통해 인지, 이해, 구매 욕구 발생, 구매의 단계로 이어질 수 있게 하기 위함이다. 하지만 지속적 노출을 위해서는 추가적인 비용을 지속적으로 투입해야 되므로, 마케팅 비용 대비 효과의 문제를 고민해야 한다. 하지만 소셜 미디어는 참여자들에 의해 지속적으로 재 배포되거나 심지어 모방이나 패러디 등으로 재생산되는 등의 형태적 변화를 거치면서 제작된 콘텐츠의 영향력이 지속되고, 재배포, 재생산으로 지속적 노출이 된다하더라도 추가적 비용이 발생하지 않게 된다.

다수성(접근성)은 얼마나 많은 소비자에게 전달되는가 하는 것으로, 대중매체는 배포되어지는, 또는 같은 시간대에 해당 대중 매체를 접하는 소비자들에 한정적으로 전달되어지며, 그 노출되어지는 소비자 수를 정확히 측정할 수 없다는 문제를 갖는다. 이러한 문제를 해결하기 위해 마케팅 측면에서 목표로 하는 고객층에게 정확하게 또 더 많은 목표 소비자 층에 전달할 수 있는 전달성을 높이기 위해 그간 많은 학자들에 의해 다양한 연구와 고민이 거듭되어 왔다. 하지만 소셜 미디어의 경우는 일반적으로 6단계 혹은 트위터와 같은 매체는 4단계만 거치면 해당 콘텐츠를 필요로 하는 사람들에게 다 전달될 수 있으며, 나아가 유명인이나 소위 사회의 저명한 고위층 혹은 해외의 소비자들과도 교류할 수 있다는 특징을 갖는다.

친근성은 소셜 미디어를 이용하는 소비자의 경우는 소소한 자신의 일상 이야기를 진솔하게 전달하고, 브랜드의 개성과 인간미를 효과적으로 표출함으로써 인간적 관계를 형성하는 측면에서 친근성을 갖는다는 특성이 있으며, 대중 매체를 생산코자 하는 경우에는 전문화된 기술과 훈련이 요구되지만, 소셜 미디어는 누구나 제한 없이 생산하거나 사용가능하다는 특징을 보인다.

경제성은 앞서 설명한 지속성을 유지하기 위해 필요한 매체 비용 측면에서 일반 매체에 비해 제작 및 배포 비용이 저렴한 특성을 일컫는 것이며, 효과성 측면에서는 대중 매체보다는 목표 집단을 개발하고, 접근하기가 용이하다는 특성을 갖는 것을 의미한다. 즉, 라이프 스타일(Life Style), 인구통계학적 특성, 소비 행태 등에서 동질적인 사용자가 소셜 네트워크 등을 통해 관계망을 형성하는 특성을 갖게 됨에 따라 대중 매체보다는 효과적인 전달 수단이 될 수 있다.

소셜 네트워크의 경제성을 보여주는 사례로, 2011년도에 자동차 회사 포드(Ford)사는 신차인 익스프롤러(Explorer)를 출시하면서 많은 비용이 소요되는 자동차 쇼(Auto Show)를 열지 않고 페이스 북을 이용하여 출시에 따른 프로모션(Promotion)을 진행하였다. 페이스 북에 Ford Explorer 페이지를 만들고, Reveal 이라는 공간(탭,Tab)을 통해 '온라인 오토쇼'를 실행하였으며, 오토 쇼(Auto Show)의 특성상 시각적 즐거움이 필수적인 만큼 동영상 등 멀티미디어 중계와 콘텐츠 공유를 매우 활발히 진행하였다. 이처럼 진행된 2011 Ford Explorer Reveal 캠페인은 하루 동안 30,000명의 페이스 북의 팬들을 모으고, 5천 만 명에게 도달되게 하는 것을 목표로 하였으며, Auto-show에 대한 후기가 기업의 대표이사 및 경영진과의 인터뷰를 포함하여 더 많은 일련의 농영상 및 이벤트로 만들어지도록 계획되었다. 또한 페이스 북의 사진 갤러리, live Q&A를 포함해 실시간 채팅과 담벼락으로 Auto-show에 대한 자세한 투어가 진행되게 했다. 페이스 북에서의 가상 Auto-show는 실제 제품 구입이 6개월 후에 가능하도록 진행되었다. 결과적으로 구글의 검색 순위에서 2번째를 기록하고, 페이스 북에서는 '좋아요(like)'가 5만개가 넘게 나타났으며, 트위터에서 새로운 토픽(Topic)으로 선정되는 등 상당한 성공을 거두었다. 포드 익스플로러는 페이스 북에서 프로모션을 시작(launching)해서 슈퍼볼 광고보다 더 많은 트래픽을 유발했으며, 오토쇼에 들어가는 내용의 상당 부분을 절감하는 효과성을 입증해 준 사례로 기록되고 있다.

신뢰성은 일반적으로 소셜 미디어에서 갖는 아주 중요한 핵심가치 중의 하나로 대부분의 소셜 미디어 사용자들은 소셜 미디어를 통해 자신의 지인으로부터 얻는 정보에 대한 신뢰가 더 높다는 연구결과를 보이기도 한다. 특히 자신과 관계가 있거나, 연계성을 갖는 사람들 간에 군집을 이루어 서로 소통하기 때문에 대중 매체를 통해 전달되는 정보보다도 소셜 미디어를 통해 얻게 되는 정보에 대한 신뢰성이 더 높다는 것이 일반적 연구 결과이다. 사례로 소셜 미디어 참여에 따른 태도변화 조사결과 에 따르면, 기업에서 활용하는 기업용 트위터 팔로어(Twitter Follower)로 연결되면 48.6%가 제품 구매의향을 갖고, 46.1%는 제품 추천(의도)을 하는 것으로 나타났으며, 팬 페이지(Pan Page) 친구의 경우 구매의향과 추천에서 각각 43.2%, 39.9%라는 높은 신뢰를 보인 것으로 발표되었다. 이는 소셜 미디어에의 고객(공중) 참여가 분명 태도에 영향을 미친다는 방증이기 때문에 고객 참여의 의미를 끊임없이 분석하고, 이를 바탕으로 기업-고객 간 관계를 세분화할 필요성을 보여주는 것이다.[52]

52) 출처: 제 2회 PR 마이크로트렌드 세미나, 강함수, 2011.3.9

이외에도 소셜 미디어가 매스 미디어와 구분지어지는 특징으로 누구나 쉽게 사용할 수 있도록 제공된다는 유용성, 만들어진 정보의 수정, 편집이 자유롭다는 편의성 등이 있다.

인간은 스스로 옳다고 판단하는 생각이 있더라도 압력이 있는 사회적 규범이나 대다수의 의견 등에 나의 행동을 동화시키는 경향을 가지고 있다. 그리고 소셜 미디어는 풀 미디어(pull media)로서 자기가 원하는 정보만을 보게 되며, 원치 않는 메시지는 배제하게 된다. 이처럼 선택권이 다양해진다 할지라도 결국 자신과 유사 의견을 지닌 사람들(like-minded people)끼리만 함께 모이게 만듦으로 인해 지인의 정보에 대한 신뢰가 커지는 결과를 가져오게 된다. 반면 소셜 미디어의 특성상 자기 주변의 정보가 무조건 옳다고 생각하는 무오류성의 함정에 빠질 수 있는데, 특히 메시지 내용에 정치적 목적이 담보될 때 정보의 왜곡 및 집단 동조에 의한 집단 사고(group think)가 나타날 우려가 크다는 특징도 갖는다.[53)]

그림 3-21 소셜 미디어의 핵심 가치[54)]

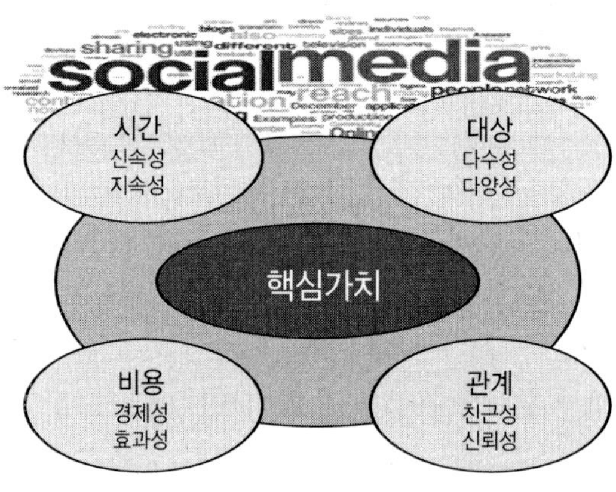

방송통신위원회가 발표한 '2010년 인터넷 이용실태조사' 결과에 의하면, 소셜 미디어를 이용하는 목적 중 약 78%가 최신 정보를 가장 빠르게 얻을 수 있기 때문이라는 의견을 보였으며, 82%는 업무나 학업을 하는데 유용하기 때문이라는 응답을 보였다.

---

53) 출처: 집단지성 플랫폼으로서의 소셜미디어 : 커뮤니케이션 유형별 실험 분석, 김태원, 충북대학교, 2013.

54) 출처: 소셜미디어 시대의 기업소통 전략, SERI, 2010.9.

그림 3-22 SNS 이용행동 및 인식 조사 결과[55)]

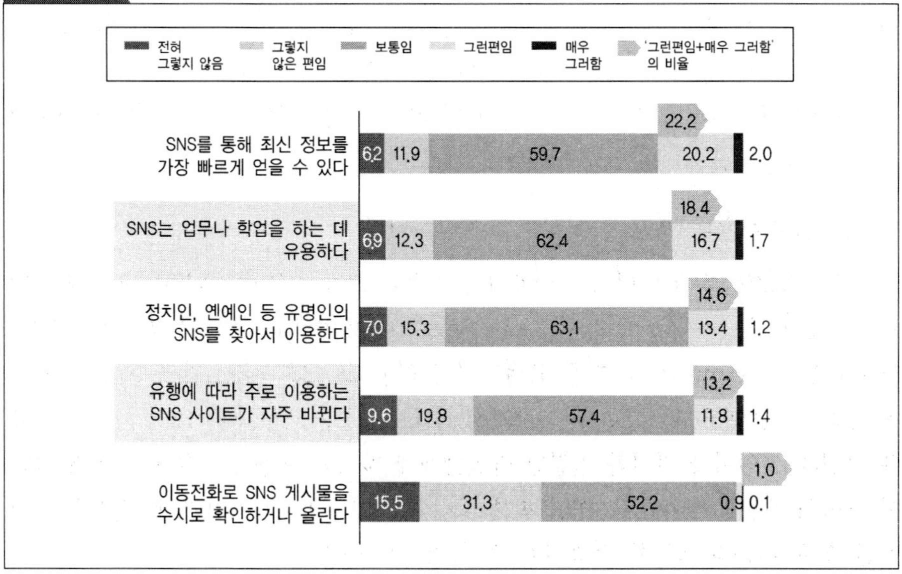

이러한 소셜 미디어의 특성들로 인해 기업들은 소셜 미디어를 이용한 마케팅에 상당한 관심을 가지고 전략을 추진해 가고 있다. 버슨 마스텔러(Burson Masteller)사가 2010년에 조사한 결과에 따르면, 포춘(Fortune) 지 선정 글로벌(Global) 100대 기업 중 79개 사가 소셜 네트워크 서비스(Social Network Service)를 사용하고 있다고 한다. 또한 노스 웨스턴대(Neorth Western University)가 2010년 9월에 발표한 자료에 따르면, 소셜 미디어의 하나인 트위터의 영향력이 팔로어(Follower) 수와 일치하지 않으며, 수천만 개의 트윗(twitt)을 분석한 결과 인지도는 낮지만 특정 분야의 전문 지식을 가진 이들의 트윗이 많은 사람들에게 리트위(retwitt)되고, 언급되고, 확산되어진다고 한다.[56)]

반면 소셜 미디어가 갖는 신뢰성, 친근성 등의 특성으로 인하여 기업들의 광고매체로 많이 활용되고 있는데, 너무 많은 광고들이 이용자들의 의사나 소셜 미디어상의 친분 관계에있는 사람들의 의사와 무관하게, 심지어는 그들의 계정 등을 이용하는 듯한 스팸(Spam)의 형태를 띠면서 강제적으로 노출됨으로 인하여, 오히려 불신하고 귀찮아하게 되는 역현상도 나타나고 있는 실정이다. 실례로 이용자가 작성하지 않은 내용이 페이스 북 메신저를 통해 '친구'에게 무차별 전송되는 일이 발생하기도 하였다. 다수의 페이스 북 이용자들은 '친구'로부터 이상한 내용의 메시지를 받았는데, 페이스 북 메신저에는 받는 사람의 이름과 함께 'Watch Urgent, because it

55) 출처: 2010 인터넷이용실태조사, 방송통신위원회. 2010.9.
56) 출처: Telegraph(인터넷 판), 2010.9.25

is your video'라는 메시지가 뜨며 동영상 링크를 보내는 형태를 보이거나, 심지어는 페이스 북 창에 음란한 내용의 콘텐츠 등을 게시하여 링크를 열 경우 스팸 코드를 심는다든지 하는 문제도 발생시키고 있다. 이러한 문제가 지속되면 최악의 경우 소셜 미디어 서비스가 범죄의 도구로 활용될 여지도 생긴다는 문제 의식도 만들어지고 있는 상황이다.

3) 소비자들은 왜 소셜 미디어를 이용하나?

소비자들이 소셜 미디어를 이용하는 이유를 크게 4가지 측면에서 요약해 살펴볼 수 있다. 첫 번째가 나 자신을 남에게 보여주고자 하는 존중의 욕구 때문이다. 나르시즘(narcissism), 즉 자기를 표현하고자 하는 욕구를 충족시키고, 자신의 표현을 통해 타인으로부터 스스로가 인정받고자 하는 욕구 때문이다. 소셜 미디어를 통해 자신의 지인이나 자기와 연결된 타인들에게 자기의 재능을 보여 줌으로써 타인이 자신의 재능을 인정하고, 이를 통해 자신이 작가나 배우, 기자가 된 것처럼 자아실현 혹은 존중의 욕구를 충족시킬 수 있기 때문이다.

일례로 과거에는 일반적으로 고가 브랜드 제품의 소비 등을 통해 자기 취향의 과시가 이루어졌다. 즉, 고가의 럭셔리(Luxery) 제품이나 프리미엄 브랜드 제품을 소유함으로써 그렇지 않은 사람보다 높은 지위에 있음을 보여줌으로써, 자신을 타인과 차별화시키고 타인으로부터 주목받고 심지어 존경을 받을 수 있다는 욕구를 충족시켜주는 수단으로 활용되었다. 그러나 최근에는 제품의 가격이 브랜드의 희소성을 담보하지는 않게 되고, 오히려 가격보다는 우월한 정보력과 취향을 상징하는 '덜 알려진 매니아(Mania) 제품'에 대한 선호가 높아지고 있는데, 이는 상대적으로 '희소한 정보와 경험'을 주변의 지인, 소위 Closed User Group 들과 제한적으로 공유함으로써 오히려 관심과 부러움을 얻을 수 있기 때문에 소셜 미디어를 통해 은근히 자랑하는 행태를 보이고 있다.

이러한 변화는 지난 수년 간 브랜딩(Branding)[57] 환경의 근본적인 변화 과정에서 발생하였는데, 이는 TV, 신문, 라디오, 잡지로 대표되는 전통적 미디어의 소비가 감소한 반면 블로그, 소셜 미디어 등으로 대표되는 양 방향 미디어의 소비가 크게 증가하게 됨으로 인하여, 이를 통해 소위 오타꾸(otaku, 御宅)[58] 라 할 수 있는 일부

---

57) Branding : 자사 브랜드가 소비자들에게 혜택과 감흥을 줌으로써 높은 인지도를 얻게 되고, 그렇게 얻은 브랜드 인지도는 소비자들에게 제품을 사용해 보고 싶게 만들거나 또는 높은 판매율로 연결됨으로, 소비자로 하여금 자사 브랜드를 경험하게 하고 브랜드를 보고 물리적 속성이나 디자인을 식별할 수 있게 함으로써 브랜드 정체성(brand identity)을 형성시키기 위해 하는 제반 활동을 의미(출처: 디자인기획과 전략, 커뮤니케이션북스, 2014.4.15을 재구성)

취향 선도자들이 열광하는 검증된 '작은 브랜드'들이 소셜 미디어 등을 이용함으로써 미디어 노출이 과거에 비해 용이해졌다. 따라서 소셜 미디어 등을 통해 차별화를 원하는 일반 소비자들의 '사회적 소비' 욕구에 부합하기 때문으로 이해된다.[59]

둘째는 인간의 근본적 속성인 남의 생활에 대한 엿보기 본능 때문이다. 내가 관심 있는 연예인이나 지인들의 생활을 관찰함으로써 지인들이나 가수, 배우, 정치인 등 유명인 등의 생활을 모방하고, 또 유명인들과 친분을 가지고 있는 것처럼 스스로 느끼고 싶은 욕구 때문이다.

셋째, 늘 똑같은 일상의 다람쥐 쳇바퀴를 탈출하고자 하는 욕구 때문이다. 자기 스스로 끊임없는 변화에 대한 욕구를 만족시기고, 자기 스스로에게 자극을 주기 위해 타인의 삶의 흔적을 따라 감으로써 일상의 지루함을 탈피하고자 하는 욕구 때문이다.

마지막으로 친근성과 신뢰성 측면인데, 지인으로부터 얻는 정보에 대한 신뢰성과 지인에 대한 스스로의 친밀감 때문이다. 나를 잘 아는 지인으로부터 전해지는 뉴스나 정보가 전문가나 언론인 등으로부터 생성되는 정보보다 더 자신에게 적합하고 자신의 관심을 잘 대변해주는 것이기 때문이다. 이는 관계 기반, 그리고 즉시성을 가진 정보가 더 많은 가치를 제공해주기 때문인데, 이렇게 전해지는 정보를 받아보는 것을 소셜 리딩(Social Reading)이라 부르기도 한다. 소셜 리딩은 이미 미국 및 유럽에서는 아마존을 통해 활발히 이뤄지고 있다. 아마존이 2013년 3월 '굿리즈(Goodreads)'를 1억5000만 달러에 인수해 화제가 되기도 했는데, 당시 굿리즈는 사용자 1600만 명에 북 클럽이 3만개에 달하던 소셜 리딩 서비스였다. 국내에서도 최근 소셜 네트워크 서비스를 통해 책에 관한 글을 공유하고 함께 읽는 '소셜 리딩'이 활발하게 전개되고 있다. 거의 모든 국민이 개인화된 단말기기인 스마트 폰을 쓰는 시대가 되면서 소셜 리딩을 위한 맞춤형 소셜네트워크서비스(SNS)인 북플 알라딘(www.aladin.co.kr), 썸리스트(www.somelist. com), 책속의 한줄(www.bookhz.com) 등 다양한 소셜 리딩 SNS가 국내에서 활발하게 이용되고 있다. 이로 인해 혼자 읽는 독서에서 벗어나 사람들과 함께 읽고 공유하는 적극적 독서 문화가 만들어지고 있는 것이다.

썸리스트는 매달 색다른 주제로 책을 골라주는 큐레이션 서비스가 돋보이는 SNS인데, 썸리스트에 실린 독서 고수들의 짤막한 책 서평들은 페이스 북에서 공유

---

58) 오타꾸 : 일본어로 한 분야에 열중하는 사람을 일컫는 용어로 우리말로는 한 가지 일에 광적(狂的)으로 몰두하는 사람이란 의미를 갖는다.
59) 출처: '취향과 체험' 전염성 있는 브랜드를 만든다(LG경제연구원. 2015.7.22.)을 재구성함.

되며 화제를 모으고 있다. 래디벅이 출시한 책속의 한줄은 책 속에서 발견한 한 줄의 글귀를 공유하는데 집중한 SNS로 취향이 같은 사람들이 소모임을 만들 수 있도록 하고, 추천자가 많은 인기 도서 순위를 노출시키는 등의 차별화 측면이 있고, 웹 소설도 연재하고 있다. 북플은 특정 분야, 작가에 대한 책을 많이 읽으면 그 분야의 마니아에 등극할 수 있게 하는 게미피케이션(gamification)을 활용함으로써 사용자가 특색 있는 서평을 자발적으로 꾸준히 올릴 수 있는 기반을 만들어 주었다.

넷째, 기업 측면에서는 기업과 직원 간의 커뮤니케이션 활성화를 위한 미디어로 활용되는 사례가 증가하고 있으며, 직원들의 아이디어와 노하우(Knowhow)를 용이하게 활용하기 위해 기업들 측면에서 활용하고 있다. 특히 기업의 수익 창출에도 이바지 할 수 있다는 측면에서 소셜 미디어를 이용하는 기업이 늘어나고 있다. 포드(Ford)사는 2006년에 내부적인 인트라넷(Intranet)이나 블로그 등을 활용하여 'Bold Moves'라는 캠페인을 진행하였으나, 직원들의 공감을 얻는데 실패하고, 스콧 몽티(Scott Monty)라는 전문가를 영입하여 전담팀을 구성하고 공격적으로 진행하여 직원들의 신뢰를 얻는 사례도 있다.

또한 기업의 특징에 적합한 소셜 미디어를 선택하는 것도 매우 중요하다. 현재 상존하는 모든 소셜 미디어를 도입하는 것은 소모적일 수 있으므로, 활용 목적, 구성원들의 특성, 기업 규모 등에 따라 인트라넷 형, 블로그 형, 트위터 형으로 구분하여 직원들이 가장 접근하기 쉽고 활용도가 높은 소셜 미디어 유형을 도입하는 것을 고려해야 한다. 이외에도 소셜 미디어를 통해 제공되는 정보가 객관적이고 정확하게 전달되어 정보의 신뢰성을 확보하는 것이 중요할 것이다.

그림 3-23 소셜 미디어를 찾는 이유[60)]

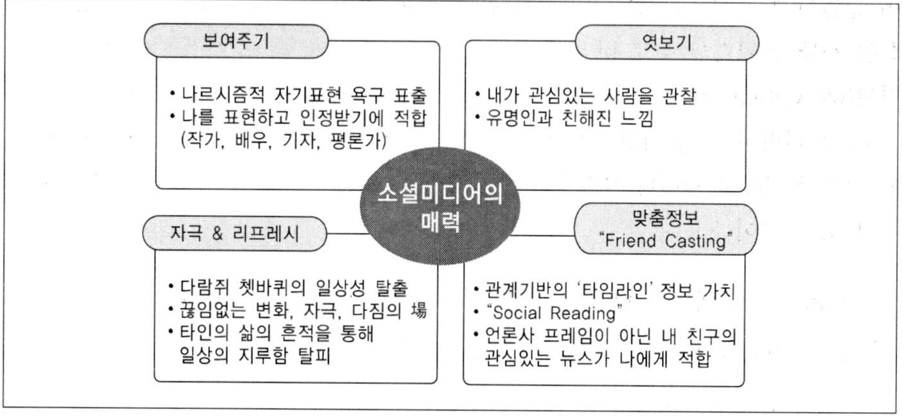

60) 출처: 삼성경제연구소, 소셜 미디어 시대의 기업 소통 전략, 2010.9.

4) 소셜 미디어는 어떻게 활용되어지고 있나?

소셜 미디어의 주요 트렌드를 살펴보면, 이미지 중심의 공유 콘텐츠에 대한 중요성이 대두되고 있으며, 소비자의 변화 측면에서 언급한 바와 같이 소위 스낵 컬쳐의 특성에 맞게 15초 이내의 짧은 영상을 통한 스토리텔링 콘텐츠의 소비가 확산되고, 위치기반서비스가 증가하고 있으며, 특히 온오프라인의 결합을 통한 하이브리드(Hybrid) 형 마케팅이 중요한 트렌드로 자리매김하고 있다. 이는 소위 쇼루밍이라는 트렌드와 더불어 오프라인 매장에 온라인의 편리성과 디지털 체험을 결합한 공간으로의 진화를 촉진시킴에 따른 것으로 분석된다.[61] 이처럼 소셜 미디어는 산업의 새로운 패러다임을 만들어 가면서, 다른 산업 분야와의 융복합을 통해 더욱 활발히 활용되어 지고 있는데, 특히 소셜 미디어 광고, 소셜 TV, 소셜 게임 등의 분야에서 가장 활발히 활용되어지고 있음을 알 수 있다.

표 3-8 주요 소셜 미디어 전망[62]

채널	상세 설명
페이스 북	• 전 세계 가입자 수 12억 명으로 6명 중 1명이 사용하는 대중적 SNS • What's App 인수하며, 메신저부문 강화, 모바일 네트워크 플랫폼 도입으로 네트워크 시장 진출하며 지속 성장세 예상
밴드	• 국내이용자 2천만 명 확보한 폐쇄형 SNS • 앱 체류시간 총 20억분으로 네이버 카페(17억분), 다음 카페(14억분)의 이용시간 뛰어 넘으며 성장세 • 밴드게임 출시 등 밴드와 라인의 연결성에 귀추가 주목
카카오스토리	• 국내 스마트 폰 가입자 90% 이상 사용하는 SNS • 모바일 광고(오늘의 추천소식/소식전파) 적용 및 CPC 방식 도입으로 모바일 광고시장 본격화되며 기업 활용도 증가 예상
모바일페이지	• 모바일 디바이스에 특화된 전용 페이지 • 기업의 멤버십을 활용한 폐쇄형 커뮤니티 구축으로 모바일 거점 플랫폼으로의 응용 가능성 기대

(1) 소셜 미디어 광고

소셜 미디어 시장매출액에서 가장 큰 부분을 차지하고 있는 것이 광고이다. 소셜 미디어 광고는 소셜 미디어를 매개로 소비자가 광고 내용을 직접 올리고 공유하는 온라인 광고를 의미한다. 소셜 미디어 광고는 항상 접속되어지는(Always-on) 상태에 있기 때문에 시간과 공간의 제약 없이 광고를 노출 시킬 수 있으며, 다양한 멀

61) 출처: 소셜 미디어 서비스 현황 및 활용(삼성경제연구소. 2013.5.21.)을 재구성함.
62) 출처: 2014년 상반기 결산 및 하반기 전망 디지털 미디어 이슈 리포트. DMC리포터

티미디어 요소를 활용해 주목도를 높이고, 소비자의 참여를 유도할 수 있는 양방향성 광고가 가능한 것이 특징이다.

특히 개인들의 이름, 선호 등을 나타내는 정보, 즉 프로파일 데이터와, 개인 간의 명확한 연결망과 관련된 정보인 소셜 데이터, 그리고 소셜 미디어를 통해 상호 연결되는 지인들과의 상호 작용과 관련된 데이터인 상호작용 데이터 등 소셜 미디어를 통해 수집되는 빅 데이터를 분석, 활용함으로써 기존 대중 매체와 달리 광고의 타겟팅(Targeting)이 가능하다는 잇점을 가지고 있다. 뿐만 아니라 게시된 광고가 사회적 연결, 즉 지인들과 상호 공유가 가능하며, 소셜 네트워크 서비스의 대표적인 활용 예라 할 수 있다.

표 3-9 소셜 미디어 광고 구성요소[63)]

구성요소	특징
광고 콘텐츠	개인적 데이터나 소셜 데이터를 활용한 맞춤화된 메시지
타겟팅(Targeting)	프로파일 데이터를 활용한 광고 타겟팅 및 개인이 선택한 광고를 친구들에게 전달하는 것
기능성	광고 내에서 사회적 연결(친구와의 공유)

대표적인 소셜 미디어 광고로 페이스 북이 제공하는 광고상품을 들 수 있다. 페이스 북의 광고는 페이스 북 사이트의 우측 화면에 노출되는 광고로 광고주가 직접 작성한 광고 메시지를 중심으로, 설정된 타겟(Target)들에 노출되게 만든 '페이스 북 광고(Sponsor)'와 자사 상품이나 브랜드 페이지에 올린 글에 대해 이용자가 댓글이나 좋아요를 누른 반응을 보여주는, 즉 화면 우측에 '○○○님이 좋아합니다'라는 문구와 함께 노출되는 광고인 '스폰서 스토리(Sponsored Story)', 뉴스 피드 영역에 노출되는 광고로 'featured'라고 표시하여 특정 브랜드나 기업 광고를 노출하는 방식으로 이용자와 양방향 소통 및 입소문에 효과적인 '추천소식(featured storids)' 등이 있다. 또한 광고 포스팅 상품도 있는데, 페이지에 글을 쓰면 페이지를 좋아하는 팬의 뉴스 피드에 노출되고, 옵션에 따라 팬들의 친구에게도 추가로 노출되어 보다 많은 사람들이 해당 페이지를 볼 수 있게 고안한 광고와 모바일 앱을 위한 광고(Ads for Apps) 등 새로운 광고 상품들도 선보이고 있다.

이를 광고 형태별로 구분해 보면, 스탠다드(Standard), 팬 페이지(pan Page), 애플리케이션(Application), 이벤트(Event) 등 총 4가지로 나누어 볼 수 있다. 첫째, 스탠다드 광고는 배너를 클릭하면 브랜드 홈페이지로 이동하는 방식으로, 광고주는

63) 출처: 김미경 외(2012)의 "소셜미디어 광고" 부분을 참고(pp.240~270)

고객을 브랜드 홈페이지로 유입시킴으로서 트래픽 상승효과를 일으킬 수 있다. 다만 좋아요(Like)가 없다. 둘째, 팬 페이지 광고는 URL을 발행하여 많은 팬을 확보하여 마케팅에 활용하는 방식으로 향후 다수 팬의 활동을 다각적으로 분석할 수 있고, 이를 마케팅에 활용할 수 있어 브랜드 페이지의 영향력 측정이 가능하다, 셋째, 애플리케이션 광고는 배너를 클릭하면 페이스 북 내 해당 페이지로 이동하여 앱(App) 다운로드를 유도시키는 것으로 참여율을 높일 수 있으며, 마지막으로 이벤트 광고는 특정 이벤트에 초대하는 방식으로 참여할 경우 참석 여부가 사용자 페이지에 공유되어 사용자의 지인들에게 노출되고, 이벤트 공유를 통해 지인들의 참여를 유도할 수 있다는 특징이 있다.

표 3-10 소셜 미디어 광고와 포털 배너 광고의 비교

구분	소셜 미디어 광고	배너 광고
표적 유연성	소셜미디어 광고는 소비자들이 항상 가지고 다니는 스마트 기기가 주요 매체가 되므로 누구에게나 광고를 노출시킬 수 있다.	광고를 노출 시킬 대상을 타켓팅 할 수 있다. 즉, 웹사이트를 방문한 모든 사람에게 광고를 노출시킬 수도 있고 특정내용에 흥미를 가진 사람들에게만 광고를 노출시킬 수 있다.
시간 유연성	시간과 공간의 제약없이 언제나 광고를 노출할 수 있다.	광고 게재 시간의 설정이 자유롭다.
표현 유연성	텍스트, 이미지, 사운드, 동영상 등 다양한 멀티미디어 요소를 사용할 수 있다.	배너 상에서 다양한 멀티미디어를 사용한 광고 표현이 가능하다.
측정 용이성	댓글, 덧글, 좋아요 수 등을 통한 소비자의 반응을 실시간으로 확인할 수 있다.	어떤 상품의 배너광고가 사용자로부터 더 많은 반응을 불러 일으켰는지, 광고 표현을 달리 했을 때 어떤 배너 광고에 대한 반응이 가장 많았는지를 측정/비교할 수 있다.

소셜 미디어 광고는 뉴스나 상품 등에 대한 개인들의 견해나 아이디어를 선별된 사람들과 사적으로 공유하는 방식을 취하고 있어 소셜 네트워크 서비스 이용자들에 의해 더욱 확산될 것으로 예상된다. 특히 각 기업들이 소셜 네트워크 사이트를 통해 제품 관련 메시지를 보내고, 소비자들은 자신들의 의견을 기업에 보내는 상호소통방식을 따르므로, 그동안 기업에 의해 일방적으로 보여 지던 광고가 아닌, 기업과 소비자가 통합된 광고모델로 발전하고 있다.

(2) 소셜 TV

소셜 네트워크를 활용한 또 다른 예로는 '소셜 TV(Social TV)'를 꼽을 수 있다. 이는 제3장 소비자 변화 - 소비자의 동영상 콘텐츠 소비 행태의 변화 부분에서 설

명한 '동시시청과 소셜 시청'이라는 소비자의 소비 행태를 나타내는 서비스의 일종으로, 단순히 TV를 보면서 소셜 네트워크 서비스를 이용할 수 있다는 개념을 뛰어넘어 TV 프로그램에 대한 정보와 의견을 '소셜(Social)' 네트워크상에서 공유하는 서비스를 뜻한다.

소셜 미디어 마케팅 전문가 데이빗 웨슨(David Wetson)은 소셜 TV가 성공하기 위한 요소로 다섯 가지를 주장한 바 있다. 첫째, TV와 스마트 폰, 태블릿 컴퓨터 또는 스마트 리모콘 등을 연계하는 멀티 플랫폼 전략이 필요하다. 둘째, 사람들을 끌어모아 수다를 떨게 만들어야 한다. 정수기 앞에 사람들이 모이는 이른바 워터 쿨러 효과(Water Cooler Effect)[64]를 만들어내야 한다는 이야기다. 셋째, 같은 프로그램을 같은 시간에 공유하고 있다는 유대감을 만들어내야 한다. TV를 끄고 컴퓨터 앞에 앉을 때는 이미 늦다는 이야기다. 이런 리얼타임 커뮤니케이션이 가능하려면 멀티스크린(Multi Screen)을 지원하는 콘텐츠 전략이 필요하다. 넷째, 포스퀘어처럼 뱃지를 주거나 등급을 부여하는 것도 참여 동기가 된다. 다섯째, TV는 기본적으로 개인 소유가 아니라 가족 소유지만 그렇기 때문에 더더욱 개인화 서비스가 필요하다.

소셜 TV는 2009년 미국에서 상용화한 겟그루(GetGlue)가 최초이며, 이후 미소(miso), INTO-Now, Tunerfish, yap.TV, Vuall 등 다양한 미디어 서비스가 탄생되고 있다. 국내에서도 SBS가 제공하는 SOTY(쏘티), Tving Talk, 애브리온, 텔레톡비, KTH의 TV 코러스(Chorus), ImOnTV, Talkypool 등의 서비스가 출현한 바 있다.

SOTY는 2012 런던올림픽 시즌에 방송사 최초 소셜 TV 서비스로 선보였는데, 독자적으로 개발한 방송 정보 콘텐츠 큐레이션 시스템을 통해, 인기 드라마 및 예능 프로그램의 하이라이트 장면, 태그로 구분된 맛 집, 패션화보 등 최신 콘텐츠를 선별하여 볼 수 있는 기능을 제공하고 있다. 또 자신의 관심 스타를 등록해 놓은 경우 지정된 스타의 최신 동향과 정보가 자동 업데이트되는 개인 맞춤화 시스템도 제공하고 있다. 텔레톡비라는 회사는 TV를 시청하는 중에 일어나는 소비자 행동에 관한 서비스로, 동일한 프로그램을 시청하고 있다면 시청자끼리 해당 프로그램에 대한 SNS가 형성되어 의견을 나누고 정보도 얻을 수 있는 방식의 서비스를 제공하고 있다. 티빙은 TV시청 중에 채팅을 하거나 트위터, 페이스 북에 의견을 나눌 수 있

---

64) Water Cooler Effect : 정수기와 같은 음료를 마실 수 있는 휴식 공간이 있으면 직원들의 소통이 활발해지는 효과. 미국 MIT 펜트렌드(Alex Sandy Pentland) 교수에 의해 콜센터 직원들을 대상으로 성과의 차이 원인을 분석한 연구에서 능력이나 교육수준이 비슷한데 성과가 차이가 나는 사유를 연구한 결과, '무엇을 소통하느냐?'보다 '어떻게 소통하느냐?'가 성과에 가장 큰 영향을 미치는 요소로 밝혀졌다. 더불어 성과가 좋은 팀의 팀원들은 회의실 밖에서 더 많은 소통을 한다는 사실도 드러났다.

는 '티빙톡' 기능을 제공하고 있다. 그러나 소셜 기능을 정확히 이해하지 못한 국내 사업자들은 아직도 그 프로그램 측면에서 다양성을 갖지 못하고 있으며, 저작권 문제로 인하여 콘텐츠도 미흡하고, 기능도 초보적 단계에 머물러 있다.

현재까지 나타난 소셜 TV의 비즈니스 모델은 플랫폼의 제공을 통한 매출이 일반적이다. 가입비나 서비스 이용료, 광고 등을 통한 매출 발생은 없고, 무상으로 광고나 커머스(Commerce), 다양한 기타 서비스를 제공하여 이용자 가치를 높이고, 제3자들의 콘텐츠와 애플리케이션 및 서비스를 최종 이용자에게 판매할 수 있게 하는 등 플랫폼을 제공하는 것이 주된 비즈니스 모델이다. 특히 스마트 폰 및 태블릿PC 등 모바일 단말기의 확산은 세컨드 스크린 이용 확대를 야기시키며, 소셜 TV 서비스 이용자 수를 확대시키고 있다.

이러한 흐름에 따라 2012년 현재 미국에서는 소셜 TV 시장에서 10개 이상의 신생 서비스가 경합을 이루고 있는 것으로 알려졌는데, Yahoo가 소셜 TV 서비스의 선두주자인 GetGlue의 경쟁사 IntoNow를 인수하였고, 영국의 소셜 TV 서비스인 Zeebox는 ComCast와의 제휴를 통해 미국에 진출하고 있다.

대표적인 소셜 TV 애플리케이션인 GetGlue는 시청하는 TV 프로그램에 체크인하여 친구들과 교류할 수 있도록 하는 서비스로, TV를 시청하면서 데스크탑PC, 스마트 폰, 태블릿 PC 등을 통해 소셜 TV 애플리케이션에 체크인하여 다른 시청자들과 채팅을 하거나 SNS 계정 등을 통해 현재 시청 중인 TV 프로그램에 대한 의견을 교환하는 서비스이다. 2010년 6월에 론칭된 GetGlue는 서비스 시작 10여 개월 만에 400만 가입자를 확보하였다. 사용자의 활동량(data points)이 10억 개, 발행된 스티커의 수도 400만 개에 달하는 등 그 사용률이 급증하고 있다. TV 프로그램뿐만 아니라 영화, 음악, 도서 등 다양한 미디어 서비스를 제공하며 2010년 1월 130만 회의 체크인 수에서 1년만인 2011년 1월에는 1,210만 회의 체크인 수를 기록하며 급성장하였다. 2013년 1월 Viggle과 합병할 당시 450만 명의 이용자를 확보하였으며, 5억 회의 체크인 수를 돌파한 것으로 나타났다.

Getglue 외에도 Miso, IntoNow가 현재 시청중인 프로그램에 '체크인'하는 형식의 소셜 TV 서비스를 제공하고 있다. Miso는 약 10만 명의 가입자를 확보하고 있으며, 특정 TV 프로그램에 체크인하여 의견을 공유하고, 퀴즈와 평점을 남길 수 있다. 또한 활동이 왕성한 사용자에게는 포인트와 디지털 뱃지(badge)를 수여하고 있다. 현재 위성방송사업자인 DirecTV와 IPTV 사업자인 AT&T, 셋톱박스 사업자인 Boxee와 제휴 중이다. 미국 드라마 부문에서 활용되고 있는 소셜 TV 앱 서비스인 IntoNow는 드라마의 대사소리를 인식하여 자동적으로 그 드라마가 무엇인지 알려주고, 이를 기반으로 해당 드라마의 시청자들과 소통할 수 있게 해 준다. 특히 2010년 미국 1위 케이블 회사인 ComCast가 출시한 소셜 TV 플랫폼인 Tunerfish는 개방형 플랫폼으로 트위터와 페이스 북과 연동되어 있고, TV콘텐츠를 한곳에 모아 소통할 수 있게 해 준다.

표 3-11 주요 소셜 TV 애플리케이션

	GetGlue	Miso TV	IntoNow
개시일	2010년 6월	2010년 3월	2011년 1월
가입자 규모	300만 명	10만 명	-
제공 콘텐츠	680여 개 프로그램	-	130개 채널
제휴사	CNN, Fox, MTV 등 75개 방송사, 10개 영화사, DirecTV	OWN(Oprah Winfray Network), DirecTV, AT&T, Box(셋톱박스)	2011년 4월 Yahoo에 2,000~3,000달러에 인수됨
서비스 제공	체크인 서비스, TV 프로그램 외의 영화, 음악, 도서 등에서도 제공	체크인 서비스, 스포츠 경기 중 좋아하는 팀을 선택해 설문에 참여, 의견 공유 가능	사운드 인식 서비스 제공

미래 미디어 시청 환경은 인터넷, 모바일, 태블릿 등 멀티태스킹이 TV 시청 중에 일상적인 행동으로 받아들여짐에 따라 SNS, 위젯 TV, 스마트 TV, 소셜 TV 등의 확산은 이제 거스를 수 없는 대세로 받아들여지고 있다. 더불어 유무선 인터넷 서비스의 빠른 통합 환경으로의 진화는 이용자들에게 보다 양방향적인 방식으로 미디어를 소비하게 만들면서 새로운 형태의 서비스로 확산되는 환경을 만들어 가고 있다.

(3) 소셜 게임

소셜 미디어 매출액 중 광고부문 다음으로 크게 기여하고 있는 부문이 게임 영역이다. 소셜 네트워크를 활용한 게임인 소셜 네트워크 게임(Social Network Game)은 사람들이 서로 같이 플레이하는 게임을 의미 하였으나, 최근에는 소셜 네트워크 상에서 급성장하고 있는 게임으로 트위터, 블로그, 페이스북, 카카오 톡과 같은 소셜 네트워크 서비스(SNS)의 장점과 게임의 재미를 융합한 서비스(소셜 기능과 결합한 게임)를 뜻한다.

소셜 네트워크 게임의 첫 번째 특징이자 가장 큰 장점은 소셜 네트워크 서비스를 플랫폼으로 하고 있다는 것이다. 이는 사용자 확보를 위한 시간과 비용을 절감하는 것이 가능하다는 것을 의미한다. 국내의 경우 모바일 메신저인 카카오 톡을 플랫폼으로 한 게임들이 단 기간 내에 엄청난 규모의 유저를 확보한 사례는 이러한 소셜 네트워크 서비스의 잠재력을 증명하는 것이라 할 수 있다.

두 번째 특징은 기존의 게임은 개인적 성취와 보상에 집중되어있는 반면 소셜 네트워크 게임은 게임내의 소셜 활동과 플레이어 간의 상호작용이 게임 플레이의 중요한 요소가 된다는 것이다. 기존의 게임들이 게임 자체를 즐기기 위해 모인 형태라 한다면, 소셜 게임은 게임 자체의 목적보다는 사람과 사람 사이의 유대관계와 친목도모가 더 중요하다는 것이다. 다시 말해 게임 플레이어의 자체 능력보다는 얼마나 이웃과의 교류가 많은가, 얼마나 많은 이웃과 관계를 맺고 있는가가 더 중요한 게임이다. 소셜 네트워크에 구축되어 있는 사회적 관계를 활용하고, 대개 광고와 가상의 상품으로 수익을 거둔다는 측면에서 게임공간이 사회적 공간으로 확장될 수 있다는 가능성을 보여주며, 소셜네트워크서비스(SNS)의 장점과 게임의 재미를 융합하는 형태로, 게임을 즐기면서 인맥을 구축할 수 있는 새로운 커뮤니케이션 수단으로 발전해 나아가고 있다.

세 번째 특징으로는 누구나 즐길 수 있는 간단한 인터페이스를 갖고 있다는 것이다. 게임 초보자에게 상당한 부담이 될 수 있는 유저 인터페이스를 손쉽게 구성하여 접근성을 높힌 것이다. 네 번째 특징으로는 기존의 게임들이 실시간이며, 동시 접속한 플레이어간의 교류만 가능한 '동시 접속을 기반으로 한 게임'인데 반해, 소셜 게임은 동시접속이 아니더라도 자신의 흔적을 이웃의 농장 등에 남겨 놓음으로써 관계를 형성해 가는 비동기 방식이다. 마지막으로 모바일 기기와의 결합이 용이하다는 점인데, 손쉬운 인터페이스를 가진 소셜 게임의 특성상 모바일 기기에서의 플레이도 보다 용이하게 해 줄 수 있다.

5 기존 미디어 권력의 약화

정보와 정보의 전달을 통해 새로운 가치를 전달하는 모든 매체나 수단을 미디어라고 정의 할 때, 종래의 미디어는 소수의 매스 미디어(Mass Media)가 미디어 플랫폼과 콘텐츠와의 결합, 즉 특정 미디어 플랫폼 기업에서 생산한 콘텐츠는 해당 미디어만을 통해 전달되는 형태를 가짐으로 인해 콘텐츠나 미디어 서비스 측면에서 독과점 지위를 가졌다. 또한 전통적 미디어는 대중을 향해 일방적으로 대량의 메시지(콘텐츠)를 전달하는 형태를 띠었다. 때문에 미디어에 대한 접근은 곧 권력에 대한 접근을 의미했다.

그러나 정보통신 기술의 발전으로 미디어의 디지털 화가 가속화 되고, 스마트화, 다양화가 진전됨으로 인하여 기존 미디어 권력은 약화되는 현상을 보이고 있는데, 그 동인(動因, Driver)은 첫째, 인터넷의 등장이다. 방송・신문・잡지・라디오 등 이른바 전통적인 4대 미디어가 각기 독자적인 채널을 통해 제공하는 독점적 전용 콘텐츠를 이제는 인터넷을 통해 만들어지고 있는 다양한 뉴미디어라는 새로운 수단을 통해서도 소비 및 접근할 수 있게 된 것이다. 소비자들은 더 이상 TV, 신문, 잡지, 라디오라는 전통적 매체를 통하지 않고서도 이들 미디어가 제공하는 콘텐츠에 대한 접근권을 확보하게 된 것이다.

둘째, 새로운 미디어의 등장이다. 기존 미디어가 제공하는 콘텐츠를 우회해서 접근하는 방식의 출현과 함께, 기존에 존재하지 않았던 새로운 형태의 미디어가 속속 등장하고 있다. 자신의 주장과 생각을 전파할 수 있는 블로그, 미니홈피를 비롯하여 최근에는 유튜브나 판도라, 아프리카 TV 등 인터넷 방송을 통한 개인 방송국 등은 누구나 미디어의 주체가 될 수 있음을 보여주는 대표적인 사례다. 더불어 모바일 메신저 서비스 등의 소셜 미디어의 등장은 미디어 권력이 소수에서 대중으로 전이되고 있음을 단적으로 상징하는 사례이기도 하다.

셋째, 미디어와 콘텐츠의 분리(Decouping)이다. 특정 콘텐츠가 특정 미디어에 결합(종속)되어 있는 구조 하에서는 전달되는 콘텐츠의 편성권이 소수의 미디어 소유자에게 있었지만, 기존 미디어의 파워가 약해지고, 수많은 대체 미디어가 등장함에 따라 콘텐츠의 편성권 역시 소비자 개인들에게 이전되고 있다. 아프리카 TV나 판도라 TV, 유튜브 등의 인터넷 방송 시스템에서 대도서관, 양띵, 멜츠 등으로 대변되는 소위 인터넷 BJ(Business Jockey)[65] 등의 사례에서 볼 수 있듯이 인터넷 TV 방송채널을 구성하거나 포털 사이트에서 자신만의 뉴스 페이지를 편성하는 등의 사례가 그 예라 할 수 있다.

미국에서 타임워너(Time Warner), 월트 디즈니(Walt Disney), 바이어 컴(Viacom)/CBS, 뉴스코퍼레이션/21세기폭스, 컴 캐스트(ComCast)는 글로벌 미디어 산업을 지배해온 5대 복합 미디어 기업들이다. 미국의 4대 지상파와 군소 지상파 방송사, 주요 케이블 채널, 주요 할리우드 스튜디오가 모두 이들 소유 아래 운영되고 있다. 이들은 수직적 통합을 통해 방송의 유통망까지 장악하고, 인수합병과 사업 다각화를 통해 인쇄 출판, 지상파와 케이블 방송, 음악, 영화, 게임, 인터넷 등을 아우르는 글로벌 복합 미디어 기업으로 성장했다. 광고수익, 콘텐츠 재전송료(re-transmission fee), 프로그램 사용료(affiliate fee)를 안정적 매출로 삼아 미디어 산업을 지배해 왔다.

---

65) 인터넷 BJ(internet broadcasting jockey) : 집, 사무실 등의 장소에서 컴퓨터에 내장된 카메라 혹은 소형 캠코더 등으로 콘텐츠를 촬영, 인터넷 방송 사이트에 게재하는 사람을 일컫는 용어

그러나 모바일 단말기기의 보급 확대 및 스마트 미디어의 보편화로 콘텐츠 제작과 유통의 진입 장벽이 무너지면서 글로벌 복합 미디어 기업의 권력은 점점 약화되어 가고 있다. 5대 복합 미디어 기업뿐만 아니라 신문 산업을 이끌어 온 뉴욕 타임즈와 워싱턴 포스트도 발행부수가 줄고, 광고수입이 격감하면서 사업의 지속성 여부마저 불투명할 만큼 위기에 처해있다. 트러스트 펀딩(trust funding)으로 운영되는 영국의 가디언(Guardian)과 수신료에 의해 운영되는 영국의 공영방송 BBC 역시 변화하는 환경에서 새로운 도전에 직면해 있다. 전통적 잡지나 신문 등의 미디어를 발행해 온 타임워너, 뉴스 코퍼레이션, 뉴욕 타임즈, 워싱턴 포스트, 가디언 등 모든 전통적 미디어들은 지난 2008년부터 5년간 매출, 이익, 고용 인력 측면에서 두드러지는 감소세를 나타내 보이고 있다.

반면, 2012년까지 5년간 구글, 페이스 북, 애플 등 뉴미디어 기업들은 극적으로 성장했다. 매출을 측면에서, 구글이 2.3배, 아마존이 3.2배, 애플은 4.8배, 페이스 북은 19배까지 증가했다. 단순히 비율만 높은 것이 아니라 실제 총매출액도 페이스 북을 제외한 나머지 세 개 기업은 기존 글로벌 미디어 기업들을 모두 앞서고 있다. 순이익 역시 두 배에서 몇 백 배까지 증가했다. 박리다매를 전략으로 추진하고 있는 아마존의 경우 순이익이 증가하지는 않았지만 전통미디어 기업의 순이익보다 높은 수치를 보이고 있다. 고용 인력 역시 두 배에서 다섯 배까지 늘어났고 전통 미디어 기업의 고용 인력 수를 능가한다. 시장에서의 기업 가치평가와 주가총액 역시 전통미디어 기업들을 몇 배 이상 차이로 앞서고 있다. 심지어 페이스 북이 21세기 폭스나 타임워너보다 앞서고 단지 2013년 NBC유니버설과 통합을 마친 컴 캐스트(ComCast)에만 뒤진 상황이다.

인터브랜드(www.interbrand.com)에서는 2000년부터 매년 전 세계를 대표하는 세계 100대 브랜드의 가치를 평가하여 순위를 발표하는 베스트 글로벌 브랜드를 발표하는데 2014년에 'The Age of You'라는 주제로 세계 베스트 브랜드를 발표한 것을 보면, 브랜드 측면에서도 애플과 구글이 1, 2위다. 아마존은 15위, 페이스 북은 전년대비 86% 성장하여 2013년 52위에서 2014년 29위로 올라 Top Rising Brand로 선정되었다. 브랜드 가치 증가율 상위 4개 기업은 이들 뉴미디어 기업 4개사인 페이스 북, 구글, 애플, 아마존이다. 기존 미디어 기업 가운데 가장 높은 순위는 월트 디즈니가 13위였고, 그 외 100위 안에 포함된 브랜드는 바이어 컴의 MTV가 80위로 전년대비 2단계 하락한 것이 유일했다.[66]

66) 출처: http://bestglobalbrands.com/2014/ranking/

그림 3-24 Best Global Brand Ranking

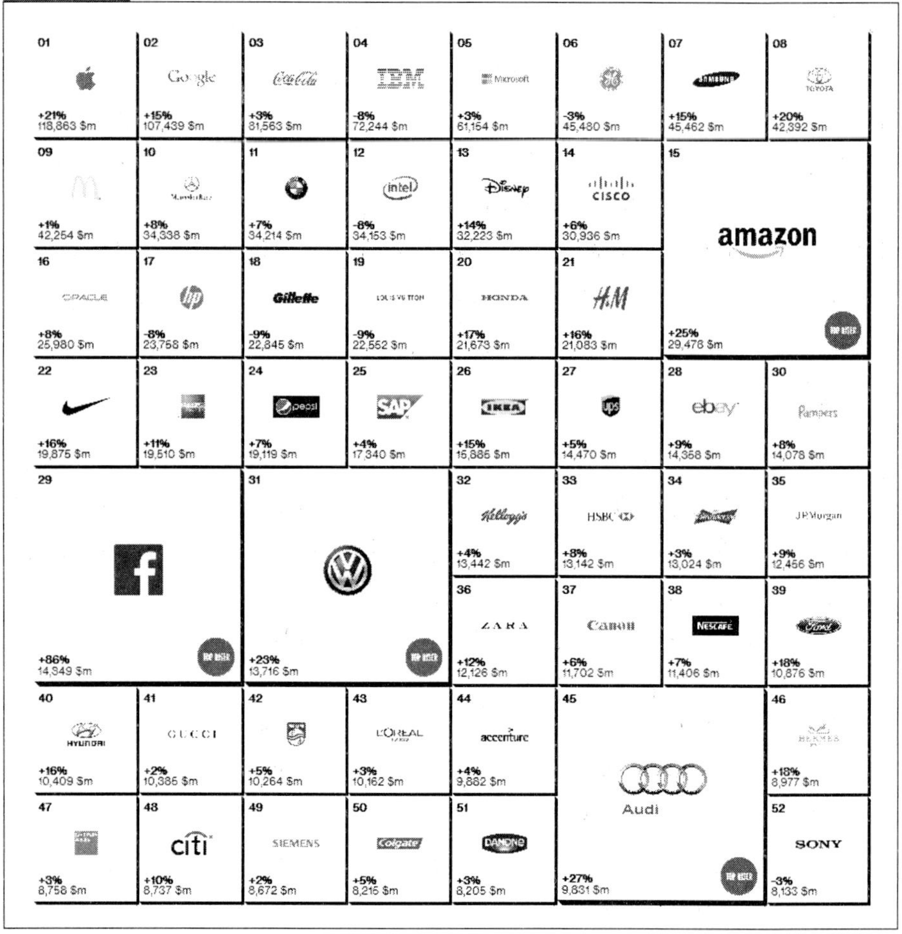

6 새로운 미디어 생태계 조성 경쟁

미디어 모포시스(Media Morphosis)와 같은 변형을 통해서든지 혹은 파괴적 기술에 의한 혁신을 통해서든지, 뉴미디어는 정형화된 모습을 갖춘 것이 아니라 늘 발전 속에서 등장하고 진화하는 상대적 개체로 나타나고 있다.

새로운 미디어의 등장으로 미디어 간의 경쟁 역시 동적(動的) 변화를 거듭하고 있다. 미디어 산업은 지속적인 신기술의 등장과 발전을 통해 그리고 사용자들의 욕구 변화에 맞추어 끊임없이 뉴미디어를 잉태하며 새로운 모습을 보여 왔다. 물론 새로운 발전은 산업의 종류를 막론하고 어디에서나 벌어지는 일이다. 그러나 미디어 산업에서의 큰 특징은 불과 최근 몇 년 전까지만 해도 한정적인 형태의 발전으로 이어지다가 2000년대 들어서면서 혁신적 변혁을 겪고 있다는 점이다. 실제로 과거에는 전통적 대중매체인 신문이나 방송 등이 오랫동안 미디어 산업의 대표로서 자리를 지켜왔으며, 새로운 서비스와 새로운 콘텐츠를 제공하는 형태의 발전에 국한되어 있을 뿐 산업의 중심축을 바꿔놓는 지각변동은 벌어지지 않았다.

그러나 인터넷이 등장하면서 미디어 산업에는 짐작도 할 수 없는 변화가 벌어졌다. 신문이나 방송을 대신해 생산자 측면에서는 소셜 미디어로 대변되는 1인 창조형 미디어와 다양한 형태의 포털, 모바일 인스턴트 메신저 서비스, 소셜 리딩 등과 같이 전문화된 미디어 플랫폼 등이 등장하였고, 전달매체 측면에서는 유무선 형태로 인터넷 기술을 이용하는 양 방향성 등 다양한 기술이 활용되는 뉴미디어가 등장했다. 뿐만 아니라 모바일 단말기기의 급격한 대중화 및 스마트 화로 인하여 기존에 PC 등을 통해 제공되어 지던 서비스들을 다양한 형태의 새로운 미디어로 변화시키고 있다.

미디어 산업의 중심축도 전통 미디어 중심에서 뉴미디어를 향하기 시작했다. 이러한 변화는 과거, 신문이나 방송이 정보 공급의 독점적 지위를 누리던 시대와 전혀 다른 정반대의 양상을 불러일으켰다. 앞서 설명한 바와 같이 예전에는 우리가 정보를 얻을 수 있는 통로가 대중 매체인 신문이나 방송, 잡지 라디오 등 4대 매체에 한정되어 있었다. 이는 특정 소수가 다수를 대신해 사회 현상을 알려주고 해석해주는 대중 매체의 전형적인 모습이었다. 그러다 보니 전통 미디어가 가진 정보력은 하나의 권력처럼 존재했다. 그리고 전문가들에 의해 사회 현상이 이해되어지고, 그들의 의견에 따라 전달되어지는 것을 일방적으로 받아들일 수밖에 없는 상황이었다.

인터넷이 등장하고 뉴미디어가 발달하면서 우리는 누구나 정보를 공급하는 뉴스의 생산자가 되는 시대를 맞게 되었다. 정보 공급의 독점적 지위에 있던 신문이나 방송이 오히려 다수 대중을 통해 정보를 얻고, 이를 전달하는 등 대중 매체의 권위도 상대적으로 낮아지기 시작했다. 이것은 전통 미디어 산업에 매우 큰 지각 변동을 불러일으키고 있다. 더불어 미디어 산업을 구성하는 가치 사슬에 큰 변화를 가져왔다. 제작, 편성, 유통, 배급, 소비에 이르는 산업별로 특화된 가치사슬의 구조도 더는 의미 없는 시대가 되었다.

다양한 형태의 뉴미디어의 등장은 기존에 콘텐츠의 형태별, 즉 활자, 그림, 동영상, 음성 등 개별적 형태별로 독자적으로 존재하던 미디어 유통 경로의 융합현상을 보이게 되었고, 온라인 유통의 확대는 다양한 형태의 콘텐츠를 통합적으로 제공하는 새로운 트렌드로 자리매김하게 되었다. 콘텐츠 기업의 입장에서는 다양한 유통 경로를 확보할 수 있게 됨에 따라 시장의 확대를 추구할 수 있게 되었고, 특히 모바일로 미디어 유통 경로가 확대됨에 따라 앱 스토어(App Store) 혹은 플레이 스토어(play Store) 등으로 대변되는 콘텐츠의 거래 장터 역할을 하는 미디어 뿐만 아니라 카카오 톡, 라인, 위챗(WeChat) 등 모바일을 기반으로 하는 인스턴트 메신저 서비스 등 새로운 형태의 플랫폼 서비스들이 새로운 미디어로 등장하는 등 혁신적인 변화의 시기를 맞이하고 있다. 이에 따라 미디어 사업자 간 혹은 타 부문의 사업자 간 경쟁의 벽이 허물어지고, 완전 경쟁의 시대로 접어들고 있다.

이러한 변화는 국내외를 막론하고 구글, 애플, 아마존, 페이스 북, 야후, 마이크로소프트와 같은 IT기업들에 의해 미디어 산업의 지형이 뒤흔들리는 결과가 만들어지고 있다. 이제 소비자들의 일상에서 스마트 폰은 뗄래야 뗄 수 없는 존재가 되었고, 인터넷 특히 모바일 인터넷을 통한 검색과 페이스 북 등의 소셜 미디어에의 포스팅(posting)은 가장 많은 시간을 할애하는 일거리가 되었다. 미디어 산업과 관련된 언론의 주목을 받는 것도 이들 기업의 리더 들이다. 애플의 스티브 잡스는 사후에 영화로까지 만들어져 사람들을 만나고 있고, 마크 주커버그, 빌 게이츠, 제프 베조스도 연일 뉴스의 중심에 있어서 친숙한 이름이 되었다. 애플, 아마존, 구글의 매출액은 타임워너와 디즈니, 뉴스코퍼레이션과 같은 복합 미디어 재벌의 매출액을 훨씬 앞질러있다. 2012년 말 기준으로 볼 때 월트 디즈니(423억 달러), 뉴스코퍼레이션(337억 달러), 타임워너(287억 달러), 바이어컴(139억 달러), 컴캐스트(626억 달러, NBC유니버설 인수로 인한 매출 증가), 애플(1,565억 달러), 마이크로소프트(737억 달러), 아마존(611억 달러), 구글(522억 달러), 페이스북(51억 달러) 등 기존 미디어 기업들을 앞서고 있다. 특히 2014년 2월 14일에는 미국 최대 케이블TV 사업자인 컴캐스트(ComCast)가 2위 사업자인 타임워너케이블(Time Warner Cable)을 452억 달러(약 48조 원)에 인수, 합병함으로써 컴캐스트가 미국 케이블 가입자의 3/4에 해당하는 규모의 가입자를 보유하게 되었고, 초고속인터넷 가입자 수에 있어서도 미국 시장의 36%에 해당하는 점유율을 가지게 되었다. 이처럼 골리앗 혹은 미디어 재벌로 지칭되던 올드미디어 기업들과 이제는 거인의 어깨 위에서 미디어 산업을 진두지휘하게 된 IT기반 뉴미디어 기업들 간의 경쟁과 협력을 중심으로 미디어 산업은 그 산업 변화의 중심에 놓여 있다.

출발이 서로 달랐던 구글, 애플, 아마존 등 주요 뉴미디어 기업들은 콘텐츠와 서비스, 이용자, 개발자들을 위한 새로운 생태계를 조성하고 있다. 애플은 하드웨어 단말기기, 구글은 온라인 검색, 아마존은 전자상거래, 페이스 북은 소셜 네트워크 서비스로 시작했다. 그러나 현재는 각자의 출발점이었던 핵심역량(core competency)을 강화하고 서로의 사업 영역으로 침투해서 경쟁할 뿐만 아니라 전통 미디어 산업의 지각을 흔들고 있다.

구글은 2015년 8월에 '알파벳'(Alphabet)이라는 이름의 지주회사 체제하에 총 8개 사업 부문 체제로 전격 개편하였는데, 이는 출범 당시 최고의 검색엔진이 되겠다는 목표를 달성한 이후, 사업 영역을 무인자동차, 로봇, 드론, 생명과학, 우주사업 등으로 무한 확대하고, 이들 사업에 대해 독립적 자회사 구조로 가져감으로써 자율성과 디지털 컨버전스 생태계의 급속한 변화에 능동적으로 대처하여 현재 추진 중인 다양한 사업뿐 아니라 보다 적극적으로 각 분야의 생태계에서의 위치 선점을 위한 조치로 이해된다.

표 3-12 구글의 알파벳 지주회사 구성 내역

회사	사업 영역
파이버(Fiber)	초고속 인터넷 사업
구글	안드로이드, 검색, 유튜브, 플레이스토어, 지도, 광고, 메일, 크롬 등
구글 벤쳐스	벤쳐 캐피털 사업
구글 캐피털	투자펀드
구글 X	자동 주행차, 구글글래스, 풍선 활용한 인터넷 사업
라이프사이언스	포도당 감지 콘택트렌즈
네스트(Nest)	자동온도조절장치, 가정용카메라 등 스마트 홈 사업
칼리코(Calico)	헬스케어 사업

또한 애플은 매출의 3/4을 차지하는 아이폰과 아이패드의 기능과 디자인 향상을 위해 상품혁신을 지속하고 있다. 또한 중국 내 애플 제품을 생산을 위한 설비와 기계에 투자를 늘리고 있다. 페이스 북 역시 복수의 운영체계 하에서의 서비스 플랫폼에서 운영 가능하도록 하는 모바일 앱을 통해 서비스를 제공하고, 인텔과 제휴를 통해 세계 최대 데이터센터에 사용될 차세대 랙(rack) 테크놀로지를 도입하기도 했다. 아마존은 2013년 3월에 소셜 미디어 사이트 굿리즈(goodreads)[67]를 1.5억불에 인수했는데, 그 이전에 비슷한 개념의 온라인 도서 추천 서비스 '셸퍼리'(Shelfari)를 운영하고 있었다. 그럼에도 아마존이 굿리즈를 인수한 것은 굿리즈가 모바일 중심 서비스이기 때문이었다. 스마트 폰에서 앱을 내려 받아 사용하거나, 트위터 · 페이스북 등 SNS 계정을 통해 접속할 수 있는 서비스를 제공함으로써 새로운 미디어 강자로 도약하기 위한 조치로 이해된다. 그 간 아마존은 미국뿐만 아니라, 영구, 독일, 캐나다의 서적 판매상

67) Goodreads : 미술관의 큐레이터가 미술작품을 골라 기획 전시하듯, 북 큐레이터(book curator) 서비스를 통해 책을 추천해주는 서비스를 제공. 사용자는 굿리즈의 자동화된 알고리즘에 의해 선정된 책을 추천받을 수도 있고 다른 사용자들의 관심도서와 별점을 참고해 책을 고를 수도 있다.

들을 인수해 왔으며, 전자상거래 시장 확대를 위해 영국, 스페인, 캐나다의 쇼핑몰을 인수하고, 육아용품 등 니치(Niche) 시장 개발에 집중투자하고 있다.

구글, 애플, 아마존의 사례에서 볼 수 있듯이, 검색, 단말기 제조, 소셜 네트워킹 서비스, 전자상거래에서 시작한 새로운 미디어 강자들은 기업 본연의 핵심 역량을 강화하고, 새로운 산업의 생태계를 장악하기 위해 노력하고 있다. 그 노력의 일환으로 독자적 운영체계(OS)와 하드웨어, 콘텐츠 서비스의 수직적 사업 모델화만이 생존의 길이라는 인식 하에 안드로이드, iOS, Win Mobile 등의 운영 체계를 통해 새로운 생태계를 조성하며, 세계시장 장악을 노리고 있는 것이다.

표 3-13 생태계 장악을 위한 모바일 운영체계 확보 경쟁

	Android	iOS	BlackBerry	WebOS	Windows Phone7
Developer	Google	Apple	Research in Motion	Frist Palm, now HP	Microsoft
Does the developer make hardware?	Not before the Moto acquisition	Um, yes	Yes	Yes	No(though it has a partnership with Nokia)
Is it open sourced or licensed?	Yes	No	No	Not yet, but maybe in the future	Yes
If yes, which manufactures use it?	Lots including Samsung, HTC, Kyocera, Sony Ericsson, LG, and of course, Motorola	N/A	N/A	Possibly Samsung	Samsung, LG, Dell, and HTC and a few others of now, Nokia to follow later this year
Latest U.S. devices	HTC Wildfire S, Samsung Conquer 4G, Motorola Photon 4G(to name just a few)	Like we need to tell you	BlackBerry 9930, 9850, and 9810	HP Veer and Palm Pre 2	HTC Arrive, Dell Venue Pro, and LG Quantum
What we're waiting for	The Ice Cream sandwith update	iPhone 5 anyone?	More OS 7 devices	The elusive Pre 3	The Mango update and Nokia to finally make its move

이들의 경쟁은 특허 전쟁으로 나타나기도 하는데, 2011년 8월 16일 구글은 모토로라의 무선 사업 부문인 Motorola Mobility를 125억불에 인수하고, 이를 통해 모토로라가 보유하고 있는 모바일 관련 특허 17,000여개를 확보하는 등 특허 부문에서의 거대 기업들 간의 싸움이 본격화되고 있다. 마이크로소프트(MS)는 2013년 9월에 노키아의 디바이스 & 서비스 사업부문을 73억불에 인수하고, 'Mobile first, Cloud first'목표를 위한 노력을 가속화 해나가고 있다. 모토로라 모빌리티(Motorila Mobility)

인수는 구글의 15년 인수합병 역사에서 가장 큰 금액을 쏟아 부은 것인데, 구글이 인수할 당시 모토로라의 실적은 좋지 않았다. 그러나 구글은 애플 등 경쟁사와 특허권 전쟁에서 우위를 차지하고, 안드로이드 생태계를 보호하기 위해 모토로라를 인수한 것이다. 모토로라는 특허권만 약 1만7천 개를 보유하고 있었다. 애플이나 MS 등 운영체제의 생태계에 있어 경쟁사가 특허를 활용해 구글의 혁신을 방해할 우려가 있기 때문에 모토로라 인수를 통해 소프트웨어 분야에서 시장 지배력을 하드웨어까지 영향력을 확대하기 위한 것으로 받아들여진다.

하지만 구글은 거의 2년 만에 모토로라 모빌리티(Motorola Mobility)를 다시 팔았다. 2013년 1월 모토로라를 29억 달러에 중국 스마트 폰 제조회사인 레노버(Lenovo)에 매각하면서, 100억 달러의 손해를 봤다. 구글이 모토로라를 매각한 것은 스마트 폰 시장에서 수익을 내기 어렵다는 판단이 작용했다. 이미 포화상태에 들어간 스마트 폰 시장보다 앞으로 급속한 성장이 전망되는 웨어러블 디바이스 등에 집중하는 것이 낫다고 본 것이다. 또한 안드로이드 운영체제를 쓰는 스마트 폰 제조회사들과 경쟁관계를 만드는 것이 바람직하지 않다고 생각한 것으로 보인다. 하지만 모토로라의 특허권은 대부분 유지하기로 했는데, 이는 애플, 마이크로소프트 등과 특허 분쟁에서 안드로이드 생태계를 지켜내기 위한 전략으로 해석된다. 또한 모토로라 매각협상 전에 삼성전자와 특허권을 서로 공유하는 데 합의하기도 했다.

애플은 노텔(Nortel)의 인수를 위해 2011년 록스타 컨소시엄을 결성하였다. 이 컨소시엄은 애플이 주도했으며, 마이크로소프트(MS), 에릭슨, 블랙베리, 인텔, 소니 등이 참여했다. 록스타는 구글과 경쟁한 끝에 44억 달러에 노텔 특허권 6천 건 가량을 인수했다. 구글과의 특허권 매입 경쟁에서 승리한 록스타는 곧바로 안드로이드 진영으로 칼날을 겨눴다. 2013년 록스타는 '연관 검색 엔진' 관련 특허로 구글에 특허 침해 소송을 제기했다. 연관 검색 엔진 특허는 사용자의 검색어를 바탕으로 광고를 보여주는 기술로, 록스타가 노텔로부터 인수한 특허에 포함돼 있었던 특허다.

하지만 2014년 12월 구글과 록스타와 모든 소송을 취하하기로 합의하면서 평화 분위기가 조성됐다. 록스타가 특허권 상당 부분을 PRX에 매각하고 안드로이드 단말기 업체를 상대로 제기한 소송을 모두 취하하면서 1년여에 걸친 특허 전쟁이 끝났다. 2014년 8월엔 삼성과 애플이 미국을 제외한 모든 지역 소송을 취하하기로 합의했다. 이처럼 새로운 미디어 시장을 장악하기 위해 특허전쟁도 불사하는 등 새로운 미디어 생태계에서 운영체계나 특허 등을 통한 시장 장악을 위해 다양한 노력을 경주하고 있는 것이다.[68]

68) 출처: 여러 언론 정보를 종합하여 작성

7 새로운 미디어 강자들의 전쟁 - 동영상 서비스(OTT 및 스트리밍)[69]

시장 전반에 걸쳐 플랫폼 사업자들의 영향력이 점점 확대되고 있는 것과 더불어 콘텐츠의 소비행태 측면에서도 많은 변화가 나타나고 있는데, 음악과 영화, 드라마 등 소비자들의 콘텐츠 소비행태가 과거에 내려 받아 소유하거나 실시간 방송을 통해 콘텐츠를 소비해 오던 것에서 한번 쓰고 버리는 방식이라 할 수 있는 스트리밍(Streaming)이 주요 콘텐츠 소비 방법으로 자리 잡고 있다.

최근에는 스트리밍 형태의 동영상 서비스의 또 다른 형태 중 하나인 OTT(Over The Top)[70] 서비스가 동영상 콘텐츠 소비 행태 변화의 중심에 서 있다. 이는 동영상 서비스를 제공하던 네트워크 측면에서도 변화를 가져왔는데, 기존의 지상파, CATV, DMB 등 전용망을 통해 영상 콘텐츠를 제공하는 서비스와 달리 인터넷 망을 통해 동영상 콘텐츠를 제공함으로써, 다양한 단말기기(TV, PC, STB, Mobile 등)를 통해 동영상 서비스를 이용가능하게 해 주고 있다. 즉 N Screen용 영상 스트리밍을 제공하는 서비스로 변화하고 있다. OTT서비스는 기존 방송사업자 뿐 아니라 방송 제도권 밖에서 등장한 뉴미디어 사업자들의 참여가 활발한 서비스로서, 서비스의 혁신이나 확장을 통해 새로이 등장하는 영상 콘텐츠 전문 서비스를 총칭해서 이야기하기도 한다.

이처럼 새로운 동영상 서비스의 등장에 따라 기존의 방송콘텐츠 서비스를 제공하는 사업자들에 대한 분류도 달라지고 있는데, 미국 FCC[71]는 동영상 시장의 주요 플레이어들을 전통적인 케이블방송과 위성방송, IPTV사업자를 포함하는 다채널 동영상 배급사(MVPD, Multichannel Video Programming Distributor), 지상파 방송을 포함하는 방송사업자(Broadcast Television Station) 그리고 OTT 사업자를 포함하는 온라인 동영상 배급사(OVD, Online Video Distributor) 세 그룹으로 구분하고 있다.

OTT 서비스는 2010년에 전 세계 8억 명의 가입자가 서비스를 이용하였으나, 2014년 말 약 14억 명이 이용하는 것으로 추정하고 있으며, 매출액 측면에서도 2010년

69) 출처: 미디어 산업의 지형변화 2013: 성장과 미래(김영주, 정재민) 를 인용 재구성함.

70) OTT : TV 셋톱박스와 같은 단말기를 통한 인터넷 기반의 동영상 서비스를 의미. 광의적 개념으로 셋톱박스(Set-top Box)의 유무를 떠나 PC, 스마트 폰 등의 단말기뿐만 아니라 기존의 통신사나 방송사가 추가적으로 제공하는 인터넷 기반의 동영상 서비스(예: Smart TV, Connected TV 등)를 모두 포괄한 의미로 사용

71) FCC(Federal Communication Commission, 미국 연방통신위원회) : 1934년 통신법에 따라 설치된 연방정부의 독립행정위원회로 상원의 조언과 승인을 얻어 대통령이 임명하는 7명의 위원으로 구성되며, 주로 주파수의 할당, 송신국의 허가, 무선주파수 취급자의 허가, 기기의 인증업무 등을 취급

30억 달러에서 2014년 157억 달러로 5배 이상 증가한 것으로 추정하고 있다.[72] 이처럼 스트리밍 혹은 OTT서비스라는 새로운 개념의 동영상 서비스가 새로운 미디어로 등장하게 된 데에는 무엇보다도 이용자의 이용행태의 변화가 가장 큰 영향을 미쳤다.

표 3-14 이용자의 동영상 이용행태 변화

구분	1980년대 중반 ~1990년대 중반	1990년대 후반 ~2000년대 초반	2000년대 중반 ~2000년대 후반	2010년대 초반 ~
주요 활용 매체	비디오테이프 플레이어	DVD 플레이어	유선네트워크 기기(PC, 게임기 등)	무선 네트워크 기기(스마트 폰, 테블릿 등)
주요 소비 행태	오프라인 대여	오프라인 대여/ 온라인 대여	유선 네트워크 기반 다운로드/ 스트리밍	N-Screen 기반 스트리밍
주요 경쟁 기업	블록버스터, 헐리우드 비디오	블록버스터, 월마트	유튜브, 훌루	애플, 구글

이용자의 소비행태 변화와 인터넷, 그리고 관련 기술의 혁신적 변화에 따라 유발된 동영상 콘텐츠 시장의 변화는 사업자 측면에서도 자연스럽게 사업자들의 합종연횡을 통한 시장의 재편으로 이어지고 있고, 나아가 구글, 애플, 아마존, 페이스북, 야후, MS 등 IT 기업들이 미디어 산업으로의 진입을 가능하게 하는 등 미디어 산업에서의 파괴적 혁신을 통해 새로운 미디어 강자들의 등장으로 이어지고 있다. 국내에서도 KT, SKT, LG U+와 같은 통신사업자는 IPTV를 통해 방송 서비스를 제공하는 새로운 방송 사업자로 등장하였을 뿐 아니라, 삼성전자, 애플, 구글은 스마트 TV, 애플 TV, 구글 TV라는 명칭으로 콘넥티드 TV(Connected TV)[73]를 출시하며, 단말기기 제조업자, 플랫폼 및 운영체제의 독과점적 지위를 뛰어 넘어 새로운 미디어 생태계를 구축하는 방송사업자의 입지로 까지 넘어서고 있다. 아마존과 같은 전자상거래 사업자도 미디어 영역으로 진입하였고, 넷플릭스(Netflix)와 같은 대표적 OTT(Over The Top) 사업자들이 전통적인 방송사업자들을 위협하고 있다. 다시 말해 전통적 방송사업자 이외에 통신사업자, TV 제조사, 플랫폼 사업자, 전자상거래 사업자 등 다른 산업 분야에 있던 기업들이 인터넷을 통한 스트리밍 기반의 새로운 방송 시장으로의 진출을 가속화해 나가면서 새로운 산업 생태계로 변모시켜나가고 있는 것이다.

72) 출처: 중앙일보. 2014.7.22

73) Connected TV : 인터넷 기반 서비스가 가능한 TV를 일컫는 용어로 직접 인터넷 망에 접속하여 인터넷에서 제공하는 다양한 서비스를 받을 수 있고, 웹 검색도 가능한 새로운 형태 서비스로 단말기기를 TV를 이용한다는 점 때문에 Smart TV, Connected TV 등으로 명명되었음.

미국에서는 OTT 사업자의 부상으로 전통적인 케이블이나 위성TV의 가입은 줄어들고, OTT를 통한 동영상 콘텐츠의 소비가 증가하고 있다. The Companies and Leichtman research group inc.에서 발표한 자료를 보면, 컴캐스트(Comcast), 타임워너케이블(Time-Warner Cable)과 같은 대형 케이블사업자를 제외하면 DirecTV, Dish Network, Verizon, AT&T 같은 위성, IPTV 사업자들이 유료방송 사업의 상위권을 차지하고 있다. 특히 넷플릭스, 훌루 같은 OTT 사업자들의 성장은 기존 케이블 TV사업자들의 위치를 위협하고 있는 상황이다. 구글 TV, 애플 TV, 삼성전자 등 스마트 TV 사업자, 인텔(Intel)을 중심으로 한 가상 케이블방송사업자, 전송 기술의 차별화를 통해 지상파 방송을 안테나로 받아 인터넷으로 전송해 주는 에어리오(Aereo)[74] 등 유료방송을 위협하는 새로운 사업자들의 등장 역시 유료방송사업자에게 위협적인 존재로 등장하였다.

전통적인 케이블사업자들도 변하지 않을 수 없는 상황이 되었다. 지금까지 인터넷을 통한 방송 이용은 실시간 방송보다는 VOD나 동영상 클립(clip)의 형태가 대부분이었다. 실시간 방송은 QoS[75]가 보장되는 케이블방송 혹은 IPTV로 시청하는 것이 더 나았기 때문이다. 그러나 최근 유료방송사들은 집안에서만 시청자들을 잡아두는 전략에서 나아가 언제 어디서든지 TV를 이용할 수 있는 N스크린 서비스인 'TV Everywhere' 전략을 펴고 있다.

TV Everywhere는 방송사업자들이 TV 외에 PC나 스마트 폰, 태블릿PC 에서 실시간 TV와 VOD 서비스를 제공해 주는 멀티스크린 서비스로 인터넷을 통해 동영상을 보여 주는 OTT에 대응하기 위한 유료방송의 전략적 선택으로 시작되었다. 또한 유료방송사업자들은 경쟁에서 살아남기 위해 차별화된 UI와 멀티미디어 서비스를 보유한 OTT 셋톱박스 업체와 제휴를 모색 중이다. 유료방송사업자들이 제공하는 TV everywhere는 사업 확장이 부진했으나, 콘텐츠 진영과 제휴를 강화하고 나섰다. 이는 OTT의 도전과 스마트 디바이스를 중심으로 전개되는 구글, 애플, 아마존 등의

74) 2014년 11월 24일 파산. 동년 6월 25일 미 대법원이 저작권을 위반 혐의로 판결. Aereo는 원격 안테나를 제공하고 이를 인터넷과 연결하여 가입자들이 지상파 방송을 시청하고 녹화할 수 있는 기능을 제공하는 서비스를 제공하였음. Windows, Mac, Linux 등 다양한 PC 운영체제는 물론 iOS를 이용하는 iPad, iPhone, iPod Touch, Apple TV등 다양한 운영체제하의 단말기기에서 서비스를 이용할 수 있게 하였음. 2012년 6월경부터는 28개 채널을 제공하였고, 하루에 1 달러에 서비스를 이용할 수 있게 하였으며, 한 달에 8달러로 20시간 분량의 DVR 저장 용량도 제공(출처: Wikipedia)

75) QoS(Quality of Service) : 통신서비스 품질. 네트워크상에서 일정 정도 이하의 지연 시간이나 데이터 손실률 등의 보장을 일컫는 말로, 사전에 합의 또는 정의된 통신 서비스 수준을 뜻한다. 즉 데이터를 목적지까지 빠르게, 일정한 속도로, 신뢰성 있게 보내기 위해 대역폭, 우선순위 등 네트워크 자원을 할당해 주어진 네트워크 자원에 각종 응용프로그램의 송신 수요를 지능적으로 맞춰주는 여러 가지 기술을 총칭하는 용어(출처: 한경경제용어사전)

위협에 더 이상 소극적으로 대응할 수 없다는 위기감이 반영된 것으로 볼 수 있다.

국내 OTT 스트리밍(Streaming) 서비스의 경우, 기존 통신사업자(Communication Service Provider, CSP)에 의한 N스크린 서비스가 주도하고 있다. OTT 서비스에서 가장 많은 매출을 가져오는 VoD(Video on Demand) 서비스의 경우, 매출의 배분은 방송사 70%, N스크린 사업자 30%가 일반적이다. 2014년 현재 국내 OTT 서비스의 총 이용자 수는 2,370만 명에 이르고 있으며, 이 중에서 월정료를 내는 유료 사용자 수는 400만 명 이상으로 추정되고 있다. 국내에서도 기존 통신사업자나 방송 사업자가 아닌 새로운 미디어 권력인 네이버 등의 OTT 서비스 분야로의 진입이 활발히 전개되고 있다. 2015년 하반기부터 네이버가 TV 캐스트를 통해 UHD(초고화질) 웹 드라마를 선보인다. 특히 국내 뿐 아니라 대만, 태국 등 동남아 시장에서도 라인TV를 통해 UHD 서비스를 제공할 계획이다. 네이버가 운영하는 동영상 서비스 TV캐스트에 UHD 전용관을 만들고 UHD로 제작된 웹 드라마를 모아 서비스하는 방식으로 제공하는데, 최고 화질인 '1080P'보다 높은 '2160p'로 영상을 이용할 수 있다. 해외에서는 OTT사업자의 UHD 서비스가 활발하게 진행 중이지만 국내에서는 미미했다는 점에서 네이버의 진출은 또 다른 의미를 갖는다. 해외에서도 대표적인 OTT 사업자인 미국 넷플릭스뿐 아니라 유튜브, 아마존 등도 4K 영상 서비스를 하고 있다.

표 3-15 국내 주요 스트리밍 OTT(일명 N스크린) 기업들의 서비스 현황[76)]

<table>
<tr><th>사업자명</th><th>서비스명</th><th>사용 서비스일</th><th>전체 가입자</th><th>유료 가입자</th><th colspan="2">서비스기기 월 정액 상품</th></tr>
<tr><td>지상파콘텐츠 연합 플랫폼</td><td>pooq TV</td><td>2012년 9월</td><td>240</td><td>24</td><td>PC, 모바일, 타블렛PC</td><td>월 5,900원</td></tr>
<tr><td>CJ헬로비젼</td><td>tving</td><td>2010년 11월</td><td>600</td><td>55</td><td>PC, 모바일, 타블렛PC</td><td>실시간 2,900원
KBS VoD무제한 4,950원
SBS, MBC는 건당 구매
월 2,000~3,000원</td></tr>
<tr><td>SK브로드밴드</td><td>B tv 모바일</td><td>2012년 10월</td><td>220</td><td>80</td><td>모바일, 타블렛PC</td><td>(SK브로드밴드, SKT 가입자 한) 월 5,000원</td></tr>
<tr><td>LG U+</td><td>U+ HDTV</td><td>2011년 10월</td><td>550</td><td>150</td><td>모바일, 타블렛PC</td><td>월 5,000원</td></tr>
<tr><td>KT미디어허브</td><td>올레TV모바일</td><td>2013년 10월</td><td>340</td><td>90</td><td>PC, 모바일, 타블렛PC</td><td rowspan="2">(올렛인터넷, 올레모바일 가입자 한)
월 8,000원, 실시간 안됨.</td></tr>
<tr><td>SK플래닛</td><td>호핀</td><td>2011년 1월</td><td>420</td><td>-</td><td>PC, 모바일, 타블렛PC</td></tr>
<tr><td colspan="3">합계</td><td>2,370</td><td>399</td><td></td><td></td></tr>
</table>

(단위 : 가입자 : 만 명, 2014.1말 기준)

76) 출처: 스마트 TV 국내 산업 동향 및 3대 사업 기회, kt경제경영연구소. 2014.4.18

국내 온라인동영상 주 시청 단말기기은 스마트 폰(78.5%)으로 나타났으며, 1, 2 순위 단말기기를 합쳐도 스마트 폰이 50.6%로 나타나고 있다. 1순위, 2순위(PC) 단말기기에서 1회 평균 이용시간은 약 30분 ~ 1시간 정도가 가장 높은 비율 차지하고 있다. 한편, 스마트 TV의 비중은 매우 낮아 별도 서비스 없이 가입할 수 있음에도 불구하고 저조한 이용률을 보이고 있는 것으로 나타났다.

그림 3-25 이용 중인 온라인 동영상 서비스의 주 시청 단말기기[77]

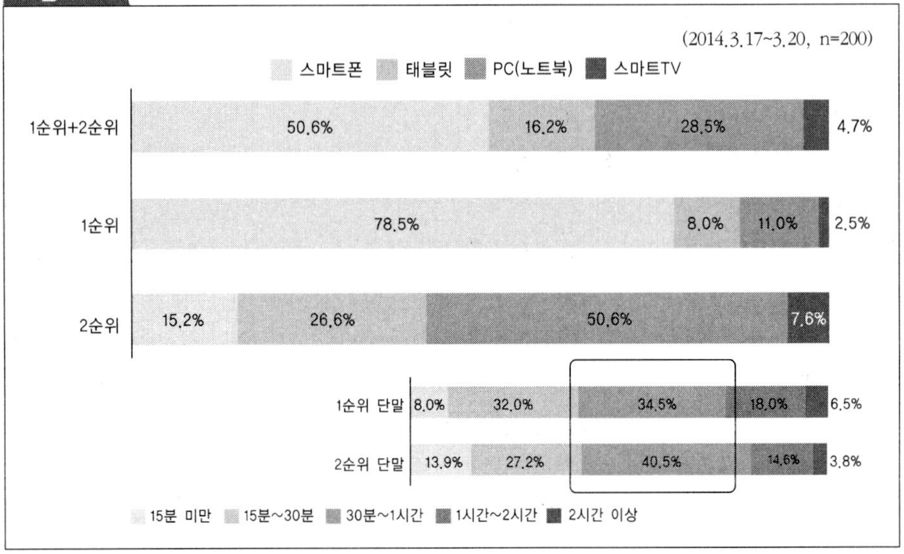

리드 헤스팅즈 넷플릭스 CEO는 'TV는 말과 같다. 말은 우리가 자동차를 만들 때까지 유용했다. TV 방송 시대는 아마 2030년까지만 지속될 것이다.' 라며, 스트리밍 서비스를 자동차, TV를 말에 비유했다. TV의 종말을 우회적으로 암시한 것이다. 지나친 비약이라는 의견도 있지만 그만큼 콘텐츠 시장에서 스트리밍이 갖고 있는 위력은 거세다. 이처럼 스트리밍 서비스가 각광받는 이유는 무엇보다 사용자 입장에서 접근이 쉽고 편리하다는 점이다. 인터넷만 연결돼 있으면 누구든지 언제, 어디서나 콘텐츠를 접할 수 있다는 점도 장점이다. 스트리밍의 접근성 강화는 인터넷과 모바일 기기의 발전과 관련이 깊다. 스마트 폰 성능이 상향 평준화 되면서 웬만한 콘텐츠는 스마트 폰만 갖고 소화할 수 있게 됐다. 네트워크도 3G에서 4G, 5G로 넘어오면서 인터넷 접속 환경이 이전 대비 훨씬 좋아졌다. 스트리밍이 활성화되기 위한 여러 요건이 잘 맞아떨어진 셈이다. 콘텐츠 품질이 좋아지면서 파일 크기가 커진 것도 한 몫 한다. 스마트 폰 용량은 한정돼 있다. 스마트 폰 저장 공간이 꽉 차면 처리 속도가 떨어진다. 스트리밍을 이용하면 굳이 큰 용량의 파일을 내려

77) 출처: 한국전파방송통신진흥원 자료. 2014.4.

받을 필요가 없다. 이 뿐 아니라 소유와 소비에 대한 소비자들의 인식도 변화하고 있다.

또한 새로운 미디어 강자로 등장한 뉴미디어 기업들은 거실을 점령하고 있는 TV에 새로이 도전하고 있다. 구글은 유튜브의 인수를 시작으로 동영상 시장에 진출했고, 이를 강화하기 위해 다양한 관련 기술을 보유한 기업들을 인수해오고 있다. 구글 TV를 통한 시도는 지상파콘텐츠 확보로 문제로 어려움을 겪었지만 크롬캐스트(Chromecast)[78] 등의 실험은 계속되고 있다. 애플은 OTT 형태의 애플 TV를 출시하고 에어플레이(AirPlay)[79]를 통한 동영상 서비스 확대를 위해 메이저 방송사들과 제휴를 늘려가고 있다. 아마존 역시 동영상 플랫폼 '프라임 인스턴트 비디오' 서비스를 시작하고, 콘텐츠 기업들과의 제휴를 강화하고 있다. 페이스 북은 넷플릭스와 파트너십을 맺고 친구들이 본 동영상을 추천해주는 시스템을 통해 영향력을 확대하고 있다. 2011년에는 워너 브라더스(Warner Bros)와 손잡고 '다크 나이트'를 3달러씩 받고 페이스 북에서 상영하기도 했다.

주요 동영상 서비스를 제공하는 새로운 미디어 기업들인 넷플릭스(Netflix), 훌루(Hulu), 유튜브(Youtube)를 중심으로 시장 동향을 살펴보면, 이들 주요 인터넷 동영상 서비스들은 이용 가능시간 및 공간의 편리함(Time shift, Device Shift), 그리고 높은 가격 경쟁력을 기반으로 전통적인 TV 중심이었던 전 세계 미디어 지형을 점차 변화시키고 있다. 인터넷 동영상 서비스 시장에 가장 먼저 진입한 넷플릭스와 훌루는 가입자들로부터 월 이용료를 받고 콘텐츠 사업자와의 계약을 통해 서비스 이용자들에게 콘텐츠를 제공하는 '유통채널사업자(Aggregator)'의 전략을 추진해왔다. 이들은 초기에 저렴한 가격으로 원하는 단말기기를 통해 다양한 동영상 콘텐츠를 제공하는 방식으로 소비자들에게 어필하는데 성공했으나, 점차 콘텐츠 사업자들이 직접 이 시장에 뛰어드는 등 경쟁자가 증가하며 가입자를 유지하는 것과 양질의 콘텐츠를 확보하는 것에 어려움을 겪기 시작하였다. 이러한 배경에서 이들은 자신

---

78) 크롬캐스트(Chromecast) : 2013년 7월 24일 발표된 구글에서 만든 멀티미디어 스트리밍 어댑터. 동글(Dongle) 형태로 HDTV의 HDMI 포트에 꽂아 오디오나 비디오를 와이파이를 통해 수신해 TV에서 스트리밍 재생. 사용자는 PC나 모바일 장치에서 구글 크롬 인터넷 브라우저를 이용하거나, 모바일 장치에서 크롬캐스트를 지원하는 모바일 애플리케이션을 이용할 경우 그 콘텐츠들을 크롬캐스트가 장착된 TV로도 즐길 수 있게 됨. 크롬캐스트를 지원하게 될 앱은 유튜브, 넷플릭스, 구글 플레이 뮤직, 구글 플레이 무비&TV이다. 추후에 판도라 음악 서비스 등도 추가로 지원하게 될 예정. 크롬캐스트는 다수의 플랫폼과 안드로이드, iOS, 크롬 OS 상에서 동작. 윈도나 OS X(애플의 매킨토시용 OS) 상에서는 구글 크롬을 통해 동작. 우리나라에는 2014년 5월 14일 출시(출처: 위키 백과)

79) 2011년 애플에 의해 개발된 새로운 서비스로 기기 간 음향, 비디오, 사진 등을 무선으로 스트리밍을 통해 활용할 수 있게 해줌.

들의 전략을 유통채널사업자(aggregator)에서 직접 콘텐츠를 제작하거나 배타적으로 제공하는 미디어 사업자로써 사업 범위를 확대하고 있다.[80]

넷플릭스는 세계 최대 규모의 가입자를 확보하고 있는 인터넷 동영상 서비스 사업자로 2015년 1월 현재 50개국에 서비스 중이며, 가입자 수 6,000만 명(미국 3,900만 명 · 해외 1,800만 명)으로, 미국 최대 케이블TV업체 컴 캐스트 가입자 수 2천200만 명을 추월한 상태이다. 2015년 2분기 기준 인터넷 사용량이 가장 높은 피크타임(오후 8~11시)에 미국 인터넷 트래픽의 36.5%를 차지하며, 2위인 유튜브의 15.5%를 크게 앞서고 있다. 2008년부터 N Screen을 지원하고 월 7.99달러에 무제한 스트리밍 서비스를 제공하였으며, 이용자들의 빅 데이터 분석을 통해 자동추천서비스를 제공하는 등 경쟁력 확보에 주력한 결과 가장 경쟁력 있는 동영상 서비스 기업으로 자리매김 하였다. 그러나 프리미엄 콘텐츠 확보를 위해 전통 미디어 기업들에게 높은 저작권료를 지불해야 하거나, 콘텐츠 공급을 거부받기도 하고, 가격협상에 진통을 겪는 등 상당한 고통을 받아오고 있었다. 따라서 이를 탈피하려는 노력의 일환으로 자체 제작 오리지널 콘텐츠 서비스에 많은 노력을 경주하고 있다. 넷플릭스의 오리지널 콘텐츠 제공현황을 살펴보면, 2012년 2월 첫 오리지널 드라마 Lilyhammer를 방영한 이후, 유료TV 프리미엄 채널 HBO와의 경합 끝에 영국 BBC에서 인기리에 방영되었던 'House of Cards'의 리메이크(remake)판의 독점방영권을 확보하는데 성공하여 미국에서 2013년 2월부터 독점방영하고 있다.[81] 2015년 4월 들어서는 다양한 유료 방송 사업자들과의 협력을 추진하고 있다. 이는 미국내 뿐 아니라 일본 등 다양한 국가로의 진출을 추진하는 전략의 일환인데, 개별 국가에서 직접 OTT 서비스를 제공하는 것보다는 각 국가의 기존 유료방송플랫폼 사업자와의 협력을 통해 자사의 콘텐츠 서비스를 제공하는 것을 시작으로 다양한 협력 혹은 진출 범위를 확대해 들어간다는 전략으로 판단된다. 이렇게 함으로써 기존 유료방송 사업자가 구축한 가입자 기반과 송출망을 구축하기 위한 초기 비용의 부담 없이 글로벌 시장으로 진출이 가능하기 때문인 것으로 생각된다.

폭스TV, NBC유니버설, 디즈니-ABC 등 미국 3대 방송그룹이 유튜브의 대항마를 키우기 위해 2007년 합작한 고품질 동영상 스트리밍 서비스인 훌루는 방송사들로부터 공급받는 일반 콘텐츠(Producers and distributors) 이외에도 직접 제작하는 오리지널 콘텐츠(Hulu Original Series)와 훌루 사이트에서만 방영하는 독점 콘텐츠(Hulu Exclusive)를 다량 확보하고 있다. 훌루는 2013년 1월부터 프랑스 경찰 스릴러 브라큐을 포함해 머더업, 프람페이스, 프레시 미트, 이스라엘 시리즈물 전쟁포로, 리얼리티

80) 출처: 주요 인터넷 동영상 서비스의 최근 동향. 이은민. 2013.4.16

81) 출처: http://en.wikipedia.org/wiki/House_of_Cards_(U.S._TV_series)

드라마 더온리 웨이 이즈 익섹스(The Only way is Essex) 등을 독점 방영했다. IT매체 더넥스트웹(The Next Web)은 훌루가 2012년에 전년대비 65% 증가한 6억 9천5백만 달러 매출을 올렸고, 가입자도 지난해보다 2배 증가하여 300만 명에 이른다고 발표했다.[82] 그러나 훌루의 가입자는 경쟁사업자인 넷플릭스(가입자 3,300만 명)에 비해 크게 밀리는 수준이며, 제한된 가입자를 기반으로 무료 혹은 월 8달러에 지속적으로 프리미엄 콘텐츠를 제공하는 비즈니스에 어려움이 있는 상황이다. 이러한 상황 때문에 점차 플랫폼 사업자들도 자체 오리지널 콘텐츠 제작에 나서고 있다.

아마존 역시 아마존 스튜디오를 설립해서 영화와 방송프로그램을 제작하고 있다. 흥미로운 점은 최근 이슈가 되고 있는 빅 데이터(Big Data)분석을 통해 이용자의 시청 이력을 분석해서 관심가질 영화나 프로그램을 추천할 뿐만 아니라 데이터에 기반 해 어떤 콘텐츠를 제작하면 좋을지도 결정하는 등의 노력을 경주하고 있다.

온라인 동영상 스트리밍 시장이 영상시장을 뒤바꾸고 있다. 2015년 CES의 주요 동향을 살펴보면, 주요 케이블 방송 채널이 미래 먹거리로 '스트리밍 서비스'를 낙점하였으며, 미국 위성TV 사업자 '디시 네트워크(Dish Network)'는 ESPN과 CNN 등 12개 채널을 스트리밍 방식으로 제공하는 '슬링 TV' 서비스를 한 달에 20달러(약 2만2000원)로 제공하는 서비스를 선보였다. 그동안 ESPN은 비싼 가입비를 내고, 케이블 방송에 가입한 고객 외에는 따로 콘텐츠를 제공하지 않기로 유명했다. ESPN을 시청하려면 케이블 회사가 수백 개 채널을 한꺼번에 묶어 서비스하는 상품에 가입해야 했다. 그렇게 콧대 높던 ESPN도 스트리밍을 시작했다. 슬링TV는 CES에서 사람들의 입에 가장 많이 오르내린 서비스 중 하나였다.

동영상 스트리밍과 TV 방송 간 경계가 무너지는 것은 세계적인 추세다. 방송사는 물론 통신사, 포털, 모바일 메신저 업체까지 가세하면서 스트리밍 서비스에 열을 올리고 있다. 콘텐츠 제작자 또한 케이블방송을 거치지 않고 직접 스트리밍 서비스에 나서는 경우가 많아졌다. 고유 영역은 사라지고 업종 간 구분도 모호해졌다. 따라서 가능성 있는 기업을 손에 넣기 위한 노력도 잇따른다. 아마존은 1조원이 넘는 돈을 들여 비디오 게임 스트리밍 업체 '트위치'(Twitch)를 인수했다. 샤오미는 중국 동영상 사이트 '아이치이(Iqiyi)'에 약 3억 달러(약 3327억원)를 투자했다. 페이스 북은 동영상 스트리밍 업체 '퀵파이어(QuickFire)'를 인수했다. 모두 스트리밍 시대에 대응하고 차별화된 서비스를 선보이기 위함이다.[83]

82) 출처: 한국경제. 2013.5.27
83) 출처: MK뉴스(2015.1.26)를 재구성

표 3-16 넷플릭스, 아마존, 훌루의 경쟁력 비교

구분	Netflix Watch Instantly	Netflix DVD	Hulu	Hulu Plus	Amazon Prime	Amazon Instant Video
가격	7.99달러/월	7.99달러/월 (1개 대여) 12달러/월 (2개 대여)	무료	8달러/월	79달러/연 (+Amazon Instant Video 무제한 제공	스트리밍 (3달러 이내) 다운로드 (15달러 이내)
콘텐츠 공급자	Parampunt, MGM, Lionsgate, Sony, Disney, Overture, Fox, Disney-ABC	Warner, Universal, 20th Fox	260개 이상 방송 네트워크, ABC, A&E, Fox, MGM, MTV, NBC, 등	ABC, BET, Comedy, Fox, MTV, NBC, VH-1 등	ABC, NBCU, Viacom, Sony, Warner, Vivendi 등	ABC, FOx, NBCU, Viacom, HBO, BBC, Sony, Discovery 등
보유 타이틀	20,000개 이상	100,000개 이상	TV타이틀 1,720개 영화타이틀 1,470개	15,000시간 이상 (TV 2,189개, 영화 1,450개)	6,000개 이상	90,000개 이상
광고	없음	없음	있음	있음	없음	없음
대여/소유	대여	대여	대여	대여	대여/소유	대여/소유
지원단말	PC, 셋톱박스, 콘솔게임, DVR, 스마트폰	DVD 및 Blu-ray 플레이어	PC, Mac	PC, 콘솔게임기, Blu-ray 플레이어, 셋톱박스, HDTV, DVD	PC, Mac, 인터넷TV	PC, Mac, 인터넷TV

8 새로운 미디어 강자들의 전쟁터 - 모바일 및 광고 플랫폼

웹 검색 시장을 정복한 구글은 모바일 검색에서도 우위를 점하기 위해 애드몹(모바일 광고 서비스), 모토롤라의 인수, Google+ 등의 인수를 통해 모바일 시장을 점령하기 위해 노력하고 있다. 또한 망 외부성 효과를 통한 주도권 확보를 위한 전략의 일환으로 지도 서비스에도 심혈을 기울이고 있다. 2004년 10월에 키홀(Keyhole)을 인수한 구글은 3D 입체영상으로 지구의 모습을 볼 수 있도록 하는 구글 어스(Google Earth) 서비스를 시작하는 등 지도 서비스 개발에 투자를 집중해 독보적으로 시장을 선점하고 있다. 2013년에는 크라우드 소싱(Cloud Sourcing) 기반의 이스라엘 네비게이션 기업인 웨이즈(Waze)를 인수해서 지도 서비스 혁신에 박차를 가했다. 구글이 웨이즈에 관심을 보이는 것은 원칙적으로 페이스 북의 성장을 견제하기 위한 것으로, 구글이 이미 대대적인 투자와 스트리트 뷰(Street View) 등을 통

해 이와 유사한 서비스를 하고 있지만 페이스 북이 웨이즈의 기술을 이용해 이 분야에 뛰어드는 것을 원하지 않기 때문으로 분석된다.

애플은 2013년 한 해 동안 인수한 지도 및 LBS 업체만도 와이파이 슬램(WiFiSLAM) 등 4개이다. 애플은 또한 음성인식 검색프로그램 시리(Siri)를 내놓았고, 지문 센서 기술업체를 인수해 지문인식 기능을 아이폰에 추가했다. 애플은 지도와 위치기반서비스(LBS, Location-based Service) 앱 기업도 인수하였는데, 이 역시 iOS 기반의 디바이스의 기능을 향상시켜 모바일 시장에서의 입지를 공고하게 하기 위함이다.

페이스 북은 인스타그램(Instagram)[84]등 모바일 기업을 인수하고, 모바일 이용자를 위해 인터페이스와 기능을 향상시키면서 플랫폼 가치를 증대시키고 있다. 또한 광고 플랫폼으로서의 기능을 강화하기 위해 모바일 광고 서비스 기업들을 인수하는 노력도 경주하고 있다.

아마존은 킨들 파이어(Kindle Fire) 확산을 위해 노력하고 있다. 모바일 단말기를 이윤을 보려는 상품으로 취급하지 않고, 콘텐츠 판매를 위한 플랫폼으로 활용한다는 전략으로, 사용자들의 경로의존성을 이용하여 플랫폼을 장악하려 하고 있다. 또한 이들 기업들은 음성/지문/동작 인식 및 지도 서비스 혁신 등 웹 텍스트 검색을 넘어서 새로운 서비스 혁신에 집중 투자하는 공통점도 가지고 있다.

이처럼 주력 사업이 다른 IT 뉴미디어 기업들의 전략에 공통점이 있다. 출발은 달랐지만 결국 최고의 플랫폼이라는 같은 목표를 향해 달리면서 서로 충돌하고 있는 것이다. 소프트웨어 기업인 구글과 아마존은 하드웨어로 진출했다. 소비자 충성도를 높이고, 자사의 소프트웨어 서비스에 대한 통제력을 확대하려는 의도다. 애플은 자사의 단말기에서 효율적인 소프트웨어를 개발하고 구글의 검색에 음성검색, 지문 및 동작인식 서비스로 도전하려는 전략을 추진하였다. 페이스북도 친구들로부터의 추천을 통한 검색 서비스를 개발했고, 전자상거래와 온라인 광고, 모바일 광고에서도 충돌하고 있다. 또한 무료로 제공해 오던 쇼핑 검색 서비스 구글 쇼핑을 유료로 전환했다. 또한 30여 개 국가에서 온라인 쇼핑 비즈니스를 하는 Channel

84) 인스타그램 : 사진을 공유할 수 있는 소셜 네트워킹 서비스(SNS)로 캐빈 시스트롬(Kevin Systrom)과 마이크 크리거(Mike Krieger)가 개발해 2010년 10월 발표. 페이스 북(Facebook)이나 트위터(Twitter)처럼 이용자들이 다른 이용자들과 사진을 공유할 수 있음. 사진에는 다양한 필터 효과를 적용할 수 있으며, 모바일 기기에서 사용하는 사진의 비율과 달리 폴라로이드 모양(정사각형)의 사진 크기를 사용하는 것이 특징. 영어뿐 아니라 한국어, 독일어, 프랑스어, 이탈리아어, 스페인어, 중국어, 일본어 등을 지원

Intelligence와 일일 거래 사이트 딜맵(Dealmap)을 인수했다. 뿐만 아니라 당일에 배송하는 구글 쇼핑 익스프레스 서비스를 확대하는 등 아마존의 아성인 전자상거래 영역에 도전하고 있다. 구글은 페이스 북을 견제하기 위해 소비자들이 구글 검색엔진, 지메일 혹은 다른 구글 서비스를 이용할 때 구글 플러스 가입을 유도하고 있다. 페이스 북 역시 2012년 기업 상장 후 모바일이 미래라는 선언을 했다. 핸드폰 제조사들과 협력을 모색하고, 모바일 검색을 통해 친구와 지인이 알려주는 근처 식당이나 가게를 찾는 서비스도 제공하고 있으며, 선물(Gifts) 사업을 시작하며, 전자상거래(e-commerce)에 나섰다. 스타벅스 선물 카드 등을 친구에게 보내는 상거래 플랫폼이다. IT 거인 4인방은 미디어 산업을 지배하던 전통 미디어 기업에 도전하는 새로운 플랫폼의 시대를 열었지만 결국 최고의 플랫폼이 되기 위해 각 기업의 핵심 영역에 서로가 침투해서 경쟁하고, 특히 모바일 플랫폼을 장악하기 위해 노력하고 있는 것이다.

국내에서도 2015년 들어서면서 미디어 플랫폼 강자들 간의 상호 영역으로의 사업 확장 등을 통한 많은 수의 이용자 확보로 시장 주도권을 잡음으로써 망 외부성 효과를 통한 시장 선도를 위해 새로운 날개를 달고 더 큰 도약을 시도하고 있다. 그 사례가 바로 2015년 들어 네이버와 다음카카오 등 국내 검색 포털 사업자들의 경쟁으로 나타나고 있다. 네이버는 모바일 검색 고도화를, 다음카카오는 검색 플랫폼 확장으로 서로 간의 강점에 도전을 통해 새로운 경쟁 상황을 만들어 가고 있다.

네이버는 모바일서 '지역 검색', '태그 검색'을 선보인데 이어, 실시간으로 올라오는 댓글을 추출해 검색 결과에 반영하는 등의 변화를 시도하고 있는데, 이는 모바일에서 실시간성 정보 검색이 중요해지는 소비자 변화 트렌드에 맞춰 검색의 고도화를 위한 기능 확대를 추구하는 것이다. 또한 이용자들의 댓글이 많이 생성되는 연예 및 스포츠 관련 뉴스 댓글을 시작으로, TV캐스트 댓글도 추가하는 등 다양한 분야의 뉴스 및 블로그, 카페 등으로 실시간 검색에 반영할 댓글의 추출 범위를 확장해 나가고 있다. 뿐만 아니라 간편 결제 서비스인 네이버 페이(Naver Pay)를 통해 쇼핑검색을 더욱 정교하게 강화시킴으로써 쇼핑 검색부터 구매 및 결제까지 원스톱서비스(one Stop Service)를 제공하도록 변화를 가하고 있다.

반면 다음카카오는 과거 주력이던 검색 서비스를 카카오 톡으로 확장하는 전략을 취했다. 2015년 현재 약 3천800만 명의 국내 가입자를 보유한 카카오 톡 에 '샵검색'과 '카카오 검색'을 추가하며 국내 검색 시장에 출사표를 던졌다. 대화하면서 궁금한 내용이 떠오르면 별도의 검색 앱을 띄우지 않고 대화창에 있는 '#' 버튼을 눌러 검색을 하고, 이를 친구와 공유할 수 있게 하였다. 또한 보다 다양하고 상세한 정보를 검색하고 싶은 이용자들을 위해 카카오 톡 세 번째 탭인 '채널'에 카카오 검색을 도입하여 다음 검색과 같은 수준의 검색 결과들을 제공하고 있다. 뿐만 아니라 동영상 서비스인 '카카오 TV', 영상 통화 '페이스 톡', 뉴스 등 콘텐츠 서비스 '채널' 등을 선보이며 다음-카카오 합병 시너지에 속도를 내고 경쟁사업자인 네이버와의 경쟁을 본격화하고 있다.

이러한 미디어들의 경쟁은 결국 네트워크 경제, 즉 망 외부성 효과를 통해 시장을 장악하고, 그를 통해 광고 플랫폼으로서의 위상을 확보함으로써, 시장의 주도권을 확보하고자 하는 노력의 일환들이다. 결국 운영체계를 기반으로 다양한 서비스 및 단말기기들을 생산, 제공하거나, 새로운 서비스나 고도화된 서비스를 이용자들의 요구에 맞게 제공함으로써 이용자들을 모으고, 군집된 이용자들을 대상으로 광고 플랫폼으로써의 역할을 확대하면서 국내 시장 혹은 글로벌 미디어 시장을 장악하고자 하는 이들의 전략인 것이다.

표 3-17 주요 뉴미디어 4사의 사업 참여 현황

	구글	애플	아마존	페이스북
검색	◎	○	△	△
쇼핑	△	○	◎	△
단말	△	◎	◎	×
SNS	△	×	×	◎
음악	△	◎	○	○
동영상	◎	◎	◎	○
게임	△	○	△	◎
e-book	○	○	◎	×
광고	◎	○	△	◎
결재	○	○	◎	○
지도	◎	○	△	△
클라우드	○	○	◎	○

◎ 선도 ○ 적극 △ 신규 × 불참

표 3-18 복합 미디어 기업과 IT 뉴미디어 기업 간 주요 이슈 비교

	복합 미디어 기업	IT 뉴미디어 기업
매출/이익/인력	최근 5년간 정체 혹은 감소	최근 5년간 급속 성장
시장 평가	주가/브랜드가치 감소 및 약화	주가/브랜드가치 리더로 부상
사업 방향	다각화에서 사업분리로 선회	단일사업에서 다각화로 확장
협력 및 제휴	연합 플랫폼 구축 및 상호 협력	사업확장으로 핵심영역 충돌
방송시장 위상	코드커팅(케이블사업자 위기)	온라인 플랫폼 부상
콘텐츠 가치	Content is Still King	Platform Queen controlling King
인수합병	온라인, 방송, 출판, 영화 사업	온라인과 모바일서비스 초집중
리더십	아날로그 세대	디지털 세대
비즈니스 모델	광고/콘텐츠판매	광고/콘텐츠판매/단말기판매/수수료

정리하기

1 미디어와 뉴미디어란 무엇인가를 정의하고, 미디어의 변화에 대해 간략히 설명하고, 뉴미디어의 변동성에 대해 설명하시오.(P132~134)

2 미디어 모포시스(media morphosis) 란 무엇이며, 미디어 모포시스 이론에서 주장하는 미디어의 변형에 대해 간략히 설명하시오.(P134)

3 인터넷의 등장과 정보통신 기술의 발전에 따라 다양한 형태의 새로운 미디어들이 등장하고, 미디어 산업에서도 무한대의 경쟁적 환경이 도래됨에 따라 소비자들이 왜 그 미디어를 선택 하는가? 하는 선택의 문제를 설명하는 4가지 이론은 각각 무엇인가?(P137)

4 미디어의 스마트 화에 대하여 설명하고, 스마트 미디어란 무엇인가를 정의하시오.(P149)

5 소셜 미디어(Social Media)의 특징에 대하여 설명하시오?(P159~161)

6 전통적 미디어가 쇠퇴하고, 새로운 미디어의 생태계가 조성되게 되는 동인에 대해 설명하시오.(P177~179)

7 OTT(Over The Top) 서비스란 무엇인가 설명하시오.(P185)

확인하기

1 정보나 내용물, 즉 콘텐츠를 저장하고, 전달하기 위해 사용되는 매체, 다시 말해 정보와 가치를 전달하는 모든 수단을 일컫는다. 전통적으로 최근까지의 미디어는 대중 매체(Mass Media)와 동의적 개념에서 이해되어 왔으나, 정보통신 기술의 발달과 인터넷의 보편화로 인해 미디어의 다변화와 다양화가 급속히 진전되고, 다양한 뉴미디어가 등장하고 있다.

뉴미디어(New Media)란 말 그대로 '새로운 매체'를 의미한다. '정보나 내용, 즉 콘텐츠를 저장하고, 전달하기 위해 사용되는 매체'가 새롭게 재탄생된 것을 일컫는 말이다. 뉴미디어는 정형화된 모습을 갖는 것이 아니라 늘 혁신적 기술의 발전과 그에 따른 소비자의 소비문화의 변화 속에서 새로이 등장하고 진화하는 상대적 개체로서 항상 변화(variableness)하는 변동성을 가진다. 기존 미디어의 정보처리나 전달 방식에 수정이 가해지거나 새로운 기능이 부가됨으로써 기존 미디어와는 다른 별개의 특성을 갖게 되는 것이다.

2 media morphosis는 매체를 뜻하는 'media'와 변형을 뜻하는 'metamorphosis'의 합성어로, '미디어의 변형'이라는 의미를 갖는다. 미디어 모포시스 이론에서 주장하는 핵심은 뉴 미디어가 등장하면 뉴미디어가 올드 미디어를 대체하여 올드 미디어가 완전히 사라질 것으로 이해하고 있지만, 실상은 전통적 미디어, 즉 올드 미디어는 사라지거나 소멸하지 않고, 전통적 미디어 상호 간 혹은 새로운 미디어와 전통적 미디어 간 서로 영향을 주고받으며, 장점을 취해 진화해 나가는데, 이는 인간의 욕구와 필요, 시장과 정치의 영향, 사회와 기술발전 등 여러 요인들이 복합적으로 상호작용하여, 미디어 변형을 가져오게 하는 현상을 보이게 된다고 주장

결론적으로 정보통신 기술의 발전과 인터넷의 등장으로 혁신적 변화를 보이고 있는 미디어 산업 환경에서도 다양한 미디어가 공존하면서 상호 밀접한 관계를 맺으며, 미디어 산업을 둘러싼 생태 환경의 변화에 능동적으로 대처하면서 살아남기 위해 변형을 거듭하는 등 전통적 미디어(Old Media)의 사회적, 기술적 변형을 통해 새로운 미디어가 만들어지고, 새로운 미디어와 전통적 미디어 등 모든 미디어는 같이 진화하고, 변형되어지면서 존재하게 된다는 것을 강조

3 사회인지이론(Social Cognitive Theory), 혁신확산모델(Diffusion of Innovation), 이용과 충족(Use and Gratification), 계획된 행동 이론(The Theory of Planned Behavior)

4 언제 어디서나 움직이면서 이용하는 이동성과 바로 그 시간에 필요한 서비스를 즉시 받을 수 있다는 실시간 즉시성, 일방적 정보의 전달이 아닌 서로 대화하고, 소통할 수 있게 되는 양 방향성, 그리고 서로의 의견이나 생각, 경험, 관점들을 공유하는 인맥 구축 등의 특성을 갖는 새로운 개념의 미디어로 정의되거나 TV, 라디오, 스마트 폰이나 태블릿 등 모바일 기기, MP3 플레이어 등 수용자가 이용할 수 있는 모든 미디어 기능을 하나의 단말기로 활용할 수 있게 만든 가장 이상적인 미디어를 의미하기도 한다. 스마트 미디어는 언제 어디서나 움직이면서 이용하는 이동성과 바로 그 시간에 필요한 서비스를 즉시 받을 수 있다는 실시간 즉시성, 일방적 정보의 전달이 아닌 서로 대화하고, 소통할 수 있게 되는 양 방향성, 그리고 서로의 의견이나 생각, 경험, 관점들을 공유하는 인맥 구축 등의 특성을 갖는 새로운 개념의 미디어로 정의되거나 TV, 라디오, 스마트 폰이나 패블릿, 태블릿 등 모바일 기기, MP3 플레이어 등 수용자가 이용할 수 있는 모든 미디어 기능을 하나의 단말기로 활용할 수 있게 만든 가장 이상적인 미디어로 정의될 수 있다.

5 첫째, 시사적 문제에 대한 보도나 논평 활동 등 고도의 지식과 기능(技能)을 갖춘 저널리즘(Journalism)에 종사하는 전문인에 의해 만들어지는 정보나 자료를 전달하는 기존 미디어와 달리, 프로슈머(Prosumer) 혹은 프로튜어(Proteur)라는 용어로 대변되는 일반인들에 의해 콘텐츠가 만들어짐.

둘째, 기존 대중 매체(Mass Media)가 갖는 일방적인, 그리고 배포 대상의 한정 없이 해당 시점에, 해당 매체를 접하는 소비자를 대상으로 단순히 널리 배포한다는 의미, 즉 브로드 캐스트(Broad Cast)적인 특성과 달리 소셜 미디어는 양 방향적 소통, 즉 배포자와 수용자가 상호 교류하면서 정보 또는 자료를 교환하거나, 더 나아가 참여자들이 상호 동일 시 되는 현상을 보이면서, 한정된 몇몇이 아닌 참여자 모두가 이용하고, 생산하고, 정보를 배포할 수 있다는 개방적 특성을 가짐.

셋째, 기존 대중 매체는 뉴스나 정보, 엔터테인먼트 등의 콘텐츠를 전문가인 소수의 저널리스트(Journalists)나 작가들에 의해 독점적으로 생산되어지고, 불특정하고 수동적인 독자층에게 공적, 일방적, 간접적으로 전달되어지는 것에 비해 소셜 미디어는 누구나, 참여자 모두인 다수가, 경쟁적이지 않고, 관계나 친분 중심의 양 방향적으로 생산되고, 피라미드식으로 전달, 유통되어짐.

6 정보통신 기술의 발전으로 미디어의 디지털 화가 가속화 되고, 스마트 화, 다양화됨으로 인하여 기존 미디어 권력은 약화되는 현상을 보이고 있는데, 그 동인(動因, Driver)으로는

첫째, 인터넷의 등장. 방송·신문·잡지·라디오 등 이른바 전통적인 4대 미디어가 각기 독자적인 채널을 통해 제공하는 독점적 전용 콘텐츠를 인터넷을 통해 만들어지고 있는 다양한 뉴미디어라는 새로운 수단을 통해서도 소비 및 접근할 수 있게 되었다. 소비자들은 더 이상 TV, 신문, 잡지, 라디오라는 전통적 매체를 통하지 않고서도 이들 미디어가 제공하는 콘텐츠에 대한 접근권을 확보하게 된 것이다.

둘째, 새로운 미디어의 등장. 기존 미디어가 제공하는 콘텐츠를 우회해서 접근하는 방식의 출현과 함께 기존에 존재하지 않았던 새로운 형태의 미디어가 속속 등장. 자신의 주장과 생각을 전파할 수 있는 블로그, 미니홈피를 비롯하여 최근에는 유튜브나 판도라, 아프리카 TV 등 인터넷 방송을 통한 개인 방송국의 등장, 모바일 메신저서비스 등의 소셜 미디어의 등장

셋째, 미디어와 콘텐츠의 분리(Decoupling). 특정 콘텐츠가 특정 미디어에 결합(종속)되어 있는 구조 하에서는 전달되는 콘텐츠의 편성권이 소수의 미디어 소유자에게 있었지만, 기존 미디어의 파워가 약해지고, 수많은 대체 미디어가 등장함에 따라 콘텐츠의 편성권 역시 소비자 개인들에게 이전됨. 아프리카 TV나 판도라 TV, 유튜브 등의 인터넷 방송 시스템에서 대도서관, 양띵, 멜츠 등으로 대변되는 소위 인터넷 BJ(Business Jockey) 등의 사례에서 볼 수 있듯이 인터넷 TV 방송채널을 구성하거나 포털 사이트에서 자신만의 뉴스 페이지를 편성하는 등의 사례가 그 예라 할 수 있음.

7 TV 셋톱박스와 같은 단말기를 통한 인터넷 기반의 동영상 서비스를 의미. 광의적 개념으로 셋톱박스(Set-top Box)의 유무를 떠나 PC, 스마트 폰 등의 단말기뿐만 아니라 기존의 통신사나 방송사가 추가적으로 제공하는 인터넷 기반의 동영상 서비스(예: Smart TV, Connected TV 등)를 모두 포괄한 의미로 사용되고 있으며, 또한 기존의 지상파, CATV, DMB 등 전용망을 통해 영상 콘텐츠를 제공하는 서비스와 달리 인터넷 망을 통해 동영상 콘텐츠를 제공함으로써, 다양한 단말기기(TV, PC, STB, Mobile 등)을 통해 동영상 서비스를 이용가능하게 해 주는 서비스를 총칭하는 개념

제3절 콘텐츠의 변화

1 콘텐츠 서비스의 변화

미디어의 역할은 결국 콘텐츠를 전달하는 것이기 때문에 콘텐츠는 뉴미디어 시대에도 여전히 중요하다. 방송사인 CBS와 영화사 파라마운트 등을 가지고 있는 바이어컴(Viacom) 그룹의 섬 너 레드스톤(Sumner Redstone) 회장은 '콘텐츠는 과거나 미래나 항상 왕이다.' 라며 미디어 환경이 급변하더라도 콘텐츠의 중요성을 간과해서는 안 된다고 강조했다.

단말기기의 스마트 화와 네트워크의 고도화, 사용자의 소비행태 변화에 대응하여 콘텐츠 서비스에서도 새로운 변화의 필요성이 대두되고 있다. 과거 장르적 특성 하에서 개별적으로 생산되어지던 콘텐츠들이 미디어의 스마트 화와 더불어 플랫폼이나 단말기기, 소비자의 이용행태의 특성 변화에 맞춰 제작, 유통, 소비되어지는 스마트 콘텐츠로의 변화가 필연적으로 대두되고 있다. 즉, '스마트 폰, 태블릿, 스마트 TV 등 단말기기와 인터넷의 연결'로 촉발되어진 새로운 형태의 콘텐츠 소비 욕구를 충족시켜주기 위해 만들어지는 콘텐츠를 일명 스마트 콘텐츠란 명칭으로 부르기 시작했다.

스마트 콘텐츠는 소비자의 콘텐츠 소비 행태의 변화, 즉 소비에 5분 이상 소요되는 콘텐츠에 대해서는 아무리 그 내용이 필요하고, 좋은 내용이라 하더라도 그 콘텐츠에 대해서는 관심을 거두어 들여 버리는 스넥컬쳐(Snack Culture), 그리고 소비의 이동성(mobility), 필요할 때 언제, 어디서든지, 어떤 형태의 콘텐츠라도, 어떤 단말기기를 통해서든지 콘텐츠 서비스를 받고자하는 종합화된 서비스와 N Screen 소비의 욕구, 각각의 스크린의 특성에 맞게 자동 변환 등을 통한 사용자인터페이스(UI)의 편의성 추구, 소셜 네트워크를 통한 유통 및 공유, 개방화된 서비스, 사용자 참여 및 양방향성 등 소비자 변화, 기술의 발전 등에 따른 단말기기, 플랫폼 등의 변화 등에 적절히 대응할 수 있는 특성을 갖는 콘텐츠 서비스를 의미하는 용어로 자리잡아 가고 있다.

일예로 스마트 러닝(Smart Learning)과 관련된 콘텐츠 서비스가 있다. 스마트 러닝이란 학습자들의 다양한 학습 형태와 능력을 고려하고, 학습자의 사고력, 소통능력, 문제해결능력 등의 개발을 높이며, 협력학습과 개별학습을 위한 기회를 창출하여 학습을 보다 즐겁게 만드는 학습으로서 장치보다 사람과 콘텐츠에 기반을 둔 발전된 정보통신 기술 기반의 효과적인 학습자 중심의 지능형 맞춤학습[85]을 말하는 것으로, 스마트 인프라(smart infra)와 스마트한 교육방식(smart way)으로 이루어진다. 스마트 인프라는 클라우딩, 네트워크, 서버, 스마트 디바이스, 임베디드 기기 등을 의미하며, 스마트한 교육 방식은 맞춤형, 지능형, 융합형, 소셜 러닝, 집단지성 등을 의미한다.[86]

학습자-학습자, 학습자-교수자, 학습자-콘텐츠 간의 소통(communication), 협력(collaboration), 참여, 개방, 공유 기능이 가능하도록 하는 정보통신 기술을 활용하여 수직적이고 일방적인 전통적인 교수, 학습 방식을 수평적, 양 방향적, 참여적, 지능적, 그리고 상호작용적인 방식으로 전환하여 학습의 효과를 높이고자 하는 총체적인 접근을 통한 새로운 교육 방식에 따라 콘텐츠 역시 학습자 주도형, 자기주도형, 상호작용, 지능형, 비 형식학습, 현실감 등의 특징을 갖는 환경에 맞춰 새로이 구성되고 개발되어져야 하는 것이다. 이처럼 기존의 콘텐츠가 갖는 장르적 특성 간의 융복합화를 비롯하여, 새로운 형태, 새로운 내용, 새로운 소비자 이용행태에 맞게 콘텐츠 서비스 역시 변모해 나가야만 할 것이다.

2 차별적 콘텐츠 서비스를 위해 고려해야 할 요소

가 독점적 콘텐츠 제공과 틈새 콘텐츠 제공

홍콩의 최대 IPTV 사업자인 PCCW는 출범 초기부터 홍콩에서 축구의 인기도가 매우 높다는 것에 착안, 영국 프리미어리그를 독점 중계하며 시청자를 끌어모았다. 지상파 방송에 목매지 않고 140여개의 채널을 확보했고, 시청자가 원하는 채널만 골라 볼 수 있는 '알 라 카르테' 요금제도 선보였다. 그 결과 시청자들은 수많은 콘텐츠 가운데 자신이 원하는 방송만 골라보며 시청료를 줄일 수 있었고, 이는 PCCW의 가격 경쟁력으로 이어졌다.[87]

이러한 사례는 여러 곳에서 찾아 볼 수 있다. 류현진 경기의 독점 공급을 통해 성공한 MBC, '나는 가수다', 1박2일, 수퍼스타 K, 꽃보다 할배 등 다양한 포맷과 특색 있는 내용을 통해 새로이 등장하는 각종 프로그램 등을 보면, 내용이든 포맷이든 방송 프로그램의 성과를 높이기 위해서는 결국 시청 점유율를 확보하는 것이 중요함을 알 수 있다. 특히 광고를 수입원으로 삼는 방송사에게 시청점유율은 광고수입과 정의 상관 관계를 갖게 된다. 따라서 방송사는 시청점유율을 극대화하는 걸 목표로 편성전

85) 출처: 한국이러닝산업협회 세미나, 곽덕훈, 2010.
86) 출처: 한국디지털정책학회, 노규성, 2011.
87) 출처: 한국경제신문, 2008.8.31일자 참조

략을 수립한다. 만약 복수의 방송사가 경쟁할 경우 각각의 방송사의 편성전략은 타 방송사의 편성전략에 의해 영향을 받기도 하고, 반대의 경우도 성립한다.

일예로 국내에 방송사가 단 세 개만 존재하고, 각각의 방송국은 단 하나의 채널만 갖고 있다고 가정해 보자. 월드컵이란 세계 최대의 스포츠 이벤트의 중계권과 관련해서 일반적으로 시청점유율이 최대치를 기록하게 될 것임을 가정하여 이 프로그램의 독점적 제공을 위해 노력할 것이다. 하지만 다양한 시청자들 중에는 월드컵을 좋아하는 정도나 강도에서 차이가 있을 것이다. 따라서 어느 정도 수준까지 축구를 좋아하는 사람들은 이 중계방송을 볼 것이고, 그 범위 밖에 있는 사람들은 다른 프로그램을 볼 것이다.

한 방송사가 중계권을 독점할 경우 이 방송사는 일정량의 시청점유율을 기록하게 될 것이다. 반면 중계권을 갖지 못한 제2의 방송국은 상대적으로 고급 취향의 시청자들이 선호하는 프로그램에 해당하는 대체 프로그램을 방송하려 할 것이다. 이는 고급취향을 가진 시청자들이 아무래도 광고주에게 매력적이기 때문이다. 또한 제3의 방송사는 저급한(lowbrow) 프로그램을 공급함으로써 차별화를 통해 일정 시청 점유율을 커버하려 노력하게 된다. 이 경우 프로그램의 다양성(spread) 측면에서 만약 독점중계가 없어서 모든 방송국이 월드컵을 중계한다면 시청자 복지는 감소하게 될 것이다. 결국 시청자들의 만족도 측면에서 시청자 복지를 평가해 보면, 다양성이 증가할 때 총 만족도도 함께 늘어날 가능성이 높아지는 것이 일반적이다.

또한 다른 대체 프로그램은 존재하지 않고, 오직 월드컵 중계만이 가능하다고 해도 비슷한 결과가 도출된다. 독점권이 존재하지 않는다면 방송3사는 이를테면 국민의 관심이 집중되는 한국 경기만을 중계할 것이고, 동시간대에 벌어지는 다른 경기는 무시할 것이다. 한 방송국이 세 개의 채널을 갖고 있고, 월드컵 중계권을 독점하고 있다면 시청률을 극대화하기 위해서 세 개의 다른 경기를 커버하려 할 것이다. 이런 효과를 복수의 경쟁 방송사가 가져 오려면 서로 합의해서 순차 중계방송을 해야만 한다. 이를테면 한국팀의 세 경기를 하나씩 커버하기로 하고, 다른 방송국이 한국 경기를 중계하는 동안에는 타 경기를 중계하거나 아니면 드라마나 예능을 방영하는 식으로 프로그램 다양성과 시청자 만족을 극대화할 수 있게 될 것이다.

틈새 콘텐츠를 발굴하고 제공하는 노력도 필요하다. 최근 넷플릭스(Netflix), 훌루(Hulu), 유투브(Youtube) 등 주요 인터넷 동영상 서비스들이 이용 가능시간 및 공간의 편리함(Time shift, Device Shift), 그리고 높은 가격 경쟁력을 기반으로 전통적인 TV 중심이었던 전 세계 미디어 지형을 점차 변화시키고 있다. 이처럼 미디어의 다양화에 따라 콘텐츠 소비자의 특성도 긴 꼬리 사업의 특성을 갖게 된다. 특히 남이 미처 알지 못하는 시장이나 콘텐츠, 남이 알고 있더라도 아직 공략이 제대로 이뤄지지 않은 시장이나 새로운 미디어를 통한 콘텐츠의 제공으로 새로운 시장을 만들어 나가는 노력도 필요하다.

예를 들어 최근 미디어의 개인화에 따라 본인이 직접 제작하여, SNS나 블로그, 유튜브 등 동영상 채널을 통해 서비스를 제공하는 새로운 형태의 개인화된 콘텐츠 제공사업자의 등장을 통해 틈새콘텐츠 서비스의 가능성을 엿볼 수 있다. 대도서관(나동현)은 BJ(Broadcasting Jockey)라는 새로운 틈새 콘텐츠 서비스를 통해 성공한 경우가 있다. 그는 게임중계를 통해 새로운 개인화된 콘텐츠 서비스를 제공하는 방송인으로 2010년 포털사이트 다음 tv팟을 통해 처음 활동을 시작하였으며, 이후 아프리카TV에서 자신이 직접하는 게임 중계 활동을 유튜브에 올리면서 유명세를 타기 시작하였다. 국내 유튜버(YouTuber) 중 가장 많은 구독자를 자랑하고 있는데, 그의 유튜브 주제는 온라인 게임 중계이다. 즉, 그가 직접 게임을 수행하면서 게임의 특징에 대한 맛깔난 설명을 해주자 게임 애호가들 사이에서 입소문이 퍼졌으며, 취미로 시작했던 게임 방송이 그의 직업이 됐다.

또한 국내 대표 게임 크리에이터인 양띵(양지영)이란 사람도 유튜브에 채널을 개설한지 1년여 만에 구독자 수 100만을 돌파하는 기록을 세웠다. 양띵은 2014년말 현재 국내 전체 개인 크리에이터 중 가장 많은 국내 구독자를 보유하고 있기도 하다. 여성 크리에이터로서 독보적인 인기를 자랑하는 양띵은 학창시절부터 인기 온라인 게임 '마인크래프트'에 푹 빠져 게임 방송에 입문했다. 양띵은 유튜브에 공식 게이밍 채널을 오픈한데 이어 '양띵의 사생활 채널'을 별도로 공개해 유쾌하고 발랄한 일상의 모습으로도 많은 사랑을 받고 있는 경우도 있다.

나 고도화된 콘텐츠 서비스의 제공

기존의 콘텐츠를 내용적 측면이나 기술적 측면에서 한 차원 높게 재가공한 고도화 콘텐츠 서비스는 단말기기, 기술 등의 변화에 따라 새로이 나타나는 소비행태의 차이를 만족시켜주기 위해서 기존 콘텐츠의 디자인이나 Layout, 소재 측면에서도 차이를 보여야 할 필요성에 대응하여 만들어지는 콘텐츠 서비스를 말한다. 나아가 작가의 특성화 및 차별화로 소비자의 소비행태에 맞게 재가공한 콘텐츠 서비스의 필요성도 대두되고 있는데, 이처럼 새로운 기술이나 내용의 변화를 통해 변화되는 콘텐츠를 '고도화된 콘텐츠 서비스'라 부른다.

2009년 12월 전 세계에서 동시 개봉한 제임스 카메론 감독의 블록버스터 할리우드 3D(Dimension) 영화는 콘텐츠의 새로운 장을 열게 하였다. SF · 모험 · 액션 장르의 할리우드 블록버스터 영화로, 실사촬영과 CG가 혼합된 3D 영화이며, 상영시간은 162분인 이 영화는 2154년, 지구로부터 4.4광년 떨어진 행성(Pandora) 판도라를 무대로 대체자원을 찾기 위하여 행성 파괴 하려는 지구인과 판도라를 지키려는 원주민 나비(Na'vi)족과의 갈등과 전쟁을 중심으로 자신의 아바타를 원격조종하며, 나비족에 침투한 지구인 남자 제이크 설리(Jake Sully)와 나비족(Na'vi) 여인 네이티리(Neytiri)의 사랑 등을 그린 새로운 기술적 가능성을 보여준 콘텐츠다.

이모션 캡처(Emotion Capture) 기술과 가상 카메라(Virtual Camera)를 통하여 CG 캐릭터의 생생한 피부와 표정, 근육의 움직임뿐 아니라 동공 크기의 변화, 눈썹의 미세한 떨림까지 세밀하게 표현하는 등 새로운 기술의 가능성을 보여 주었으며, 아날로그적 정서와 신화적 상상력, 디지털 기술이 완벽하게 결합된 작품이라는 평가를 받으며 흥행에 성공했다. 이는 '아바타의 3D 스크린 비율은 40%에 불과했지만 매출 28억불의 80%가 3D 상영관을 통해 만들어졌다.'고 말한 카메론 감독의 말을 통해서도 확인할 수 있다.

근래 들어 새로이 인기를 누리고 있는 웹 툰의 사례도 이러한 현상을 잘 대변해 주고 있다. 만화가 출판물에서 인터넷으로 무대를 옮긴 건 1998년부터 2002년경부터인데, 인터넷 환경이 구축되며 개인 홈페이지 제작이 유행했고, 작가들이 개인 홈페이지에 만화를 연재하기 시작하면서부터 웹 툰이 새로운 콘텐츠 서비스로 자리매김하기 시작했다. 본격적으로 웹 툰 시장이 형성되기 시작한 건 인터넷 포털 서비스들이 웹 툰 서비스를 만들고 투자를 하기 시작한 2003년부터로 이해된다. 다음은 '미디어다음'을 시작하며, 미디어다음 속 코너로 '만화 속 세상' 서비스를 시작했으며, 2004년엔 네이버가 '네이버 웹 툰'을 선보였다. 여기에 야후나 네이트, 파란 등 다른 포털 사이트도 웹 툰 서비스를 하기 시작하면서 만화산업에 새로운 형태의 서비스가 대세로 자리매김하기 시작하였다.[88]

KT경제경영연구소에 따르면, 국내 웹 툰시장은 지난 2012년 1천억원 규모에서 2014년 2100억원, 2015년에는 약 3천억원 규모에 이를 것으로 전망된다. 점차 기존 소비층인 10대뿐 아니라 40대 이상 장년층 소비자에게도 주목받으며, 이용자 범위가 넓어지고 있다. 웹 툰 시장이 성장하며, 웹 툰 플랫폼도 늘고 있는데, 2014년말 현재 국내 주요 웹 툰 플랫폼은 10여 곳이 넘는다. SK플래닛 'T스토어', KT 올레마

88) 출처: 네이버캐스트를 재구성하여 작성함.

켓, 파프리카미디어의 '웹 툰스타'등의 무료 서비스 제공 플랫폼을 비롯하여, '레진코믹스'가 2013년 유료로 최초 서비스를 제공하기도 했다.

웹(web)과 만화(cartoon)가 결합한 웹 툰은 출판물에서 웹으로 만화가 연재되는 공간이 바뀌며 그 특징 또한 변하는 모습이다. DMC미디어는 보고서 '웹 툰, 콘텐츠로서의 가능성과 전망'에서 웹 툰과 기존 출판 만화의 가장 큰 차이점으로 컷 구성을 꼽았다. 웹 툰은 책장을 옆으로 넘기며 읽는 게 아니라 위에서 아래로 내려보는 세로 스크롤 방식이다. 여기에 웹 툰은 종이 출판물에 비해 댓글을 통해 독자와 적극적으로 소통한다는 게 다르다.

그림 3-26 만화 콘텐츠의 고도화 사례

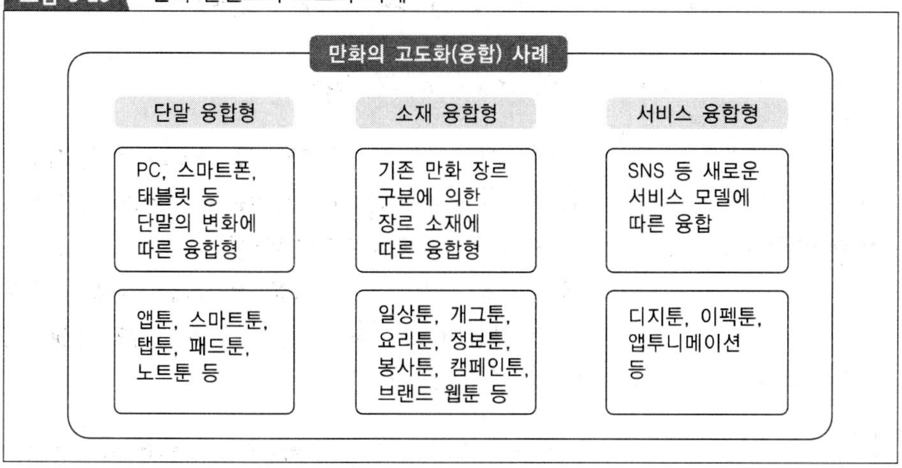

이 뿐 아니라 단말기기의 변화 부분에서 다시 언급되겠지만, 혹자는 2016년을 VR(가상현실)을 이용한 콘텐츠 서비스의 최대 개화기가 될 것으로 예측하고 있다. 몇 년 전부터 오큘러스뿐 아니라 삼성전자, 소니, 구글을 비롯하여 중국의 기업들도 VR 기기의 생산에 나서고 있어 이 기술을 이용한 콘텐츠 서비스가 차세대 콘텐츠 서비스 시장으로 자리매김할 가능성이 커지고 있는 것이다.

특히 차세대 IT기술 VR(가상현실)시장 선점을 위해 중국 내 IT기업들은 기존 사업으로 벌어들인 자본과 사용자 기반으로 VR사업에 적극 나서고 있다. 중국은 VR 기기 제작 및 유통으로 기기를 보급하고, VR 체험존 운영을 통해 콘텐츠를 확산시키고, 궁극적으로 VR 대중화가 실현됐을 때, 독보적인 VR 게임 및 콘텐츠 플랫폼의 위치를 차지한다는 전략으로 움직이고 있다.

지난 2014년 11월 모바일인터넷 소프트웨어 개발업체 니비루(Nibiru)는 이미 자사 인프라를 통해 중국 최초 가상현실 게임 플랫폼인 '니비루 가상현실 게임센터'를 공개하고, 실제 운영 중이다. 당시 VR HMD(가상현실 헤드 마운트 디스플레이) '니비루몽경(Nibiru夢境)' 시리즈 6종을 함께 공개하기도 했다. 2015년 차이나 조이(China Joy)에선 해피 인터렉티브 네트워크 테크놀로지의 '87870.com'이라는 VR 포털 사이트가 주목 받았는데, 87870은 자사의 포털 사이트를 중심으로 다양한 VR 기기를 유통하고 있으며, 콘텐츠도 함께 공급하고 있다.

이처럼 고도화된 기술을 이용한 새로운 형태의 콘텐츠 서비스는 게임과 동영상을 비롯한 콘텐츠 서비스 시장이 고도 경쟁을 치루고 있고, 레드오션화가 진행 중이기 때문에 새로운 블루오션 콘텐츠 시장이 필요해 지고 있기 때문이다.

다 새로운 형태의 콘텐츠 개발

웹(Web)과 에피소드(Episode)의 합성어로, 스토리는 짧지만 속도감 있는 여러 개의 에피소드로 구성된 온라인 전용 드라마인 웨비소드(Webisode), 즉, '웹 드라마', 'SNS 드라마', '모바일 드라마', '드마라 툰', '미니 드라마'로 불리기도 하고, 대개 스트리밍 방식으로 제공되고 있는 새로운 형식의 드라마의 등장은 소비자의 콘텐츠 소비 특성의 변화를 반영하여 개발된 새로운 형태의 콘텐츠의 필요성을 단적으로 보여 주는 사례이다.

방송·통신 융합 시대의 크로스 플랫폼 콘텐츠로 주목받고 있는 소위 웹 드라마라 불리는 웨비소드는 1995년 6월 미국의 광고 및 TV 프로그램 프로듀서이자 대본 작가인 스콧 자카린(Scott Zakarin)이 사진과 동영상을 주요 콘텐츠로 하는 웹 사이트 더스폿닷컴(thespot.com)을 개설한 뒤 시리즈 형태의 온라인 드라마를 제작·유통하였는데, 이 시리즈물에 '웨비소딕 시리즈'라는 이름을 붙인 것이 웨비소드의 시작으로 이해된다. 웨비소드라는 개념을 널리 알린 인물은 마블 코믹스와 마블 필름스의 대가인 스탠 리(Stan Lee)다. 그는 1998~1999년 방영된 웹 전용 애니메이션 슈퍼 히어로 시리즈 〈일곱 번째 관문〉의 인터넷 공개를 위한 프로모션과 마케팅 과정에서 웨비소드라는 용어를 최초로 공식 사용했다.[89]

웨비소드 대중화에 견인차 역할을 한 인물은 디즈니의 대표를 지낸 마이클 아이즈너(Michael Eisner)다. 아이즈너가 2007년 4월 선보인 90초 분량의 웨비소드 시리즈 '프롬 퀸(Prom Queen)'은 매일 에피소드 한 개를 제공했는데, 첫 방송 뒤 한

89) 출처: 「웨비소드(Webisode), 온라인 전용 드라마로 각광 … 왜?」, 장연주, 헤럴드경제, 2011. 9.7

달 만에 스트리밍 건수가 총 520만 건에 달하는 등 놀라운 성과를 거두었다. SNS 사이트인 마이스페이스의 공이 컸다. 마이스페이스 회원 가운데 '프롬 퀸'을 온라인 친구로 등록한 가입자는 1만 8,000명을 넘어섰는데, 이들이 '프롬 퀸'을 알리고 확산시키는 역할을 한 것이다. '프롬 퀸'의 대성공은 할리우드 최고 제작자들이 웨비소드 시장에 진입하는 기폭제가 됐다. 저렴한 제작비용과 높은 광고 효과 때문이다. 웨비소드는 한 회당 10분을 넘지 않기 때문에 한 회 제작비는 수천 달러에 불과하지만 광고효과는 회당 제작비가 200만 달러가 넘는 TV 드라마보다 높다.

'히어로즈'의 방송사인 NBC는 시청자 참여형 웨비소드를 만들었으며, '고잉 포스탈(Going Postal)', '더 리쿠르트(The Recruit)' 등도 웨비소드를 활용했다. 회사 조직 생활을 다룬 '오피스', 초자연 스릴러물 '슈퍼 내추럴', 뱀파이어 로맨스물 '뱀파이어 다이어리' 등도 시즌 앞뒤로 웨비소드를 공개했으며, 이런 흐름은 앞으로 더욱 강화될 것으로 예측되고 있다. 웨비소드가 동영상 사이트와 SNS를 통해 소비되면서 세계적인 동영상 사이트인 유튜브와 훌루닷컴, SNS 사업자인 마이스페이스나 페이스북도 웨비소드를 새로운 이익 창출 수단으로 주목하고 있다.[90]

국내 웹 드라마의 시작은 윤성호 감독의 2010년 작 '할 수 있는 자가 구하라'인 것으로 알려져 있다. 이 웹 드라마는 비메오와 인디시트콤 홈페이지를 통해 공개되었으며, 작품 홍보는 트위터와 미투데이를 활용했다. 매회 5~7분씩 모두 12편으로 제작되었으며, 2012년 MBC 에브리 원에서 방영되며 거꾸로 브라운관 속으로 들어가기도 하였다. 2015년 들어서면서부터 국내에서도 본격적으로 웹 드라마 시장이 만들어지기 시작했다. 이동통신망의 초고속화(LTE)서비스를 통해 모바일로 동영상을 감상할 수 있는 환경이 만들어지면서 기업들이 하나둘 나서기 시작했기 때문이다. 2013년 2월 교보생명은 웹 드라마 '러브 인 메모리'를 교보생명 소셜 플라자와 다음 스토리 볼에서 선보였으며, 삼성그룹은 '무한동력'을 네이버 TV 캐스트와 삼성그룹 블로그를 통해 공개했고, 죠스떡볶이도 '매콤한 인생'을 네이버 TV 캐스트와 죠스떡볶이 블로그에 올리는 등 웹 드라마를 통해 자사의 홍보에 주력하기도 하였다. 웹 드라마는 포털을 기반으로 사회관계망서비스(SNS)까지 다양한 채널로 유통되고 있으며, 형식이나 내용에 제약이 없어 기업 문화 홍보를 밑바탕에 깔아두거나 PPL(간접 광고)을 하기도 쉽다. 그래서 직접 제작하지 않더라도 제작 지원을 하는 사례가 늘고 있다. TV 드라마보다 제작 문턱이 낮은 것도 선호 이유 가운데 하나로 꼽힌다. 웹 드라마 제작비는 TV 드라마의 6분의 1 수준으로 알려지고 있다.

90) 출처: 네이버 지식백과

그림 3-27 웹 드라마의 정의 및 시청률 증가 현상[91]

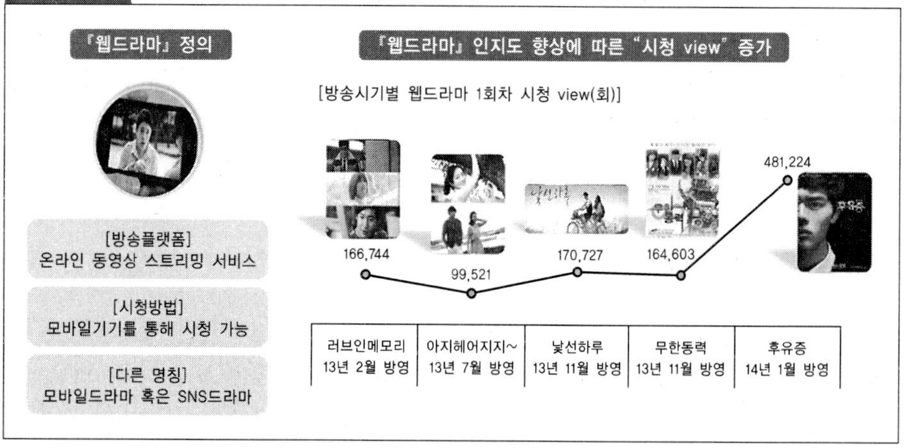

전문 제작사들도 웹 드라마 제작 대열에 합류하고 있다. 싸이더스iHQ는 '연애세포'를 선보였고, 기린제작사는 네이버 TV캐스트를 통해 '출출한 여자'와 '출중한 여자' 등을 방영했다. 가딘 미디어는 '뱀파이어의 꽃'과 '인형의 집'을 만들어 공개했다. 지상파 방송국도 예외는 아니다. KBS는 지난 2014년 10월 '간서치열전'을 웹으로 먼저 공개한 후 TV에 방영하는 시도를 한 바 있다.[92]

웨비소드는 기존의 TV시리즈가 웹으로 공개하는 번외편 에피소드를 가리키기도 하지만 한편으로는 TV나 케이블 같은 이미 정착된 플랫폼이 아닌 온라인을 통해 배급되는 웹 시리즈의 에피소드로 특징 지워지기도 한다. 누구나 제작하고 누구나 업로드하며 인터넷 접속만 되면 시청이 가능하다는 비교적 평등한 온라인 특성 때문에 메이저 스튜디오는 물론이고 소규모의 개인들이 모여서 만드는 인디 프로젝트들도 끊임없이 만들어지고 있다. 모바일 동영상 기반이라는 특성을 고려하여 웹 드라마에서만 느낄 수 있는 새로운 이야기와 즐거움을 제공하는 새로운 형태의 콘텐츠를 개발해 나가야 할 것이다.

최근 들어 콘텐츠 소비의 중심이 모바일로 이동하고 있는 가운데 국내에서도 인터넷 업계가 소비자들의 콘텐츠 소비 행태의 변화와 산업 생태계 변화에 발맞춰 웹 툰·웹 소설·웹 드라마 등 새로운 형태의 콘텐츠 서비스에 박차를 가하고 있다.[93]

---

91) 출처: 웹 드라마의 부상과 모바일 콘텐츠로서의 가치, KT경제경영연구소. 2014.8.4
92) 출처: 네이버 캐스터를 재구성하여 작성
93) 출처: 이하 내용은 이데일리('웹 툰에서 웹 소설·웹 드라마로 인터넷 업계 콘텐츠 전쟁 본격화' 2015.2.25일자) 기사를 중심으로 재구성

국내 인터넷 업계의 양대 산맥인 네이버와 다음카카오는 출・퇴근이나 등・하굣길에 간편하고 쉽게 콘텐츠를 즐기는 소비 트렌드인 '스낵 컬처' 시장을 잡겠다는 의도에서 PC 기반 웹 툰 서비스를 모바일로 이식했다. 웹 툰 및 웹 소설 작가 등 창작자들의 지원을 통해 콘텐츠 산업의 새로운 생태계를 조성하고 선순환 구조를 만들어나가고 있다. 2003년 '다음 만화 속 세상'을 통해 네이버 보다 먼저 웹 툰을 선보인 다음카카오 웹 툰은 2015년 2월 현재 전체 작품수가 548개에 달하며, 연재 작품 수도 139개에 이르고 있다. 특히 '순정만화'・'은밀하게 위대하게'・'26년'・'이끼'・'미생'・'호구의 사랑' 등 22개 작품이 영화나 드라마로 제작돼 재조명 받았다. 또 '카카오 페이지'라는 채널을 통해 기존 모바일에서 소비하기 어려웠던 만화나 장르 소설을 모바일 환경에 최적화된 형태로 제공하는 새로운 콘텐츠 유통 사업을 진행하였으며, 서비스 1년여 만에 카카오페이지를 통해 제공되는 웹 툰・만화・소설・교양 콘텐츠가 6000개를 넘어서고 있다. 다음카카오는 다음 모바일 앱과 웹을 통해 요일별로 프리미엄 콘텐츠를 연재하는 '스토리볼'도 선보였는데, 한 달에 최대 300만 명이 스토리볼을 방문하고 있고 총 256개의 스토리가 연재됐으며, 이용자들은 이들과 250만 번의 공감을 형성했다. 연재 중 또는 연재 완료 후 유료 판매 된 콘텐츠는 100만 건에 달하는 것으로 알려졌다.

10여년 넘게 웹 툰을 서비스하고 있는 네이버는 아마추어 웹 툰 플랫폼인 '도전 만화' 코너를 통해 14만 명의 작가를 배출했으며, 하루 방문자 수도 약 620만 명에 달할 정도로 인기 콘텐츠로 자리매김했다. 2013년부터는 웹 툰 페이지 내 광고와 캐릭터 상품, 유로 콘텐츠 등을 사용자들에게 노출시켜 창작자에게 원고료 외의 다양한 수익을 얻을 수 있도록 지원하고 있다. 네이버는 일본 자회사인 라인을 통해 일본 50여개 출판사의 3만 여권의 작품을 제공하는 '라인 만화'를 서비스하고 있다. 네이버의 웹 소설 역시 2013년 1월 15일 출시된 이후 2년 동안 109명의 정식 연재 작가와 약 11만 명의 아마추어 창작자들을 배출해냈다. 총 작품 수는 23만개를 넘는다. 아직 연재 페이지에 무료로 공개되지 않은 작품을 유료로 먼저 확인할 수 있는 '미리보기' 서비스를 통해 수익을 내고 있다. 특히 2013년 2월 '러브 인 메모리 시즌1'을 선보인 것을 시작으로 자체 동영상 서비스인 '네이버TV캐스트'의 PC와 모바일 페이지에 업계 최초로 웹 드라마 전용관을 마련, 2014년 한 해 동안 총 21편의 작품을 소개했다. 이중 '연애세포'는 본편기준 600만 재생수가 넘었다. 100만 재생수를 뛰어넘은 작품들만 6편에 달한다.

3 스마트 미디어의 등장에 따른 콘텐츠 소비 선호도

한국언론진흥재단에서 스마트미디어를 통한 콘텐츠 소비 선호도 조사를 한 내용을 살펴보면[94], 모바일 단말기기, 즉 스마트 폰과 태블릿PC를 통해 이용 가능한 콘텐츠 유형을 총 15개로 구분하여 조사[95]한 결과, 응답자들이 모바일 스마트 기기를 이용할 때 가장 선호하는 콘텐츠는 뉴스인 것으로 나타났다. 다음이 커뮤니케이션(17.3%), SNS(13.1%), 게임(10%), 엔터테인먼트(9.6%)의 순으로 나타났으며, 뉴스와 기타 콘텐츠와는 5~9% 포인트 정도의 선호도 차이를 보이고 있는 것으로 나타났다. 스마트 미디어를 통해 뉴스를 규칙적으로 이용하는 사람들과 그렇지 않은 사람들 간에 스마트 기기를 통한 이용 콘텐츠 선호도가 얼마나 다른지를 비교해 본 결과, 다른 콘텐츠 유형들의 경우 큰 차이가 나타나지 않았으나(2.2% 포인트 이하), 뉴스에 대해서는 규칙적 이용자 집단이 6.9% 포인트만큼 더 높은 선호도를 보이고 있었다. 불규칙적 이용자들은 뉴스 콘텐츠에 대한 선호가 상대적으로 낮은 대신, 커뮤니케이션, SNS, 게임, 엔터테인먼트, 생활정보 등에서 규칙적 이용자 대비 높은 선호도를 보이고 있었다.

세대별로 비교해 보면, 청년 세대는 기성세대에 비해 SNS, 게임, 엔터테인먼트 콘텐츠 선호가 높은 편이었다. 추가적으로, 1순위만을 기준으로 해서 뉴스 대 비뉴스(나머지 14개 콘텐츠)로 나누어 스마트 미디어 뉴스를 규칙적으로 이용하는 사람과 그렇지 않은 사람, 그리고 청・중・장년 세대로 구분해서 교차분석을 2차례 실시했다. 그 결과, 규칙적 이용자(30.5%)가 불규칙적 이용자(15.7%)에 비해 1순위로 선호하는 콘텐츠로 뉴스를 선택한 비율이 유의미하게 높았으며, 청년 집단의 1순위 뉴스 선호 비율은 12.6%에 그친데 비해 중년은 27.6%, 장년은 32.2%로 훨씬 높게 나타나 세대 간 차이 또한 통계적으로 유의미한 수준으로 나타났다.

94) 출처: 스마트미디어 뉴스 생태계 혁신전략, 한국언론진흥재단. 2014.10.

95) 정보통신정책연구원(KISDI)이 2010년부터 5년 동안 매년 실시해 온 한국미디어패널조사(통계청 국가승인통계 제40501호)의 설문에 포함된 항목들을 그대로 이용한 것임.

표 3-19 스마트 미디어 이용 시 선호하는 콘텐츠 유형(%)

유형	스마트 미디어 뉴스 이용 규칙성		세대			전체
	규칙	불규칙	청년	중년	장년	
1. 뉴스	22.0	15.1	15.1	20.8	20.0	18.5
2. 커뮤니케이션(카카오톡, 라인 등)	17.4	17.1	17.7	16.4	17.9	17.3
3. SNS(페이스북, 트위터 등)	12.2	13.9	15.4	10.7	13.4	13.1
4. 게임	9.4	10.6	11.9	10.7	5.8	10.0
5. 엔터테이먼트 (음악/방송/동영상/사진)	8.4	10.6	13.2	8.2	5.9	9.6
6. 쇼핑	6.9	7.3	5.5	8.5	7.3	7.1
7. 네비게이션/지리 · 위치 · 교통정보	6.0	5.5	4.3	6.0	7.7	5.7
8. 생활정보/날씨(건강관리 포함)	4.9	6.5	4.2	5.1	9.5	5.7
9. 지출관리/금융거래	2.9	3.5	1.9	4.1	4.0	3.2
10. 책/만화	2.7	3.4	4.8	2.7	0.8	3.1
11. 스포츠	3.5	2.1	2.3	3.5	2.2	2.7
12. 교육(외국어, 인터넷강의 등)	1.3	1.4	1.5	1.2	1.4	1.3
13. 유틸리티/도구/일정관리/배경화면	1.1	1.0	1.0	0.9	1.5	1.0
14. 레퍼런스/참고자료	0.3	0.9	0.5	0.6	0.9	0.7
15. 여행	0.7	0.6	0.6	0.5	1.2	0.7

정리하기

1 스마트 콘텐츠 서비스란 무엇인지 설명하시오.(P198)

2 차별적 콘텐츠 서비스를 위해 고려해야 할 요소는 무엇인가?(P203~208 제목)

3 넷플릭스, 훌루, 유투브가 틈새 콘텐츠를 발굴하기 위한 전략에 대하여 설명하시오.(P204)

4 차별적 콘텐츠 서비스를 위해 고려해야 할 요소 중 고도화된 콘텐츠 서비스를 제공해야 하는 이유는 무엇인가?(P205)

5 최근 주목받고 있는 웹(Web)과 에피소드(Episode)의 합성어인 웨비소드(Webisode)의 특징을 간략하게 설명한다면?(P28)

확인하기

1 스마트 콘텐츠 서비스에 대한 정의는 학계나 산업계에서 합의된 것은 없음. 따라서 통상적으로 산업계나 정부에서 정의하는 바를 인용해 보면, 과거 장르적 특성 하에서 개별적으로 생산되어지던 콘텐츠서비스들이 미디어의 스마트 화, 플랫폼이나 단말기기, 소비자 변화 및 소비자의 소비 행태 등의 변화에 맞춰 제작, 유통, 소비되어지는 특성을 갖는 콘텐츠 서비스로 정의할 수 있다. 이를 세부적으로 설명하면, 소비자의 콘텐츠 소비 행태의 변화, 소셜 네트워크를 통한 유통 및 공유, 개방화된 서비스, 사용자 참여 및 양방향성 등 소비자 변화, 필요할 때 언제, 어디서든지, 어떤 형태의 콘텐츠라도, 어떤 단말기기를 통해서든지 콘텐츠 서비스를 받고자하는 콘텐츠 소비의 이동성(mobility)과 종합화된 서비스, 각각의 Screen의 특성에 맞게 자동 변환 등을 통한 사용자 인터페이스(UI)의 편의성 추구하는 N Screen 소비의 욕구, 기술의 발전 등에 따른 단말기기, 플랫폼 등의 변화 등에 적절히 대응할 수 있게 만들어지는 콘텐츠를 일명 스마트 콘텐츠란 명칭으로 부르고 있음.

2 차별적 콘텐츠 서비스를 위해 고려해야 할 요소는 다음과 같다.
- 독점적 콘텐츠 제공과 틈새 콘텐츠 제공
- 고도화된 콘텐츠 서비스의 제공
- 새로운 형태의 콘텐츠 개발

3 넷플릭스(Netflix), 훌루(Hulu), 유투브(Youtube) 등 주요 인터넷 동영상 서비스들은 이용 가능시간 및 공간의 편리함(Time shift, Device Shift), 그리고 높은 가격 경쟁력을 기반으로 전통적인 TV 중심이었던 전 세계 미디어 지형을 점차 변화시키고 있다.

4 정보통신 기술의 발전에 따른 소비자의 콘텐츠 소비 선호의 변화를 위해서는 전통적 콘텐츠 장르나 형태만을 고집해서는 안 된다. 기존의 콘텐츠를 내용적 측면이나 기술적 측면에서 한 차원 높게 재가공한 고도화 콘텐츠 서비스는 단말기기, 기술 등의 변화에 따라 새로이 나타나는 소비행태의 차이를 만족시켜주기 위해 기존 콘텐츠의 디자인이나 Layout, 소재 측면에서도 차이를 보여야 할 필요성이 있다. 나아가 작가의 특성화 및 차별화로 소비자의 소비행태에 맞게 재가공한 콘텐츠 서비스의 필요성도 대두되고 있는 실정이다. 웹 툰, 웨비소드, 아바타뿐 아니라 증강현실이나 가상 현실, 홀로그램 등을 이용한 실감형 콘텐츠를 비롯하여 소위 소비자의 오감을 자극하는 형태의 차별화된 콘텐츠 서비스가 속속 등장하고 있음을 감안할 때 이는 콘텐츠 서비스의 차별화를 위해 고도화된 기술을 활용하는 것임을 알 수 있다. 특히 유통 측면에서도 전통적 유통 방식이 아닌 인터넷을 통해 만들어지는 다양한 미디어들과 단말기기들의 특성에 맞게 서비스를 제공하는 것도 중요한 차별화된 콘텐츠 서비스로서 필요한 것이다.

5 스토리는 짧지만 속도감 있는 여러 개의 에피소드로 구성된 온라인 전용 드라마로 스넥 컬쳐의 현상 등 최근 소비자의 콘텐츠 소비 특성의 변화를 반영하여 개발된 새로운 형태의 콘텐츠의 필요성을 단적으로 보여 주는 사례이다.

제4절 단말기기 산업의 변화

1 스마트 단말기기의 등장

2000년대 후반에 들어서면서 파괴적 기술[96]의 영향으로 단말기기의 스마트(Smart)화가 급진전되고 있다. 스마트 단말기기란 일반적으로 다양한 유무선 네트워크를 통해 끊임없는 접속(connectivity)을 가능하게 하며, 이를 통해 다양한 콘텐츠 서비스 장터(Market Place)에 접속하여 콘텐츠를 구매하고, 이용할 수 있게 해주며, 개인용 클라우드(Personal Cloud)를 통한 무한대의 미디어 접속과 콘텐츠 이용을 용이하게 지원하는 단말기기를 일컫는다.

그림 3-28 개인용 클라우드 개념도[97]

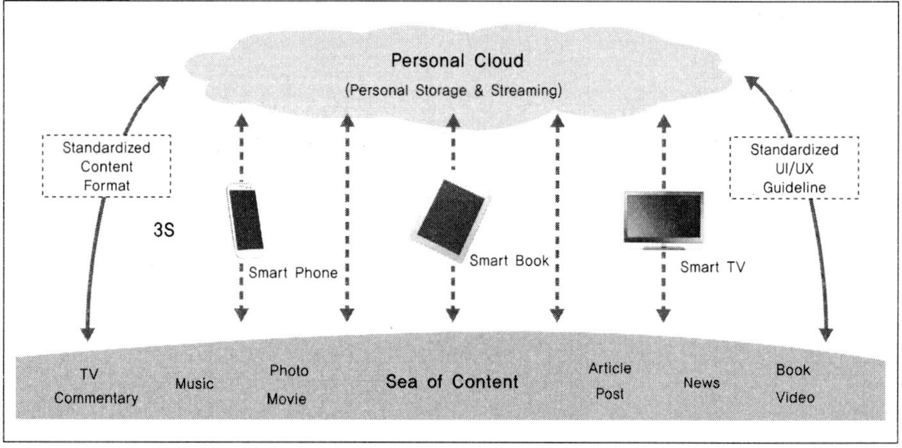

단말기기의 스마트 화는 미디어 산업에서도 스마트, 소셜, 모바일로의 급속한 진화를 유발하고 있다. 더불어 단말기기 측면에서 태블릿, 스마트 폰, 스마트 TV, 가상현실 단말, 웨어러블 등으로 대표되는 것들을 매개로 콘텐츠와 서비스를 제공하는 스마트 플랫폼들, 즉 페이스 북, 카카오 톡, 트위터, 라인 등 소셜 미디어 서비스와 이들이 만들어 내는 다양한 관계들, 수많은 콘텐츠에 이르기까지 스마트, 소셜, 모바일로의 변화는 산업의 가치사슬 전반에 걸쳐 혁신적 변화를 초래하고 있다.[98]

96) 파괴적 기술 : Clayton M. Christensen(하버드 경영대 교수)이 1995년 기고문인 "Disruptive Technologies: Catching the Wave"에서 사용한 용어로, 시장에서 전혀 기대하지 않은 방법으로 제공되는 서비스나 상품의 개선을 추진하는 혁신적 기술을 일컬음.
97) 출처: ROA컨설팅. 2010.
98) 출처: 미디어 산업의 지형변화 2013: 성장과 미래, 김영주, 정재민, 2013.5.

특히 소비자들의 콘텐츠 서비스의 이용행태에서의 변화를 유발시키고 있다. 소비자의 콘텐츠 소비행태의 변화를 5가지로 요약해보면, 멀티태스킹(Multi-tasking), 즉 TV를 시청하면서 메일을 보내고, 전자상거래를 통해 상품을 구입하고, 커뮤니티(Community)서비스를 통해 친구들과 대화하며, 커뮤니케이션 기능을 이용해 서로 교류하며, 자신의 경험을 통해 다양한 콘텐츠 서비스를 직접 추천하기도 하며, 나아가 자신의 경험을 나눠주는 등 콘텐츠의 바다로 이루어진 클라우드(Cloud)를 통해 다양한 네트워크(유・무선망, 방송/통신망, NFC, DLNA[99] Bluetooth 등)를 이용하여 단말기기의 종류에 무관하게 콘텐츠 소비, 전자상거래, 지인과의 교류, 지인과의 소통, 자신의 경험 전달 등의 일을 동시에 행하고 있는 것이 현재 소비자들의 소비 행태에서 대표적인 현상으로 나타나고 있나.

그림 3-29 소비자의 소비행태 변화[100]

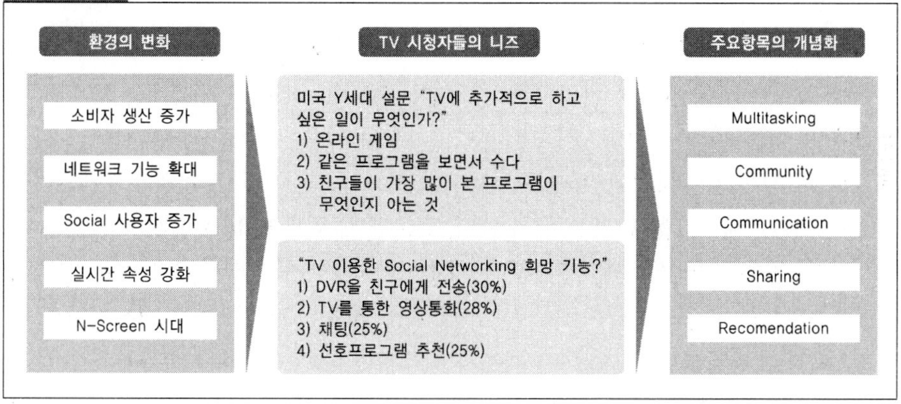

99) DLNA(Digital Living Network Alliance) : 세계 홈 네트워크 상용화를 선도를 목적으로 만들어진 공식적 협력체. 2003년 6월 출범한 DHWG(Digital Home Working Group)의 명칭을 변경, 새롭게 출범 이미 구축되어 있는 공개 업계 표준에 기반 하여 상호 호환이 가능한 플랫폼을 구축하여 업계 간 컨버전스를 실현하는 것을 목표로 함. 가전 제품, 개인용 컴퓨터(PC), 무선 기기 제조업체 들에서 널리 사용되고 있는 IP, HTTP, UPnP, Wi-Fi 등 업계 표준을 기반으로 업체의 가이드라인 도입을 통해, DLNA 가이드 라인에 따라 설계된 제품들은 음악, 사진, 비디오 등의 미디어 콘텐츠를 홈 네트워크를 통해 서로 자유롭게 공유할 수 있게 하는 망을 구축하는 것이 목표. 삼성전자, 후지쓰, 게이트웨이, HP, 인텔, IBM, 켄우드, 레노보, 마이크로소프트, NEC, 노키아, 파나소닉, 마쓰시타, 필립스, 샤프, 소니, ST마이크로, 톰슨 등 DHWG 창립 17개사가 주도하고 있으며, 140개사로 확대 예정(출처: 네이버 백과사전)

100) 출처: TV 2.0 The consumer Perspective, Pardes Associates, 2009.

2 TV 단말기기의 스마트 화와 인터넷의 만남[101)]

가 스마트 TV의 등장

TV 단말이 스마트 화한다는 의미로 스마트 TV라는 새로운 개념이 등장하였는데, 스마트 TV는 일반적으로 기존의 인터넷(IP : Internet Protocol) 기술을 이용하는 TV를 넘어, TV와 연결된 인터넷 망을 통해 다양한 콘텐츠나 응용서비스 장터(Application Store)에서 콘텐츠나 서비스를 내려 받고, 노트북과 모바일 전화 등 다른 기기와 콘텐츠를 공유할 수 있는 새로운 개념의 TV 단말기기를 의미한다. 방송통신위원회에서는 '디지털 TV에 운영체제(OS) 및 인터넷 접속 기능을 탑재해 실시간 방송뿐 아니라 VOD · 게임 · 검색 · 날씨 등 다양한 콘텐츠 서비스를 편리한 이용자 환경(UI/UX)에서 이용할 수 있는 TV'라고 정의하고 있다.

하지만 스마트 TV에 대해 아직까지는 학계와 업계가 모두 동의하는 통일된 개념이나 이론은 만들어지지 않고 있다. 스마트 TV라는 말이 생겨난 이후로 다양한 업계에서 사업자들이 스마트 TV 사업을 시도했으며, 많은 사업자들에 의해 스마트 TV 기기와 서비스가 다양한 형태로 변형되어 오고 있다. 따라서 '스마트 TV가 이것이다'라고 한마디로 정의하기란 쉽지 않다. 2006년 애플에 의해 촉발된 이동통신 단말기기의 스마트 화, 즉 스마트 폰의 등장과 앱 스토어라는 생태계적 시장 창출이 본격화 되었고, 애플과 구글이 TV 분야로의 진출 계획이 발표되면서 전통적인 글로벌 TV 시장의 강자였던 국내의 TV 제조사인 삼성전자와 LG전자는 이동통신 단말기기 시장에서 일었던 스마트 열풍이 TV에도 재현되어 시장이 재편될 수 있다는 위기감을 느끼게 되었고, 이에 국내 TV 제조사들이 차기 TV 단말기기를 빗대어 '스마트 TV'라 부르기 시작하면서, 신조어를 만들어 내었기 때문이라는 것이 정설로 받아들여지고 있다.

따라서 이동통신 단말기기에 운영체제(OS), 인터넷 접속, 웹 및 앱 콘텐츠라는 3가지 요소가 결합되면서 스마트 폰의 새로운 생태계가 만들어졌듯이, TV 단말기기에 이와 같은 기능이 결합된 단말기기를 스마트 TV로 보는 것이 타당할 것이다.[102)] 반면 스마트 TV를 운영체제, 인터넷 접속, 웹 및 앱 콘텐츠 이용 기능 등의 특성을 가진 'TV 세트'로 한정해 생각하는 것과 달리, 광의적 측면에서 이러한 특성을 가진 TV '기능' 내지는 '서비스'로 이해될 수도 있다. 다시 말해 스마트 TV도 단순히 TV

101) 출처: 미디어 산업의 지형변화 2013: 성장과 미래, 김영주,정재민, 한국언론진흥재단. 2013. 5.에서 발췌하여 재구성

102) 출처: 스마트 TV의 개념(스마트 TV, 2014.4.15, 커뮤니케이션북스)을 중심으로 재구성

세트가 아니라 TV 기능 내지는 서비스의 기능을 제공하는 모든 단말기기로 보는 것이 적절하다. 이러한 관점에서 볼 때, 삼성전자, LG전자와 같이 TV 제조사들이 판매하고 있는 TV 세트(일체형 TV) 뿐 아니라 유료 방송사와 OTT 업계에서 내놓은 스마트 셋톱박스, 마이크로소프트의 Xbox 360, 소니의 PlayStation 3와 같이 게임 콘솔이지만 운영체제와 인터넷 접속 기능이 탑재된 것, 영화·VOD, 음악, 영상 통화와 같은 기능을 제공하는 다양한 기기들까지 스마트 TV의 범주로 생각 할 수 있다.

애플에 의해 촉발된 TV 단말기기의 스마트 화 전략은 2010년 8월 삼성전자, 2011년 LG전자 등 국내 전자기기 제조사들의 사업 진출을 이끌어 내었고, 더불어 구글(Google)도 스마트 TV 전략을 위해 일본의 소니 등과 손잡고 시장 진출을 추진하였다. 구글은 소니와 하드웨어(Hardware)의 제작을 그리고 내장되는 중앙처리장치(CPU)[103] 는 인텔(Intel) 등과의 협력을 통해 2010년 5월에 최초로 구글 스마트 TV를 출시하였는데, 이는 안드로이드(Android) 플랫폼 기반으로 구글의 장터(Market)와 연동을 통해 다양한 콘텐츠나 응용 서비스를 이용할 수 있게 하였다. 초기에 출시된 제품은 일체형과 블루레이 디스크(Blu-ray Disc)[104] 2종 등을 출시하였다. 24인치, 32, 40 그리고 46인치 등 총 4종류의 단말기기를 만들었고, 쿼티(QWERTY) 자판이 포함된 키패드형 리모콘(Key Pad Remote Controller), 듀얼 뷰(Dual View) 기능, 즉 TV를 시청하면서 인터넷을 활용하여 다양한 일을 할 수 있는 멀티태스킹 기능을 제공하였다.

하지만 스마트 TV는 불편한 사용자 인터페이스(User Interface)와 콘텐츠 확보 실패 등으로 인하여, 현재는 성장에 상당한 부진을 겪고 있다. 스마트 TV의 성공을 위해서 반드시 고려해야할 요소는 다양한 콘텐츠나 응용서비스를 확충하는 것과 이용자들이 손쉽게 TV 단말기기를 통해 이를 이용할 수 있게 해주는 사용자 인터페이스의 편리성의 확보가 중요하다. 특히 구글 TV에 대해 시장에서 냉담한 반응을 보였던 것이 결국 프리미엄 콘텐츠를 확보하지 못한 데 가장 큰 원인이 있었음을 감안할 때 콘텐츠가 새로운 생태계 조성에 얼마나 중요한 역할을 하는가에 대해 인

---

103) CPU(Central Processing Unit, 중앙처리장치) : 컴퓨터의 가장 중요한 부분으로서 명령을 해독하고 산술논리연산이나 데이터 처리를 실행하는 장치. 컴퓨터의 두뇌 부분에 해당하며 프로그램 카운터, ALUC(산술논리연산부), 각종 레지스터, 명령해독부, 제어부, 타이밍 발생회로 등으로 구성. 대형 컴퓨터에서는 주기억장치나 각종 제어장치를 포함해 CPU라고 하며, 소형 컴퓨터나 퍼스널 컴퓨터에서는 연산을 한 1칩의 LSI자체를 CPU라고 부르는 일이 많음. 컴퓨터의 능력은 CPU에 의존하는 바가 크며, 계산 속도나 한번에 다루는 데이터 량, 관리할 수 있는 주기억장치 영역의 크기 등의 지속적 향상이 진행 중임(출처: 네이버 백과사전).

104) 블루레이 디스크(blu-ray disc / blu-ray disk) : 디지털방송시대의 차세대 DVD로 개발된 대용량 광(光)디스크의 새 규격(출처: 네이버 백과사전)

식할 수 있는 좋은 사례인데, ABC, CBS, NBC, 폭스 TV 등 지상파 방송사가 콘텐츠를 제공하지 않음에 따라 구글 TV를 구입하도록 유인할 만한 매력적인 콘텐츠를 제공하지 못했음에 기인하기 때문으로 이해된다.

2011년부터 플랫폼 기능과 콘텐츠 수급에 초점을 두었던 삼성전자, LG전자 등 TV 제조업체의 경우, 최근 들어 다시 하드웨어를 중심으로 고민하기 시작하고 있음을 알 수 있다. CES 2014를 통해, 삼성전자는 커브드(Curved) UHDTV를 선보였는데, 이는 시청자가 보는 각도에 따라 화면 각도 조절이 가능하고, HDTV 대비 8배 선명, 향후 85인치 커브드 UHDTV 중심으로 UHDTV 단말기기에서의 경쟁력을 확보해 나갈 계획임을 밝히고 있다. LG전자는 Web OS 기반의 스마트 TV를 전시 및 곡면형 및 가변형 UHD TV로 공개하였는데, 이들은 주로 화질이나 TV의 단말기기 기능을 중심으로 발전시켜 나가고 있음을 알 수 있다. 이외에도 온라인 동영상 서비스 등 특정한 기능을 특화한 동글(dongle)·스틱형 스마트 TV도 다양한 기업들에 의해 출시되고 있다. 2012년 로쿠(Roku)는 TV의 MHL[105] 포트에 연결해 Roku 셋톱박스 서비스를 이용할 수 있도록 한 동글 형태의 로쿠 스트리밍 스틱(Roku Streaming Stick)을 출시했으며, 구글은 2013년 8월에 TV에 연결해 넷플릭스(Netflix), 유튜브(YouTube) 등 온라인 동영상 서비스를 이용할 수 있는 동글형 스마트 TV인 크롬캐스트(Chromecast)를 출시한 바 있다.

105) MHL(Mobile High-Definition Link) : 스마트 폰에 저장된 동영상을 TV와 같은 큰 화면으로 보기 위해 TV나 모니터에 MHL 연결을 지원하는 HDMI 단자로 MHL 케이블을 연결하여 충전과 함께 스마트 폰 화면 그대로를 TV의 큰 화면으로 볼 수 있게 하기 위한 단자

그림 3-30 다양한 유형의 스마트 TV 기기들

동글형	셋톱박스형				TV일체형
	OTT형	유료방송형	게임콘솔형	단일기기형	
				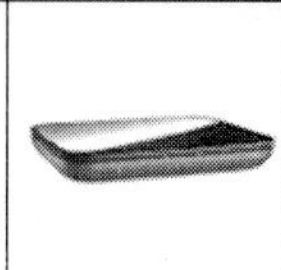	
Google Chormecast	Roku	U+ TV G	XBox360	Logitech Revue	삼성전자 스마트 TV

Roku Streaming Stick	Apple TV	C&M 스마트 셋톱박스	PlayStation	LG전자 스마트 TV U Pgrader	LG전자 스마트 TV

	Boxee			다음 TV+	

출처: 각사 홈페이지

나 스마트 TV 운영체계(OS)의 전쟁

전 세계 전자업계는 스마트 폰과 태블릿PC를 비롯해 냉장고, 세탁기, TV 등 생활 가전까지 스마트 기능을 확대시켜 나가고 있다. 이는 이들 기기들 간의 호환성 확보를 통해 새로운 생태계를 조성하고, 스마트 가전 생태계에서의 선점을 통해 새로운 시장을 장악하기 위한 의도로 해석되며, 이를 위해 자체 운영체제(OS)의 개발 및 보급 확대를 위해 노력하고 있다. 다시 말해 독자적인 운영체계를 통해 각 스마트 기기들을 연결하는 스마트 홈 생태계를 용이하게 구축해 나가고자 하는 전략을 추진하고 있는 것이다. 가전 제조사의 경우 스마트 폰 생태계에서 시장을 선점 당했기 때문에 스마트 TV 시장에서 새로운 생태계 조성을 통해 지배력을 확대해 나가고자 운영체계 시장에서의 선점 노력을 경주하고 있다. 그 동안 구글이나 애플에 의해 추진되었던 독자적 운영체계 기반의 스마트 TV가 기대에 못 미치는 성장을 보여 옴에 따라 이들 가전 제조사들은 자체 OS 개발을 위해 노력하고 있는 것이다.

이들 가전 제조사들은 기존에 구글 안드로이드, 애플 iOS 운영체계의 경우, 콘텐츠 제작시 TV나 스마트 폰 등 단말기에 따라 최적화하는 과정을 거쳐야 하는 불편함이 있었다. 따라서 가전제조사들이 자체적으로 개발하는 운영체계는 이러한 불

편을 없앰으로써 새로운 생태계를 장악하고자 개발 중인 자체 OS를 HTML5 기반의 개방형 운영체계로 추진하고 있는데, 이는 웹 표준만 준수하면 애플리케이션 등 콘텐츠를 단말기기에 무관하게 쉽게 호환하여 이용할 수 있게 하는데 초점을 맞추고 있는 것이다.

LG전자는 '웹 OS'를 탑재한 스마트 TV를 2014년 초에 국내에 전격 출시하면서 삼성전자보다 한발 앞서 시장 공략에 나서고 있다. '웹 OS'는 과거 PDA 시장에서 명성을 떨치던 'Palm'의 'Palm OS'를 기반으로 한 것으로, Palm이 HP에 인수되면서 'web OS'로 이름이 변경된 것인데, 이는 HTML5 기반 개방형 운영체계이다. 2013년 3월 LG전자가 HP로부터 인수한 후, CES 2014에서 '웹 OS'를 탑재한 스마트 TV를 공개하고 간편한 사용성을 강조한 바 있다. 특히 LG전자는 2015년 국내 출시예정인 스마트 TV 라인업의 90% 이상을 '웹 OS' 기반 제품으로 출시하면서 시장 점유율 확대에 박차를 가하고 있으며, 스마트 TV를 시작으로 '웹 OS 플랫폼'을 다른 기기로도 확산시키겠다는 계획을 가지고 있다.

삼성전자 역시 2014년 하반기 자체 OS인 '타이젠'을 탑재한 스마트 TV를 출시하였다. 타이젠은 삼성전자와 인텔 등 10여개 전자·통신업체들이 손을 잡은 '타이젠 연합'이 개발하고 있는 OS로, HTML5을 기반으로 해 호환성이 뛰어나 다양한 기기에 적용 가능한 개방형 운영체계이다. 삼성전자는 자체적으로 개발한 리눅스(Linux) 기반 HTML5 OS를 사용한 스마트 TV를 출시해왔으며, 타이젠 OS를 탑재한 TV를 출시할 경우 타이젠이라는 이름 아래 스마트 홈 생태계 구축에 탄력을 받을 것으로 보인다. 특히 2015년을 자체 OS '타이젠' 확장 원년으로 생각하고, 카메라나 스마트 워치에 탑재해왔던 타이젠을 스마트 폰, TV, 가전 등 영역으로 넓혀 나가 궁극적으로는 타이젠을 중심으로 사물인터넷(IoT) 플랫폼 장악까지 노리고 있는 것으로 판단된다. 특히 스마트 워치 시장에서도 갤럭시 기어와 기어2, 기어핏, 기어S 등으로 스마트 워치 시장을 이끌어 온 삼성전자도 차기 스마트 워치를 2015년 중으로 선보일 것으로 알려졌는데, 삼성의 새 스마트 워치 프로젝트명은 '오르비스(Orbis)'로서, 삼성의 첫 원형 디스플레이 스마트 워치로 전작인 갤럭시 기어 시리즈의 사각형 디스플레이에서 탈피, '갤럭시S6'에서 '올 뉴 갤럭시'를 내걸며 전에 없던 소재와 디자인을 과감히 채택하고 일체형 배터리, 무선충전 등 새로운 기능을 대거 장착했던 만큼 스마트 워치도 이전 기어 시리즈와는 확연히 다를 것이라는 게 업계 분석이다. 특히 대부분 매장에서 사용 가능한 모바일 결제 솔루션 삼성 페이가 탑재되고, 자체 통신과 갤럭시 S6에 적용돼 화제를 모은 무선 충전 기능도 들어간 스마트 워치를 선보일 것으로 알려졌다.

애플은 아이폰, 태블릿에 이어 2015년 4월 '애플 워치' 출시를 시작으로 애플 생태계를 공고히 해 나갈 전략을 추진해 나가고 있다. 애플 워치의 출시는 타이젠이 탑재된 삼성 스마트 워치 '기어'시리즈와 정면 대결을 의미하는 것이다. 애플은 미국 샌프란시스코 본사에서 애플 워치 완제품을 일반에 공개했는데, 사각형 디스플레이에 '심박센서'를 통한 건강관리 기능, 결제 기능, 간단한 메시지 전송 등 커뮤니케이션 기능이 탑재됐다. 자체 통신 기능은 없지만 아이폰과 연동할 수 있게 되어 있다. 애플 워치가 단순히 경쟁사 제품들과 비슷한 기능을 지원하는 선에 그치면서 스마트 워치 시장의 강자를 점치기 더욱 어려워졌다. 따라서 그만큼 스마트 워치 경쟁이 더 치열할 것으로 예상되고 있다.

모바일에서 고전하고 있는 마이크로소프트(MS)는 2015년 하반기에 출시된 '윈도10'에 기대를 두고 있는데, 윈도10은 기존 데스크톱PC와 일부 태블릿PC에서 운용됐던 것과 달리 스마트 폰부터 사물인터넷(IoT) 기기, 대형 TV까지 모든 IT 기기에 적용해 나갈 전략을 가지고 있다. 윈도10은 음성인식이 가능한 보조장치 '코타나(Cortana)'를 장착하고, 액셀이나 워드프로세서 같은 오피스 프로그램이 동기화돼 기기에 상관없이 문서 작업을 할 수 있도록 지원할 예정이다. 나아가 퀄컴 등과 손잡은 IoT 플랫폼 '올조인(AllJoyn)'으로 IoT 시대 주도권 경쟁에 의지를 보이고 있다. 올조인은 퀄컴이 지난 2013년 리눅스 재단과 손잡고 결성한 IoT 연합 단체 올신 얼라이언스(AllSeen Alliance)가 표준화한 오픈소스 기반 플랫폼으로, 마이크로소프트 외에도 LG전자, 시스코, 소니, 파나소닉, 하이얼 등 전 세계 100여개 기업이 참여하고 있다.

이에 맞서 구글도 기존 스마트 폰 시장 안드로이드와 같은 플랫폼 경쟁력을 IoT 시대까지 이어가기 위한 행보에 속도를 내고 있다. 구글은 2014년 디바이스와 네트워크 분야 사업자인 네스트 랩스(Nest Labs)와 리볼버 등을 인수하였으며, 네스트 랩스를 중심으로 상호호환이 가능한 IoT 구현 표준 연합체 '스레드'를 설립했다. 이처럼 스마트 TV 운영 체계를 둘러싸고 가전업체와 애플, 구글 등의 IT업체 간 주도권 다툼이 치열하게 벌어지고 있는데, 이는 앞으로 닥쳐올 사물인터넷 시대의 새로운 생태계에서의 패권 확보를 위한 것으로 이해된다.

표 3-20 웹 OS와 타이젠 비교[106)]

	LG전자 웹 OS(Web OS)	삼성전자 타이젠 OS(Tizen OS)
제품		
기반	리눅스	리눅스
버전	웹 OS 2.0	타이젠 OS 2.0
메뉴	홈/최근목록/마이앱/방송메뉴/설정/인터페이스/채널즐겨찾기(웹 OS 2.0)	-
장점	• 멀티태스킹이 빨라짐 • 앱 호환성이 좋음	• TV와 모바일기기 간 쉬운 연결성 • 게임 서비스를 비롯한 파트너쉽
적용	2014년 이후 출시된 LG전자 스마트 TV (LB5800, UB8400 이하 모델 제외)	2015년부터 출시되는 삼성전자 스마트 TV

다 TV와 셋톱박스 시장으로 몰려오는 인터넷 거물들[107)]

음악 산업에서 애플 아이팟이 등장하고, 음원이 MP3 형태로 바뀌면서 기존의 음원을 생산하고 판매하기 위해 노력해 오던 관련 기업들 특히 과거 LP(Long Player)나 CD(Compact Disc) 위주의 음반사들이 위기에 처한 것처럼 기존 TV 사업자들도 이들 인터넷 기업에 자리를 빼앗길 수 있다는 우려가 커지고 있다.

2013년 애플 TV, 구글의 크롬캐스트가 선보인 데 이어 2014년에는 아마존의 파이어 TV가 등장했다. 특히 넷플릭스를 기반으로 빠르게 성장한 일본의 셋탑박스인 로쿠(Roku)도 가세했다. 넷플릭스의 TV 진출을 위한 교두보로 평가받는 서비스인데, 초소형 셋톱박스를 설치하거나(애플 TV · 파이어 TV), USB 모양의 작은 막대장치를 TV에 꽂으면(크롬캐스트 · 로쿠) 자신의 모바일 안에 있는 동영상 콘텐트를 TV로 옮겨 볼 수 있게 해주는 것이다. 이를 활용함으로 인해 넷플릭스나 훌루 같은 OTT 서비스, 유튜브가 제공하는 방송 · 영화 · 게임 · 음악 등 온라인 콘텐츠를 대형 TV 화면으로 볼 수 있게 되는 것이다.

---

106) 출처: http://elecblog.danawa.com/220268858468

107) 출처: 중앙일보. 2014.7.22를 중심으로 재구성
(http://article.joins.com/news/article/article.asp?total_id=15322533&cloc=olink|article|default)

로쿠 뿐 아니라 셋톱 박스형의 스마트 TV로 2008년 6월부터 박시(Boxee)라는 명칭으로 무료로 제공하는 소프트웨어를 이용하여 다양한 스마트 TV 서비스를 이용할 수 있게 시작한 것도 있다. 2010년 말 리눅스 기반의 셋톱박스인 '박시 박스(Boxee Box)'가 출시되었으며, 소셜 네트워킹을 적용해 '친구(friend)' 관계를 맺은 사람들끼리 사진을 공유하거나 동영상을 추천할 수 있게 해주는 등의 특징적 서비스도 제공하였다. 나아가 2013년부터 박시는 방송 튜너를 탑재해 지상파 방송을 무료로 실시간 시청할 수 있고, 이를 무제한 녹화할 수 있는 DVR 기능을 추가한 '박시 TV(Boxee TV)'를 공개했으나, 2013년 7월 삼성전자에 인수되었다.

마이크로소프트는 자사의 콘솔(비디오) 게임기기인 XBOX를 이용한 셋톱 박스형 스마트 TV 서비스를 제공하고 있는데, '엑스박스 라이브 골드(Xbox Live Gold)'라는 유료 회원에 가입함으로써 이용할 수 있다. 2008년 11월부터 넷플릭스를 비롯하여 훌루 등의 동영상 서비스 제공업체들과 제휴했으며, 2009년 트위터와 페이스 북, 2010년 ESPN, 영국의 Sky TV, 프랑스 Canal+, 호주의 Foxtel 등 대형 방송 네트워크 사업자와도 제휴해 실시간 방송 서비스를 제공하고, 서비스 가능한 콘텐츠를 지속적으로 확대시켜 오고 있다.

국내에서는 인터넷 포털 사업자인 다음(daum)이 2012년 4월 스마트 TV 기능을 탑재한 셋톱박스인 다음TV+를 출시했다. 온라인 동영상 서비스 'TV팟'을 통한 콘텐츠 공급과 '다음 클라우드'를 활용한 기기 간 콘텐츠 연동 기능 등을 구현했다. 다음TV+는 셋톱박스만 구입하면 별도의 월정액 요금 없이 콘텐츠 이용이 가능하다는 장점이 있었으나, 셋톱박스를 구입할 만한 매력적인 콘텐츠가 없다는 것이 한계였다.

특히 셋톱 박스 형 스마트 TV 시장에서 2013년 전체 미국 셋톱박스 시장의 46%를 차지한 로쿠라는 셋톱박스의 전략에 관심을 가져볼 필요가 있다. 로쿠의 전략은 소프트웨어에 집중한다는 것인데, 일반적으로 TV 사용자들은 TV 구입 후 약 1년 6개월이면 교체하고 싶어 하는 것으로 알려지는 등 하드웨어에 대한 선호주기가 짧은 반면, 소프트웨어는 정기적으로 업데이트 해줄 수 있다는 장점을 가지고 있다. 따라서 물리적인 기계의 고장이나 피할 수 없는 하드웨어 구형화 현상은 계속 안고 가기 힘들다는 판단에 따라 하드웨어는 제조사와 제휴해 해결하는 전략을 선택했다. 이는 자체 TV를 내놓을 것으로 예상되는 TV 제조사들이나 애플과 전혀 다른 전략인데, 로쿠는 스마트 TV 소프트웨어 공급사의 지위에 만족함으로써 로쿠만의 독특한 브랜드 이미지는 포기하는 대신 글로벌 제조사의 하드웨어 경쟁력과 값싼 가격정책을 선택한 것이다.

이처럼 새로운 서비스용 장치들은 낮은 가격 경쟁력을 강점으로 활발히 시장에 진입하고 있다. 미국 내 크롬캐스트의 가격은 35달러(약 3만5900원), 로쿠 스트리밍 스틱은 49달러(약 5만3100원)다. 2014년 5월 국내에 출시된 크롬캐스트도 대당 4만9900원 정도의 가격대를 형성하고 있다. 따라서 웬만하면 유료 방송 요금이 100달러를 넘기는 미국에서는 케이블 방송을 끊고, 이들 OTT 서비스로 갈아타는 일명 '코드 커팅(cord cutting)' 현상도 나타나고 있다. 2011년에서 2013년까지 2년 동안 미국에서 유료 방송 가입자는 760만 명 감소한 반면 같은 기간 넷플릭스 가입자는 1,390만 명 늘었다.

이처럼 통신과 방송의 시장 경계가 모호해지면서 모바일 기기와 연동해 자유롭게 콘텐츠를 소비하는 셋톱박스 시장이 활짝 열리면서 다양한 사업자들의 참여가 줄을 잇고 있다. 기존 셋톱박스 시장은 유료방송업체 중심으로 구성돼 진입 장벽이 높았지만 애플과 구글, 아마존, 인텔 등 글로벌 IT기업이 스트리밍 서비스를 중심으로 관련 제품을 내놓고 있다. 기존 셋톱박스 시장 역시 온라인 영상서비스(OTT)를 기반으로 새로운 성장 동력을 마련하기 위해 노력하고 있다.

전 세계에서 가장 큰 규모의 셋톱박스 시장은 미국이며, 셋톱박스 최대 수요처는 케이블과 네트워크 서비스 업체이다. 전통적인 개념의 셋톱박스 시장은 모토로라와 시스코가 전체 수요의 절반 이상을 공급하는 과점 경쟁구조를 형성하고 있고, 중국 스카이워스 디지털, 영국의 페이스, 중국의 지우저우 등이 주도하고 있다. 시장조사업체 아이서플라이에 따르면 전통적인 셋톱박스 시장의 연간 출하량이 2016년에 들어서면서 꺾일 것으로 예측되고 있다.

하지만 애플, 구글, 아마존 등의 인터넷 시장의 거물 기업들이 OTT 기반 스트리밍 셋톱박스를 새롭게 내놓으며, 새로운 성장 동력으로 자리매김하고 있다. 시장조사업체 Parks Associates에 따르면 2013년 미국에서 판매된 셋톱박스 중 일본 업체인 로쿠의 스트리밍 셋톱박스가 46%를 차지, 애플의 셋톱박스 '애플 TV'의 26%를 크게 앞선 것으로 나타났다. 그러나 세계 시장에서는 애플이 로쿠를 앞섰는데, 로쿠가 800만대 판매된데 반해 애플은 애플 TV 2000만대를 판매함으로써 글로벌 시장에서는 앞서고 있다. 이외에 스틱형 동영상 플레이어인 구글 '크롬257캐스트'도 출시 6개월 만에 로쿠의 2013년도 판매량만큼의 판매 실적을 올렸다.

물론 국내 OTT 시장은 미국에 비해 제한적이다. 유료 방송 요금이 저렴한 한국에서는 당장 미국 같은 코드 커팅은 없을 것으로 예상되나, 다양한 OTT 제품이 출시되고 콘텐트 종류와 분량이 늘면 젊은 층을 시작으로 코드 커팅이 일어날 수도 있을 것으로 예측된다. 국내 디지털 TV 셋톱박스 시장은 2013년부터 시작된 암흑기를 지나 새로운 도약을 준비하고 있다.[108)]

국내외를 막론하고 신규 인터넷 거물들의 스마트 TV나 셋톱박스 시장에의 진출은 결국 스마트 홈 시장에서의 주도권 확보를 위한 전략이고, 이들의 판단은 스마트 홈이 향후 ICT 경쟁구도를 변화시킬 '신성장동력'으로 평가하고 있기 때문이다. 기존 주력 시장인 스마트 폰 시장이 샤오미를 비롯한 신규 플레이어의 스마트 폰 시장 가세로 삼성과 애플의 스마트 폰 양 강 체제가 붕괴되고, 포화 상태에 이르러 경쟁이 심화되어 감에 따라 구글, 애플, 삼성 등 주요 글로벌 IT 사업자는 새로운 수익원을 확보하기 위한 전략 시장의 하나로 스마트 홈을 인식하고 새로운 시장 개척에 적극 노력하고 있다.

그림 3-31 스마트 홈 서비스 진화 단계[109)]

3 모바일 기기의 확산 - 스마트 폰(Smart Phone)

모바일 단말기기은 무선망과 연결되고, 이동 중 사용이 가능한 모든 단말기기를 일컫는다. 전화기능을 갖춘 모바일 폰, 태블릿, 지도를 통한 위치 안내 서비스를 제공하는 네비게이션(Navigation), 이동하면서 게임을 즐길 수 있는 게임기, 음악을 재생하는 MP3 플레이어, 전자수첩, 심지어는 자동차도 모바일 단말기기의 일종으로 볼 수 있다. 이 처럼 다양한 모바일 단말기기들은 그 기능적 측면에서 융·복합 현상을 보이며, 새로운 단말기기 시장을 형성하고 있다. 대표적으로 모바일 폰에 PC 기능이 추가되고, 단말기기를 통해 다양한 기능들을 수행할 수 있게 지원해주는 운영체계(Operating System)를 갖춰 사용자가 임의의 원하는 프로그램을 설치할 수 있는 스마트 폰이 시장의 흐름을 혁신적으로 바꾸고 있다.

---

108) 출처: 전자신문. 2014.8.21일자를 중심으로 재구성
109) 출처: 구글, 애플, 삼성의 스마트 홈 3파전, KT 경제경영연구소. 2015.1.20

애플 아이폰(iPhone)에서 촉발된 모바일 폰의 경쟁은 전 세계 이동통신 서비스 사업자, 단말기기 제조업자, 운영체계 제공 사업자 등 관련 산업의 가치사슬에 폭발적인 패러다임 변화를 유발하였다. 한 가지 예로 스마트 폰에 들어가는 '모바일 D램'(Mobile DRAM)[110] 수요가 D램 시장에서 차지하는 비중을 높여오고 있는데, 2010년 12%에 불과했던 비중은 2012년 23%, 2013년에는 33%까지 높였고, 2014년에는 36%, 2015년에는 43%, 2016년에는 47%까지 비중 확대가 예상된다. 모바일 D램 시장 성장 속도가 시장 전체 평균과 비교해 3배 이상 빠른 것인데, 이 같은 모바일 D램 수요 증가세는 무엇보다 스마트 폰 수요가 크게 늘었고, 스마트 폰 1대당 들어가는 D램의 양도 많아졌기 때문이다.

앱에 따라 다양한 용도로 변하는 스마트 폰이 초기 스마트 폰 혁명을 넘어서 점차 주류(Primary) 단말기기로 자리매김해 나가고 있으며, 특히 단말기기 시장뿐만 아니라 인터넷 서비스 시장에서도 그 영향력이 더욱 확대되고 있다. 스마트 폰 사용이 확대됨에 따라, 과거 무선 전화가 유선 전화를 잠식했듯이 스마트 폰이 피쳐 폰(feature phone) 시장뿐만 아니라 PC 시장도 잠식하여, 2014년에 스마트 폰의 인구 당 보급률이 처음으로 PC의 인구 당 보급률을 추월하였다. 이는 스마트 폰의 성장이 가치사슬 내 산업들을 견인해 가고 있음을 단적으로 보여주는 사례라 할 수 있다.

---

110) DRAM : 임의접근기억장치(Random Access Memory)의 한 종류, 컴퓨터의 기억장치로 많이 사용되는 메모리 반도체에는 랜덤 액세스 기억장치인 램(RAM)과 읽기 전용 기억장치인 롬(ROM)이 있다. 램에는 일반적으로 동적 램인 디램과 정적 램인 에스램(static random access memory:SRAM)이 있다. 디램은 저장된 정보가 시간에 따라 소멸되기 때문에 주기적으로 재생시켜야 하는 특징을 가지고 있으며, 구조가 간단해 집적이 용이하므로 대용량 임시기억장치로 사용된다(출처: 네이버 백과사전).

그림 3-32 글로벌 인터넷 및 단말기기 인구 당 보급률 추이[111)]

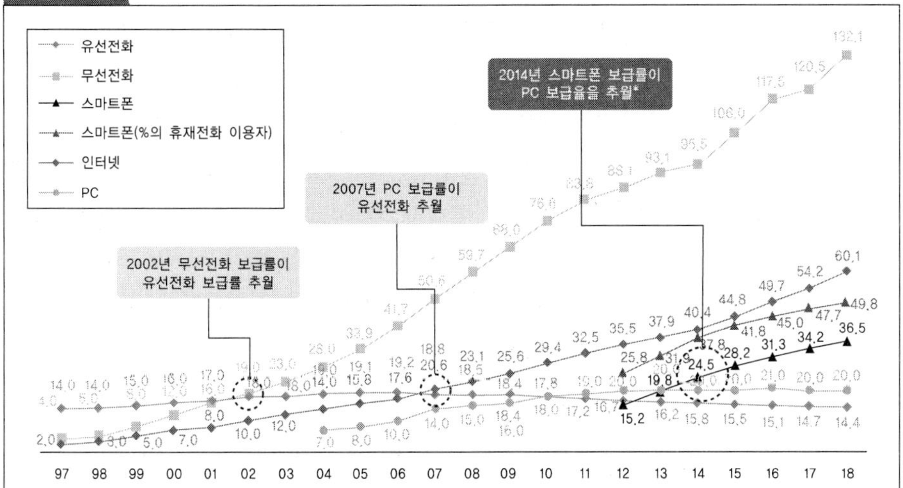

* eMarketer의 2014년 6월 자료 기준으로 실제 보급률은 더 높을 수 있음

출처: ITU, eMarketer, TrendSpectrum 재구성, 2014.12

그림 3-33 글로벌 단말기기 출하량[112)]

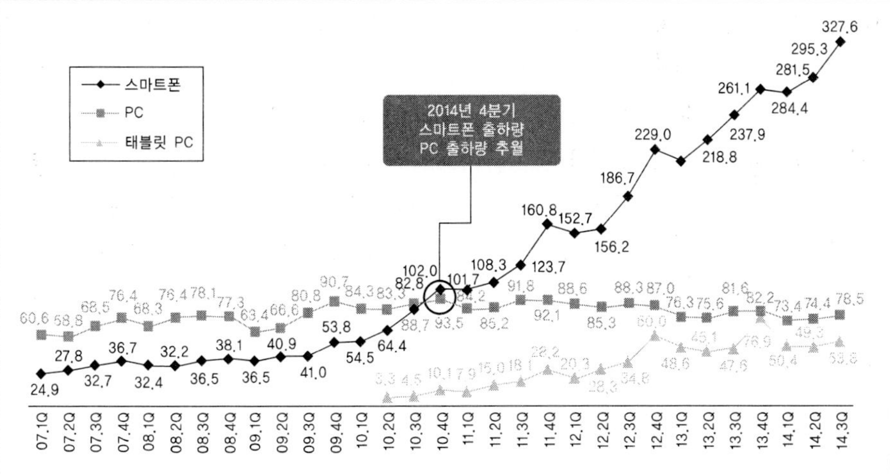

특히 글로벌 시장에서의 단말기의 출하량을 보면, 2010년부터 이미 스마트 폰이 PC의 출하량을 넘어서기 시작하였으며, 특히 2013년 1분기부터는 기존의 피쳐 폰 출하량을 스마트 폰이 추월하기 시작하였다.

---

111) 출처: 2015년 모바일 트렌드 전망, KT경제경영연구소. 2015.1.14

112) 출처: IDC, Gartner 분기별 출하량, TrendSpectrum 재구성, 2014.12

스마트 폰은 애플에서 아이포드-아이튠스(iPod-iTunes)의 모델과 같은 가치사슬 연계형 사업 방식의 성공에 이은 후속작으로 음악 뿐 아니라 모든 장르, 형식의 콘텐츠를 거래할 수 있는 마켓(Market)을 연계하고, 단말기 자체에 다양한 처리 기능을 부가하여 제공함으로써 모바일 폰이 단순한 음성통화를 위한 기기가 아닌 다양한 콘텐츠나 응용 서비스를 위한 혁신적 가치를 제공한다는 측면에서 시장의 반향을 일으키면서 시작되었다. 그 후 전자기기 제조사를 비롯하여 통신사업자들도 앞 다투어 모바일 폰의 스마트 화를 추진하고 있다. 이는 사용자들의 모바일 단말기기의 활용성에서도 볼 수 있듯이 소비자 욕구의 변화를 촉발시키고, 나아가 이러한 소비자 욕구를 만족시켜주기 위해 더 다양한 기능과 서비스를 제공하여 사용자 간 혹은 단말기기 간 상호작용을 극대화하는 방향의 서비스로 발전되어 가고 있다.

스마트 폰의 디자인 및 기능이 상향평준화되어 감에 따라 특정 단말기기의 절대 우위는 점차 감소되어가고 있으며, 개방성을 앞세운 대안 단말기기와의 경쟁이 치열해 질 것으로 예상된다. 현재까지 출시된 단말기기 뿐 만 아니라 향후 출시될 단말기기들의 디자인, 편의성 등 감성적인 측면에서도 스마트 폰 단말기기 간 격차는 점차 감소되어 갈 것으로 예상되나, 사용상에 있어서 소비자가 느끼는 미묘한 차이와 브랜드 그리고 앱 스토어(App Store)를 통한 확장성 등의 격차 축소가 단말기기 경쟁을 위한 과제가 될 것으로 보인다. 이는 모바일 단말기기에 대한 선호도 조사 결과에도 나타나는데, 모바일 단말기기 중 가장 높은 선호도를 보인 것이 애플의 운영체제인 iOS를 탑재한 아이폰이고, 그 다음이 구글이 개발한 개방형 운영체제인 안드로이드를 탑재한 스마트 폰으로 나타나고 있다. 그 뒤를 이어 블랙베리(Blackberry)[113]나 마이크로소프트의 윈도우7(Win Mobile)을 탑재한 단말기기의 선호도가 높은 것으로 나타났다.

113) 캐나다의 RIM(Research In Motion)사에서 개발한 스마트 폰

표 3-21 스마트 폰 세계 10대 제조사별 시장 점유율[114)]

Rankings	2013 Company	Market Share	2014 Company	Market Share	2015 Company	Market Share
1	Samsung	32.5%	Samsung	28.0%	Samsung	26.6%
2	Apple	16.6%	Apple	16.4%	Apple	16.4%
3	Lenovo	4.9%	Lenovo+ Motorola	7.9%	Lenovo	7.4%
4	Huawei	4.4%	LG	6.0%	Huawei	6.6%
5	LG	4.3%	Huawei	5.9%	Xiaomi	6.5%
6	Sony	4.1%	Xiaomi	5.2%	LG	6.1%
7	Coolpad	3.6%	Coolpad	4.2%	TCL	4.1%
8	ZTE	3.2%	Sony	3.9%	Coolpad	4.0%
9	Nokia	3.0%	ZTE	3.1%	ZTE	3.4%
10	RIM	2.5%	TCL	2.7%	Sony	3.1%
	Other	20.9%	Other	16.7%	Other	15.8%
Shipment Total(Unit:M)	927.2		1,166.9		1,290.3	

2014년 스마트 폰 총 출하대수는 2013년 보다 25.3포인트 증가한 11억6,700만대로, 이중 4억 5,340대를 중국 제조사들이 차지했다. 또한 제조사별 시장 점유율을 보면 1위와 2위는 2013년도와 동일하게 삼성과 애플이 차지했으나, 애플은 점유율은 줄지도 늘지도 않게 유지한 것에 비해 삼성의 점유율은 2013년의 32.8%에서 28.0%로 크게 줄었다. 그밖에 소니는 2013년도에는 점유율 랭킹 6위에서 8위로 크게 내려앉았다. 가격대별 시장 측면에서는 고가-저가의 양극화 추세가 더욱 확대될 전망이며, 앞으로 저가 중심으로 시장이 확대 될 것으로 예상된다.

스마트 폰 시장에서 저가시장이 확대되는 이유는 스마트 폰 시장 자체요인과 외부 요인으로 나누어 볼 수 있는데, 먼저 스마트 폰 시장 내적요인으로는 스마트 폰 시장이 성숙시장으로 진입하고, 단말기기이 범용화 되면서 제품 간 차별화가 쉽지 않아졌다는 점이다. 제조사들이 단말기기 가격 자체를 낮추어 경쟁력을 확보할 수밖에 없는 이유이다. 두 번째로 지역적 관점에서 보자면, 이미 소비자들의 경제력이 높은 선진 시장은 포화 상태로 돌입했고, 대신 소비자들의 가처분 소득 수준이 상대적으로 낮은 중국을 비롯한 아태지역과 중남미, 중동・아프리카 등 신흥시

114) 출처: Trend Force. 2015.1.20
http://blog.naver.com/hw2028y?Redirect=Log&logNo=220249163072

장이 주요 시장으로 부상하고 있는 것도 원인으로 들 수 있다. 특히 이들 지역은 지역 이동통신사들이 선불제를 많이 도입하고 있고, 보조금 제도를 잘 정비하지 않아 고가의 스마트 폰을 유통하기 어려운 구조이다.

세 번째로는 선진 시장의 경기 불황도 주요 요인 중 하나로 꼽을 수 있다. 지난 수년 간 경기 침체를 겪고 있으며 앞으로도 몇 년간 진통을 겪을 유럽 등 선진 시장 소비자들은 이동통신 요금제로 선불제 이용을 확대하는 추세이고, 또한 약정기간 만료 이후 무약정의 저가 단말기기를 구매하는 경우가 늘고 있다. 마지막으로는 단말기기의 비즈모델(Biz Model) 관점에서 볼 때, 플랫폼 사업자들처럼 스마트 폰에서의 이익보다는 관련된 다른 부분에서 수익을 올리려는 사업자들이 늘어나고 있기 때문이기도 하다. 즉 중국의 인터넷 기업들이나 Amazon의 경우처럼 단말기기 자체보다는 관련 콘텐츠를 통해 수익을 얻으려는 플랫폼 사업자들은 사용자들을 최대한 끌어 모으기 위해 단말기기의 Zero 마진 전략을 벌이고 있어 단말기기 시장 전체의 가격을 낮추는 역할을 하고 있다. 단말기기 시장은 향후 저가 시장을 중심으로 확대되고, 고가 시장은 약보합세를 타면서 서서히 줄고, 중가 시장은 급격히 위축되면서 전반적으로는 양극화 현상의 심화가 지속될 것으로 보인다.[115)]

앞서 설명한 스마트 TV와 스마트 폰을 비교해 보면 시장구조 측면에서, 스마트 폰의 경우 과거에 이동통신사업자 중심의 시장구조로 이동통신사업자가 단말기와 콘텐츠에 대한 통제력을 가지고 시장을 지배해 왔던 구조에서 애플의 앱 스토어 등장 이후 콘텐츠 장터의 개방화 추세로 인해 기존의 이동통신사업자들의 기득권이 소멸되어 가고 있으며, 특히 콘텐츠 개발자들이 대거 등장하였는데 이러한 현상은 스마트 TV에서도 동일하게 나타날 것으로 예상된다. 현재의 플랫폼을 제공하는 방송사들은 콘텐츠를 제작하는 제작사들과 대등한 역학관계가 조성될 것으로 예상된다. 특히 프리미엄(Premium) 콘텐츠의 경우는 공급자가 독점성을 강하게 가져가게 될 것이며, 이로 인해 플랫폼을 가진 방송사나 채널(Channel) 편성권을 가진 케이블 TV 사업자(SO : Service Operator)) 그리고 채널을 통해 콘텐츠를 제공하는 프로그램제공사(PP : Program Povider) 간에 콘텐츠 확보를 위한 다양한 협력이 진행될 것으로 예상된다. 그리고 소비자의 욕구 측면에서 과거 TV는 수동적, 일방적 콘텐츠 소비 행태를 보인 반면, 앞으로는 양 방향, 능동적 콘텐츠 소비 형태로 변화되어 갈 것으로 보이는데, 과거 TV의 특성인 뒤로 기대어 시청(Lean Back)하던 소비행태가 앞으로 기울여(Lean Forward) 적극적으로 콘텐츠를 소비하는 행태로 변화되어 갈 것이다.

115) 출처: 2013년 글로벌 스마트 폰 시장 대전망. 스트라베이스. 2013.1.28

4 웨어러블(Wearable) 기기의 부상

가 웨어러블 기기의 현황

세계 ICT 기업들은 스마트 폰 시장이 성숙기로 진입하고 이로 인해 성장 둔화에 직면함에 따라 새로운 혁신을 통한 성장 동력 확보를 위해 다양한 시도를 하고 있는데, 이러한 시도들 중 가장 주목할 만한 변화가 바로 웨어러블 디바이스이다. 웨어러블 디바이스는 모바일 기기 성능의 향상, 새롭고 보다 편리한 기능과 서비스에 대한 소비자의 욕구, 그리고 새로운 사업기회를 모색하고자 하는 ICT 기업들의 노력, 관련 기술의 발전, 소비자가 기꺼이 지불할 수준의 경제성, 그리고 관련 산업에 대한 정부의 규제 등이 맞물려 등장한 차세대 모바일 기기이다.[116] 초기에는 시계, 안경, 의류 등의 형태로 '휴대에서 착용'으로 단말기기의 형태 변화를 추구하였으며, 현재까지는 시작 단계의 시장이고, 향후 IoT(사물인터넷, Internet of Things)라는 신 개념 인터넷 서비스와 융합하여 보다 진보된 다양한 기기로 발전될 것으로 전망되고 있다.

그림 3-34 웨어러블 디바이스 시장전망[117]

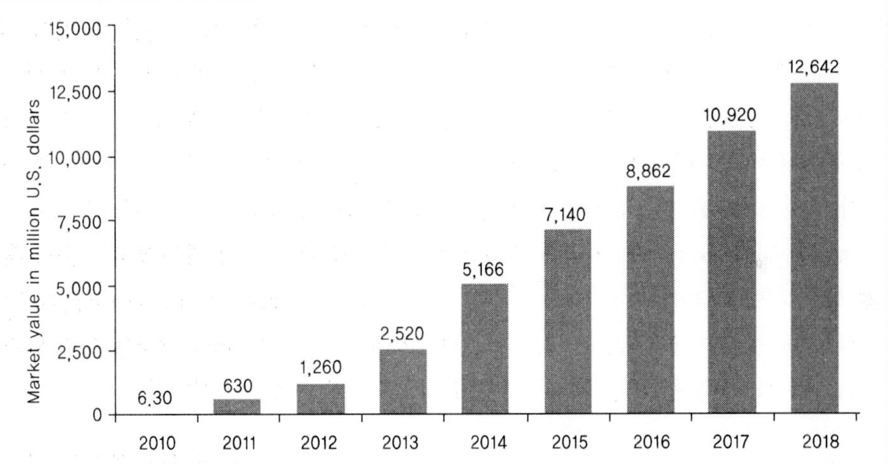

※ 자료: Business Inside, statistic(2013)

웨어러블 디바이스는 기존의 ICT 제조업체뿐만 아니라, 의류 또는 각종 장비를 생산하는 다양한 분야의 기업들도 관심을 보이는 영역이 되고 있으며, 이로 인해

116) 출처: 웨어러블 기기의 부상과 성공조건, 삼성경제연구소, 2013.5.24. 및 2013 정보통신산업동향. KISDI. 2013.12을 재구성

117) 출처: 2013 정보통신산업동향. 정보통신정책연구원. 2013.12.

산업의 전 영역으로 확대되는 양상 또한 나타나고 있다. 신생기업인 Allerta는 손목 시계형 웨어러블 디바이스인 Pebble SmartWatch를 선보이고 시장에서 주목을 받았으며, 이 외에도 클라우디오스, 라이브뱁 등 다양한 벤처기업들이 혁신적인 아이디어가 반영된 제품으로 시장에 진입하고 있다.

기존의 글로벌 기업인 나이키, 구글, 애플, 삼성전자, 소니 등도 각각 웨어러블 기기들을 선보였다. 기존의 기업들은 의류, 스포츠 용품, 인터넷 서비스 등 전통적인 자사의 경쟁 분야를 새로 출시한 웨어러블 기기와 연동시켜 이용자 효용을 향상시키려는 전략을 추구하는 반면, 신생 기업들은 세상에 없던 새로운 기기와 서비스를 제공함으로써 새로운 시장을 창출하려는 전략을 추구한다는 특징이 있다. 웨어러블 디바이스는 미래의 ICT 생태계에 큰 영향을 미칠 수 있는 분야로 제조업 및 서비스 분야의 경쟁 구조에 상당한 변화를 야기할 것이다. 미래 기술로 각광받고 있는 IoT 분야를 선도할 수 있는 ICT 기기로 앞으로도 가파른 성장이 예상되며, 스마트 폰에 이어 차세대 ICT 기기로서의 지위를 획득할 수 있을 것이다.

대표적인 밴드형 웨어러블 디바이스인 핏빗(Fitbit)이 회사를 설립한 것은 2007년이지만 실제적으로 사람들에게 웨어러블 밴드를 인식시켰던 제품은 애플과 나이키가 합작한 나이키+ 퓨얼밴드(Fuel Band) 였다. 손목에 차고 운동량을 측정할 수 있게 해주는 대표적인 웨어러블 디바이스였던 나이키의 퓨얼 밴드와 비슷한 제품인 핏빗(Fitbit), 조본(Jawbone), 샤인(Shine) 등을 중심으로 2013년과 2014년에 수 많은 유사 제품들이 쏟아져 나왔으며, 가격도 100달러대에서 20달러대의 중국 제품에 이르기까지 다양한 가격대를 형성하였다. 시계형 웨어러블 디바이스의 경우 2012년 7월 소니에서 스마트 워치(Smart Watch)라는 제품명으로 시장에 발 빠르게 대응했지만 출시 후 곧바로 실패했고, 2013년 두 번째 제품인 스마트 워치 2(Smart Watch 2)를 내놓았지만 시장의 반응은 좋지 못했다. 오히려 킥 스타터에서 목표금액인 10만 달러를 훨씬 넘겨 1000만달러를 달성한 스마트 워치 페블(Pebble)이 가장 성공적이었다.

삼성에서는 2013년에 애플보다 먼저 출시하는 것을 강조하면서 갤럭시 기어(Galaxy Gear)를 내놓았지만 기대에 못 미치는 디자인과 방수 문제, 그리고 당시 최신형 삼성 갤럭시 제품에 한해서 호환이 되는 등 기능상의 문제점과 정책의 실패로 많은 마케팅 비용을 쏟아 부었음에도 시장에서 외면당했다. 2014년에는 후속 모델인 갤럭시 기어2(Galaxy Gear2)와 밴드형 신제품인 기어 핏(gear fit)을 내놓았지만 여전히 일부 얼리어댑터들 외에는 사용하는 모습을 주변에서보기 쉽지 않다. 시계형 웨어러블 디바이스와 밴드형 디바이스 외에도 여러 형태의 제품들이 선보였는데, 특히 주목할 만한 제품이 바로 구글에서 내놓은 안경형 제품인 구글 글래스

(google glass)이다. 혁신적인 형태와 스마트 폰에 맞먹는 컴퓨팅 파워등을 갖추었지만 디자인에서의 문제점, 배터리의 사용 시간 등 해결해야 할 부분이 많은 프로토타입 수준의 제품에 머물고 있다. 구글 글래스 외에도 신발, 장갑, 악세서리, 운동복 등 다채로운 폼팩터를 가진 웨어러블 디바이스가 등장했지만 어느 제품도 시장을 선도하면서 주류시장을 형성하지는 못 했다.

그림 3-35 웨어러블 디바이스의 라이프사이클[118)]

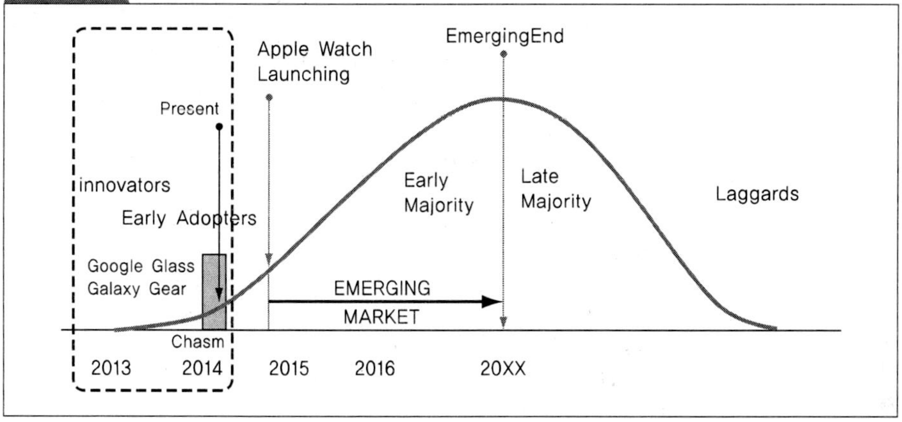

그 동안 시장에서는 웨어러블(Wearable) 시장에 대한 기대는 매우 긍정적이었다. 2014년에 기대를 모았던 Apple Watch가 발표되었고, Google의 웨어러블 전용 플랫폼인 Android Wear가 공개되면서 이를 탑재한 제품들이 속속 등장했다. 더우기 모바일로의 산업 변화에서 주춤했던 마이크로소프트(Microsoft)와 인텔(Intel)과 같은 기업들도 웨어러블 시장에 가세했고, 심지어 아마존은 자체 스토어에 웨어러블 상품 카테고리까지 별도로 만드는 등 새로운 시장을 열어 갈 수 있을 것으로 여겨졌다. 그러나 웨어러블 디바이스의 현재 위치를 어댑션 커브로 보면 캐즘(Chasm) 상황에 있다. AlphaWise가 2014년 여름 조사한 결과에 따르면, 웨어러블 기기 소유자 비율이 높은 소비자 인지율과는 대조적으로 6%에 그쳤다. 혁신확산 곡선에 따르면, 아직은 혁신가나 초기 채택자(Early Adopter)들의 일부 소비자 위주로 사용될 뿐 대중에게는 확산되지 못하고 있다는 것이다. 이처럼 확산이 더딘 이유에 대해서는 4가지로 압축되어 나타나는데, '(A) 필요하지 않다', '(B) 가격이 비싸다', '(C) 불편하다(착용감, 심미감)', '(D) 기능이 만족스럽지 못하다'등의 사유로 나타난다. 이는 결국 '효용성'과 '사용성'에 대한 문제로 정리된다. (A)와 (D)는 결국 '효용성의 부재'를 의미하며, (C)는 '사용성의 문제'라고 말할 수 있다. (B)는 제공하는 가치와 연관되어 결정지어지는 것으로 이 역시 효용성이나 사용성의 문제로 귀결된다.

118) 이하 본문 및 그림 출처: 2015 웨어러블 디바이스 시장 예측, KT경영연구소, 2014.12.3

모든 IT 제품은 초기 이노베이터(innovator)와 얼리 어댑터(early adapter) 이후에 더 이상 판매가 증가되지 않고 정체되는 캐즘을 넘어서야 주류 시장으로 성장할 수 있는데, 웨어러블 디바이스가 캐즘을 벗어나지 못하고, 배터리 용량과 사용시간, 발열에 대한 처리, 방수와 내구성 문제 등으로 인하여 아직 초기 시장에 머물고 있다.

그림 3-36 웨어러블 기기를 구매하지 않는 이유[119)]

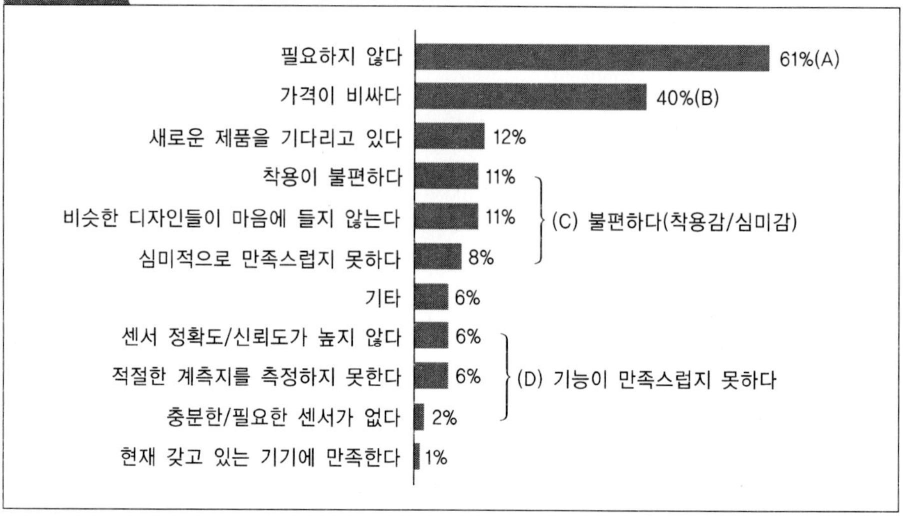

나 주요 사업자 동향

주요 정보기술 기업들은 미래 혁신분야로 웨어러블 기기 시장 진출을 확대하고 있다. 구글Google)은 증강현실(AR) 기술을 활용해 2013년 2월부터 베타(시용품) 제공을 시작한 '스마트 안경(Google Glass)'으로 웨어러블 컴퓨터 시장에 진출을 진행하였으나, 그 간 배터리 수명이 짧고, 공공장소에서 사용할 경우 프라이버시 침해의 우려가 있다는 문제가 제기면서 프로젝트를 종료하였다. 그러나 2015년 1월19일부터 구글 글라스 프로젝트를 자회사인 홈 오토메이션 제조사 'Nest'로 하여금 재개한 것으로 알려지고 있다. Google Glass는 그간 웨어러블 기기의 선구자적인 존재이었지만, Apple사가 내놓은 Apple Watch가 폭발적으로 팔리고 있는 상황에서 Google은 웨어러블 기기 분야에서 오히려 열세로 밀리는 등 이 분야에서 다시 전략을 재정비해야 할 필요성을 느끼고 있는 것으로 알려진다. 이와는 별도로 보잉사는 2014년 11월부터 항공기제조 현장에 APX Labs사와 공동으로 구글 글래스를 도입했다. 또한 2015년부터 네덜란드의 암스테르담 스키폴공항(AMS/Amsterdam Airport Schiphol)

119) 출처: AlphaWise, 2014. (중복 응답)

에서는 활주로 근무자 및 고객을 상대로 구글 글래스를 활용한 실증실험이 계속되고 있다.

구글 글라스를 통해 스마트 폰처럼 사진도 찍고, 인터넷 검색도 하며 길 안내도 받을 수 있다. 구글 글라스는 음성 명령을 통해 작동되는데 구글 글라스에 내장된 소형 마이크에 '오케이 글라스(Okay Glass)'라는 명령어를 내린 후, 음성 명령으로 실시간 촬영이나 SNS 공유, 문자 전송, 네비게이션 등을 사용할 수 있다. 또한 블루투스 기능으로 다른 스마트 기기와 연동할 수 있다. 구글 글라스는 손동작을 통해서도 기능을 수행할 수 있는데, 오른쪽 작은 창에 뜨는 화면에서 몇 가지 손동작을 하면 명령어를 선택하거나 통화 상대를 고를 수 있는 기능을 제공하고 있다.

경쟁사업자인 애플의 경우도 관련 특허 80여종을 확보하고, 시계 타입의 웨어러블 기기를 출시하고 있다. 애플 워치의 디자인이나 애플 워치 자체의 기능적인 부분에 대해서는 분명 호불호가 갈리기는 하지만 정작 애플 워치 자체의 기능이나 디자인이 중요한 것은 아니다. 사람들의 관심은 아이폰 6와 애플 워치 등의 개별 하드웨어에 쏠렸지만, 그보다 훨씬 중요한 사실은 애플이 애플 워치와 함께 발표한 애플 페이를 통해 전체 플랫폼의 큰 그림을 완성했다는 점이다. 워치가 독립적인 기기임은 틀림없지만 그 뒤에는 커다란 애플의 에코시스템이 숨어 있고, 애플 워치는 고객 접점의 영역을 확장 했을 뿐이다. 이제까지의 초기 웨어러블 디바이스들이 독립적인 기기의 기능과 디자인에 한정되었다면, 애플 워치는 개별적인 디자인이나 기능에서도 훌륭하지만 단말기기로서가 아니라 전체 애플 플랫폼을 완성하는 기기로서의 의미가 더욱 크다고 할 수 있다. 2015년 들어 애플은 새로이 애플 워치(Apple Watch) 세 가지 라인업(기본형, 스포츠, 에디션), 38종의 제품을 선보였다. 더불어 애플 워치의 앱 스토어에는 2015년 5월 현재 3,000여종 이상의 앱이 등록되어 있다. 하지만 워치 소유자들이 선택할 수 있는 앱이 이미 3천 개에 이른다는 사실은 이 새로운 기기의 성공이라는 측면에서는 주목할 만한 일이다. 다시 말해 웨어러블의 시장도 생태계 연계형의 비즈모델을 통해 장악해 가겠다는 애플의 전략을 짐작해 볼 수 있기 때문이다.

이들 앱 중에는 BMW와 포르쉐와 같은 자동차 제조사들도 애플 워치 전용 앱을 출시하고 자동차를 점점 SF영화 속 차량과 가깝게 만들어가고 있는데, BMW는 전기차 'i3' 및 플러그인하이브리드(PHEV) 'i8'을 대상으로 차량 상태와 정보를 알려주는 애플 워치 전용 'BMW 아이 리모트(BMW i Remote)' 앱 서비스를 출시했다. BMW가 자체 개발한 아이 리모트 앱을 다운로드 후 실행하면 기기가 차량과 연동돼 문, 창문, 트렁크, 실내 온도조절 장치 등을 원격조종할 수 있으며, 스크린을 통해 차량의 충전상태, 잔여 연료량, 전기주행가능거리 등도 확인할 수 있다.

포르쉐도 '포르쉐 카 커넥트(Porsche Car Connect)' 앱을 출시하였는데, BMW가 제공하는 아이 리모트와 비슷하다. 선루프 · 문 잠금 여부 확인, 차량 위치 검색 등의 기능을 제공하고 있다. 주차장 같은 어두운 곳에서 차를 찾기 어려운 경우 앱을 통해 경적을 울리거나 헤드램프를 켤 수 있는 기능들도 장착되어 있다. 이처럼 자동차 제조사들도 앱 시장에 진출하는 러쉬를 이룰 것으로 예상된다. 뿐만 아니라 시스코(Cisco) 사에서는 웹 엑스라는 애플 워치용 앱을 제공하고 있는데, 이는 기업용 앱으로 향후 B2C 뿐아니라 B2B 용 앱 시장의 한 단면을 보여주기도 한다. 웹 엑스에 가입한 기업 사용자는 이제 자신의 손목에서 직접 퍼스널 룸(Personal Room) 회의를 개최 및 종료할 수 있고, 다른 참가자와 대화하고 현재 회의 참석자를 확인하며 음소거/음성 활성화 등의 기능을 사용할 수 있다. 워치를 통해 진행하는 회의에서는 기업 계정 정보를 사용할 수 있으며 E2E(End to End) 암호화가 적용된다. 에버노트(Evernote)도 워치에서 받아쓰기 기능을 통해 메모를 작성하고 확인하며, 업데이트 할 수 있고, 모든 신규 또는 수정된 메모를 에버노트가 설치된 모든 기기에 다시 동기화할 수 있으며, 기한 설정에 따라 리마인더(Remider)와 항목에 관한 알림을 받을 수 있는 기능을 갖춘 앱을 제공하고 있다. 키노트(Keynote)와 파워포인트(Powerpoint)도 모두 업데이트되어 워치에서 슬라이드를 제어하여 발표를 시작할 때 원격 제어 때문에 겪는 어려움을 해소하게 하는 등 다양한 B2B 용 앱들이 등장하고 있다.

그림 3-37 2014년도 웨어러블 시장의 주요 동향[120)]

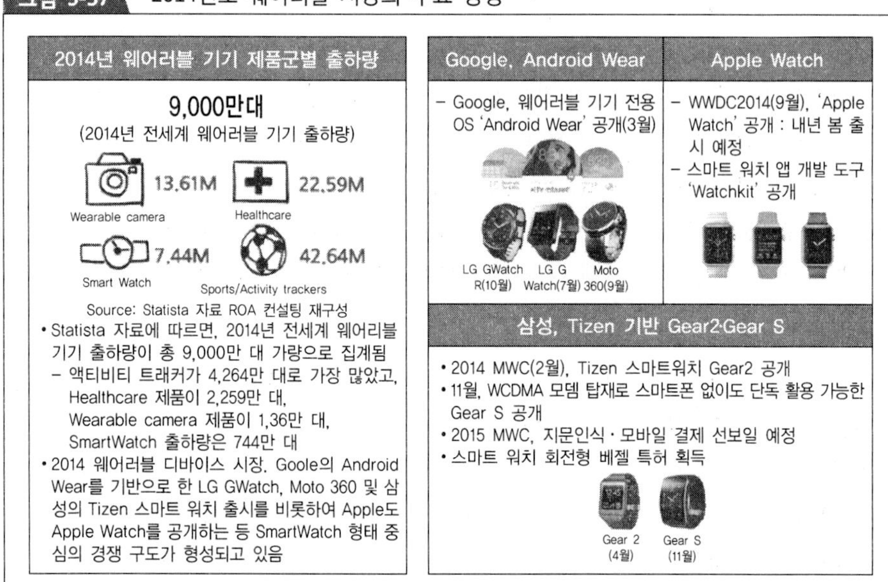

---

120) 출처: 2015 글로벌 ICT 대전망 보고서 Top 10 Issues, 로아컨설팅. 2014.12.

다 웨어러블 디바이스 시장의 분화

웨어러블 디바이스의 용도는 현재까지 건강관리, 정보나 오락 분야의 콘텐츠 이용으로 양분되어 있었는데, 스포츠나 피트니스(Fitness), 건강관리 분야의 비중이 큰 반면, 스마트 안경 등을 통해 상시 촬영이나 증강현실 서비스 등의 콘텐츠 서비스 분야는 관련 앱의 개발이 어느 정도 이루어질 것인가에 따라 그 성패가 좌우될 것으로 전망된다. 더불어 구글이 조사한 구글 글라스의 활용도조사 결과, 교육, 게임, 번역과 관련된 수요가 많음을 확인한 바 있다.[121)]

웨어러블 디바이스의 기능 중 가장 범용적인 기능은 커뮤니케이션 기능, 건강관리, 스케쥴이다. 이제까지 초기 웨어러블 디바이스 시장을 주도한 기기들 대부분이 범주의 기능을 메인 기능으로 가지고 있었고, 앞으로도 마찬가지일 것이다. 이러한 범용 기능 외에 전문 기능의 웨어러블 기기들도 있는데, 혈당체크와 혈압을 재는 전문 의료 영역의 기기들, 엔터테인먼트나 게임에 이용되는 기기 등 범용 기능을 제외한 영역의 서비스를 제공하는 웨어러블 디바이스들도 시장에 등장하고 있다. 지금까지의 웨어러블 디바이스 시장은 주류라 불릴만한 제품이 없었는데 애플 워치가 등장하며 전반적인 환경이 바뀌었다. 현재 구글의 안드로이드 웨어는 애플이 발표한 애플 워치에 전면적으로 대응하기에 부족하지만 결국 업그레이드를 통해 애플 워치와 대등한 수준의 레퍼런스 제품을 내놓을 것이다.

현재 해외에서 중소기업에 의해 진행되고 있는 웨어러블 단말기기를 이용한 서비스 사례를 살펴보면[122)], 먼저 웰니스(Wellness), 즉 개인 건강관리 서비스와 부가가치 영역이 가장 빨리 성장하는 웨어러블 디바이스의 시장인 바, 서비스의 정확성과 차별화된 부가 서비스가 성장의 지속성을 결정할 중요한 분야이다. 웰니스 시장은 사용자가 자발적으로 웨어러블을 착용하고 운동량을 측정하면서 서비스를 이용할 뿐만 아니라 원격 치료 서비스가 아니라는 점에서 규제에서 자유로워 관련 기업 및 스타트 업들의 진입이 활발한 분야이기도 하다. 시장 초기는 러닝(running)과 걷기를 측정하는 팔찌형태의 웨어러블 디바이스가 주를 이루었으나, 최근 의류, 신발, 모자, 등으로 종류가 다양해지면서 개성 있는 디자인과, 수영 및 축구와 같은 단체 운동까지 측정의 범위가 확대되고 있다. 이러한 가운데 웨어러블 디바이스의 측정수치의 정확성 여부가 강력한 차별화 요소로 부상하고 있으며, 운동기록 관리라는 기본기능 이외의 소셜 기능을 통해 목표달성 수준에 따라 리워드(Reward)를 제공하거나, 게임의 요소를 가미해 네트워크의 친구들과의 경쟁 및 참여를 이끌어 내는 후방(Back-End) 서비스가 추가되고 있는 상황이다.

---

121) 출처: 네이버 트렌드 지식사전

122) 출처: 웨어러블 디바이스의 새로운 기회를 찾아서, KT경제연구소(심수민), 2014.6.3

두 번째로 헬스케어 분야로 저렴한 실시간 예방 의료 서비스의 대중화 측면이다. 환자의 개인 질병에 특화된 치료 솔루션을 제공하면서 심미적으로도 거부감이 없도록 하여 일상생활에 쉽게 적용할 수 있게 도와주는 의류, 모자, 패치와 같은 웨어러블이 개발되고 있다. 미래 의료 환경의 핵심은 '치료'에서 '예방'으로 전환되고 있는바, 웨어러블 센서를 이용하여 정확한 측정이 가능하고 클라우드(Cloud)에 환자의 실시간 상태를 저장하여 의사가 원격으로 모니터링할 수 있도록 지원하는 WHMS(Wearable Healthcare Monitoring System)에 대한 투자와 연구가 활발하게 진행되고 있다. 헬스케어용 웨어러블은 사용자가 일반인과 동일한 환경에서 육체적으로나 심리적으로 어려움 없이 일상생활을 할 수 있도록 고안되어야 하므로, 디자인 면에서 일반 캐쥬얼 의류와 구분이 가지 않으면서 정확한 데이터 센싱(Sensing) 및 전송기능을 제공하는 기업들의 저렴한 웨어러블 제품들이 등장하여 치료 효과를 기록하며 저변을 확대해 나가고 있는 실정이다.

그림 3-38 2014년 모바일 헬스케어 시장의 경쟁[123)]

플랫폼 사업자	
Google	• 헬스케어 서비스 Google Fit Platform 공개 • 10월 Google Fit 앱 출시 [Google Fit]
Mayo Clinic의 Healthkit 통합형	• Healthkit과 Health App을 공개 • 건강 데이터를 각종 3rd Party 앱을 통합하여 관리 가능/iOS8에서 헬스 앱 기본 제공 • 전문 헬스 장비 업체 Nautilus & 대형 의료기관 Mayo Clinic 등 HealthKit 지원 발표 • 생체신호 측정/원격진료가 가능한 Apple Watch 공개
f	• Facebook, 모바일 헬스 트래킹 앱 Moves 개발사 Proto Geo Oy 인수
Microsoft	• 피트니스 트래커 Band & 건강 관리 앱 Health 발표 [Microsoft Band]

제조사	
SAMSUNG	• 다양한 바이오 센서를 모듈 형태로 포함시킬 수 있는 SAMI 헬스 플랫폼 기반 Open H/W "Simband" 공개 • SAMsung Digital Health Platform/SDK공개 [Simband]
mi	• 中샤오미, 피트니스 트래커 Mi Band 출시 [Mband]
lenovo	• 건강관리요 스마트밴드 SW-B100 출시

세 번째로 라이프스타일(Life Style), 즉 사용자의 라이프스타일 속에서 발견할 수 있는 다양한 틈새시장이 웨어러블 기술이 다가갈 수 있는 매력적인 블루오션으

123) 출처: 2015 ICT 대전망 보고서, ROA컨설팅. 2014.12.

로 부상하고 있는데, 1인가구가 증가하면서 반려동물, 캠핑 등이 관심사로 등장하고 있으며, 웨어러블 디바이스는 이러한 트렌드에 사용자의 취미생활을 더욱 가치 있게 변화시킬 수 있는 아이템으로 주목받고 있다. 센서기반의 운동량 기록장치인 Fitbark은 반려동물에게 웨어러블 밴드를 통해 건강관리 및 위치추적 서비스 등을 제공하며, Kite Patch라는 웨어러블 패치는 야외에서 48시간 동안 모기와 곤충들의 접근을 막아주는 기능을 제공하는 것으로 새로운 아이템으로 등장하고 있다.

마지막으로 콘텐츠 서비스 측면에서 살펴보면, 엔터테인먼트 산업에서 웨어러블 디바이스는 모션 센서(Motion Sensor)기술, 모바일 컴퓨팅(Mobile Computing), 증강 현실(Virtual Reality) 기술을 통해 가상현실 환경의 실감 넘치는 게임을 현실에서 즐길 수 있게 할 수 있는데, 웨어러블 디바이스가 스마트 폰, 태블릿 PC상에서의 게임 환경과 다른 차별화된 요소는 사용자의 동작을 센서를 통해 정확하게 디지털 화하여 사용자가 마치 직접 참여하는 듯 한 가상현실과 실제세계의 연결고리가 된다는 것이다. 게임업체들은 센서기술과 게임기의 컴퓨팅 능력을 이용한 가상현실을 위한 환경을 구축 중이나 아직은 비싼 가격이 문제이다. 최근 스타트업들은 $100~$300 대의 저렴한 비용으로 입체적인 게임 환경을 감상할 수 있는 웨어러블 디바이스를 발표하고 있으며, 64 Bit의 고성능 프로세서를 장착한 스마트 폰들이 등장함에 따라 기존의 콘솔 게임기뿐만 아니라 다양한 플랫폼에 적용할 수 있는 엔터테인먼트 환경이 조성될 것으로 예상된다.

2015년은 애플과 구글 진영이 범용 기능을 중심으로 한 메이저 마켓을 형성하게 되며, 범용 기능을 제외한 나머지 영역에서는 마이너 마켓으로 분화 할 것으로 예상되며, 이를 파레토의 법칙을 통해 예측해 본다면, 애플과 구글 진영이 80%의 마켓을 점유할 것이고, 나머지 20%의 시장을 그 외의 사업자들이 나눠가질 것이다. 그 20%도 전문 의료 웨어러블 디바이스거나 가민(garmin)이나 순토(Suunto)와 같은 전문적인 아웃도어 제품들이지 기존의 핏빗이나 조본같이 애플과 구글의 범용 영역인 헬스 캐어와 겹치는 제품은 시장에서 사라지게 될 것으로 예상하고 있다.

그림 3-39 웨어러블 디바이스의 파레토 법칙

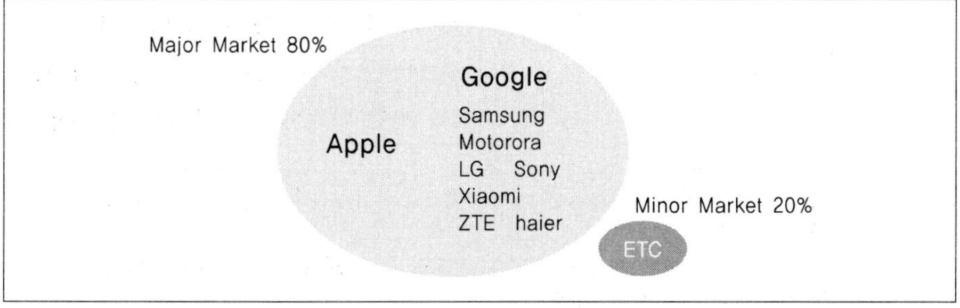

5 가상 현실(Virtual Reality)용 단말기기의 확산

가상 현실(Virtual Reality, VR)이란 '인공적인 기술을 토대로 만든, 실제와 유사하지만 실제가 아닌 어떤 특정한 환경이나 상황을 일컫거나 혹은 그러한 상황을 만드는 기술 자체'[124]를 의미한다. 사전적 의미를 살펴보면, '어떤 특정한 환경이나 상황을 컴퓨터로 만들어서, 그것을 사용하는 사람이 마치 실제 주변 상황·환경과 상호작용을 하고 있는 것처럼 만들어 주는 인간-컴퓨터 사이의 인터페이스로서, 인공현실(artificial reality), 사이버 공간(cyberspace), 가상 세계(virtual worlds), 가상 환경(virtual environment), 합성 환경(synthetic environment), 인공 환경(artificial environment) 등이 포함되는 것'[125]으로 정의할 수 있다. 가상 현실은 3차원의 공간성, 실시간 상호 작용, 몰입감 등을 특징으로 하며, 디스플레이 및 렌더링 장비를 통해 현실에서 존재하지 않는 정보를 사용자에게 제공하는 영상시스템 혹은 기술을 의미한다.[126]

가상현실의 개념과 관련 기술을 활용한 단말기기는 1968년 미국의 컴퓨터 과학자 이반 서덜랜드(Ivan Edward Sutherland)가 헬멧 형태의 디스플레이가 장착된 HMD(Head Mounted Display) 단말기기를 공개하면서 주목받기 시작했으나, 기술 발전에 따른 단말기기 성능 향상으로, 최근 들어 주목도가 크게 상승하고 있는 새로운 기술이다. 특히 가상현실은 거의 모든 산업 분야에 걸쳐 획기적인 변화를 초래할 수 있다는 점에서 모바일 단말에 이은 차세대 단말기기로 주목받고 있다.

게임, 쇼핑, 광고 등 엔터테인먼트 분야는 현재 가상현실 기술이 활발히 적용되고 있으며, 다양한 시뮬레이션 훈련을 제약 조건 없이 수행할 수 있다는 점에서 의료 분야 뿐 아니라 교육 및 e-트레이닝(e-Training) 분야에의 적용도 기대되는 등 다양한 산업과의 융합을 통한 새로운 형태의 서비스 제공에 활용되어지고 있다. 도서관이나 백화점과 같은 실존 공간에 가상현실을 적용시키면 집에서도 실제로 책을 보는 것과 같은 느낌으로 대여하거나 구매할 수 있고, 분양을 앞둔 신축 아파트도 가상현실로 사용 경험을 창출, 모델하우스를 별도로 지을 필요를 없앨 수 있기 때문에 이러한 분야에서도 가상현실 콘텐츠 서비스를 활용하고 있다.

현재 전 세계적으로 가상현실 콘텐츠 서비스를 위한 새로운 단말기기로 가상현실 기기가 중요한 이슈로 등장하고 있다. 2014년 3월 페이스 북이 가상현실 헤드셋 '오큘러스 리프트'를 선보인 오큘러스 VR을 20억 달러에 인수해 화제를 모았고,

124) 출처: 동향보고서 해외 ICT R&D 정책동향, 정보통신기술진흥센터, 2014년 04호
125) 출처: 두산백과사전
126) 사용자가 현재 보고 있는 실제 환경에 가상 정보를 부가해주는 증강현실(Augmented Reality, AR)은 가상현실과는 상이한 개념임.

구글은 2014년 9월 가상현실 기술 업체인 매직 리프에 5억 4,200만 달러를 투자한 후 골판지를 이용한 간이 가상현실 헤드셋 '카드보드(Cardboard)'를 출시해 주목을 끌었다. 2014년 3월 플레이스테이션4 전용 가상현실 헤드셋 '프로젝트 모피어스'를 공개한 소니컴퓨터엔터테인먼트는 가상현실 하드웨어 기기 시장과 더불어 킬러 앱 콘텐츠까지 내놓을 계획으로 시장 선점 행보를 예고하기도 했다. 이처럼 페이스북·구글·소니와 같은 글로벌 IT 거인들도 앞 다퉈 시장에 뛰어들면서 가상현실은 대중화의 길로 접어들어서고 있다.

오큘러스는 가상현실 콘텐츠를 이용할 수 있는 고글(Goggle)의 소비자용 3D 가상현실 분야에서 선두 지리에 있는 기업이다. 2013년 8월 오큘러스 리프트 전용으로 콘텐츠를 자유롭게 등록하고 내려 받을 수 있도록 하는 쉐어 오큘러스(https://share.oculus.com) 사이트 서비스를 시작하였다. 기존에 비디오 콘솔 게임과의 접목을 통해 새로운 게임 서비스 시장 개척을 위해 마이크로소프트와 소니 등에서 다방면으로 진출 노력을 경주하였으나, 두 회사의 비디오 게임은 3D 그래픽 환경을 제공할 뿐 게임 플레이 방법에 있어서 혁신적인 방법을 제시하지 못해왔다.

이런 가운데 오큘레스에 위해 가상현실 단말기기와의 융합을 통한 서비스 제공으로 새로운 전기가 마련되기 시작하였다. 대표적 가상현실 헤드셋인 오큘러스 리프트의 경우 착용자가 가상 세계를 둘러볼 수 있게 하는 헤드 트래킹(Head Tracking) 기술과 가상현실 속 물체의 원근감이 느껴지게 하는 스테레오 스코픽(Stereoscopic) 기술, 가상현실 속에 직접 서 있다는 느낌을 제공하는 포지션 트래킹(Position Tracking) 기술 등이 접목돼 착용자로 하여금 눈앞에 다가오는 물체를 피해야 할 것 같은 느낌을 선사한다.

특히 가상현실 단말기기 분야에서 중국의 움직임이 두드러지고 있다. 중국 내 가상현실 관련 콘텐츠 업체는 약 20개, 단말기기 제조업체만도 30개 정도이며, 관련 단말기기만 약 100여 종이 생산되고 있다. 단말기기의 경우 이미 제조업 인프라와 가격 경쟁력을 갖춘 중국이 후발주자 임에도 상당히 빠른 속도로 발전하고 있는데, 폭풍사가 개발한 VR HMD '폭풍마경3'는 99 위안의 저가격 대비 높은 성능으로 가상현실 단말기기의 대중화를 앞당기는 계기를 제공하는 것으로 인식되고 있다.

가트너(Gartner)는 미래 유망 기술을 크게 인간의 능력을 보완하는 기술(Augmenting humans with technology), 인간을 대체하는 기술(Machines replacing humans), 인간과 단말기기 간 협업 기술(Humans and machines working alongside each other) 등 3가지로 구분한 바 있다.[127] 가상 현실은 공간적·물리적 제약으로 현실세계에서는 직접 경험할 수 없는 상황의 간접 체험을 가능케 한다는 점에서, 미래 유망 기술을 구현하는 데 적극적으로 활용될 것으로 예상하고 있다. 관련 시장 규모의 빠른 성장과 대형 사업자의 연이은 단말기기 출시는 가상현실의 잠재력을 보여주는 단적인 예이나, 가상현실이 일상생활에 완전히 정착하기 위해서는 아직까지 기술적 장애물이 산적해 있다.

예를 들어 높은 기술적 완성도로 현재 가장 적극적으로 활용되고 있는 오큘러스 리프트조차 디스플레이 주변부의 화면 왜곡이나 화질의 열화(degradation, deterioration, 劣化)가 심해지는 단점은 완전히 극복하지 못한 상황이다. 일각에서는 사용자 몰입감을 극대화하는 가상현실 기술의 특성 상 이와 관련된 안전장치가 필요하다는 주장을 제기하기도 한다. 즉, 인터넷 중독이나 게임 중독과 마찬가지로 가상현실 중독 사례가 발생할 수 있으며, 가상세계와 현실세계를 혼동하여 사회 문제를 야기할 가능성도 존재한다는 것이다. 이 외에도 가상현실 디스플레이 단말기기 이용 도중 현기증, 메스꺼움, 두통 등 신체 이상이 발생한 사례가 나타나고 있는 상황이다.

그림 3-40 주요 업체의 HMD 기반 가상현실 단말기기

오큘러스 VR(Oculus VR)의 오큘러스 리프트(Oculus Rift)

소니(Sony)의 HMZ-T3W

구글(Google)의 카드보드(Card Board)

127) 출처: ZDNet, "Gartner's 2013 Emerging Technologies hype cycle focuses on humans and machines", 2013.8.19일자

그림 3-41 주요 업체의 2014년도 가상현실(VR)과 증강현실(AR) 분야 추진 내용[128)]

Facebook	Google
 Oculus VR • 가상실현 기기업체 Oculus VR 인수(3월) • Oculus 개발자용 가상현실 앱 스토어 '오큘러스 플랫폼' 오픈(9월)  Oculus Platform • VR 기반의 3D 게임/고화질 3D 영상 및 다양한 교육, 훈련 앱 개발 • Oculus rift는 약 500여 개의 콘텐츠가 개발되어 가장 빠르게 생태계 구축	 Google Project Tango • Google, 3D 매핑을 구현하는 Project Tango 공개(2월) • 모바일 기반 가상현실 환경을 구현하려는 계획  Google Cardboard VR • Google, 초저가의 VR 경험을 제공하는 기기 Cardboard VR, 50만 대 출하(6월) • App 업데이트 및 SDK 공개(12월)  MagicLeap • Google, 가상혈실 기술 업체 MagicLeap에 5억 4,200만 달러 투자(10월)

SAMSUNG	Apple
 삼성 기어 VR • Oculus와 VR 헤드셋 '삼성 기어 VR' 개발(9월) • Gear VR과 연동되는 360도 3D 카메라 개발(11월)	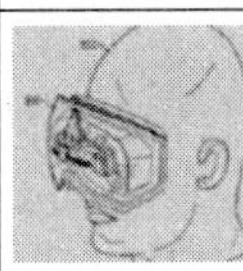 VR 글래스 특허 • 지난해 Oculus형태의 헤드셋 특허를 냈던 데 이어, VR시스템의 프로토타입의 앱 개발 • VR/AR앱 개발 엔지니어 모집중(11월)

가상현실 기술은 단말기기 개발 수준이 가장 높은 HMD 형태의 단말기기를 중심으로 전 산업 분야에 빠르게 융합되고 있는데 다른 사업자들에 앞서 2012년부터 개발이 시작 된 오큘러스 리프트(Oculus Rift)를 활용하는 사례들이 다수 출현하고 있다.

먼저 게임 분야인데, 이 분야는 가상현실 기술이 가장 적극적으로 활용되고 있는 산업 영역이다. 가상현실은 새로운 자극과 경험을 원하는 게이머들의 입맛을 충족시킬 최적의 수단이 될 것으로 기대되고 있다. 수많은 사람들이 동시에 접속해 '또 하나의 사회'를 형성하는 대규모다중접속역할수행게임(MMORPG)을 가상현실로 체험하면 게이머들은 '반지의 제왕'의 주인공이 된 듯한 경험도 할 수 있다. 유튜브(YouTube)에는 2014년 말 현재 90만여 개의 가상현실 게임 관련 동영상이 올라와 있다. 국내에서는 2014년 12월 공개서비스를 실시한 다음게임의 '검은 사막'이 테스트 단계에서 오큘러스 리프트를 통한 가상현실 경험을 제공한 것이 대표적인 사례다.

128) 출처: 2015 글로벌 ICT 대전망 보고서 Top 10 Issues, ROA컨설팅. 2014.12.

2014년 말 현재 쉐어 오큘러스와 같은 가상현실 오픈마켓 사이트에는 국내외 개발자들이 등록한 300여 개의 가상현실 콘텐츠들이 올라와 있다. 게임사들은 또한 가상현실을 겨냥한 킬러 콘텐츠를 내놓을 경우 즉각 시장 선도 사업자가 될 수 있다는 가능성에도 주목한다. 시장 트렌드에 제대로 편승하면 작은 게임이라도 시장을 뒤흔들 화제작이나 히트작이 될 수 있다는 이유에서다.[129] 또한 2014년 7월에는 오큘러스 VR이 3D 게임엔진 개발 업체 락넷(RakNet)을 인수하는 등 가상현실 단말기기 사업자의 게임 콘텐츠 개발 시도가 활발히 진행 중에 있다.

가상의 공간을 구현할 수 있다는 점을 활용한 여행 애플리케이션 역시 속속 출현하고 있는데, 우주 공간을 100만분의 1로 축소하여 구현해 놓은 애플리케이션 '타이탄즈 오브 스페이스(Titans of Space)'를 이용할 경우 사용자는 우주여행을 간접적으로 경험하는 것이 가능하며, 소프트웨어 개발사 유비짓(YouVisit)이 개발한 '유비짓 오브 뉴욕(YouVisit of New York)'은 현재 뉴욕 내 위치한 1,000여 개 대학 캠퍼스를 오큘러스 리프트를 이용해 둘러볼 수 있는 가상현실 서비스를 제공하는 등 새로운 경험을 제공하고 있다.

사용자 몰입도를 극대화 할 수 있다는 점에서 쇼핑·광고 분야 역시 가상현실 기술의 활용에 적극적이다. 일본 부동산, 주택 정보 제공 사업자 홈즈(HOME'S)는 현재 매물 상태를 오큘러스 리프트를 이용해 확인해 볼 수 있게 앱 형태로 제공하고 있는데, 앱인 '룸 VR(ROOM VR)'은 사용자가 구매를 원하는 주택이나 부동산의 전망, 내부 구조 등을 직접 확인해 볼 수 있을 뿐만 아니라, 3분 안에 일몰과 일출을 경험할 수 있는 시뮬레이션 서비스 제공을 통해 실제 거주 환경을 간접적으로 체험하는 것을 가능하게 해 준다. 이 외에도 음료 업체 코카콜라(CocaCola)는 2014년 6월 브라질 월드컵 경기가 개최된 마라카나 경기장(Maracana Stadium)의 탈의실을 모사한 장소를 꾸며 놓고, 해당 장소에서 오큘러스 리프트를 이용해 소비자들이 축구 경기를 체험할 수 있는 캠페인을 진행하는 등 다양한 분야에서의 가상현실 기술을 이용한 새로운 콘텐츠 서비스 제공을 위한 노력이 진행되고 있다.

국내 기업으로서 삼성전자도 2014년 말 가상현실 헤드셋 기어 VR 사용자를 위한 콘텐츠 서비스 '밀크 VR'을 미국에서 출시했다. '밀크'는 매일매일 우유처럼 신선하고 새로운 콘텐츠를 제공한다는 의미를 지닌 삼성전자의 콘텐츠 서비스 브랜드명으로 스트리밍 방식의 음악 서비스 '밀크 뮤직'과 동영상 서비스 '밀크 비디오'가 출시된 바 있다. '밀크 VR'은 액션, 뮤직, 스포츠, 라이프스타일 등의 채널로 다양한 주제의 가상현실 콘텐츠를 제공하고 있다. 특히, '밀크 VR'은 스트리밍 방식 외에

129) 출처: 전자신문. 2015.1.3일자

4K×2K 급의 고화질 콘텐츠를 사용자가 다운로드(download)해 언제 어디서나 즐길 수 있게 제공되며, 오큘러스 스토어(Oculus Store)에서 콘텐츠를 다운로드 할 수 있게 제공하고 있다고 한다. '기어 VR'은 삼성전자의 스마트 기기 '갤럭시 노트4'의 5.7형 쿼드(Quad) HD 슈퍼 아몰레드 디스플레이(Super AMOLED Display)가 제공하는 선명한 화질을 기반으로 3D 뿐만 아니라 사용자가 직접 해당 영상 속 공간에 있는 느낌을 선사하는 360도 뷰(View) 등의 새로운 모바일 경험을 제공하고 있다.[130)]

130) 출처: 전자신문, 2015.1.1일자

정리하기

1 단말기기의 스마트화는 소비자들의 콘텐츠 서비스 이용행태를 변화시켰는데 이에 대한 5가지 변화를 간략하게 설명하시오.(P217)

2 스마트 TV에 대한 정의를 기술하시오.(P218)

3 스마트 폰이 단순한 음성통화 기기를 넘어서 혁신적 가치를 제공한다는 측면의 의미를 기술하시오.(P230)

4 웨어러블 디바이스가 등장하면서 기존 기업(나이키, 애플 등)들과 신생 기업 간의 전략적 차이는?(P234)

5 가상현실(VR, Virtual Reality)이란?(P242)

확인하기

1 (1) 멀티태스킹(Multi-tasking), 즉 TV를 시청하면서 메일을 보내고, (2) 전자상거래를 통해 상품을 구입하고, (3) 커뮤니티(Community)서비스를 통해 친구들과 대화하며, (4) 커뮤니케이션 기능을 이용해 서로 교류하며, 자신의 경험을 통해 다양한 콘텐츠 서비스를 직접 추천하기도 하며, (5) 나아가 자신의 경험을 나눠주는 등 콘텐츠의 바다로 이루어진 클라우드(Cloud)를 통해 다양한 네트워크(유·무선망, 방송/통신망, NFC, DLNA, Bluetooth 등)를 이용하여 단말기기의 종류에 무관하게 콘텐츠 소비, 전자상거래, 지인과의 교류, 지인과의 소통, 자신의 경험 전달 등의 일을 동시에 행하고 있는 것이 현재 소비자들의 소비 행태에서 대표적인 현상으로 나타나고 있다.

2 여전히 다른 시각차들이 있지만 스마트 TV는 일반적으로 기존의 인터넷(IP : Internet Protocol) 기술을 이용하는 TV를 넘어, TV와 연결된 인터넷 망을 통해 다양한 콘텐츠나 응용서비스 장터(Application Store)에서 콘텐츠나 서비스를 내려 받고, 노트북과 모바일 전화 등 다른 기기와 콘텐츠를 공유할 수 있는 새로운 개념의 TV단말기기를 의미한다. 방송통신위원회에서는'디지털 TV에 운영체제(OS) 및 인터넷 접속 기능을 탑재해 실시간 방송뿐 아니라 VOD·게임·검색·날씨 등 다양한 콘텐츠를 편리한 이용자 환경(UI/UX)에서 이용할 수 있는 TV'라고 정의하고 있다.

3 스마트 폰은 애플에서 아이포드-아이튠스(iPod-iTunes)의 모델과 같은 가치사슬 연계형 사업 방식의 성공에 이은 후속 작으로 음악 뿐 아니라 모든 장르, 형식의 콘텐츠를 거래할 수 있는 마켓(Market)을 연계하고, 단말기 자체에 다양한 처리 기능을 부가하여 제공함으로써 모바일 폰이 단순한 음성통화를 위한 기기가 아닌 다양한 콘텐츠나 응용 서비스를 위한 혁신적 가치를 제공한다.

4 기존의 기업들은 의류, 스포츠 용품, 인터넷 서비스 등 전통적인 자사의 경쟁 분야를 새로 출시한 웨어러블 기기와 연동시켜 이용자 효용을 향상시키려는 전략을 추구하는 반면, 신생 기업들은 세상에 없던 새로운 기기와 서비스를 제공함으로써 새로운 시장을 창출하려는 전략을 추구한다는 특징이 있다.

5 가상현실(Virtual Reality, VR)이란 인공적인 기술을 토대로 만든, 실제와 유사하지만 실제가 아닌 어떤 특정한 환경이나 상황을 일컫거나 혹은 그러한 상황을 만드는 기술 자체를 의미한다. 가상현실은 3차원의 공간성, 실시간 상호 작용, 몰입감 등을 특징으로 하며, 디스플레이 및 렌더링 장비를 통해 현실에서 존재하지 않는 정보를 사용자에게 제공하는 영상시스템 혹은 기술을 의미한다. 사전적인 의미로는 어떤 특정한 환경이나 상황을 컴퓨터로 만들어서, 그것을 사용하는 사람이 마치 실제 주변 상황·환경과 상호작용을 하고 있는 것처럼 만들어 주는 인간-컴퓨터 사이의 인터페이스를 의미한다.

제5절 웹(Web)과 브라우저(Browser), 플랫폼(Platform) 영역에서의 변화

1 웹(Web), 웹 브라우저(Web Browser) 그리고 모바일 브라우저(Mobile Browser)

가 웹과 웹 브라우저

일반적으로 웹(Web)이라 하면 '문자 위주의 서비스에서 탈피하여, 문자·영상·음성 등이 혼합된 멀티미디어 정보를 마치 거미줄과 같은 통신망으로 세계 각지에 연결시켜 주는 서비스'[131]라고 정의되고 있으나, 통상 인터넷을 이용하기 위하여 브라우저(Browser)를 통해 다양한 사이트(Site)에 접속하여 콘텐츠나 응용 서비스 등을 이용하기 위한 기술을 의미한다.

웹은 1989년 3월 유럽 입자 물리 연구소(CERN)의 소프트웨어 공학자인 팀 버너스 리(Timothy John Berners Lee)[132]의 제안으로 시작되어 연구, 개발되었다. 원래는 세계의 여러 대학과 연구기관에서 일하는 물리학자들 상호간의 신속한 정보교환과 공동연구를 위해 고안되었다. 월드 와이드 웹(World Wide Web, WWW, W3)을 간략히 줄여 부르는 용어인 웹은 인터넷에 연결된 컴퓨터들을 통해 사람들이 정보를 공유할 수 있는 전 세계적인 정보 공간을 말한다. 이 용어는 인터넷과 동의어로 쓰이는 경우가 많으나, 엄격히 말해 서로 다른 개념이다. 웹은 전자 메일과 같이 인터넷 상에서 동작하는 하나의 서비스일 뿐이다. 그러나 1993년 이래로 웹은 인터넷 구조의 절대적 위치를 차지하고 있다. 인터넷에서 HTTP 프로토콜(protocol), 하이퍼텍스트(Hypertext), HTML(Hypertext Markup Language)[133]형식 등을 사용하여 그림과 문자를 교환하는 전송방식을 말하기도 한다.

---

131) 출처: 네이버 백과사전

132) 월드와이드웹(WWW)의 창시자. 1989년에 글로벌 하이퍼텍스트 공간 개념을 제시하였는데, 이 개념을 바탕으로 탄생한 것이 월드와이드웹(WWW)

133) HTML : 인터넷 서비스의 하나인 월드 와이드 웹을 통해 볼 수 있는 문서를 만들 때 사용하는 프로그래밍 언어의 한 종류. 특히 하이퍼텍스트를 작성하기 위해 개발되었으며, 인터넷에서 웹을 통해 접근되는 대부분의 웹 페이지들은 HTML로 작성됨. 문서의 글자크기, 글자색, 글자모양, 그래픽, 문서이동(하이퍼링크) 등을 정의하는 명령어로서 홈페이지를 작성하는 데 쓰임.

콘텐츠 산업의 생태계적 측면에서 플랫폼을 이해하기 위해서는 웹과 플랫폼을 독립적으로 놓고 이해하기는 힘들다. 웹 기술을 이용하여 다양한 서비스를 제공하기 위해 플랫폼이 만들어지고, 이 플랫폼은 또 웹 브라우저를 통해 서비스를 제공하게 되기 때문이다.

전 세계적으로 사용되는 웹 브라우저 중 대표적인 것은 마이크로소프트의 익스프롤러(Explorer), 구글의 크롬(Chrome), 파이어 폭스(Fire Fox)[134], 애플에서 개발한 사파리(Safari), 오페라소프트웨어사의 오페라(Opera)[135] 등이 대표적인 웹브라우저이다. 특히 모바일 화가 급진전되면서 모바일 브라우저 시장에서의 경쟁이 치열하게 전개되고 있다. 세계 웹 브라우저 시장에서의 브라우저별 점유율을 살펴보면, 인터넷 익스플로러는 2008년 말까지는 70%에 육박하는 점유율을 기록했다. 하지만 파이어폭스, 사파리, 구글 크롬 등 새로운 웹 브라우저들이 나오며 인터넷 익스플로러의 점유율이 계속해서 떨어져 2011년 12월 38%에 이르게 되었으며, 다음으로 크롬 27%, 파이어 폭스 25%로 뒤따랐다. 그 후, 2013년 8월 18일 시점으로 크롬의 점유율이 43.17%로 1위이며, 인터넷 익스플로러는 25.03%, 파이어 폭스가 19.31%, 사파리 8.65% 오페라 1.14%의 순으로 사용되고 있다.[136]

그림 3-42 인터넷 브라우저 및 모바일 브라우저 점유율 현황

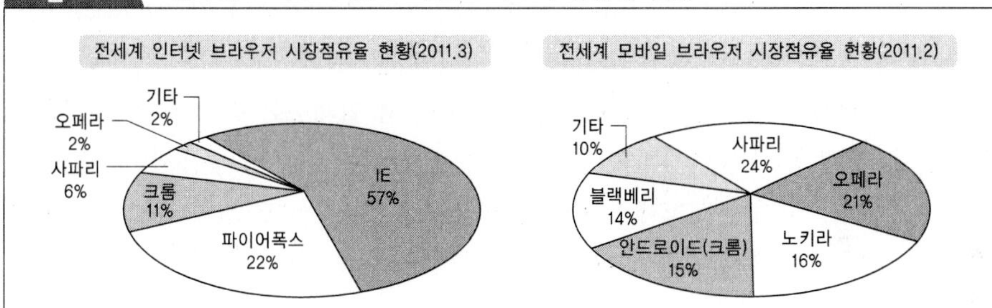

출처: ATLAS, 2011.3　　출처: StatCounter, 2011.2

134) 파이어 폭스 : AOL-타임워너의 모질라프로젝트(Mozilla Project)에서 떨어져 나와 2004년 개발된 개방형 소프트웨어 웹브라우저

135) 오페라 : 노르웨이의 오페라소프트웨어사가 개발한 인터넷 웹브라우저의 하나. 넷스케이프나 익스플로러에 비해 크기가 작지만 속도는 빠른 웹 브라우저. 윈도와 매킨토시 · 리눅스 등 다양한 운영체제에서 활용이 가능(출처: 네이버 백과사전)

136) 출처: 위키 백과

나 모바일 브라우저

모바일 브라우저(mobile browser)는 휴대 전화나 PDA와 같은 모바일 기기에 이용하도록 설계된 웹 브라우저이다. 모바일 브라우저는 휴대용 기기의 작은 화면에 가장 효율적으로 웹 콘텐츠를 보이게 하는 데 최적화되어 있다. 모바일 브라우저는 일본의 이동통신사업자인 NTT DoCoMo에서 자체적으로 아이모드(iMode)라는 웹 브라우저를 개발하여 무선 인터넷 서비스를 제공하면서 시작되었다. 초기에는 왑(WAP : Wireless Application Protocol)의 형태로 서비스가 진행되었는데, 작은 화면, 제한된 무선 네트워크 속도나 높은 이용요금, 폐쇄적 서비스 환경 그리고 유선과의 호환성 문제 등으로 활성화되지 못했다.

이후 모바일 위젯(Widget)[137]의 형태로 발전되다 애플에 의해 본격적으로 앱(App)의 형태로 사업화되었다. 이에 따라 다양한 앱의 형태로 제공되는 서비스나 콘텐츠를 판매하는 장터인 앱 스토어가 등장하게 됨에 따라 더 이상 모바일 브라우저를 통해 사이트로 연결 할 이유가 없게 되었다.

하지만 앱의 형태도 운영체제나 소프트웨어의 상이함으로 인하여 점차 상호 호환성의 문제가 야기되기 시작하고, 이를 해결하기 위해 웹의 창시자인 팀 버너스 리(Tim Berners Lee)에 의해 웹 표준 가이드라인을 마련코자 W3C(World Wide Web Consortium)가 결성되고, 웹 응용서비스의 표준화를 위한 노력을 경주하고 있다. 2004년부터는 모질라재단, 애플, 오페라 등 브라우저 업체들이 W3C와 별도로 웹 표준 제안을 위해 WHATWG라는 연구모임을 결성하여 새로운 웹 응용서비스를 제안하기도 하였다. 하지만 W3C에서 표준안 명칭으로 제안한 HTLM 5가 모바일 웹의 실질적인 표준으로 등장하고 있다.

137) 위젯(widget) : '소형 장치' 또는 '부품'이란 뜻으로 이용자와 응용프로그램 · 운영체계와의 상호작용을 보다 원활하게 지원해주는 그래픽 유저 인터페이스(GUI; 그래픽을 통해 작업할 수 있는 환경을 뜻하는 말로, 마우스를 이용하여 화면의 메뉴 중 하나를 선택하여 작업하는 형태)의 하나인 미니 애플리케이션(응용프로그램, 소프트웨어)을 의미(출처: 네이버 백과사전)

표 3-22 HTML 5 주요 특징과 세부내용[138)]

기능 항목	주요 특징	시사점
Semantics	보다 구조화되고 다양한 기능의 HTML 태그 제공	지능화되고 풍부한 웹문서의 표현
Multimedia	비디오, 오디오 기능의 자체 지원을 통한 강력한 멀티미디어 기능 제공	별도의 외부 플러그인 필요성 제거
Offline & Storage	네트워크 미 지원 환경에서도 웹 이용을 가능하게 하는 오프라인 처리 및 로컬 저장소, DB, 파일 접근 처리	웹 기반 애플리케이션의 태생적인 한계 요인 극복 가능
3D, Graphics & Effects	SVG, 캔버스, WebGL 등을 통한 다양한 2D/3D 그래픽 기능 제공	별도의 외부 플러그인 필요성 제거
Device Access	GPS, 카메라, 모션센서 등 디바이스의 H/W 기능을 웹에서 직접 제어하는 기능 제공	직접 제어 지원을 통해 네이티브 애플리케이션 수준의 기능 가능
Performance & Integration	비동기 통신, 멀티 스레딩을 통한 웹 상의 성능 향상	웹의 가장 큰 문제 중 하나였던 성능 문제를 대폭 개선
Connectivity	클라이언트와 서버 간 효율적인 통신 기능 제공을 통한 웹기반 커뮤니케이션 강화	다양한 통신(메시징, 애플리케이션 간 통신)을 통한 개발 범위의 확대
CSS3 Styling Effect	기존 웹 문서의 변경과 성능 저하 없이 웹 애플리케이션의 UI 기능 강화	UI 측면에서의 N-Screen 서비스 서비스 제공 가능

HTML 5 표준안이 완성되고, 실제 적용되어지기 시작하면 그 영향력은 유선에서보다 훨씬 강력할 것으로 예측된다. 무엇보다도 모바일 환경이 갖는 스크린 사이즈(Screen Size), 저장 공간의 용량, 처리 속도의 한계, 불편한 입력방식, 망사용 비용의 문제 등으로 인하여 갖는 한계성과 유선에서의 비표준화로 인한 불편함이 사라지게 될 것이다.

특히 글로벌 휴대전화 가입자 수는 2014년 71억 명에서 2020년 95억 명으로 증가할 것으로 예상되고, 6세 이상 글로벌 인구의 90%가 휴대전화를 사용할 것으로 전망되고, 2014년 글로벌 스마트 폰 가입자 수는 27억 명으로 전체 휴대전화 가입자

138) 출처: 2013년 IT 산업 7대 메가트렌드 보고서. 전종홍, 한국정보산업연합회

의 38%를 차지하며, 2020년까지 61억 명으로 증가해 전체 휴대전화 가입자의 64%를 차지할 것으로 전망되는 등 모바일 화의 급진전 될 것으로 추정하고 있다. 2014년 12월 기준 데스크 탑과 모바일 웹 브라우저 이용 비율이 각각 65.3%와 34.7%를 구성하고 있으나, 2015년 말 또는 2016년 초에는 모바일 웹 브라우저 이용률이 데스크 탑을 추월할 것으로 전망되고 있다.

특히 2014년 5월 기준, 미국 내 스마트 단말기기를 통한 미디어 이용이 60%로 PC를 추월하였으며, 이용 콘텐츠별로 라디오, 사진, 지도, 메신저, 게임 등은 모바일 이용 비중이 압도적으로 증가하고 있으며, 2015년부터 미국 시장에서는 모바일을 통한 검색 광고가 데스크 탑을 추월할 것으로 전망하고 있다.

그림 3-43 데스크 탑 vs. 모바일 웹 브라우저 비율[139)]

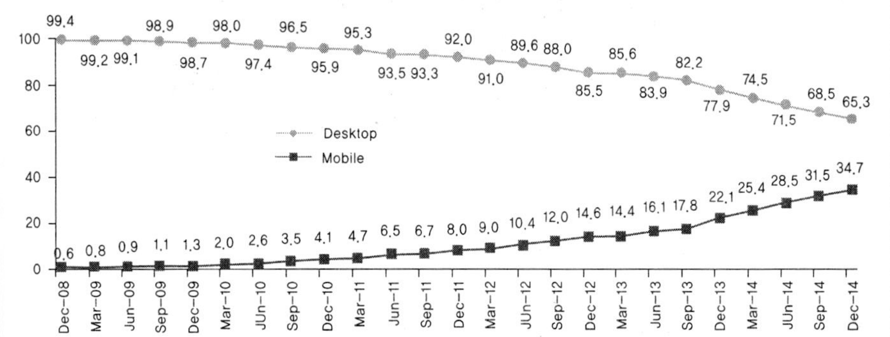

출처: Stat Counter, 2104.12

다 모바일 운영체계(OS)[140)]

글로벌 앱 시장은 이제 하나의 독립된 산업 군을 형성한 것으로 분석된다. 구글과 애플의 양 강 체제 및 각 국가별 로컬 시장 역시 이들을 중심으로 빠르게 통합되어 가고 있다. 이러한 현상의 기저에는 바로 모바일 운영체제의 전쟁이 존재하고 있다. 브라우저와 분리 불가능한 것이 바로 모바일 운영체계이기 때문이다.

모바일 운영 체계 시장은 크게 iOS 진영과 안드로이드 진영이라는 두 개의 축으로 안정화 단계에 들어서 있다. 규모 면에서는 안드로이드 진영이 압도적이지만, 생태계의 집중도 면에선 iOS 진영도 만만치 않다. 하지만 두 생태계의 안정적이라는 의미는 질서가 변하지 않는 생태계라는 의미인데, 이는 먹이 사슬을 이루는 힘

139) 출처: 2015 모바일 트렌드 전망, KT경제경영연구소. 2015.1.14
140) 출처: MWC 2013에서 미리 본 차세대 모바일 OS와 제3 생태계의 탐색전. KT경제경영연구소. 2013.

의 분배가 더 이상 일어나지 않는 것이며, 이는 다른 말로 시장을 지배하는 권력과 수익 구조가 고착화되는 것을 의미한다. 때문에 안정적인 질서를 흐트러뜨려야 하는 쪽과 그것을 막는 쪽은 늘 존재하기 마련이지만, 언제나 새 질서의 태동을 막는 것은 어려운 일이다.

그림 3-44 모바일 운영체제의 그 간의 현황[141)]

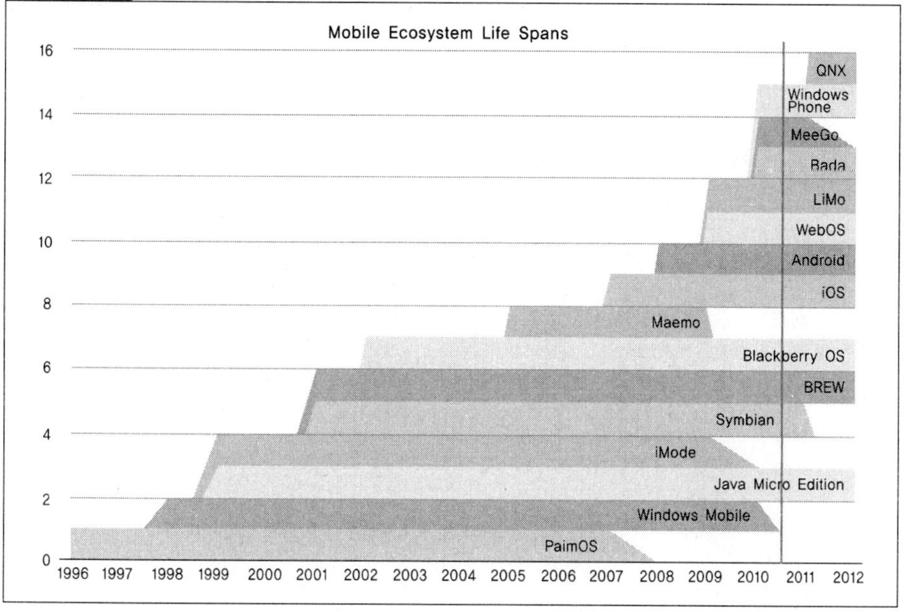

새 질서가 만들어지는 것이 순환적 가치 구조를 갖는 생태계가 된다는 보장은 없지만, 어차피 종전 생태계에서 힘을 얻지 못한 입장이면 다른 생태계를 지원하는 편이 이들에게 생존의 기회가 열린다. 물론 이전에 윈도 폰이나 블랙베리에게도 기회는 있었다. 만약 이들이 폐쇄적 라이선스, 독립적인 하드웨어와 요금제 전략 같은 부분에서 좀 더 유연하게 대응했다면 아마 제3의 시장은 이들 몫이었을 수도 있다. 블랙베리도 사명까지 바꿔가며 제3생태계로 자리 잡기를 희망하지만, 현실은 녹록하지 않았다. 하지만 이들에 주어진 기회를 생태계의 구성원들과 나누려 하지 않음으로써 기회를 놓쳤다.

---

141) • QNX : QNX is a commercial Unix-like real-time operating system, aimed primarily at the embedded systems market.
• Limo : 리눅스협의체, SK텔레콤, Vodafone(보다폰), Telefonica(텔레포니카), Verizon(버라이존), Orange(오렌지), NTT도코모 등 6개 이동통신사 LiMo 플랫폼 탑재 공용단말기기 출시를 제안
• Maemo : 노키아의 리눅스 운영체제
• Palm : 팜소스(PalmSource, Inc.)에서 개발한 PDA 및 스마트 폰 운영체제

가트너에 의하면, 2012년 말 현재 모바일 운영체제별 전 세계 시장점유율은 안드로이드 60.3%, iOS 22%, 블랙베리 5.5%, 심비안 4.9%, Windows Phone 3.9%로 나타났다. 2014년 2분기에 집계된 통계를 보면 안드로이드가 79.3%, iOS가 13.2%로 점차 안드로이드 시장 장악력이 확대되어 가는 것으로 나타났다. 향후 안드로이드와 iOS는 현재의 시장점유율을 유지할 것으로 보지만 대부분의 군소 운영체제들은 점차 시장에서 퇴출 될 것으로 예상하고 있다. 특히 노키아를 인수한 마이크로소프트는 하드웨어와 소프트웨어를 동시에 개발하는 수직 통합을 기반으로 구글, 애플과 함께 모바일 운영체제 시장에서 3강의 구도를 형성할 유력한 기업으로 점쳐지고 있다.

그림 3-45 전 세계 모바일 운영체제 시장점유율 추이 및 전망[142)]

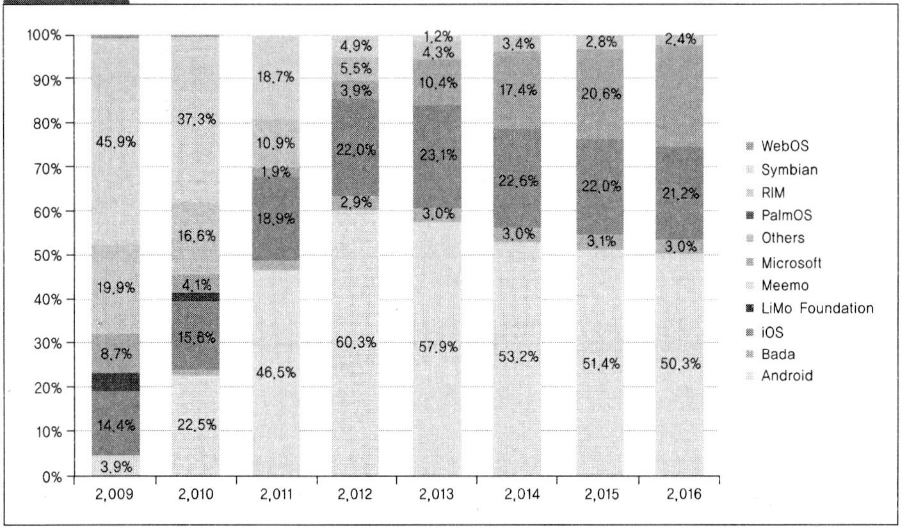

양 강 구도를 형성하고 있는 모바일 운영체제에 대한 선호도를 살펴보면, 북미, 유럽에서는 개발자들이 iOS를 선호하는 성향을 갖는 반면, 중국, 일본은 독자적인 로컬 생태계가 발달되어 있는 특징이 있다. 더불어 안드로이드의 파편화, 즉 다양한 기기의 스크린, 다양한 운영체계의 버전(Version) 및 그에 따른 지리적, 언어적 사용 층의 다양화 및 세분화는 시장 성장의 걸림돌로 작용한다. 다시 말해 유명 게임의 경우 iOS는 40여 개의 버전이 필요한 반면, 안드로이드는 2,400여 개의 버전이 필요하다는 문제가 상존하고 있다.

142) 출처: Gartner. 2013.2.

표 3-23 안드로이드와 iOS의 비교[143)]

	Android	iOS
Device Activation per Year	250 million	104.7 million
Market Share	500 million (Strategy Analytics에 따르면 제품 출하량은 479 million으로 전체 스마트폰의 68% 차지)	410 million (Strategy Analytics에 따르면 제품 출하량은 135.8 million으로 전체 스마트폰의 19% 차지)
Apps on Store	70만(2012년 10월 기준) Google play에서 게임 앱은 8만 정도	70만(2012년 10월 기준) iTunes에서 게임앱은 12만 정도
Revenue in 2012	US $ 168 billion	US $ 2.53 billion
Country Coverage	Google Play(120국)	iTunes(136개국)
Publishing Costs	• US $ 25 등록비 • Revenue Share -70:30	• US $ 99/ year • Revenue Share - 70:30
Development Environment	• 3rd party 개발자를 위한SDK 제공 • 오픈 소스 OS • 사후 리뷰 시스템으로 인해 즉시 퍼블리싱 가능	• 3rd party 개발자를 위한 SDK 제공 • iTunes 외에서의 결제 링크 사용 불가 • 모든 앱의 reliability, 퍼포먼스, 규제 콘텐츠 관련 리뷰
Competitive Advantage	• 앱스토어에 있어서는 후발 주자이지만 오픈 OS를 바탕으로 넓은 유저층 확보 • 저가 안드로이폰을 무기로 이미지 마켓에서 빠르게 시장 선점	• 앱스토어와 스마트폰 시장을 개척한 선구자 • 소비수준이 높은 로열 커스터머 베이스 • 유저 어카운트에 결제 정보 연결

안드로이드와 iOS의 양강 체제에 제3의 모바일 운영체제 진영의 도전이 이어지고 있다. 웹 브라우저 사업자인 모질라(Mozilla)가 개발한 리눅스(Linux) 기반의 모바일 운영체제인 Firefox OS는 신규 운영체제 중 가장 먼저 출시되었는데, 하웨이(Huawei), LG, ZTE 등의 단말기기 제조사가 파이어 운영체제를 탑재한 단말기기를 출시하기도 하였다. 모질라는 가격 경쟁력을 확보한 제조사들과 협력을 통해 스마트 폰 보급이 미흡한 신흥 국가를 대상으로 집중 공략해 나가고 있다.

영국의 소트프웨어 업체인 케노니컬(Canonical)이 개발 중인 리눅스 기발의 운영체제인 우분투(Ubuntu)[144)]는 상당한 규모의 개발자 커뮤니티를 보유한 상태이며, 퀄컴과의 파트너 십을 통해 우분투의 완성도를 끌어 올리는데 주력 중인 것으로 알

143) 출처: 2013년 Telco의 앱 마켓 동향 및 전망, KT경영연구소, 2013.1.15
144) 우분투 : '우부'는 접두사이고, '은투'는 '사람'이란 뜻이니 우분투는 '사람다움'을 뜻함.

려졌다. 우분투는 데스크 탑 PC의 운영체제로도 사용될 수 있는 것으로 알려졌으며, 스마트 폰이나 태블릿에 키보드와 모니터를 연결하면 데스크 탑처럼 이용할 수 있게 될 전망이다. 2015년 2월 6일 케노니컬 모바일 운영체제인 우분투를 적용한 첫 스마트 폰인 '아쿠아리스 E4.5'가 출시되었는데, 우분투 첫 스마트 폰은 스페인 모바일 제조업체 BQ에서 제조됐다.

삼성전자, 인텔, KT, SK텔레콤, 중국 휴대폰 제조사인 화웨이 등이 연합전선을 형성, 공동 개발한 리눅스 기반의 모바일 운영체제인 타이젠(Tizen)은 인도 등지의 앱 개발자 및 소프트웨어 엔지니어를 고용해 바다와 같은 실패를 되풀이하지 않도록 사용자인터페이스(UI)와 소프트웨어의 질적 향상에 신경을 쓰고 있는 것으로 판단된다. 삼성전자는 타이젠을 저가 스마트 폰에 장착하면서 고가는 안드로이드, 저가는 타이젠 전략을 구사하고 있다. 과거 안드로이드 폰과 바다 폰의 투 트랙(Two Track) 전략을 재현하고 있다. 타이젠연합은 2013년 스페인 바르셀로나에서 열린 '모바일월드콩그레스(MWC)'에서 삼성전자의 타이젠폰을 처음 선보인 이후 2014년 인도를 시작으로 첫 타이젠 폰의 상용화를 시작했다. 2015년 1월 삼성전자는 타이젠 폰 '삼성 Z1'을 인도에 공개한데 이어 방글라데시에서도 판매에 돌입했다. 이후 스리랑카, 네팔 등으로 출시국을 넓혀 타이젠 폰 바람을 확대할 계획으로 알려졌다. 인도에서 첫 선을 보인 뒤 열흘 만에 5만대 이상의 판매고를 올리며 안착했다. 저렴한 가격과 성능이 인도 소비자의 지갑을 열게 한 것으로 판단되며, 타이젠의 첫 결과물인 Z1의 인도 시장 안착은 타이젠 생태계 구축의 긍정적 신호로 평가되고 있다.

삼성은 지난 2010년부터 자체 개발한 모바일 운영체제 '바다'를 탑재한 스마트 폰 '웨이브', '웨이브2' 등을 잇달아 출시했다. 초기에 러시아를 비롯한 일부 개발도상국에선 나름 선전하기도 했다. 그러나 국내 시장에선 안드로이드에 밀려 큰 반향을 일으키지 못했다. 이미 양대 산맥으로 굳어진 애플리케이션 생태계에서 애플 앱스토어나 구글플레이를 따라잡기엔 역부족이었다. 이 때문에 타이젠폰의 성공은 타이젠 OS용 애플리케이션 개발과 장터 확보, 생태계 구축이 가능할 것으로 보인다. 현재 타이젠 스토어에도 1000여개의 앱이 있지만, 구글 플레이와 비교하면 여전히 부족한 수준이다. 삼성은 시계와 TV 등으로 타이젠 운영체제가 확장되면 더 많은 앱 개발자들이 타이젠 스토어에 참여할 것으로 기대하고 있다. 특히 1년간 앱에서 발생하는 수입을 100% 개발자가 갖도록 하는 제도를 실시, 개발자들의 참여를 독려하고 있다.[145)]

145) 출처: 이투데이. 2015.2.9. 일자 참조 재구성

Sailfish는 졸라(Jolla)가 개발한 모바일 운영체제이다. 이를 개발한 졸라는 2011년 설립된 핀란드 업체로, 노키아에서 미고(MeeGo) 운영체제를 개발했던 사람들이 설립했다. 이들은 노키아가 마이크로소프트 윈도우 폰 운영체제를 사용하기로 결정하면서 노키아를 떠나서 오픈소스 세일피시(Sailfish) 운영체제 개발하고 이를 기반으로 한 스마트 폰을 생산 판매하고 있는데, 졸라의 스마트 폰은 유럽과 아시아 일부 지역에서만 판매되고 있다. 태블릿의 경우는 영어권 국가 대부분을 포함하는 좀 더 많은 나라에서 판매될 예정이다. 그러나 한 가지 약점은 역시 빈약한 앱 생태계이며, 이를 보완하기 위해 졸라는 세일피시 OS가 내장 안드로이드 호환성 계층을 가지고 있어서 안드로이드 앱도 사용할 수 있다고 주장하고 있다. 물론 정식 구글 플레이 스토어를 이용할 수는 없지만, 졸라는 인디고고를 통해 페이스 북이나 트위터 등을 이용할 수 있다고 약속하고 있다. 하지만 지메일 같은 구글의 자체 안드로이드 앱을 사용할 수 있을지는 확실하지 않다.[146)]

파이어 폭스와 타이젠, 그리고 우분투 터치가 모바일 운영체계에서 차세대 모바일 OS로 불리고 있다. 이들 셋은 운영체제를 주관하는 단체나 지향점이 모두 다르지만, 흥미롭게도 모두 HTML5 기반의 운영체제라는 점이다. 이들 운영체제의 정책에 따라 개방적이기도 하고, 라이센스를 통해서 배포되는 형태를 띠지만, HTML5 표준 중심의 모바일 환경에 대비하고 있는 공통점을 지니고 있다. 플랫폼에 독립적이고, 소비와 개발 도구가 동일하며, 풍부한 개발자 생태계를 확보하고, 다양한 환경에 적응 가능한 HTML5의 특징을 운영체제에 녹인 것이다.

제3의 모바일 생태계의 대표 주자가 되기 위해 노력하고 있는 차세대 모바일 OS들은 단순히 운영체제의 특징만을 내세우지 않고 있다. OS 자체의 특징도 있지만, 그보다 과거의 모바일 생태계가 성공했던 방정식을 기꺼이 도입하고 있다. 단순히 OS만 공개하고 가져다 쓰라고 한 것이 아니라 이미 이 OS 기반의 상품을 만들어 판매 할 동업자와 함께 하고 있는 것이다. 구글이 안드로이드를 개방한 것은 맞지만 그 배후에 OHA(Open Handset Alliance)라는 제조사 연합을 통해 하나의 세력을 만들었고, 안드로이드 마켓의 분배 정책을 통해 지역 또는 국가별 이통사의 참여를 유도해 소프트웨어 지원부터 하드웨어 제조와 유통까지 연합 체계를 갖췄다. 개발 영역과 모바일 환경에 필요한 각종 서비스 구축은 구글이 전담했는데 여기서 중요한 것은 생태계 관점에서 소프트웨어와 하드웨어, 이통사 등 각 동업자들의 역할을 명확하게 나눠 각자가 같은 부문을 충실하고 신속하게 실행함으로써 생태계의 발전 속도를 가속시켰다는 점이다. 덕분에 생태계의 질서도 빠르게 잡아 나갔다.

---

146) 출처: IT World, 2014.11.25일자 참조 재구성

파이어폭스 OS나 타이젠도 안드로이드와 같은 협력자들과 함께 한다. 하지만 형태는 조금 다르다. 일단 OHA 같은 제조사 연합은 없다. 단지 운영체제에 협력 의사를 나타낸 하드웨어 업체와 이동통신사가 뭉치고 역할을 나눠 갖는 것으로 그림을 그렸다. 파이어폭스 OS는 모질라 재단이 운영체제와 개발자 지원을 맞고, ZTE와 알카텔, 소니, LG가 그리고 타이젠은 삼성과 화웨이, 후지쯔가 참여한다. 파이어폭스 진영에는 퀄컴 같은 칩셋 제조사도 함께 하며, 텔레포니카, KDDI, KT, 차이나 유니콤 같은 이통사가 파트너로 참여하고 있다. 타이젠 연합은 삼성, 화웨이 이외에 프랑스 오렌지, 일본 NTT 도코모 같은 이통사가 참여하고 강제적인 것은 아니지만 퀄컴과 인텔, 삼성이 칩셋 공급자로서 역할을 맡는다. 개발자 지원은 겉으로는 리눅스 재단이지만, 대부분은 삼성의 모바일 솔루션 센터(MSC)에서 책임지고 관리한다. 연합군의 모양새만 보면 파이어폭스 OS가 가장 우세하고 타이젠은 실속을 중시하고 있다. 전 세계 모든 이통사와 제조사를 아우르는 것은 아니지만, 이러한 연합군 구축은 진입 시장을 확보하는 데 있어 효과적인 전략임에 틀림없다. 새로운 생태계를 구축하든 기존 시장의 질서를 흔들든 간에 생태계에 있어서 역할 분담은 생태계의 빠른 발전을 위해서 꼭 필요한 것이기 때문이다. 하지만 그것은 그 역할에 대한 이해가 제대로 된 경우에 한해서 발전 모델이 성립하는 것인데, 언제나 생태계가 시작되는 초반에는 자기 역할의 비중을 높이기 위한 힘의 견제가 일어나므로 이 모바일 OS를 중심으로 생태계가 만들어질 것이라고 장담하기는 힘들다.

모바일 OS를 통한 생태계 구축은 각 사업자들이 생태계 내의 역할을 기술 개발, 마케팅, 개발자 지원 등으로 나누고, 자원을 분담해 투입함으로써, 비용을 줄이고 시장을 빠르게 확산시켜 나가는 것이 중요하다. 그런데 제3의 모바일 생태계가 시장을 장악하기 위해서는 운영체제 차원뿐만 아니라 이용자의 요구를 충족해야 하는 것이 더 중요한 것이다.

이런 측면에서 HTML5를 중심으로 개발되는 모바일 운영체계는 기존의 통신사업자나 단말기기 제조사 혹은 구글이나 애플 등과 같이 시장을 장악하고 있는 사업자가 아니라 페이스 북 같은 SNS 서비스 사업자가 나서서 확산시켜나감으로써 제3의 모바일 생태계를 장악해 나가는 것도 고려해 볼 수 있는 대안이 될 것이다. 다만 토양 자체가 다른 까닭에 이동통신사업자나 제조업체라는 협력적 구조를 갖추기는 쉽지 않을 것으로 판단된다. 더불어 안드로이드를 이끄는 구글 역시 2009년 구글 I/O에서 차세대 웹 표준으로 HTML5를 적극 추천하고, 크롬 OS라는 HTML5 기반 운영체제를 상용 제품으로 배포하고 있고, 크롬 브라우저의 보급에 주력하고 있다. 따라서 구글을 다른 제3의 모바일 생태계 조성자가 이겨낼 수 있을지는 좀 더 고민해야할 사안으로 판단된다. 이는 구글이 모바일 시장을 겨냥함에 있어 단순히 운영체제나 개발자 지원 전략만 강화 한 게 아니라는 점 때문이다. 구글은 모바일에서 필요한 구글 맵과 G메일, 캘린더, 유투브 같은 몇 가지 중요한 서비스 플랫폼을 제공하고 있는데, 이러한 플랫폼은 이용자나 개발자를 이 생태계에서 떠나지 못하게 만드는 잠금 효과(Lock-in)가 매우 크기 때문이다. 그러나 과거 응용 프로그램이 모바일 생태계의 잠금 효과 기능을 톡톡히 해냈지만, 지금은 어느 앱 장터를 들어가더라도 같은 응용 프로그램이 존재하므로 그 효과가 점점 약해지고 있다. 더구나 앞으로 HTML5 시대에서 이러한 앱의 특수성은 약해질 가능성이 높은데, 서비스 플랫폼은 쉽게 떠날 수 없기 때문에 개발자나 이용자나 모두 고민일 수밖에 없다. 제3의 생태계를 노리는 각 후보들이 구글의 서비스 플랫폼에서 독립하거나 또는 구글의 협력을 어떻게 이끌어내느냐는 것 역시 앞으로 주목해야 할 필요가 있다.

2 플랫폼(Platform)

플랫폼이란, 관점에 따라 다양하게 정의될 수 있다. 사전적 의미로 기차나 비행기 같은 것을 타고 내리는 곳 또는 어떤 목적을 위해 높여진 단상이나 정치적 원칙을 일컫는 용어다. 예를 들어 제품, 서비스, 디자인, 브랜드 등에 적용되는 것으로 디자인 플랫폼, 브랜드 플랫폼(예: CI등) 등으로 사용된다. 다시 말해 플랫폼이란 핵심가치를 담을 틀을 제공하고, 내부와 외부, 외부와 외부 간에 상호 연결을 가능하게 해주는 것으로, 소비와 공급의 중간에 위치하며, 미리 만들어진 것이 아닌 연결을 통해서 가치를 창출하고, 진화해가는 과정을 추구하는 것을 의미한다.[147)]

비즈니스 관점에서 플랫폼이란 다양한 용도에 공통적으로 활용할 목적으로 설계된 유무형의 구조물, 상품 거래나 응용 프로그램을 개발할 수 있는 인프라, 공급자, 수요자 등 복수 그룹이 참여하여 각 그룹이 얻고자 하는 가치를 공정한 거래를 통해 교환할 수 있도록 구축된 환경으로서 참여자들 간의 상호작용이 일어나면서 모두에게 새로운 가치와 혜택을 제공해줄 수 있는 상생의 생태계 등을 뜻 한다[148)]. 예컨대 윈도우(PC OS), 안드로이드(스마트 폰 OS), 크롬(웹브라우저) 구글(검색), 네이버(포털), 유튜브(동영상 포털), 애드센스(광고), 아이튠즈(콘텐츠), 앱스토어(어플리케이션), 아마존(쇼핑) 등은 모두 비즈니스 관점에서 성공한 미디어 플랫폼의 사례이다.경제학적으로 플랫폼을 좀 더 엄밀하게 살펴보면, 플랫폼은 단면시장(one-sided market)이 아닌 양면시장(two-sided market), 또는 다면시장(multi-sided market)에서 발견된다. 단면시장은 두 고객군 간의 직거래시장을 뜻한다. 반면 양면

147) 출처: 플랫폼 전쟁, 조용호, 21세기 북스, 2012.1.
148) 출처: 최병삼, 2010.11. p.2, 윤상진, 2012, p.45

시장 또는 다면시장은 다음과 같은 세 가지 사항을 특징으로 한다.[149)]

첫째, 상호연결을 필요로 하는 두 개 이상의 고객군, 또는 수요측 이용 자(demand-side user)와 공급측 이용자(supply-side user)가 있고, 이를 매개하는 플랫폼이 존재한다. 둘째, 수요 측면에서 한 고객군의 효용이 다른 고객군의 소비 또는 규모가 커짐에 따라 늘어나는 교차 네트워크 효과(cross network effect)[150)]가 나타난다. 또한 공급 측면에서는 생산 규모가 커질수록 생산비용이 감소하는 규모의 경제가 나타날 수 있다. 셋째, 끝으로 교차보조(cross subsidization), 즉 두 고객군 간의 직접 거래가 높은 거래비용으로 인해 불가능한 상황에서 플랫폼은 양쪽에 차별적인 가격 정책을 통해 수익을 확보할 수 있어야 한다. 쉽게 말하면 플랫폼은 두 고객이 직접 거래가 어렵다는 점을 활용해, 어느 한 쪽에게는 낮은 가격으로 내지는 무료로 제공하거나 보조금을 지급해 소비량이나 고객 수를 늘리는 한편, 다른 한 쪽에게는 높은 가격을 책정해 돈을 벌 수 있어야 한다. 여기서 플랫폼 사업자는 두 그룹 중 어느 쪽을 보조받는 쪽(subsidized segment)으로 하고, 어느 쪽을 보조하는 쪽(subsidizing segment), 즉 지불하는 쪽(money side)으로 둘지, 그 비용은 얼마로 할지, 이를 위해 활용할 도구에는 어떤 것이 있는지를 잘 따져서 정해야 한다. 즉 가격 할당 내지 비용 할당을 적절히 함으로써 가격 구조를 잘 만들지 못하면 교차 네트워크 효과는 발생하지 않고 플랫폼은 유지될 수 없다(Rochet & Tirole, 2003).

IT산업에서의 플랫폼이란 '하드웨어와 소프트웨어 등의 결합을 통해 최종 소비자(기업이든 개인이든)에게 서비스를 제공하기 위해 마련된 것'또는 '수평적 레이어 위에서 솔루션(Solution)이 개발되기 위한 인터페이스(Interface)의 집합'을 통칭해 이른다. 하나의 운영 체제 또는 컴퓨터 아키텍처(Architecture)라고 말할 수도 있고, 그 두 가지를 통칭해서 말할 수도 있다. 공통의 활용 요소를 바탕으로 보완적인 파생 상품이나 서비스를 개발, 제조할 수 있는 기반으로 이는 제품 자체뿐만 아니라 제품을 구성하는 부품과 다른 서비스와의 연계를 도와주는 기반 서비스나 소프트웨어도 포함하는 총체적 개념으로 이해된다(남대일, 2003).

---

149) 출처: Eisenmann, Parker, & Van Alstyne, 2006; Evans, 2003;Evans & Schmalensee, 2007.

150) 간접 네트워크 효과(indirect network effect)라고도 한다. 네트워크 효과는 네트워크 외부성(network externalities)으로 설명할 수 있는데 여기에는 직접 네트워크 외부성(direct network externalities)과 간접 네트워크 외부성(indirect network externalities)이 있다. 외부성이란 한 경제행위자의 경제행위가 3자에게 영향을 주는 것을 의미한다. 직접 네트워크 외부성은 동일 집단의 규모가 커짐에 따라 해당 집단의 효용이 증가하는 것을 뜻하는 반면, 간접 네트워크 외부성은 한 집단의 효용이 다른 집단의 규모에 의해 영향을 받을 때 생겨난다(Katz & Shapiro, 1985).

그림 3-46 플랫폼의 개념[151)]

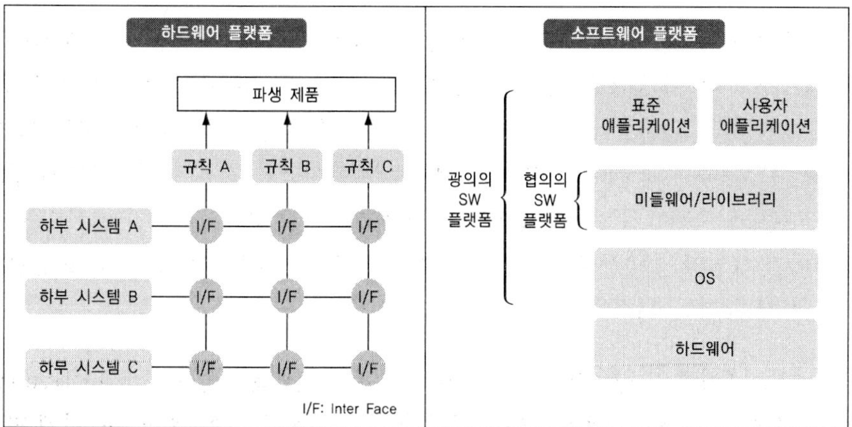

공용화된 부품들로 구성된 하부 시스템(Subsystem)과 이들 하부 시스템과 다른 하부 시스템 또는 기타 부품들을 연결시키는 인터페이스의 집단. 규칙에 따라 다양한 파생제품이 제안될 수 있음.	하드웨어 플랫폼에 탑재되어 하드웨어 기능을 애플리케이션에서 사용할 수 있도록 하여주고, 애플리케이션 개발에 필요한 프로그래밍 환경(API) 및 실행 환경을 제공하는 역할을 수행

과거에는 부품 공용화 및 기술 표준화를 위한 하드웨어 중심의 플랫폼이 주를 이루었으나, 2000년대 들어서면서부터는 웹 플랫폼, 서비스 플랫폼, 소프트웨어 플랫폼 등 플랫폼이 소프트웨어 중심으로 많이 쓰이고 있으며, 모바일 시장에서도 컴퓨팅 기능의 중요성이 높아지고 스마트 폰 시장이 확대되면서 소프트웨어 플랫폼에 대한 관심이 증가하고 있다.

즉, 휴대폰이나 기타 다양한 장치도 일종의 플랫폼이라 볼 수 있지만, 앞서 언급한 바와 같이 휴대폰과 인터넷, 모바일 단말기, CATV, IPTV 등 서비스 관련 하드웨어나 소프트웨어들이 등장함에 따라 콘텐츠를 담아낼 다양한 형태의 플랫폼이 만들어지고 제공되고 있다. 웹 영역에서는 기술의 발달과 새로운 사업영역의 출현으로 지금까지 우리가 접하지 못했던 서비스가 제공되는 '서비스 혁신 경쟁'과 기존의 콘텐츠와 서비스가 외연을 넓히며 확장해 가는 '서비스 확장 경쟁'이 플랫폼 경쟁의 두 축을 이루고 있다. 이러한 경쟁의 양상 속에, 고객과 서비스 공급자 사이엔 '양 방향 커뮤니케이션'이 이뤄지기도 하고, 여러 미디어를 넘나들며 서비스가 제공되는 '크로스 미디어(Cross-media)' 현상(최근 N Screen 혹은 Multi Screen이란 용어로 불리기도 함)이 일반화되고 있다. 또, 사업자는 서비스를 제공하는 데 있어, 고객 편의를 제공하고 사용 빈도를 높이기 위해 '사용 편의성'을 추구하게 된다.[152)]

151) 출처: 소프트웨어플랫폼 경쟁의 전면화와 대응방안, LGERI, 2008.8.
152) 출처: 스마트 혁명 미디어 빅뱅, 권택민, 정완진, 이노탱크, 2011.

가 서비스 플랫폼의 중요성

플랫폼은 다양한 고객의 니즈를 효율적, 경제적으로 만족시킬 수 있게 해준다는 관점에서 지렛대 역할을 한다고 볼 수 있다. 따라서 지렛대를 만드는 비용보다 효과가 커야하므로 중장기적 관점에서 접근하는 사업, 장치나 설비가 많이 필요한 분야에 적합한 특성을 가진다. 더불어 서비스의 핵심동력, 강력한 비즈모델의 구축 용이성 제공, 기술의 발전과 더불어 네트워크 효과를 통한 운용을 가능하게 해 주며, 나아가 성공한 플랫폼 사업자는 시장의 규칙을 제정하는 막강한 역할을 담당할 수 있게 해 준다는 의미에서 그 중요성을 띤다.[153)]

서비스 플랫폼이 만들어지면 사용자가 모이고 새로운 응용서비스(Applications)들이 그 위에 올라가고 사용자 기반을 통해 인기 있는 애플리케이션이 순식간에 퍼지고 이러한 서비스들이 모여서 더 큰 부가가치가 만들어진다. 플랫폼은 공통적인 기반기술과 구조를 중심으로 이루어져 표준화라는 특성을 지닌다. 플랫폼을 통한 표준 인터페이스의 제공은 다양한 응용서비스가 존재할 수 있는 유용성을 제공할 수 있게 한다(박동욱. 2007). 더불어 한 플랫폼 안에서 서로 다른 다양한 그룹의 고객을 맺어주는 멀티 사이드 비즈니스(multi side business)를 지원할 수 있게 해 줌으로써 가치를 창출한다. 그리고 소스코드(Source code)의 유연성은 소프트웨어 플랫폼이 기존 산업에 침투하거나 새로운 산업에 진출하는데 좋은 조건을 만들어 주기도 한다.

이런 의미에서 그 동안에는 인텔의 칩(chip)과 마이크로소프트(MS)의 윈도우(Window) 운영체계, 그리고 노키아의 심비안이 대표적 플랫폼 성공 사례로 볼 수 있었다. MS가 1980년대 자사의 운영체계인 윈도우(Window)를 중심으로 PC제조사들의 경쟁을 통해 이점을 누리게 되고 소비자들이 그들의 제품을 가치 있게 인지하여 다양한 혜택을 누릴 수 있었다. 노키아의 경우는 1980년대 이후 모바일 단말기기 에 있어 세계 제1의 제조사였다. 노키아의 성공은 하드웨어와 소프트웨어 플랫폼 양면으로 플랫폼 전략을 성공적으로 구사했었다. 하드웨어 측면에서는 MIPI(Mobile Industry Processor Interface)라는 하드웨어 인터페이스의 표준화를 기반으로 부품 표준화/ 공용화를 추진하였고, 소프트웨어 측면에서는 심비안(Symbian)이라는 운영체제를 중심으로 생태계를 구축하였었다. 이처럼 하드웨어와 소프트웨어 플랫폼을 통해 중저가 단말기기부터 하이엔드(high-end)[154)] 단말기기까지 경쟁사 대비 낮은 비용과 빠른 출시 속도로 시장을 장악할 수 있었다.

153) 출처: 플랫폼 전쟁, 조용호, 21세기 북스, 2012.1.
154) high-end : 비슷한 기능을 가진 제품군 중에서 기능이 가장 뛰어나거나 가격이 제일 비싼 제품을 나타내는 용어(IT용어사전, 한국정보통신기술협회)

플랫폼 사업자는 서비스 플랫폼 제공을 통해 산업 전반을 지배할 수 있는 힘을 갖게 되고, 높은 부가가치를 창출하며 자사를 중심으로 한 생태계를 구축하려 노력하게 된다. 더불어 가치사슬 상의 다양한 이해당사자자들을 상호 연결 시켜줌으로써 자사 중심으로 생태계의 조정자 역할을 수행하게 된다. 플랫폼 사업자는 보완제품들의 수많은 혁신으로 인한 혜택뿐만 아니라 전체 시스템 차원에서의 경쟁으로 인한 혜택을 누릴 수 있다.

서비스 플랫폼은 네트워크 효과(Network externality)가 매우 크므로 더 많은 사용자, 개발자, 관련 기업들이 참여하는 네트워크 구축이 플랫폼 전략 성공에 있어서 가장 중요하다. 서비스 플랫폼에 올라간 애플리케이션이 사용자들의 인가를 얻으면 이는 플랫폼을 통해 순식간에 많은 사용자들에게 확산된다. 즉, 네트워크의 규모, 다시 말해 네트워크에 참여하는 다양한 이해 관계자들이 많아지면 많아질수록 그 가치가 기하급수적으로 증가하며, 네트워크의 규모와 플랫폼의 가치는 밀접한 관계를 갖는다. 네트워크의 가치는 참여자수의 제곱에 비례한다는 메칼프의 법칙(Metcalfe's law)[155]이 적용된다. 많은 플레이어들이 플랫폼에 참여해 상호 작용하며 가치 있는 콘텐츠와 소프트웨어를 통한 신규 서비스 창출 촉진 및 다양한 수익 모델을 개발하면 서비스 사용자 증가로 이어지고 이는 또 개발을 촉진하면서 플랫폼이 확대되는 선순환 구조가 확립되어 가치 창출이 증대된다. 이로 인해 서비스 플랫폼을 둘러 싼 주도권 확보를 위한 경쟁이 점차 치열해지고 있는 것이다.

2015년 들어 주목할 만한 플랫폼 전쟁의 한 중심에 페이스 북이 있다. 페이스 북은 단연코 전 세계에서 가장 큰 사용자 기반을 가지고 있는 서비스 혹은 서비스 플랫폼임이 분명하다. 2015년 5월 현재 월간 활성 사용자가가 14억 명이 넘어섰고, 페이스 북 메신저 6억 명, 왓츠앱(What's App) 8억 명 이상의 활성 사용자 수를 보유하고 있다. 이를 단순 합산해도 전 세계 28억 명 이상의 사용자가 페이스 북 관련 서비스를 이용하고 있는 것이다. 더불어 페이스 북을 통해 유통되는 비디오 영상이 구글의 유투브(Youtube)가 2012년 기록했던 일간 40억 뷰(View)에 달하고 있다.

이러한 페이스 북이 2015년 5월에 인스턴트 아티클(Instant Article)이라는 콘텐츠 퍼블리싱 플랫폼 서비스를 시작했다. 이것은 뉴욕타임즈, BBC, 내셔널지오그래픽, 버즈피드, NBC, 애틀랜틱, 가디언, 슈피겔, 빌트 등 9개 언론사의 기사 전문을 제공하는 서비스로, 그 동안 페이스 북에서 뉴스를 보려면 게재된 링크를 통해 해

---

155) 메칼프의 법칙 : 미국의 네트워크장비업체 3COM의 설립자인 밥 메칼프가 주창한 이론으로, 네트워크에 일정 수 이상의 사용자가 모이면 그 가치가 폭발적(기하급수적)으로 늘어난다는 이론

당 언론사에 접속해서 이용해야하는 불편을 줄이고, 이용자들의 뉴스 이용의 편리성 제고를 위해 기사 전문을 직접 게재하는 방식을 택하여 뉴스 서비스를 제공하기 시작한 것이다. 언론사들의 입장에서 자사 접속 건수에 비례한 광고 매출을 잃을 수 있다는 우려가 있으나 그것보다는 보다 많은 사용자 기반을 가진 페이스 북을 통해 일정 비율의 광고 수익을 분배 받는 쪽을 택함으로써 광고 매출을 확대할 수 있다는 판단을 한 것이다. 더불어 페이스 북이 이용자가 읽은 기사와 광고에 대한 정보를 언론사와 공유하는 것으로 추진하고 있다.

인스턴트 아티클 서비스는 단순히 하나의 앱이나 서비스가 아니라 가장 큰 가입자 기반을 가진 페이스 북 서비스를 통한 콘텐츠 유통을 제공함으로써 실질적으로 플랫폼을 장악하고자 하는 페이스 북의 전략적 일단을 보여주는 것이다. 따라서 그간 구글이 빅 브라더(Big Brother)로서 자래 매김 하는 것에 대한 우려를 페이스 북으로 이전시키는 역할을 하고 있는 것이다. 시장 분석가들은 페이스 북에서 제공하는 다양한 데이터와 하나로 통합된 사용자 경험을 바탕으로 콘텐츠제공 사업자들이 각자 원하는 방식에 맞추어 서비스를 제공할 수 있는 길이 열린 것으로 가면 갈수록 더 많은 콘텐츠 제공 사업자들이 이 플랫폼을 이용할 것으로 예상하고 있다.

나 모바일 서비스 플랫폼으로서의 인스턴트메신저(Instant Messenger)

1996년 이스라엘 기업인 미라빌리스(Mirabilis)사에 의해 최초로 출시된 ICQ Messenger를 시작으로 PC 기반의 다양한 인스턴트 메신저(IM, Instant Messenger)가 등장해 큰 인기를 끌었으나, 2006년에 2억 명 이상의 가입자를 확보했던 MSN 등의 서비스가 모바일 기술 환경의 변화에 적절히 대응하지 못하여 2014년 서비스를 종료하면서 PC 기반의 IM의 경쟁력 저하가 입증되고 구글, MS 야후, 페이스 북 등 글로벌 기업들이 모바일 인스턴트메신저 기업을 인수하거나 기존 PC 기반의 IM을 모바일 기반으로 전환하면서 모바일 환경 하에서의 인스턴트 메신저 환경에 대응하기 위한 행보를 보이고 있다.

모바일 메신저는 최근 들어 글로벌 대형 IT기업들이 갖춰야 할 '필수 서비스'로 자리매김하고 있다. 모바일 메신저 서비스는 애플 아이폰 등장으로 스마트 폰이 보급되면서 2009년 5월 왓츠앱(WhatsApp)이 미국에서 서비스를 시작한 이래 카카오 톡(Kakao Talk), 바이버(Viber), 라인(Line) 등의 서비스들이 잇달아 출시되며 각기 선점한 국가와 지역을 중심으로 세력을 확장해 나가고 있다. 특히 2014년 들어서면서 전 세계 IT업계에서 모바일 메신저가 M&A의 화두로 떠오르며 모바일 메신저시장에 관심이 집중되고 있다. 더불어 모바일 메신저가 새로운 마케팅 플랫폼으로 떠오르며, 모바일 서비스 포털로 진화될 것으로 전망된다. 카카오 톡, 라인, 위챗이 모바일 게임으로 수익창출을 내면서 모바일 메신저의 산업적 가치를 증대시키고 있으며, 통합 커뮤니케이션 플랫폼, 마케팅과 게임 플랫폼, 소액 금융결제수단으로서의 강점을 중심으로 모바일 메신저의 영향력은 더욱 확대되어 갈 것으로 전망되고 있다.

그림 3-47 주요 모바일 메시징 앱 월별 액티브 이용자 수 및 지난 6개월 간 성장률[156)]

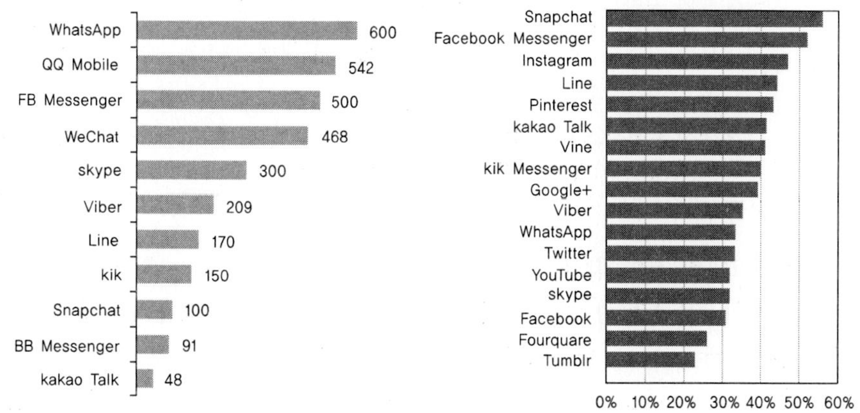

출처: Statista, The Guardian, 2014.12　　출처: GWI, 2014.12

(단위: 백만 명, %)

그림 3-48 인스턴트 메신저의 탄생과 몰락[157)]

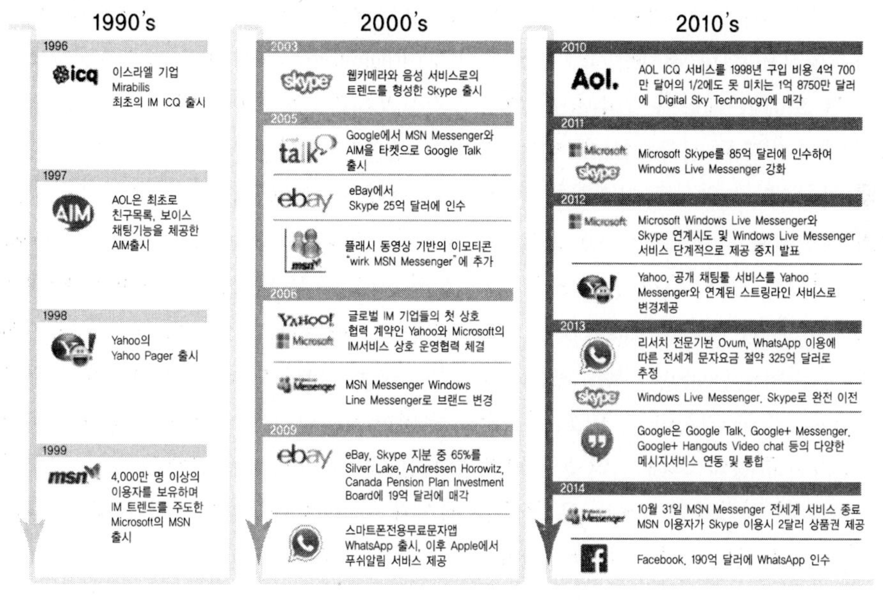

156) 출처: 2015년 모바일 트렌드 전망, KT 경제경영연구소. 2015.1.14
157) 출처: 연도별 추이로 살펴본 IM의 탄생과 몰락. 스트라베이스. 2014.11.25

표 3-24 주요 모바일 메신저 서비스 내용[158)]

구분	주요 서비스
카카오 톡	• 음성전화, 게임, 음원(카카오 뮤직), 웹 툰-웹 소설(카카오 페이지) 등 추진 • 금융서비스(증권플러스카카오) 및 뱅크월렛 출시
라인	• 게임, 음성전화(라인콜), 스템프, 전자상거래(라인엣) 추진 • 해외 시장 겨냥 인기 웹 툰 제공을 위한 라인 웹 툰 서비스
위젯	• 모바일 게임 및 금융서비스(영화티켓/쿠폰 구매, 매장과 백화점 결제 체제 도입) 등 추진
왓츠앱	• 메신저 서비스 주력하며, 페이스 북의 맞춤형 광고 제공용 데이터 수입 역할 (이용자 위치정보, 생활패턴 등 사용자정보 수집) 집중

더불어 모바일 분야에서의 플랫폼 전쟁은 앱인앱(App in App)의 형태로 다양한 콘텐츠 서비스를 제공하기 위한 모바일 메신저 형 서비스 플랫폼의 등장으로 확대되고 있다. 예를 들어 앱스토어나 플레이스토어 상에서 카카오 톡이나 라인, WhatsApp, Viber, WeChat, Google Hangout, Facebook Messanger 등의 메신저서비스 앱을 내려 받으면 그것을 통해 게임, 사진, 동영상, 음악 등 다양한 콘텐츠 서비스를 이용할 수 있으며, 이러한 서비스플랫폼이 시장에서 새로운 미디어 플랫폼으로서 그 역할 비중이 점차 점증하고 있는 현실이다.

세계 최대 소셜 네트워크서비스인 페이스 북이 WhatsApp을 190억 달러에 인수하고, 일본의 대형 전자상거래 업체인 라쿠텐(Rakuten)은 3억 명 이상의 글로벌 가입자를 보유한 Viber를 인수하였으며, 구글은 2014년 8월 모바일메신저 앱 Immu를 인수하여 인도를 시작으로 2015년에 모바일 메신저 출시를 준비 중이고, 야후는 스타트업인 MessageMe를 인수한데 이어 Snapshot에도 2,000만 달러를 투자하는 등 모바일메신저를 플랫폼으로 앱 생태계를 장악하고자하는 사업자들의 행보가 다양하게 전개되고 있다. 특히 전 세계 32개국 성인 6억명을 대상으로 모바일메신저 이용현황을 조사한 결과 WhatsApp이 39%의 점유율을 나타내고 있으며, 페이스북 메신저와 스카이프(Skype)는 특히 필리핀과 인도, 중동 국가들에서 선전하며 각각 점유율 36%, 32%를 기록하고, 10초 메신저로 유명한 Snapchat은 영국과 미국에서 인기를 구가하고 중국 최대 인터넷 서비스 업체인 텐센트(Tencent) 산하의 중국 모바일 메신저 1위 사업자인 WeChat은 글로벌 메신저 시장 점유율은 미미하나 홍콩, 말레이시아 등지에서 이용자를 확보하며 급성장하고 있다.

158) 출처: eMarketer 및 언론 보도 자료 참고 재구성. 2014년 5월 현재 자료임.

그림 3-49 주요 글로벌 메신저 앱 비교분석[159)]

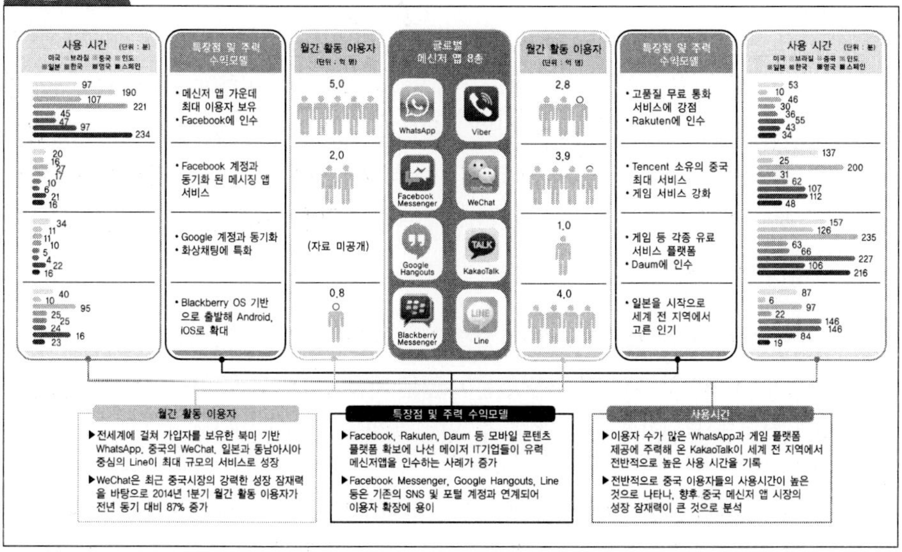

정리하기

1 웹이란?(P250)

2 모바일 OS를 통한 생태계 구축의 장점은 무엇인가?(P260)

3 비즈니스 관점에서의 플랫폼이란?(P261)

4 서비스 플랫폼이 중요한 이유를 네트워크 경제 하에서의 다양한 이론을 접목하여 설명하시오.(P264)

5 서비스 플랫폼에서 네트워크가 갖는 가치는?(P265)

159) 출처: 모바일 콘텐츠 플랫폼의 중심으로 부상한 주요 글로벌 메신저 앱 8종 비교분석. 스트라베이스, 2014.6.13

확인하기

1 일반적으로 웹(Web)이라 하면 "문자 위주의 서비스에서 탈피하여, 문자·영상·음성 등이 혼합된 멀티미디어 정보를 마치 거미줄과 같은 통신망으로 세계 각지에 연결시켜 주는 서비스"라고 정의되고 있으나, 통상 인터넷을 이용하기 위하여 브라우저(Browser)를 통해 다양한 사이트(Site)에 접속하여 콘텐츠나 응용 서비스 등을 이용하기 위한 기술을 의미한다.

2 모바일 OS를 통한 생태계 구축의 장점은 각 사업자들이 생태계 내의 역할을 나누고 기술 개발, 마케팅, 개발자 지원 같은 수많은 자원을 분담해 투입함으로써 비용을 줄이고 빠르게 분위기를 끌어 올릴 수 있는 동력을 지니고 있다는 점이다.

3 다양한 용도에 공통적으로 활용할 목적으로 설계된 유무형의 구조물, 상품 거래나 응용 프로그램을 개발할 수 있는 인프라, 공급자, 수요자 등 복수 그룹이 참여하여 각 그룹이 얻고자 하는 가치를 공정한 거래를 통해 교환할 수 있도록 구축된 환경으로서 참여자들 간의 상호작용이 일어나면서 모두에게 새로운 가치와 혜택을 제공해줄 수 있는 상생의 생태계

4 플랫폼은 다양한 고객의 니즈를 효율적, 경제적으로 만족시킬 수 있게 해준다는 관점에서 지렛대 역할을 한다고 볼 수 있다. 따라서 지렛대를 만드는 비용보다 효과가 커야하므로 중장기적 관점에서 접근하는 사업, 장치나 설비가 많이 필요한 분야에 적합한 특성을 가진다. 더불어 서비스의 핵심동력, 강력한 비즈모델의 구축 용이성 제공, 기술의 발전과 더불어 네트워크 효과를 통한 운용이 가능하게 해 주며, 나아가 성공한 플랫폼 사업자는 시장의 규칙을 제정하는 막강한 역할을 담당할 수 있게 해 준다는 의미에서 중요하다고 할 수 있다.

또한 네트워크 효과(Network externality)가 매우 크므로 더 많은 사용자, 개발자, 관련 기업들이 참여하는 네트워크 구축이 플랫폼 전략 성공에 있어서 가장 중요하다. 서비스 플랫폼에 올라간 애플리케이션이 사용자들의 인가를 얻으면 이는 풀랫폼을 통해 순식간에 많은 사용자들에게 확산된다. 즉, 네트워크의 규모, 다시 말해 네트워크에 참여하는 다양한 이해 관계자들이 많아지면 많아질수록 그 가치가 기하급수적으로 증가하며, 네트워크의 규모와 플랫폼의 가치는 밀접한 관계를 갖는다. 네트워크의 가치는 참여자수의 제곱에 비례한다는 메칼프의 법칙((Metcalfe's law)이 적용된다. 많은 플레이어들이 플랫폼에 참여해 상호 작용하며 가치 있는 콘텐츠와 소프트웨어를 통한 신규 서비스 창출 촉진 및 다양한 수익 모델을 개발하면 서비스 사용자 증가로 이어지고 이는 또 개발을 촉진하면서 플랫폼이 확대되는 선순환 구조가 확립되어 가

치 창출이 증대된다. 이로 인해 서비스 플랫폼을 둘러 싼 주도권 확보를 위한 경쟁이 점차 치열해지고 있는 것이다.

5 서비스 플랫폼에 올라간 애플리케이션이 사용자들의 인가를 얻으면 이는 풀랫폼을 통해 순식간에 많은 사용자들에게 확산된다. 즉, 네트워크의 규모, 다시 말해 네트워크에 참여하는 다양한 이해 관계자들이 많아지면 많아질수록 그 가치가 기하급수적으로 증가하며, 네트워크의 규모와 플랫폼의 가치는 밀접한 관계를 갖는다.

제 6 절 앱 스토어(App Store)의 변화

1 앱 스토어의 등장과 앱 생태계 경쟁 전략

모바일 콘텐츠 산업에서 가장 혁신적인 변화가 바로 앱과 앱을 거래하는 앱 스토어의 등장이라 할 것이다. 전 세계 앱스토어 시장이 스마트 폰, 태블릿 PC의 대중적 보급과 LTE 모바일 네트워크의 확산에 힘입어 폭발적 성장세를 거듭해 오고 있다. 특히 유료 앱 판매, 광고 뿐 아니라 부분 유료화(Freemium) 형태의 비즈니스 모델이 정착되면서 글로벌 앱 스토어 시장은 보다 안정적인 수익 구조를 만들어 가고 있다.

가치사슬을 연계한 사업 전략의 일환으로 산업에서 혁신적으로 등장하게 된 앱 스토어는 결국 집단지성(Collective Intellectual)을 이용하는 것이 그 핵심이다. 즉 장터(Market)를 열어 놓고, 개인이든, 기업이든 누구나 자사의 콘텐츠 장터에 개발된 콘텐츠나 응용서비스를 올려 놓고 판매를 할 수 있게 만든 것이다. 이렇게 개방된 에이피아이(API : Application Programming Interface)[160]를 통해 누구든지 다양한 서비스나 앱 개발을 할 수 있게 함으로써 자생적으로 진화할 수 있는 기반을 마련하고, 이에 따라 개인들이나 소규모 기업 혹은 중견 콘텐츠 개발사들이 다양한 서비스나 콘텐츠를 앱 스토어 상에 등록함으로써 소비자와 직접 판매 및 구매 활동을 전개할 수 있게 되는 것이다. 이처럼 모바일 앱 생태계 특성은 플랫폼, 앱 개발자, 단말기기 제조업자, 네트워크 사업자, 소비자가 유기적으로 연계되어 있다. 모바일 앱 생태계는 운영체제를 제공하는 소프트웨어 플랫폼 제공업체와 앱스토어를 제공하는 서비스 플랫폼 제공업체를 포함한 플랫폼 업체가 시장을 주도하고 있으며, 다수의 앱 개발자와 소비자뿐만 아니라 스마트 폰 및 태블릿 PC를 생산하는 단말기 제조업자와 무선 네트워크 망을 제공하는 통신사들까지 연계 되어 서로 상호작용을 하면서 생태계를 형성하고 있는 것이다. 플랫폼의 가치는 이용 가능한 단말기 및 앱의 수와 소비자의 수가 늘어날수록 기하급수적으로 늘어나게 되어 있으며, 개발자들은 가장 많은 이용자를 확보한 플랫폼의 앱을 개발하기를 원하며, 소비자들은 가장 많은 수의 앱과 단말기기를 보유한 플랫폼을 사용하기를 원하는 것도 네트워크 경제 효과에 기인하기 때문이다. 즉 제3 개발세력과 소비자의 참여를 극대화하고, 나아가 자사의 플랫폼 경쟁력이 향상되면서, 플랫폼 제공 기업과 제3의 개발사 그리고 소비자로 이어지는 자생적 생태시스템을 구축할 수 있게 되는 것이다.

160) API : 운영체제와 응용프로그램 사이의 통신에 사용되는 언어나 메시지 형식(출처: 네이버 백과사전)

그림 3-50 앱 스토어의 생태시스템 선순환 구조[161]

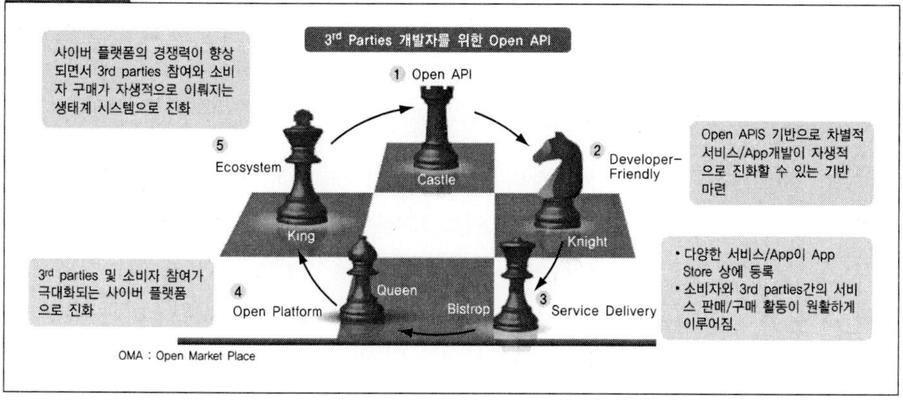

앱 스토어 시스템은 애플의 아이팟-아이튠스(iPod-iTunes)로부터 시작되었다. 다양한 음악들을 아이튠스라는 장터에 올려놓고 이를 곡당 0.99달러에 소비자들이 내려 받아 자신의 MP3 기기에 저장해 놓고 즐길 수 있게 함으로써 이전에 구매 할 때 자신이 원하는 곡 이외에 다른 곡을 섞어서 대가를 지불하고 구매해야 했던 CD 등과의 차별성을 갖게 되고, 그로인해 자연스럽게 아이팟이란 애플의 MP3기기 판매로 이어지는 생태계적 사업 모델을 만든 것이다. 사용자에게는 편의성과, 풍부한 음원 구매 환경, 그리고 자신이 원하는 곡만을 구매할 수 있는 새로운 환경이 만들어지게 된 것이다.

이후 아이패드(iPad)라는 새로운 PC의 개발과 앱 스토어와의 연계를 통한 가치사슬 연계형 사업 모델의 개발을 통해 음원 뿐 아니라 전자책, 영화/비디오, 애니메이션을 비롯한 다양한 콘텐츠와 응용 서비스를 제공함으로써 태블릿 이라는 새로운 단말기기 시장을 창출하기도 했다. 애플의 아이패드를 통한 전자책 산업의 경우 출판사의 입장에서도 가격은 출판사가 임의로 정할 수 있고, 소비자와 서점이라는 물리적 공간을 이용하지 않고도 직접 만나서 판매를 할 수 있다는 측면과 애플의 입장에서는 다양한 출판사를 수용할 수 있게 됨에 따라 소비자에게 보다 다양한 전자책을 선보일 수 있게 됨으로써 가치 상승을 통한 새로운 사업 모델을 만들 수 있게 된 것이다.

아마존(Amazon)도 자사의 전자책 단말기기를 통해 권당 9.99달러의 저렴한 가격에 책을 판매하면서 출판 시장에서 새로운 혁명을 일으켰다. 즉, 물리적 공간이 필요 없이 필요한 책을 언제든지 내려 받아 볼 수 있게 함으로써 긴 꼬리(Long Tail) 판매 전략[162]의 성공사례를 보여주었고, 더불어 애플사의 아이패드(iPad) 등 경쟁

161) 출처: ROA Group Korea, 2010.

관계에 있는 단말기기들을 통해서도 자사의 책 장터에서 전자책을 내려 받아 사용할 수 있게 함으로써 실질적으로 전자책 시장의 강자로 군림하게 되었다. 2011년에는 킨들 파이어(Kindle Fire)라는 태블릿(Tablet)을 개발해 시장에 출시함으로써 종합적인 콘텐츠 서비스 제공 기관으로 발돋움했다.

앱 스토어는 운영하는 사업자의 성격에 따라 4개의 형태로 구분할 수 있는데, 첫째, 단말기 제조업체 중심의 앱 스토어로 2008년 7월 시작된 애플 앱 스토어가 대표적이다. 애플의 앱스토어는 자사의 단말기와 OS를 기반으로 한 플랫폼 전략으로 초기 앱 스토어 시장을 주도해 나갔다. 둘째, 운영체제(OS) 개발사 중심의 앱 스토어로서, 대표적인 것이 구글인데, 안드로이드 OS를 기반으로 2008년 10월에 안드로이드 마켓으로 시작해 2012년 3월 구글 플레이로 변경하면서 서비스 플랫폼 시장을 주도하고 있다. 셋째, 통신사 중심의 앱 스토어들이며, 국내의 안드로이드 기반 앱 스토어인 SK플래닛의 T스토어는 2009년 9월 오픈한 후 전자책, 영화, 방송, 음악, 웹툰 등 멀티미디어 콘텐츠를 포함한 수십 만 개의 앱을 제공하면서 구글 플레이 및 애플의 앱 스토어와 경쟁하고 있는 상황이며, 마지막으로 독립적 앱 스토어 들인데, 이는 특정 플랫폼에 국한되지 않고 니치마켓을 형성하고 있는 다수의 앱 스토어로, 대표적인 예로 킨들 파이어를 중심으로 한 아마존 앱 스토어가 있다.

표 3-25 운영 주체별 앱스토어 분류[163)]

구분	단말기기 제조업체	OS 개발사	통신사	독립적
주요 사업자	Apple BlackBerry - App World LG SmartWorld Nokia OVI Store Samsung Apps HTC Apps	Google Play Widows Phone Store MS One App Firefox - Marketplace Window Store	SKT Store AT&T - App Center China Moblel Market Orange - Application Shop	Amazon - Appstore Getjar OnlySymbian OnlyAndroid SlideME
스토어 수	13개	5개	약 30개	100여개 이상

162) 롱테일법칙(Long Tail Theory)은 80%의 다수가 20%의 핵심 소수보다 뛰어난 가치를 창출한다는 이론이다. 많이 판매되는 상품들 순으로 그래프를 그리면 적게 팔리는 상품들은 선의 높이는 낮지만 긴 꼬리(Long Tail)처럼 길게 이어진다. 이 긴꼬리에 해당하는 상품들을 합치면 많이 팔리는 상품들을 압도한다는 뜻에서 지어졌다. 인터넷 기반 서점 아마존닷컴이 책목록 진열이 무한한 인터넷에서 잘 팔리는 책 20%보다 적게 1~2권씩 팔리는 책 80%의 매출이 훨씬 높다는 것에서 착안하여 만든 법칙이다. 전체 결과의 80%가 전체 원인의 20%에서 일어나는 현상을 가리키는 파레토법칙과는 반대되는 개념이다(출처: 시사경제용어사전, 기획재정부, 2010.11).

163) 출처: research2guidance, 2013.6.

더불어 앱 스토어는 참여자의 특성에 따라 서로 다른 전략을 구사하고 있다. 즉 단말기기 제조 유무와 운영체계 및 플랫폼 보유 유무에 따라 서로 다른 경쟁 전략을 구사하고 있는 것이다.

그림 3-51 앱 스토어 경쟁전략 변화

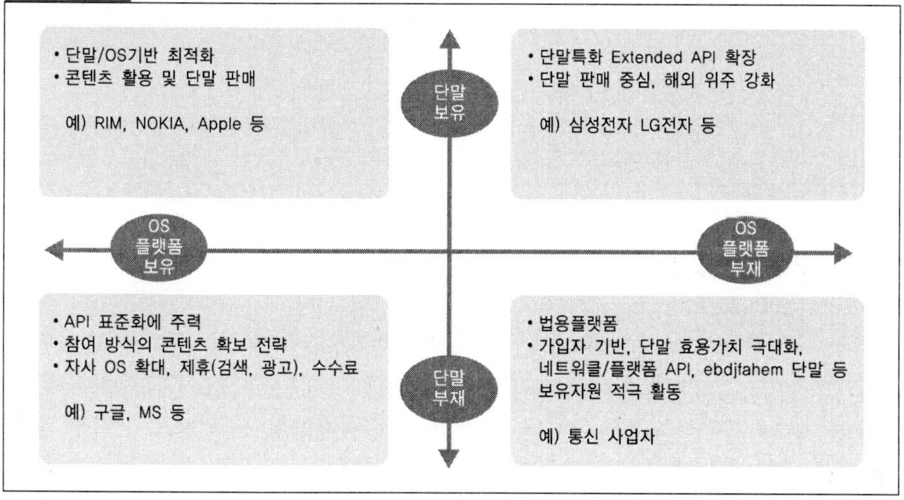

표 3-26 주요 사업자의 앱 스토어 경쟁전략 비교 [164]

앱스토어	장점	단점
Apple 'App Store'	• 세계 최대 모바일 앱스토어로 최다 앱 보유 • 매우 높은 앱 수익성 • 탄탄한 단말 플랫폼 기반	• 폐쇄적 앱 플랫폼 • 강압적인 앱스토어 정책
Google 'Google Play'	• 급속도로 성장 중인 Android 플랫폼 • 'App Store'에 필적하는 앱 보유량 • 강력한 광고 서비스 제공	• 광고 기반 무료 앱 정책에 의한 저조한 수익성 • 취약한 검열 정책에 의한 앱 퀄리티, 보안 문제
Amazon 'Amazon Appstore'	• Android의 플랫폼 기반 활용 가능 • 디지털 콘텐츠 보유 역량 • 구매력 강한 소비자 다수 포진	• Apple, Google 대비 적은 앱 종류 • 좁은 서비스 지역 • 사실상 'Kindle' 외 단말 기반 없음.

164) 출처: 스트라베이스. 2012.

Microsoft 'Windows Phone Marketplace'	• 제 3의 OS로서 높은 성장 잠재력 • 신규 'Windows Phone 8' OS의 뛰어난 기술력 • PC-스마트폰-태블릿 연동 크로스 플랫폼 기능	• 낮은 OS 시장 점유율 • 잇따른 모바일 사업 실패에 의한 신뢰도 저하 • 'Windows Phone 8'의 이전 버전 호환 불가 논란
Facebook 'App Center'	• 세계 최대의 SNS로서 막대한 이용자 기반 확보 • 소셜 요소를 앱 유통에 활용 가능 • 기존 앱스토어도 포용하는 통합 유통 플랫폼	• 자체 앱 보유 역량 부족 • 수익 창출에 대한 투자자 의심 여전 • 끊임없는 사생활 침해 논란

2 모바일 앱의 유형165)

모바일 앱의 유형은 크게 네이티브 앱(native app), 웹 앱(web app), 하이브리드 앱(hybrid app) 3가지로 구분하는 것이 일반적이다. 네이티브 앱은 일반적으로 이야기하는 애플리케이션을 의미하는데, 모바일 기기에 최적화 된 언어로 개발된 앱으로 안드로이드 개발툴킷(SDK : Software Development Kit)을 이용해 자바(Java)언어로 만드는 안드로이드 앱과 iOS SDK를 이용해 Objective-C 언어로 만드는 아이폰 앱 등 대부분이 이 유형에 속한다. 네이티브 앱 개발자는 앱 스토어나 마켓에서 개발한 앱을 판매할 수 있으며, 모바일에 저장된 주소록, 파일 등의 고유정보를 변경할 수 있고, 카메라나 후레시 등의 각종 센서를 제어할 수도 있다.

웹 앱은 모바일 웹과 네이티브 앱을 결합한 유형으로, PC나 스마트 폰 등 단말기의 기종에 관계없이 아무 단말기에서나 같은 콘텐츠를 볼 수 있도록 해주는 시스템으로 HTML5를 기반으로 하여 모바일 게임을 비롯한 콘텐츠 업체들을 중심으로 빠르게 확산되고 있으며, 아이폰, 안드로이드폰, 윈도우폰 용으로 각각 앱을 제작해야하는 번거로움이 없어져 비용이나 시간이 훨씬 절감될 수 있고 앱을 등록하고 심사하는 과정 을 거치지 않는 반면에, API의 이용이 어렵고 웹 앱 실행하기까지 웹 접속이 필요해 수행 시간이 늦다는 단점이 있다.

하이브리드 앱은 웹 앱의 단점을 보완한 형태로써, 웹 앱을 네이티브 앱으로 포장하는 것을 말한다. 웹 기술로 개발되었지만 모바일에 최적화된 언어로 만드는 네이티브 앱처럼 보이게 하는 것을 말하며, 네이티브 앱의 형태를 띄고 있어 앱스토어나 마켓에서 다운받아 모바일에 설치할 수 있고, 모바일의 고유 정보를 이용하고 하드웨어를 제어할 수도 있다.

165) 출처: 모바일 앱 및 광고시장의 현황 및 전망. KT경제경영연구소. 2014.7.23

표 3-27 모바일 앱의 유형 및 장단점

	네이티브 앱	웹 앱	하이브리드 앱	모바일 웹(참고)
장점	• 구동속도가 가장 빠름. • 가장 동적으로 표현할 수 있음. • 인터넷이 연결되어있지 않아도 사용가능	• 네이티브 앱에 비해 개발기간이 짧음. • 업데이트 및 수정 변경이 용이함. • OS에 상관없이 웹브라우저로 접근가능 (아이패드, PC에서도 가능함)	• 구동속도가 모바일 웹보다 빠름. • 필수적인 요소만 포함해서 개발 가능 • 동적인 데이터는 실시간으로 통신	• 쉽고 간단하게 적용할 수 있음. • Html 표준 방식으로 개발하면 OS에 상관없이 구현됨.
단점	• 다른 방식과 비교할 때 개발 기간과 비용이 많이 들어감. • 앱스토어를 통해 등록. 심사하는 과정으로 업데이트 및 수정이 번거로움. • 각기 다른 OS, 버전별로 개발해야함.	• 인터넷을 통해 접속하므로 구동이 느림. • 스마트폰의 특정 기능(GPS, 카메라 등) 사용불가 • 브라우저를 통한 2차 접근 방식이라 접근성이 낮음.	• 자체 사이트만 지원하므로 타 사이트 브라우징 불가능. • 네비게이션 설계 잘못 시 사용자 불편함 증가	• 인터넷에 접속하므로 상대적으로 느림. • 이미지나 영상이 많이 표함된 경우 더 느림. • 웹 브라우저만으로 이용 가능함.
비고	• 빠른 구동속도 및 스마트폰 개발 특징을 이용한 앱 개발이 강점	• 기종을 가리지 않아 접근성이 좋고, 웹을 통한 접속으로 따로 설치가 필요하지 않아 접근이 가능함.	• 네이티브 앱과 웹 앱 개발방식의 장점을 수용한 방식으로 껍데기는 각각의 OS에서 구동되도록 만들어놓고 내부의 동적인 데이터는 HTML5, CSS로 만들어 둔 것임.	• PC 환경의 웹을 모바일 환경에서 최적화시켜서 보여주는 형태

앱스토어는 네이티브 앱을 중심으로 형성되어 있는데, 2013년 기준 전체 앱 다운로드 중 네이티브 앱의 비중은 98.5%를 차지하고 있다. 반면, 웹 앱이 전체 앱 다운로드에서 차지하는 비중은 2013년 1.5%에 불과하며, 2017년도에도 2.3%로 소폭 증가에 머물 전망으로 향후에도 당분간 네이티브 앱의 강세는 지속될 것으로 전망된다. 네이티브 앱은 플랫폼 경쟁업체별로 제공되는 SDK(Softeware Development

Kit)를 활용해 앱을 개발하고 다른 애플리케이션과 인터페이스나 API의 사용이 용이해 앱이 안정적이고, UI 등 구성요소가 대부분 기본으로 제공되어 앱 실행 시 빠른 속도를 제공한다는 장점을 보유하고 있다. 그러나 플랫폼 별로 지원하는 앱을 따로 개발해야하므로 개발 비용이 높고, 특정 플랫폼에서만 작동하기 때문에 사용이 제한적이라는 단점이 있는 반면, 웹 앱은 단말기마다 따로 앱을 개발할 필요가 없어서 개발 비용이 낮고, 모든 브라우저에서 실행이 가능하다는 장점이 있으나 API의 이용이 어렵고 웹 앱 실행하기까지 웹 접속이 필요해 수행 시간이 늦다는 단점을 보유하고 있다. 특히, HTML5의 등장과 더불어 다양한 멀티미디어 지원, 3D 그래픽지원, 카메라 등 장치 지원, 통신 기능, GPS, 시멘틱(Semantic) 태그 지원 등의 기능을 통해 보다 손쉽게 웹 앱을 개발할 수 있게 되었다. HTML5 등장에 따라 웹 앱이 크게 확산될 것으로 예상되었으나 HTML5 앱에 의한 개발자 경험 부족과 멀티 플랫폼에 대한 최적화 문제 등의 한계로 모바일 앱 시장은 네이티브 앱이 주도해 나갈 것으로 예상된다.

3 앱 스토어 시장 현황

앱 스토어는 초기에는 스마트 폰이나 태블릿 PC와 같은 모바일 단말기기의 애플리케이션 유통 플랫폼에 국한되어 사용되었으나, 애플이 자사의 데스크 탑 컴퓨터 소프트웨어 마켓을 'Mac App Store'라 부르면서 데스크탑 컴퓨터에도 앱스토어란 개념이 통용되었으며, 모바일 플랫폼 이외에도 다양한 플랫폼에서 부상하고 있다. 2013년 9월 기준으로 앱 스토어별 등록 앱 수를 살펴보면, 애플이 87만 8,000여개, 구글 플레이 85만 2,000여개로 집계되었으며, 다운로드도 2010년에 약 100억 건이었으나, 2015년에는 1,000억 건에 달할 것으로 전망되었다. 이러한 앱의 확산은 모바일 이용자들이 모바일 웹 브라우저보다는 전용 앱을 통해 정보나 콘텐츠에 접근하는 것이 보편화되는 상황을 초래하였다. 더불어 모바일 단말기기의 저장 능력 확대도 모바일 앱의 확산에 큰 기여를 했는데, 개인별 보유 앱 수는 이용자의 필요 뿐 아니라 단말기기의 저장 공간에 크게 좌우되는데, 전 세계 스마트 폰 이용자는 평균 26.2개의 앱을 보유하고 있는 것으로 나타났다.[166]

앱 스토어 시장은 구글과 애플의 양 강 구도로부터 통신사업자, IT사업자, 독립계 앱 스토어 사업자들의 참여로 다자 간 경쟁구도로 전환되어 가고 있다. 즉, 흔히 '탈옥 아이폰(iPhone) 앱 스토어'라 불리는 새로운 경쟁 구도가 만들어 지고 있다.

166) 출처: 앱 스토어의 폭발적 성장에 따른 앱 경제의 전개 양상과 쟁점사항. 스트라베이스. 2013.10.14

차량용 앱 스토어, 게임 전용 앱 스토어 등 주요 플랫폼 사업자들과의 경쟁을 피하고 특화된 콘텐츠로 틈새시장을 노린 사업자들이 대거 등장하고 있다. 그러나 2013년 9월 Gartner가 발표한 자료에 따르면, 여전히 모바일 앱 스토어 시장 전체에서 2013년 기준으로 약 1,020억 건의 다운로드가 발생하였는데, 이중 90%는 앱플 앱 스토어와 구글 플레이가 점유하고 있는 것으로 예측하였다.

그림 3-52 앱 스토어별 출시 일정과 앱 증가 추이[167)]

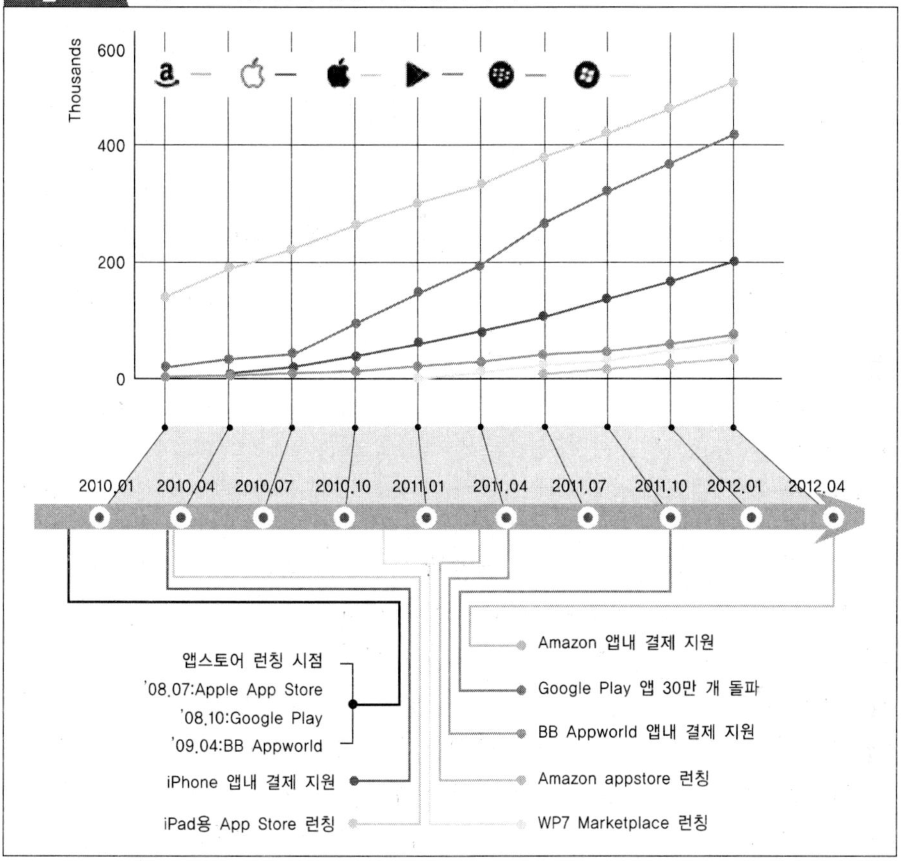

전 세계 모바일 앱 이용자 수는 2013년에 약 18억 명으로 추산되고, 2017년까지 약 44억 명 규모로 성장할 전망이다. 지역별로는 아시아태평양 지역의 이용자가 전체의 32%로 가장 큰 비중을 차지했으며, 유럽이 28%, 북미가 17%, 중동 및 아프리카가 13%, 라틴 아메리카가 10%를 차지하고 있는 것으로 나타났다.

167) 출처: Distimo, STRABASE 재구성

그림 3-53 전 세계 모바일 앱 이용자 수 증가 추이

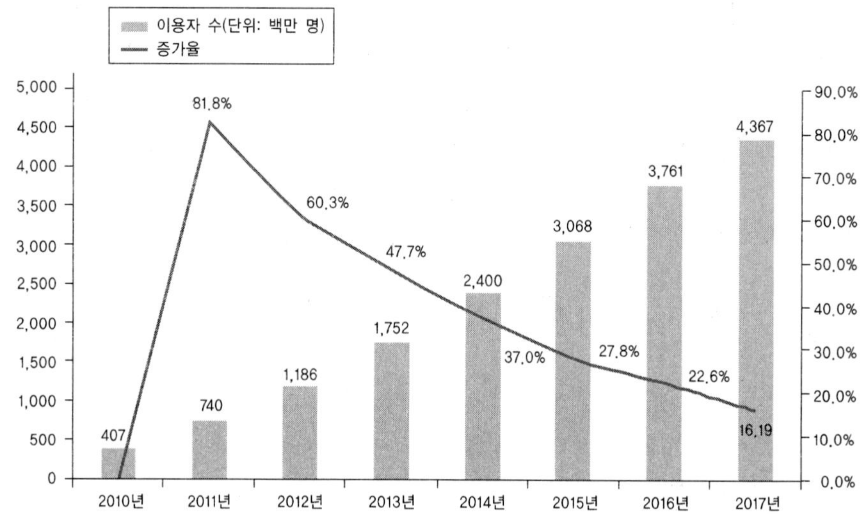

※ 자료: Portio Research(2013)

이 처럼 약 18억 명의 이용자가 사용 중인 모바일 앱 시장에서 살아남기 위해서는 앱 스토어를 직접 구축, 운영하든지 아니면 앱 스토어를 통해 제작된 콘텐츠나 응용서비스를 제공하지 않으면 시장 접근 자체가 어려운 현상이 일어나고 있다.

애플리케이션(이하 앱) 시장이 성숙하면서 점차'다운로드 건수'가 아닌 '수익 구조'의 중요성이 부각되고 있다. 시장조사업체 Distimo의 보고서에 따르면, 2013년 상반기 4개월간 100만 다운로드 건수를 기록한 상위 10개 앱과 100만 달러를 기록한 상위 10개 앱이 각기 다르게 포진되어 있는데, 이는 다운로드 건수가 더 이상 수익을 보장해주지 않음을 보여주고 있다. 다운로드 건수를 살펴보면, 상위 10개 앱 중 8개가 미국에서의 다운로드 비중이 가장 높게 나타나고 있으며(미국 다운로드 건수가 앱 별로 최소 25%~최대 45%의 비중 차지), 다음으로 중국, 영국, 일본, 한국, 프랑스, 러시아, 독일 등의 순으로 다운로드 건수가 발생하고 있다. 다운로드 건수가 국가별 모바일 이용 인구수와 비례하고 있음을 알 수 있는 대목이다.

표 3-28 전 세계 앱 스토어 시장 매출 및 다운로드 건수 변화 추이[168]

수익모델	2011	2012	2013	2014	2115	2016	2017
유료 다운로드	7,139	15,375	20,240	24,314	26,990	27,664	28,935
앱 내 결제	712	2,111	4,591	7,856	14,001	23,771	36,887
앱 내 광고	467	1,073	1,851	2,819	4,375	6,772	10,694
총 매출액	8,318	18,669	26,683	34,988	45,366	58,207	76,517
유료 다운로드(%)	85.8%	82.8%	75.9%	69.5%	59.6%	47.5%	37.8%
앱 내 결제(%)	8.6%	11.4%	17.2%	22.5%	30.9%	40.8%	48.2%
앱 내 광고(%)	5.6%	5.8%	6.9%	8.1%	9.6%	11.6%	14.0%

그 동안 앱 스토어를 통해 판매되는 유료 애플리케이션의 경우 그 평균 판매가(Average Selling Price)가 점차 하락하는 추세를 보이고 있는데 이것은 앱 스토어의 앱들이 점차 무료로 변화되고 있음을 알 수 있는데, 이처럼 앱의 무료화는 콘텐츠 산업의 주요 특징 중의 하나인 전형적 경험재적[169] 성격에 기인하는 것으로 이해되며, 앱을 무료로 제공하면서 광고를 통해 수익을 발생시키는 앱 버타이징(App-vertising)[170]형태인 삼각사업모델(Triangle Biz. Model)이 산업의 주요 흐름으로 진행되어 왔으나, 이러한 경향은 점차 다운로드가 아닌 수익 구조 측면에서의 고려가 중요한 것으로 인식되어 가고 있다.

이러한 특성을 잘 반영하고 있는 것이 바로 매출 수익 면에서는 인-앱 결제(IAP) 방식의 수익구조를 채택한 유료 앱이 가장 많은 수익을 내고 있음을 통해 확인할 수 있다. 2013년 기준 전 세계 앱 스토어 시장 매출은 260억 달러를 넘어선 것으로 관측되고 있으며, 유료 앱 매출은 전체의 76%를 차지하고, 앱 내 결제(IAP, In-App Purchase)와 광고는 각각 전체 매출의 17.2%와 6.9%를 차지한 것으로 보고되고 있다. 앱 스토어의 수익모델은 앱 내 결제(IAP)를 중심으로 형성되고 있는데, 전체 매출 중에서 IAP의 비중은 2011년 8.6%에 불과했지만, 2013년 17.2%로 증가하였고, 2017년에는 48.2%까지 늘어날 전망이다.[171] 2013년 현재 매출 상위 10건 중 5건이 '유료앱+IAP' 방식이었고, 3건은 단순 '유료앱', 2건은 '무료앱+IAP' 방식이다. 최고 수익 역시 '유료앱+IAP' 방식인 〈Angrybird Star Wars HD〉가 차지하고 있으며, '유료앱' 방식의 〈Grand Theft Auto: Vice City〉와 '무료앱+IAP' 방식의 〈Temple Run 2〉가 수익구조 별로 각각 최 상위권에 안착하고 있다. 이러한 현상은 사용자들이

168) 출처: 통계 지표로 살펴 본 앱 스토어 생태계의 현재와 미래. 스트라베이스. 2014.3.10
169) 경험재 : 경험을 하기 전에 가치를 평가하기 어려운 재화
170) App-vertising : App _ Advertising을 혼합한 신조어로, 광고를 보거나 이벤트에 참여하면 이용자에게 보상을 해주는 새로운 마케팅 방법을 일컫는 용어임.
171) 출처: Gartner, Vision Mobile, Portio Research 등 시장조사업체들이 추산해 발표한 자료

신규 앱의 구매보다는 게임 내 아이템이나 프리미엄(Freemium) 콘텐츠를 더 선호하고 있다는 이야기가 된다. 앞서 언급한대로 무료 다운로드 건수가 전체의 90%이상을 차지하고 있는 반면, 매출의 2/3이상이 유료 앱을 통해 발생한다는 점은 앱 스토어 시장의 폭발적인 성장에도 불구하고 기존의 수익 모델만으로는 앱 생태계를 유지하기 힘들다는 의미로 해석된다.

Vision Mobile의 조사에 따르면, 현재 전 세계 앱 개발자들 사이에 앱 수익 저변을 확대하기 위해 유료 앱 판매, 앱 내 결재 등 구매량에 따른 과금(pay-per-buy) 모델과 더불어 구독 모델이나 라이센스 제공과 같이 사용량에 따른 과금(pay as you use) 모델을 활용하기 시작했다. 앱 내 광고, 앱 내 브랜드 간접노출, 상품 판매 대항, CPI 광고 등 앱을 이용해 2차적으로 수익을 확보하는 비즈니스 모델 역시 활성화되고 있다. 특히 앱 수익 모델로서 특정 e-Commerce 서비스 상의 제품을 앱 내에서 판매하고, 실제 거래가 성사되면 수수료를 확보하는 방식에 주목할 필요가 있다.[172)]

그림 3-54 전 세계 앱 개발자의 수익모델별 활용률 및 평균 매출

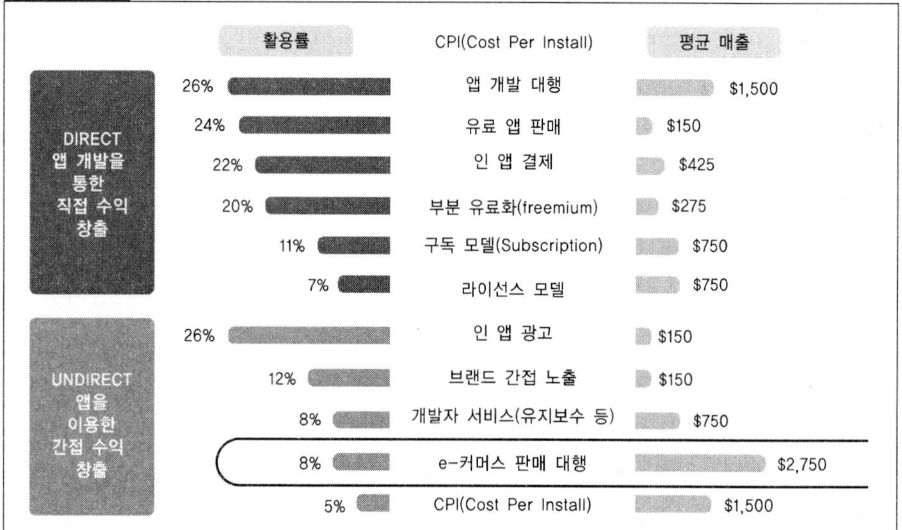

※ 자료: Vision Mobile(2014.2)

뿐만 아니라 시장에 첫 진입하는 앱 개발사 및 퍼플리셔의 입지가 점차 좁아지고 있음도 확인할 수 있는데, 2013년도에 상위 300위권 내 앱을 안착시킨 신규 개발사는 애플 앱 스토어 2%, 구글 플레이 3% 수준으로서, 이는 신규 앱 개발에서 대형 업체나 브랜드를 갖춘 기존 개발사의 입지는 확고한 반면 신규 개발사의 성공 비율

172) 출처: 통계지표로 살펴본 앱 스토어 생태계의 현재와 미래, 스트라베이스, 2014.3.10

은 낮다는 것을 보여준다. 매출 수준도 미미하여, 신규 개발사가 올린 수익은 전체 매출 대비 애플 앱 스토어 0.25%, 구글 플레이는 1.2%정도로 나타났다. 이는 사용자들이 새로운 앱에 대한 필요성을 느끼지 못하면서 다운로드 수가 하락하고 매출 역시 일부 개발자에 편중되는 등 시장 포화 현상이 발생되고 있는 것으로 판단되고 있다. 일부 시장 전문가들은 시장 포화와 앱 사용 고착화와 같은 현상을 시장 성숙기에 나타나는 것으로 판단하고 있다. 따라서 앞으로는 더욱 정교한 비즈니스 모델과 시장 진입 전략이 필요할 것으로 예상된다.[173]

그림 3-55 전 세계 앱 스토어 다운로드 추이[174]

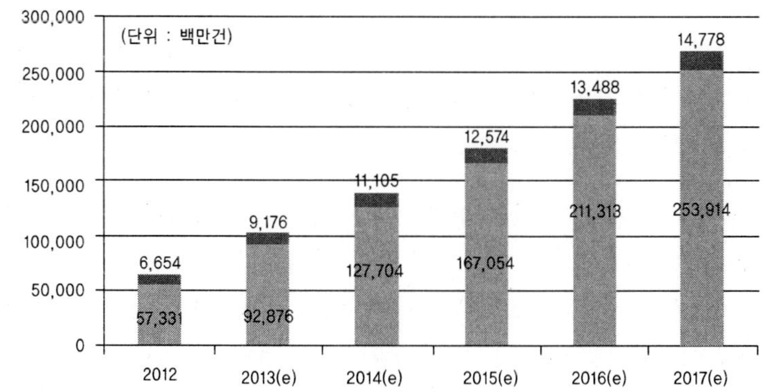

Source: Gartner

뿐만 아니라 앱 수가 폭발적으로 증가하여 기존 앱 마케팅 및 수익화 모델로는 한계에 봉착하고 있다. 하루 1,600개 이상의 앱이 앱 스토어에 신규 등록되는 등 App store와 Google Play를 합해 250만 개의 앱이 등장하면서, 앱 인지도 확보 및 이용자 기반 확보를 위한 앱 개발자들의 부담이 증가하고 있으며, 기존 마케팅 및 수익화 모델도 한계에 봉착하였다.

이처럼 앱의 수적 증대에 따라 이용자 확보를 위한 관련 마케팅 비용도 증가 추세를 보이고 있는데, 앱 마케팅 기술 제공업체 Fiksu에 따르면, 충성도 높은 이용자(loyal user) 유지비용은 2014년 8월 1.86 달러에서 1개월 만에 21% 증가한 2.5달러를 기록했으며, 연간 증가율은 34%를 기록하고 있다고 한다. 또한 모바일 앱 시장 조사업체 Priori Data에 따르면, iOS 기반 부분유료화(free-to-pay) 게임 40개와 유료 게임 40개를 2014년 7월부터 조사한 결과 해당 게임 개발자들의 일평균 다운로드 건수 및 매출이 일주일 안에 급감한 것으로 나타났다. 유료 앱과 부분유료화 앱 모

173) 출처: 글로벌 앱 시장의 주요 트렌드 변화. KT경제경영연구소. 2013.6.27
174) 출처: www.mobizen.pe.kr/1380?category=2

두 평균적으로 일평균 매출이 30일 안에 75% 이상, 60일 안에 85% 감소했으며, 유료 앱의 일평균 매출은 35일 안에 6만 85달러에서 1,899달러로, 부분유료화 앱의 경우 1만 4,783 달러에서 662 달러로 급감한 것으로 나타났다.

또한, 비효율적인 앱 스토어 내 검색 시스템으로 인해 2013년 앱 스토어에 등록된 전체 앱 중 이용자들이 실제 다운로드 및 설치한 앱은 5%에 불과하며, 존재조차 알려지지 못하고 퇴출되는 앱은 92%에 달하는 것으로 조사되었다. 이처럼 앱 경제는 무한 경쟁 시대 돌입하고 있다. 순간의 인기가 아닌 결정적인 성장 모멘텀 확보가 관건이며, 앱 개발자들은 이용자 확보와 앱 인지도 확대를 위해 P2P(pay-to-play) 전략을 구사하거나 가상통화 시스템을 도입하고 있지만, 가상통화의 경우 자기 자본이 충분치 않은 신생 업체에게는 위험부담이 크며,일차적으로 품질 좋은 앱 개발을 위한 투자를 아끼지 말아야 하고, 앱의 성공을 확신할 수 있을 때 마케팅에 투자하는 것이 바람직한 것으로 나타난다.

또한, 앱이 아무리 성공적이더라도 앱을 상위권에서 유지시키기 위해서는 높은 앱 설치율과 앱의 퀄리티 유지를 위한 지속적인 투자가 요구된다. 최근 재정적으로 열악한 신생 업체 및 인디 개발자들을 위해 교차 프로모션(cross-promotion) 네트워크를 구축하는 등 새로운 마케팅 전략 개발이 가시화되고 있다. 교차 프로모션(cross-promotion)은 앱 개발자들이 다른 앱에서 자신의 앱을 광고하는 방식으로, 신생 교차 프로모션 서비스를 제공하는 Tapdaq의 경우 'daq'이라는 자체 통화를 도입해 커뮤니티 내 개발자 간 앱 내(in-app) 홍보 활동이 활발할수록 더 많은 'daq'을 벌 수 있는 방식을 도입하고 있다.[175)]

4 앱의 장르별 현황

미국의 시장조사기관인 컴스코어(ComScore)가 CNN, 아마존(Amazon), The Weather Channel을 이용하는 소비자를 대상으로 실시한 조사 결과에 따르면, 소비자들은 앱 스토어의 등장이후 웹과 앱을 동시에 사용하는 비중이 15%로 줄어들었으며, 소비자들의 개인적인 선호에 따라 웹(Web)과 앱(App)을 명확히 구분해서 이용하고 있는 것으로 나타났다. 다만 일평균 앱을 이용하는 소비자가 전체의 56%를 차지하여 다수를 차지하고 있는 것으로 나타났다. 소비자들이 웹(Web)을 통해 주로 사용하는 콘텐츠는 제품의 리뷰(Review), 블로그(Blog), 스포츠(Sports), 뉴스 등이고, 앱(App)을 이용하는 것은 게임, 음악, 소셜 미디어 등으로 웹과 앱은 사용 콘텐츠에 따른 이용행태의 상이함을 극명하게 보여 주고 있다.[176)]

---

175) 출처: TRABASE NewsBrief, 스트라베이스, 2015.2.2
176) 출처: http://mobizen.pe.kr/1110

그림 3-56 웹과 앱의 콘텐츠 이용행태 비교

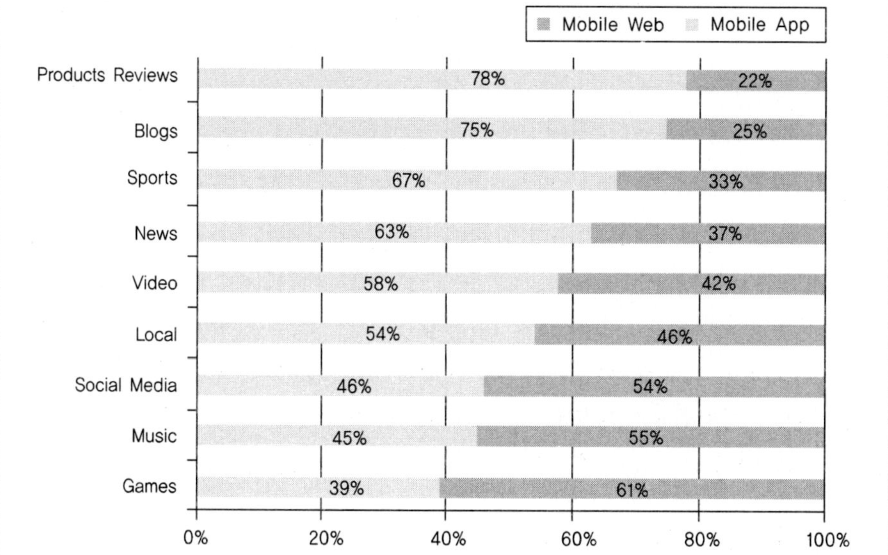

Source: Adobe(2010.10)

더불어 2013년 현재 앱을 이용하는 장르별 이용 현황을 살펴보면, 메신저/ 소셜 앱 이용률이 가장 큰 폭의 성장세를 기록하고 있으며, 유틸리티(Utility) 앱의 이용률도 증가하고 있으며, 음악/미디어/엔터테인먼트 앱 이용률 및 라이프스타일/쇼핑, 게임, 스포츠/헬스/피트니스 앱, 뉴스/잡지 순으로 이용률의 증가 현상을 볼 수 있다.

그림 3-57 2012년 대비 2013년도 모바일 앱 장르별 이용률 증가 추이[177]

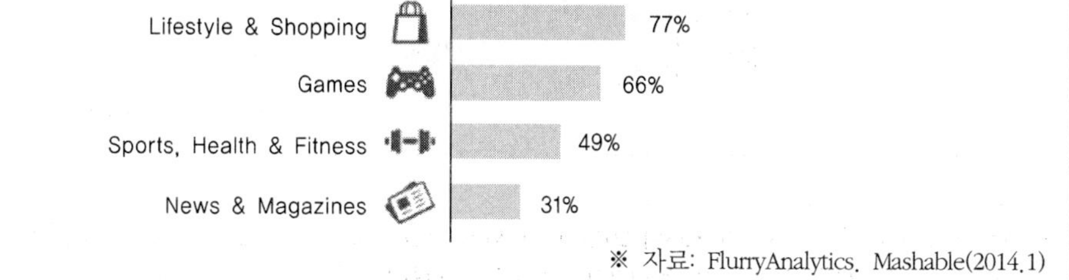

※ 자료: FlurryAnalytics. Mashable(2014.1)

177) 출처: Flurry Analytics, Mashable. 2014.1.

전 세계 앱 이용자들 사이에 게임은 가장 인기 있는 장르(2013년 현재)로 다운로드 건수, 매출 등에서 모두 가장 많은 점유율을 기록하고 있으며, iOS 매출의 63%가 게임에 의해 일어나고, 앱 스토어 내 가상 아이템 및 가상 화폐거래의 56.7%가 게임 장르에 의해 발생하는 것으로 나타났다.[178] 이는 이용자들이 게임에 많은 시간을 할애하고 있는 것이 그 이유이기도 하지만, 다른 카테고리에 비해 앱의 수가 압도적으로 많은 것이 결정적 요인으로 작용한 것으로 분석된다. 하지만 앱 장르 중 수명 주기가 가장 짧아 지속적인 매출 견인에는 한계를 나타내고 있다.[179] IT 전문 매체 GigaOM이 발표한 개발자들의 장르별 앱 개발 경험 조사결과, 스마트 폰과 태블릿 PC 모두 유틸리티, 게임, 경제/금융 앱 개발 비중이 높은 것으로 조사되었다. 이는 애플 앱스토어와 구글 플레이에서 높은 매출을 기록하고 있는 앱들이 대부분 게임과 유틸리티 및 툴에 편중되어 있는 것과 동일한 맥락에서 바라볼 수 있다. 즉, 개발자 입장에서는 수익성이 높은 장르의 앱 개발에 주력할 수밖에 없는 것이다.

그림 3-58 모바일 앱 개발자들의 장르별 개발 경험 [180]

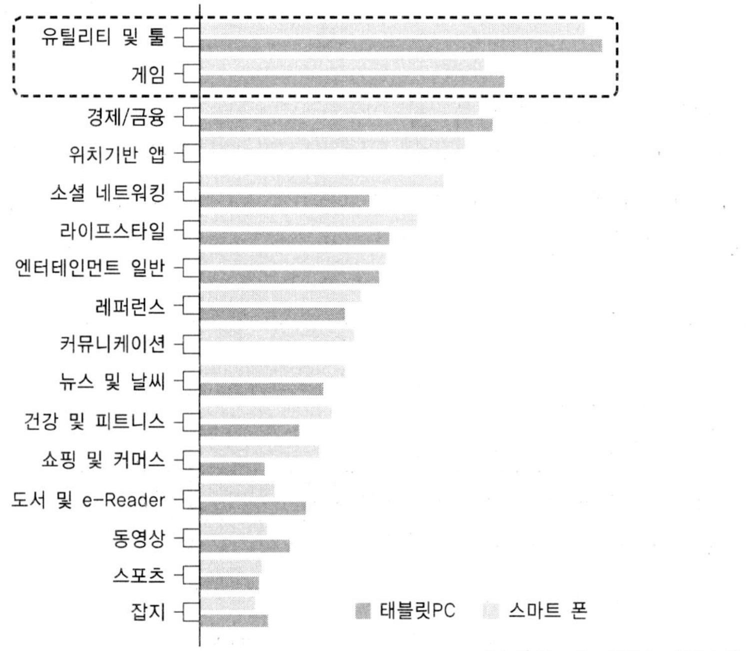

※ 자료: GigaOM Pro(2012.9)

178) App Annie가 시장조사업체 HIS와 2013년 전 세계 주요 7개국 콘텐츠소비자들을 대상으로 조사한 결과 게임 앱 시장은 전년대비 2.9배의 성장률을 기록한 것으로 나타남.

179) Flurry Analytics의 조사결과, 모바일 앱 장르 중 게임의 수명이 2개월로 가장 짧은 가운데 뉴스 앱이 7개월로 수명이 가장 긴 것으로 나타남.

180) 출처: 통계지표로 살펴본 앱 스토어 생태계의 현재와 미래, 스트라베이스, 2014.3.10

사용자들이 주로 이용하는 앱 중 게임이 약 77% 차지하고 있으며, SNS 및 음악이 각각 45.4%, 42.4% 차지하는 것으로 나타났다. 개인 별로 주로 이용하는 앱의 수는 평균적으로 42개 앱을 설치하고 있으며, 그중 최대 11개 앱 만 매일 이용하고 있는 것으로 나타났다.181)

그림 3-59 앱 사용자 동향

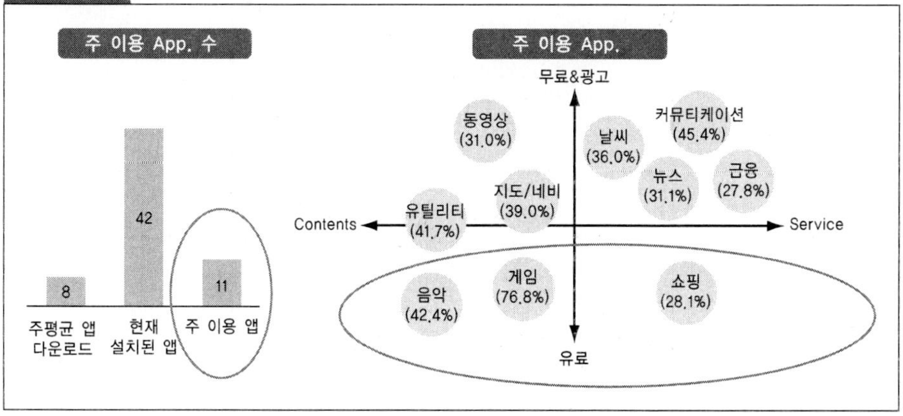

또한 게임 수출의 약 40%를 차지하는 중국시장의 경우 온라인 게임이 38.6% 비중인 반면, 모바일 게임은 4.4%에 지나지 않는 것으로 나타났다. 이는 300여 개 이상의 제3자 마켓 사업자의 앱 시장이 존재함에 기인하고, 모바일 게임의 경우 중국 스마트 폰(태블릿 포함) 이용자의 96%인 5.3억 명이 게임을 이용하는 등 앱 중 가장 활발한 시장을 형성하는 것이 게임이다. 그러나 게임의 경우 매월 6~10개 게임을 다운로드하나, 1개의 게임에만 집중하는 양상으로 보이고 있으며, 전투(Battle), 역할수행게임(RPG, Role Playing Game) 등 미들 코어 게임이 인기를 누리고 있는 것으로 나타났다.182)

181) 출처: 모바일 비즈니스 현황과 전망. KT경영연구소.2013.3.
182) 출처: : 모바일 비즈니스 현황과 전망(KT경영연구소.2013.3.) 및 중국게이머의 스마트 폰 및 태블릿 게임이용행태조사결과(스트라베이스, 2014.6) 재구성

그림 3-60 중국 게이머의 스마트 폰 및 태블릿 게임이용행태조사 결과[183)]

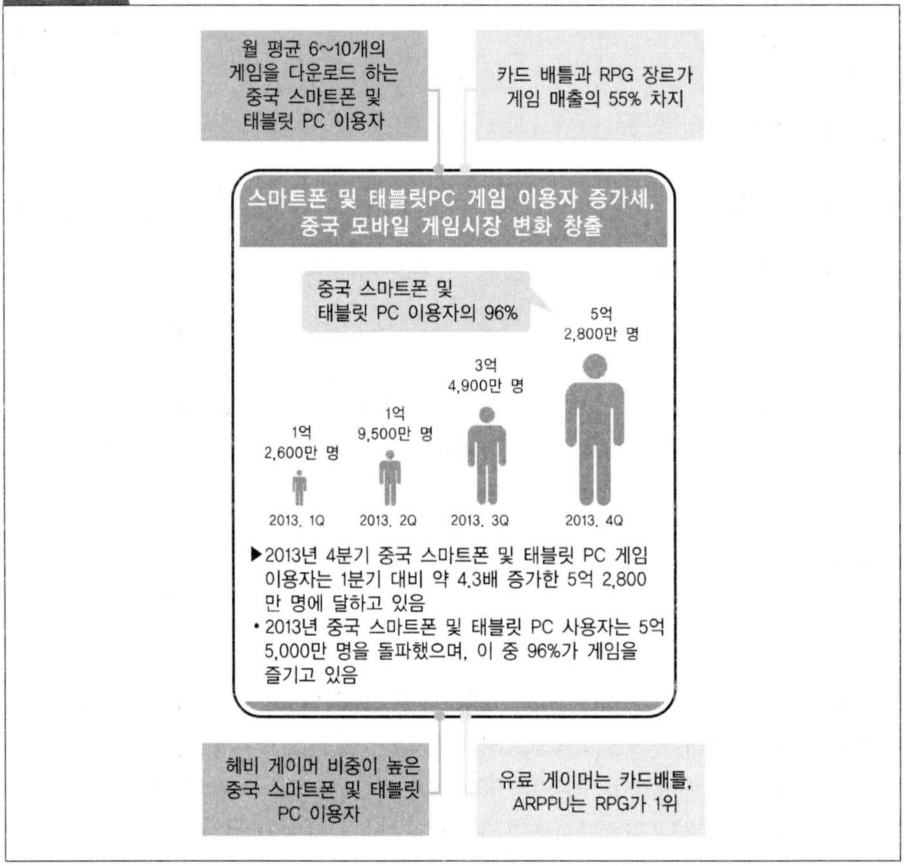

5 플랫폼(모바일 운영체계)별 앱 개발 현황[184)]

모바일 운영체제(Mobile Operating System)는 스마트 폰, 태플릿PC, 스마트 패드 등의 모바일 기기를 작동시키는 소프트웨어로서, 구글의 안드로이드, 애플의 iOS가 꾸준한 점유율을 유지하고 있으며, 그 외 RIM의 블랙베리 OS, MS의 윈도우, 노키아의 심비안, 리눅스 등이 제공되고 있다. 전 세계 모바일 OS별 스마트 폰 점유율 추이를 살펴보면, 2014년 기준으로 안드로이드가 78.9%를 차지하고 있으며, 2018년까지는 윈도우 폰이 3.1%p 오른 7% 수준을 예측하고 있으나, 여전히 안드로이드가 전체 O S시장의 중심에 있음을 알 수 있다. 이와 같이 스마트 폰 OS 시장에서 안드로이드 플랫폼의 집중화가 가속화되면서 모바일 앱 시장에서도 이러한 추세가 가속화되고 있다. Research2guiadance 자료에 의하면, 애플의 앱 스토어가 시작된 2009

183) 출처: 중국 게이머의 스마트 폰 및 태블릿 게임이용행태조사결과. 스트라베이스, 2014.6.
184) 출처: 통계지표로 살펴본 앱스토어 생태계의 현재와 미래(스트라베이스, 2014.3.10)를 재구성

년에는 애플 앱 스토어의 점유율이 79%로 가장 높았으나, 2012년 이후 구글 플레이의 점유율이 50%를 넘어서면서 선두 업체가 구글 플레이로 전환되었다.

전 세계 앱 개발자들의 운영체제(플랫폼) 선호도를 보면 안드로이드가 71%, iOS가 55%로 양강 체제를 유지하며, 북미와 유럽에서 특히 강세를 보인다. 아시아 지역에서는 앱 개발 시 최우선 플랫폼으로 안드로이드를 선택한 개발자가 전체의 46%를 차지한 반면, iOS를 선택한 개발자는 전체의 28%로 2배에 가까운 격차를 보이며 안드로이드에 대한 높은 선호도를 확인할 수 있다. 더불어 전 세계 개발자의 37%가 브라우저(Browser)에서 구동되는 하이브리드 HTML5 앱을 개발 중인 것으로 집계되었다. 특히 모바일 앱 개발자들은 특정 플랫폼에 기반 한 앱 보다는 하이브리드(Hybrid) 앱 개발을 선호하며, 약 40%가 먼저 네이티브(Native) 앱을 개발한 후 이를 HTML5로 변환하고 있으며, 31%는 HTML5와 같은 크로스플랫폼 기반 앱을 개발한 후 네이티브 앱으로 변환하는 것으로 나타나고 있다.[185]

지난 2012년 11월 4일 애플이 일부 웹 기술을 사용하는 것은 허락하지만 앱의 메인페이지와 상/하단 메뉴를 모바일 웹페이지로 제작한 일부 하이브리드 앱의 등록을 금지하는 반 웹 앱 전략을 공포한 바가 있다. 이에 Brightcove 사는 애플의 반웹 앱 정책을 회피할 수 있는 하이브리드 앱 솔루션을 발표했는데, App Cloud라 명명된 하이브리드 앱 솔루션은 운영체계에 관계없이 클라우드 기능을 추가해 네이티브 앱과 HTML5를 결합하여 모바일 운영체계 및 단말기의 API를 활용해 단말기의 성능을 최대한 끌어 올리는 것은 물론이고 웹 기반의 HTML5를 이용해 다양한 콘텐츠 제작에 이르기까지 사실상 모바일 앱 제작의 모든 부분을 해결하고자하는 정책으로 모바일 운영체제의 종속성을 탈피하고자 한 바 있다.

물론 아도브(Adobe)의 'Phone Gap', Titanium Mobiel의 'Titanium', Telerik의 'Kando UI' 등 다양한 솔루션들이 종속성 탈피를 위한 솔루션 제공에 치열한 경쟁을 벌이고 있는 중에 있다. 아프리카 지역에서 안드로이드 단말기기의 시장 점유율이 70% 이상을 기록한 반면 iOS 단말기기의 시장점유율은 10%에도 못 미치는 것으로 드러났으며, 남미와 같이 HTML5 의 선호도가 높은 지역의 경우 모질라(Mozilla)가 웹 앱 중심의 파이어폭스(Firefox)운영체제 단말기기 보급 확대에 적극적으로 나서면서 개발자들의 HTML5 선호도 상승에도 큰 영향을 끼친 것으로 분석된다.

185) 출처: Telerik 조사보고서. 2013.11.

그림 3-61 권역별 앱 개발자들의 플랫폼 선호도

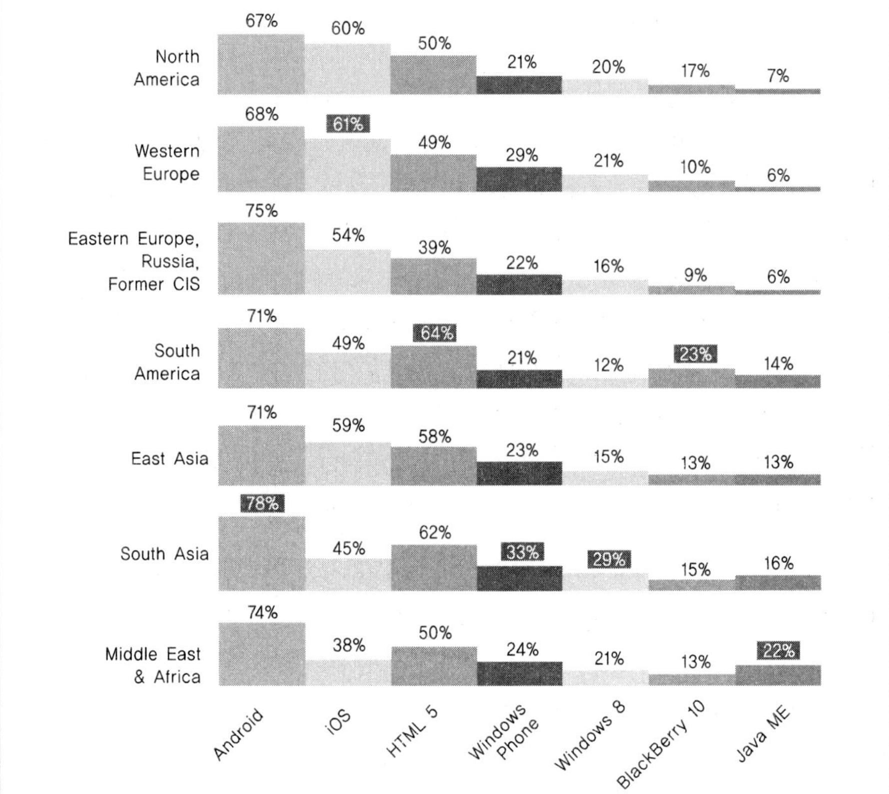

※ 자료: Vision Mobile(2014.2)

6 앱 스토어 시장의 미래[186)]

2007년부터 시작된 앱 스토어 시장은 아직 앱 스토어 생태계가 확고히 구축되지 않은 신흥 국가들에서의 견고한 성장세에 힘입어 글로벌 경제 성장의 한 축을 담당할 것으로 전망된다.

하지만 미국이 2013년 말부터 성장률 둔화세를 보이는 등 시장 포화의 징후들이 곳곳에서 발견된다. 애플, 구글, 아마존 등 자체 앱 스토어를 운영하고 있는 사업자뿐만 아니라 모바일 앱 개발자들도 다음시대를 대비하기 위한 먹거리를 고민하고 있다. 앱 스토어 시장의 주요 플레이어(Player)들이 HTML5 기반의 웹 앱 등을 시도하거나 웨어러블, 사물인터넷(IoT, Interner of Things)등의 영역에 진출해 기존

186) 출처: 통계지표로 살펴본 앱스토어 생태계의 현재와 미래(스트라베이스.2014.3.10) 인용 재구성

비즈니스에 모바일 기술과 앱을 접목시키는 전략을 선보이며 앱 스토어 생태계 내 완전한 종속을 피하려하고 있다.

앱 스토어의 매출은 지속적으로 증가하고 있지만, 경쟁 심화에 따라 개발사들의 평균 수익은 급격하게 줄어들고, 스타트업들이 소규모 자본으로 엄청난 기회를 창출하던 시대는 지나가고 있다. 플랫폼에서는 구글과 애플의 양강 구도가 심화되고, 개발자 단에서는 자금력이 경쟁력을 좌우하는 상황으로 변모한 것이다.

이 같은 현상은 부분유료화(Freemium), 즉 앱 내 결제 기능이 있는 앱이 전체 매출의 92%를 차지하는 등 유료 앱과 앱내 결제 기능이 있는 유료 앱을 제치고 가장 보편적인 수익모델로 등장하는 등 앱 내 결제가 앱 스토어 시장의 핵심 수익 모델로 자리매김함에 따라 더욱 심화될 것으로 예상된다. 앱 내 결제로 앱 스토어의 수익구조가 획일화됨에 따라 앱 스토어 시장의 매출 자체는 크게 증가한 것이다. 앱 내 결제가 이용자들로 하여금 지나친 소비를 조장하고, 특히 일부 앱에서는 미성년자가 부모 동의 없이 앱 내 결제를 허용하는 등의 문제는 앱스토어 생태계의 건전한 발전을 저해할 수 있다. 이와 관련해 유럽위원회(European Commission)는 앱 내 결제와 관련해 게임 앱 광고에서 무료 표현제한, 아동 구매 권고 제한, 소비자 결제방식 안내, 운영자 정보 공개 등의 제제 가이드라인을 마련하는 등 앱내 결제 모델의 제재 방안마련을 위해 본격적으로 나서고 있다.

그림 3-62 애플 앱 스토어 내 수익모델별 매출차지 비중(2013년 현재)

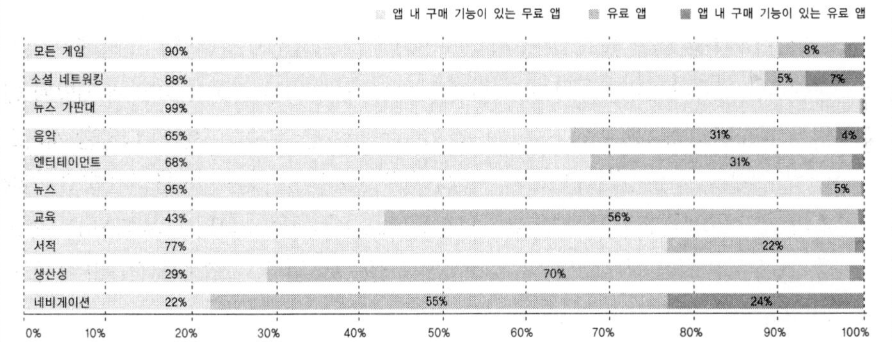

※ 자료: Distimo(2013.12)

더불어 현재의 모바일 앱 이용자 측정 기술은 별도로 선정된 패널을 기반으로 하는 방식과 특정 앱에 내장된 분석 코드를 통한 직접 측정 방식 등이 있는데, 직접 측정 방식은 분석 코드가 설치된 앱의 이용자만 조사할 수 있는 반면, 패널 측정 방식은 앱 이용 행태 외에도 성별, 연령별, 소득수준별 등 추가적인 정보를 확보할 수 있다는 점에서 유리하다. 그러나 패널 측정 방식 역시 인기 앱이 아닌 장기간 이용되는 롱테일 앱(Longtail App.) 등에 대한 패널 확보가 어렵다는 한계를 내포하고 있다. 이처럼 불완전한 모바일 앱 이용자 측정 기술이 앱 내 광고 매출 증가 속도를 저해시키고, 글로벌 앱 스토어 시장의 지속적 성장과 수익 모델 다변화를 위해서라도 모바일 앱 이용자 측정 기술 표준마련이 절실한 현실이다.

정리하기

1 앱스토어에서 집단지성(Collective Intellectual)이 갖는 의미는 무엇인가?(P272)

2 모바일 앱의 3가지 유형은 무엇인가? 3가지에 대해 설명하시오.(P276)

3 웹의 주요 콘텐츠와 앱의 주요 콘텐츠는 어떻게 다른가?(P284)

4 앱 내 결제(IAP, In-App Purchase)가 앱 생태계에 미치는 부정적 영향은 무엇인가?(P291)

확인하기

1 장터(Market)를 열어 놓고, 개인이든, 기업이든 누구나 자사의 콘텐츠 장터에 개발된 콘텐츠나 응용서비스를 올려 놓고 판매를 할 수 있게 만든 것이다. 이렇게 개방된 에이피아이(API : Application Programming Interface)를 통해 누구든지 다양한 서비스나 앱 개발을 할 수 있게 함으로써 자생적으로 진화할 수 있는 기반을 마련하고, 이에 따라 개인들이나 소규모 기업 혹은 중견 콘텐츠 개발사들이 다양한 서비스나 콘텐츠를 앱 스토어 상에 등록함으로써 소비자와 직접 판매 및 구매 활동을 전개할 수 있게 되었다.

2 네이티브 앱(native app), 웹 앱(web app), 하이브리드 앱(hybrid app)으로 구분되어짐. 네이티브 앱은 일반적으로 이야기하는 애플리케이션을 의미하는데, 모바일 기기에 최적화 된 언어로 개발된 앱으로 안드로이드 개발툴킷(SDK : Software Development Kit)을 이용해 자바(Java)언어로 만드는 안드로이드 앱과 iOS SDK를 이용해 Objective-C 언어로 만드는 아이폰 앱 등 대부분이 이 유형에 속한다.

웹 앱은 모바일 웹과 네이티브 앱을 결합한 유형으로, PC나 스마트 폰 등 단말기의 기종에 관계없이 아무 단말기에서나 같은 콘텐츠를 볼 수 있도록 해주는 시스템으로 HTML5를 기반으로 하여 모바일 게임을 비롯한 콘텐츠 업체들을 중심으로 빠르게 확산되고 있으며, 아이폰, 안드로이드폰, 윈도우폰 용으로 각각 앱을 제작해야하는 번거로움이 없어져 비용이나 시간이 훨씬 절감될 수 있고 앱을 등록하고 심사하는 과정을 거치지 않는 반면에, API의 이용이 어렵고 웹 앱 실행하기까지 웹 접속이 필요해 수행 시간이 늦다는 단점이 있다.
하이브리드 앱은 웹 앱의 단점을 보완한 형태로써, 웹 앱을 네이티브 앱으로 포장하는 것을 말한다. 웹 기술로 개발되었지만 모바일에 최적화된 언어로 만드는 네이티브 앱처럼 보이게 하는 것을 말하며, 네이티브 앱의 형태를 띄고 있어 앱스토어나 마켓에서 다운받아 모바일에 설치할 수 있고, 모바일의 고유 정보를 이용하고 하드웨어를 제어할 수도 있다.

3 웹(Web)을 통해 주로 사용하는 콘텐츠는 제품의 리뷰(Review), 블로그(Blog), 스포츠(Sports), 뉴스 등이고, 앱(App)을 이용하는 것은 게임, 음악, 소셜 미디어 등으로 웹과 앱은 사용 콘텐츠에 따른 이용행태의 상이함을 극명하게 차이가 있음을 보여주고 있다.

4 앱 내 결제로 앱 스토어의 수익구조가 획일화됨에 따라 앱 스토어 시장의 매출 자체는 크게 증가할 수 있지만 앱 내 결제가 이용자들로 하여금 지나친 소비를 조장하고, 특히 일부 앱에서는 미성년자가 부모 동의 없이 앱 내 결제를 허용하는 등의 문제는 앱스토어 생태계의 건전한 발전을 저해할 수 있다.

찾아보기

1

3D 가상현실 분야 243
4E 37
5G(5Generation) 16

A

AB : 행동에 대한 태도
(Attitude toward Behavior) 142
AIDMA 114
AISAS 114
All-IP 22

B

BI : 행위 의향(Behavior Intention) 142
BJ(Broadcasting Jockey) 205

D

DLNA(Digital Living Network Alliance) 217
DRAM : 임의접근기억장치
(Random Access Memory) 228

F

FCC(Federal Communication Commission,
미국 연방통신위원회) 186
Fransman의 4계층 24, 108
Fransman의 6계층 모델 25

G

Gartner Hype Cycle 10

H

HMD(Head Mounted Display) 242, 244
HTML 250
HTML 5 253

I

ICT 산업생태계 26
iOS 257
IoT(사물인터넷, Internet of Things) 233

J

J 섹션 91

L

Limo 255

M

Maemo 255
MHL(Mobile High-Definition Link) 220
MIPI(Mobile Industry Processor Interface)
264
MMORPG(Massive Multiplayer Online
Role Playing Game) 5

N

N스크린 189

O

O2O(Online to Offline) 42
OHA(Open Handset Alliance) 259
Osterwalder의 9 Building Block 29
OTT서비스 186

P

P2P(pay-to-play) 284
PBC : 지각된 통제감
(Perceived Behavior Control) 142

Q

QNX 255
QoS(Quality of Service) 188

R

RSS(Really Simple Syndication) 116, 148

S

SDK(Softeware Development Kit) 277
SN : 주관적 규범(Subjective Norm) 142
Space-Shifting 121

T

TCP/IP(Transmission Control Protocol/ Internet Protocol) 35
Time-Shifting 121
Tizen OS 224
TV(Connected TV) 187

V

VR(가상현실) 207

W

W3C(World Wide Web Consortium) 252
Web OS 224
WHMS(Wearable Healthcare Monitoring System) 240

Z

Zero TV 가구 123

ㄱ

가두리(Walled Garden) 시장 8
가상 카메라(Virtual Camera) 206
가상현실 단말기기 244
가상현실(VR, Virtual Reality) 39, 242
가치 네트워크 15, 16, 23
가치 체계(value system) 13
가치사슬 범위 12
가치사슬(Value Chain) 10
가치창출 네트워크 (value creating network) 15
개방형 시장 8
개혁확산이론(Innovation Diffusion Theory) 136
검색과 삭제(Search and Delete) 152
게미피케이션(gamification) 170
게임세대(Game Generation) 117
경로 의존성(Path-dependency) 6
경험재(Experience Goods) 72
계위론 45
계획된 행동 이론 140
고객의 핵심 요구 112
공급측 이용자(supply-side user) 262
공유경제(Sharing Economy) 39, 40
공진화(共進化, Co-Evolution) 18
관심경제(attention economy) 36, 137
교차 네트워크 효과(cross network effect) 262
교차 프로모션(cross-promotion) 284
교차보조(cross subsidization) 262
구글 글래스(google glass) 235
구매량에 따른 과금(pay-per-buy) 모델 282
국제미래학회 105
국제표준산업분류체계 ISIC 91
굿리즈(goodreads) 183
글로벌 D 세대(Global D Generation) 118
글로벌 유스(Global Youth) 118
기술수용모델 이론(TAM) 136
기술주도(technology-push) 동인 21
긴 꼬리 사업(Long Tail Business) 74
긴 꼬리(Long Tail) 판매 전략 273

ㄴ

나르시즘(narcissism) 168
네이티브 앱(native app) 276

네트워크 경제(networked economy, economy of network) 2
네트워크 효과 유형 7
네트워크 효과(Network Effects) 3, 265
넷플릭스 194
뉴미디어(New Media) 132

ㄷ

다면시장(multi-sided market) 261
다중역할수행게임(MMORPG) 5
다중접속온라인역할수행게임 72
단계설(Maslow's hierarchy of needs) 45
단면시장(one-sided market) 261
동시 소비 126
동인(動因, Driver) 20
디지털 네이티브(Digital Native) 115
디지털 융·복합(Digital Convergence) 21
디지털 컨버전스(Convergence) 1, 20, 64, 118
디지털 퍼스트(Digital First) 혁신 153

ㄹ

레고(Lego) 38
롱테일 앱(Longtail App.) 292
릴레이라이드(Relayride) 42

ㅁ

만화 콘텐츠의 고도화 207
망 외부성(Network Externality) 3, 69
망 중립성(Network Neutrality) 17
매스 미디어(Mass Media) 148
매슬로의 욕구 계위 45
매시업(Mashup) 149
멀티 사이드 비즈니스(multi side business) 264
멀티태스킹(Multi-tasking) 116
메시징(Messaging) 116
메칼프의 법칙(Metcalfe's law) 3, 265
모바일 메신저(Mobile Messenger) 157
모바일 브라우저(mobile browser) 252
모바일 컴퓨팅(Mobile Computing) 241
모바일 헬스케어 240
모션 센서(Motion Sensor)기술 241
몰아보기(Binge Viewing, Watching) 125
문화 55
문화 산업 58
문화 콘텐츠 산업 58
문화의 특징 56
문화적 할인(Cultural Discount) 71
미국표준산업분류(Standard Industrial Classification, SIC) 84
미디어 모포시스((Media Morphosis)134, 180
미디어 생태계 180

ㅂ

버즈마케팅(Buzz Marketing) 69
보완 자산(complementary assets) 3
보완재(complementary goods) 3
복합 미디어 198
부가가치유발계수(附加價値誘發計數, Value Added Inducement Coefficients) 68
부분유료화(free-to-pay) 283
북미산업분류체계(North American Industry Classification System, NAICS) 84
불공정 거래 73
브랜딩(Branding) 168
블로거(Bloger) 153
블루레이 디스크(Blu-ray Disc) 219
비용우위(cost advantage) 11
비즈니스 모델 27
비즈니스 생태계 23
비즈모델(Biz Model) 232
빅 데이터(Big Data) 38, 80

ㅅ

사용량에 따른 과금(pay as you use) 모델 282

사이드카(Side Car) 42
사이버 네트워킹(Cyber Networking) 118
사회인지이론 137
산업 생태계 1
산업 연관효과 63
산업의 분류 78
상대적 불변 이론(principle of relative constancy) 134, 136
상업경제(Commercial Economy) 40
상호접속 3
생리 욕구(Physiological Needs) 45
생태계(Ecosystem) 이론 18
셋톱박스 224
소비자 행동(consumer's behavior) 110
소비자의 정보처리과정(CIP: Consumer Information Processing) 113
소셜 TV 173
소셜 게임 176
소셜 네트워크 서비스(SNS) 160
소셜 리딩(Social Reading) 169
소셜 미디어(Social Media) 159
소셜(Social) 시청 126
속물 효과(snob effect) 4
쇼루밍(Showrooming) 42
수요측 이용 자(demand-side user) 262
수확체증의 법칙 (Increasing Returns of Scale) 3
스낵 컬쳐(Snack Culture) 117
스마트 단말기기 216
스마트 러닝(Smart Learning) 202
스마트 미디어 149, 157, 212
스마트 폰(Smart Phone) 227
스마트 홈 227
스마트 화 12
스왑-오-매틱(Swap-O-Matic) 42
스타트 업 111
스테레오 스코픽(Stereoscopic) 기술 243
스트리밍(Streaming) 121, 186
스트리밍(Streaming) 서비스 151
스폰서 스토리(Sponsored Story) 172
승자 독식 현상(Winner takes all) 5
시각 동선(visual line) 38
시네마 매치(Cinema Match) 151
시장견인(market-pull) 동인 21
쓰레드업(Thredup) 42

ㅇ

아마존 194
아이튠스(iTunes) 152
안드로이드 257
안전 욕구(Safety Needs) 46
알파넷(ARPANET) 35
애정 · 소속 욕구(Love/Belonging Needs) 46
앱 내 결제(IAP, In-App Purchase) 281
앱 버타이징(App-vertising) 281
앱 스토어(App Store) 181, 272
앱인앱(App in App) 268
양면시장(two-sided market) 261
얼리 어댑터(early adapter) 236
에어리오(Aereo) 188
에어플레이(AirPlay) 191
에이피아이(API : Application Programming Interface) 272
엔 스크린(N-Screen 혹은 Multi Screen) 123
역할수행게임(RPG, Role Playing Game) 287
열화(degradation, deterioration, 劣化) 244
오큘러스 243
오큘러스 리프트 244
오타꾸(otaku, 御宅) 168
온 마이 웨이(On May Way) 41
온라인 영상서비스(OTT) 226
왑(WAP : Wireless Application Protocol) 252
운영체제(OS) 221
워터 쿨러 효과(Water Cooler Effect) 174
워터마킹(Water Making) 116
원소스멀티유즈(OSMU) 63
월드와이드웹(WWW) 250

웨어러블(Wearable) 233
웹 드라마 210
웹 브라우저(Web Browser) 250
웹 앱(web app) 276
웹(Web) 250
위성 위치확인시스템(GPS) 41
위젯(Widget) 252
위치기반서비스(LBS, Location-based Service) 195
융합형 산업 1
응용서비스 장터(Application Store) 218
이노베이터(innovator) 236
이모션 캡처(Emotion Capture) 206
이용과 충족 이론(Uses and Gratifications Theory) 140
이용자제작콘텐츠(UCC) 153
인간과 단말기기 간 협업 기술(Humans and machines working alongside each other) 243
인간을 대체하는 기술(Machines replacing humans) 243
인간의 능력을 보완하는 기술(Augmenting humans with technology) 243
인스타그램(Instagram) 143, 195
인스턴트 메신저(Instant Messenger) 147, 158, 266
인지된 유용성(perceived usefulness) 136
인지된 이용 용이성(perceived ease of use) 136
인터넷 35
인터넷 BJ(Business Jockey) 178
인터넷 라이브 스탯(Internetlivestats.com) 143
일본 표준 산업 분류체계(JSIC) 89

ㅈ

자아실현 욕구(Self Actualization Needs) 46
전략적 미래예측 방법론 106
전략적 포지셔닝(Positioning) 2, 15
전통적 미디어(Old Media) 135
정보비용(Information Cost) 72
정보산업(Information sector) 85
정보커뮤니케이션(Information & Communication) 산업 89
정보통신기술(ICT : Information and Communication Technology) 80
정보통신섹터(Information and Communication Sector) 80
존경 욕구(Esteem Needs) 46
존속적 혁신(sustaining innovation) 7
주주 가치사슬(stakeholder value chain) 16
증강 현실(AR, Augmented Reality) 39, 241
지각된 통제감(Perceived Behavior Control : PBC) 142
지능형 맞춤학습 202
집단 사고(group think) 166
집단지성 166
짧은 콘텐츠(Micro chunk) 117

ㅊ

창구효과 63
창조경제(Creative Economy) 45
체험경제 36
초기 채택자(Early Adopter) 235
추천소식(featured storids) 172
충성도 높은 이용자(loyal user) 283

ㅋ

카 쉐어링(Car Sharing) 41
카드보드(Cardboard) 243
커뮤니티(Community) 148
컨버전스(Digital Convergence, 융복합) 21
컨슈니어(Consuneer) 113
코쿤(Cocoon)족 119
콘텐츠 산업 54, 96
콘텐츠 서비스 202
콘텐츠(contents) 53
크로스 미디어(Cross-media) 현상 263

크롬캐스트(Chromecast) 191
크리티컬 매스(critical mass) 69
클라우드(Cloud) 217
클러스터 23
킨들 파이어(Kindle Fire) 195

ㅌ

트라이앵글비즈니스(Triangle Business) 72
트랙(Two Track) 258

ㅍ

파괴적 기술 216
파괴적 발전(disruptive enhancement) 132
파괴적 혁신 기술(Disruptive Innovation Technology) 7
파괴주기(Disruptive Cycle) 9
파레토 법칙 241
파이어 폭스(Fire Fox) 251
파킹 팬더(Parking Panda) 42
패션 유목민(Nomad) 118
페이스 북 광고(Sponsor) 172
편승 효과(bandwagon effect) 4
표준산업 83
표준산업 분류코드(SIC code) 98
프로슈머(Prosumer) 160
프로튜어(Proteur) 160
플랫폼(Platform) 250, 261
플레이 스토어(play Store) 182
플레이팅(Plating) 120
피규어(figure) 120
피드 포워드(Feed Forward) 39
피드백 효과(Positive Feedback Effect) 5
피처 폰(feature phone) 228

ㅎ

하이브리드 앱(hybrid app) 276
하이엔드(high-end) 264
한계이익(marginal profit) 2
한계비용(Marginal Cost) 72
한국표준산업분류체계(KSIC) 95
한류현상 64
합리적 행위 이론(theory of reasoned action) 140
햄릿증후군 119
헤드 트래킹(Head Tracking) 기술 243
혁신(disruprive innovation) 7
혁신확산이론(Innovation Diffusion Theory) 138
협력적 소비(Collaborative Consumption) 40
훌루 194

저자약력

권 택 민(tmkwon12@naver.com)

2012. 5 ~ 2014.11 : 한국콘텐츠진흥원 부원장
- 해외 네트워크(바이어) DB화 추진, IR시스템 구축, CT 과제의 목적성 및 성과 평가시스템 구축

2008.11 ~ 2011. 3 : 경기디지털콘텐츠진흥원 원장
- 스마트콘텐츠 생태계 구축 지원

2004. 3 ~ 2008.11 : 한국소프트웨어진흥원 디지털콘텐츠사업단장

2002. 1 ~ 2003.11 : 하나로통신 경영지원실장(상무)

2013.12 ~ 현재 : 국가지식재산위원회 보호전문위원회 위원

2013.11 ~ 현재 : 창조경제타운 지식서비스, 정보통신분야 멘토

2015. 9 ~ 현재 : 가천대학교 IT 대학 컴퓨터공학과 부교수

2015. 4 ~ 현재 : 썸에이지(모바일 게임기업) 감사

2014.12 ~ 현재 : 인하대학교 대학원 초빙교수
한성대 및 숭실대 대학원 겸임교수

김 효 용(hykim0412@gmail.com)

2009. 9 ~ 2010. 5 : 미국 Univerrsity of the Arts 초빙교수

2013. 4 ~ 2014.10 : 한성대학교 예술대학원 원장

2002. 3 ~ 현재 : 한성대학교 미디어디자인콘텐츠학부 교수

2013. 1 ~ 현재 : (사)한국애니메이션학회 편집위원장

2015. 4 ~ 현재 : (사)한국컴퓨터그래픽산업협의회 감사

정가 19,000원

콘텐츠산업 메가트렌드 **디지털미디어와 콘텐츠산업의 이해**

2015년 9월 1일 초판 인쇄
2015년 9월 10일 초판 발행
저 자 : 권택민 · 김효용
발행자 : 우명찬 · 송 준
발행처 : 홍릉과학출판사
주 소 : 서울시 강북구 인수봉로 50길 10
01093
등 록 : 1976년 10월 21일 제5-66호
전 화 : (02) 999-2274~5, 903-7037
팩 스 : (02) 905-6729
e-mail: hongpub@hongpub.co.kr
http://www.hongpub.co.kr
ISBN: 979-11-5600-397-7

저자와의 협의하에 인지생략